W0068035

| Gymnasium Bayern |

access

5

HANDREICHUNGEN FÜR DEN UNTERRICHT

mit Kopiervorlagen und
methodisch-didaktischem Glossar
www.cornelsen.de/access-bayern/

Online
Angebot

Access Bayern | 5 Handreichungen für den Unterricht

Im Auftrag des Verlages herausgegeben von
Prof. Dr. Engelbert Thaler, Augsburg
Prof. Jörg Rademacher, Mannheim

Erarbeitet von
Jörg Wunderlich, München
Till Backfisch, Hockenheim
Albert Rau, Brühl
Dr. Andreas Sedlatschek, Esslingen
Marcel Sprunkel, Köln
Birgit Rietgraf, Backnang
Friederike von Bremen, Hannover

sowie
Jörg Rademacher, Mannheim (Vorwort)
Prof. Dr. Engelbert Thaler, Augsburg (Vorwort)

Redaktion
Dr. Christiane Kallenbach, Stefan Höhne (Projektleitung);
Renata Jakovac (verantwortliche Redakteurin);
Ulrike Berendt, Stefan Höhne (Bildredaktion);
Doreen Arnold, Michael Dills, Gwendolyn Düwel, Gareth Evans,
Bonnie Glänzer, Mailin Neubauer, Thomas Schulze

Illustrationen
Roland Beier, Berlin
Carlos Borrell, Berlin
Tobias Dahmen, Utrecht/NL (HRU-Seite 15, Morph)
Jeongsook Lee, Heidelberg
Elke Hanisch, Köln (HRU-Seite 15, Silky)
Eva Muszynski, Berlin (HRU-Seite 120)
M.B. Schulz, Düsseldorf

Titelbild
Trevor Burrows Photography Ltd, Plymouth

Umschlaggestaltung und Layoutkonzept
kleiner & bold, Berlin
hawemannundmosch, Berlin
klein & halm, Berlin
zweiband media, Berlin: Eric Gira

Technische Umsetzung
eScriptum, Berlin: Silvio Patzner
zweiband media, Berlin: Sina Merten, Karin Seemann
(Kopiervorlagen)

www.cornelsen.de
www.cornelsen.de/access-bayern/

Die Webseiten Dritter, deren Internetadressen in diesem Lehrwerk angegeben sind, wurden vor Drucklegung sorgfältig geprüft. Der Verlag übernimmt keine Gewähr für die Aktualität und den Inhalt dieser Seiten oder solcher, die mit ihnen verlinkt sind.

Dieses Werk berücksichtigt die Regeln der reformierten Rechtschreibung und Zeichensetzung.

1. Auflage, 1. Druck 2017

Alle Drucke dieser Auflage sind inhaltlich unverändert und können im Unterricht nebeneinander verwendet werden.

© 2017 Cornelsen Verlag GmbH, Berlin

Das Werk und seine Teile sind urheberrechtlich geschützt. Jede Nutzung in anderen als den gesetzlich zugelassenen Fällen bedarf der vorherigen schriftlichen Einwilligung des Verlages. Hinweis zu den §§ 46, 52 a UrhG: Weder das Werk noch seine Teile dürfen ohne eine solche Einwilligung eingescannt und in ein Netzwerk eingestellt werden. Dies gilt auch für Intranets von Schulen und sonstigen Bildungseinrichtungen. Die Kopiervorlagen dürfen für den eigenen Unterrichtsgebrauch in der jeweils benötigten Stückzahl vervielfältigt werden.

Soweit in diesem Buch Personen fotografisch abgebildet sind und ihnen von der Redaktion fiktive Namen, Berufe, Dialoge und ähnliches zugeordnet sind oder diese Personen in bestimmte Kontexte gesetzt werden, dienen diese Zuordnungen und Darstellungen ausschließlich der Veranschaulichung und dem besseren Verständnis des Buchinhaltes.

Druck: H. Heenemann, Berlin

ISBN 978-3-06-033517-6

PEFC zertifiziert
Dieses Produkt stammt aus nachhaltig bewirtschafteten Wäldern und kontrollierten Quellen.
www.pefc.de
PEFC/04-31-1156

Inhalt

Vorwort

1 Einleitung	5
2 Die Konzeption von *Access Bayern*: Didaktisch-methodische Grundlagen	5
3 Das Schülerbuch	14
4 Beschreibung der Teile einer Unit und ihrer Funktion	16
5 Die Begleitmedien	17
6 Exemplarische Stoffverteilung *Access Bayern*	5	18

Kommentar zum Schülerbuch

Here we go!		21
Unit 1	*The first day at school*	39
Unit 2	*Homes and families*	79
Unit 3	*Clubs and hobbies*	117
Unit 4	*Weekends*	159
Unit 5	*By the sea*	201
Methodisches-didaktisches Glossar		**245**
Kopiervorlagen		**251**

1 Einleitung

Mit dem Schuljahr 2017/18 tritt der LehrplanPLUS an weiterführenden Schulen in Kraft. Das neue *Access Bayern* ist die passende Antwort darauf.

Zunächst sind es fachdidaktische Weiterentwicklungen, die diese Neuentwicklung geprägt haben, beispielsweise

- eine stärkere Ausrichtung an fremdsprachlichen Kompetenzen,
- die Berücksichtigung der Aufgabenorientierung,
- die Betonung der Unverzichtbarkeit konsequenten Übens,
- die Notwendigkeit einer sinnvollen Balance zwischen Lehrer-Steuerung und Lerner-Autonomie.

Darüber hinaus gibt es schulpolitische Veränderungen, die in hohem Maße die Arbeit im Englischunterricht am Gymnasium prägen:

- Lernwege müssen flexibilisiert bzw. individualisiert werden, da heterogene Lerngruppen ein differenzierendes Lernangebot notwendig machen.
- Die Inklusion, d.h. die Aufnahme von Schülerinnen und Schülern (S) mit unterschiedlichen Lernausgangslagen in Klassengemeinschaften der Regelschulen, stellt neue und hohe Anforderungen an die Lehrer und Lehrerinnen sowie an Inhalte und Lernangebote auch im Gymnasium.
- Auch verlangt die Diskussion um eine mögliche Verlängerung der Dauer des gymnasialen Ausbildungsgangs ein flexibel einsetzbares Lehrwerk.

Für diese Herausforderungen bietet *Access Bayern* neue Lösungswege an.

2 Die Konzeption von *Access Bayern*: Didaktisch-methodische Grundlagen

Access Bayern setzt das Konzept der Kompetenzschulung in allen Bereichen der Fremdsprache im Rahmen eines zeitgemäßen Englischunterrichts um. Die dabei besonders im Vordergrund stehende (interkulturelle) kommunikative Handlungskompetenz wird durch einen schülerorientierten Unterricht angestrebt, ohne die notwendige Lenkung durch die Lehrkraft zu vernachlässigen. Die stärkere Berücksichtigung binnendifferenzierender Lernarrangements bildet dabei eine sinnvolle Ergänzung im Sprachlernprozess und wird gemeinsam mit einigen grundlegenden Gestaltungsprinzipien im Weiteren näher erläutert.

2.1 Weiterführung des Englischunterrichts aus der Grundschule

Die Erfahrungen der letzten Jahre mit dem Englischunterricht aus der Primarstufe haben gezeigt, dass durchaus Auswirkungen auf den Sprachlernprozess in der Sekundarstufe I festzustellen sind. Diese Effekte können aber aufgrund der abweichenden Spracherwerbskonzeption in der Primarstufendidaktik nicht als homogene Grundlage für den Anfangsunterricht der Sekundarstufe vorausgesetzt werden. Der Eingangsunterricht in der Jahrgangsstufe 5 wird von vielen Kollegen und Kolleginnen wie folgt beschrieben: Die S treten mit einer positiven Grundhaltung der Fremdsprache gegenüber, sie verfügen über einen fundierten Kernwortschatz in Wortfeldern ihrer unmittelbaren Lebenswirklichkeit, und sie haben in den Kompetenzbereichen Hören und Sprechen grundlegende Fertigkeiten erworben.

Der Anfangsunterricht der Jahrgangsstufe 5 hat somit die Aufgabe, dieses Vorwissen bewusst zu machen und zu systematisieren und Bereiche des Fremdsprachenerwerbs nachhaltig zu schulen, die aufgrund der spracherwerbstheoretischen Erfordernisse des Grundschulenglisch nicht berücksichtigt wurden. Es handelt sich hierbei um den Erwerb von deklarativem Sprachwissen im Bereich der Grammatik, aber auch um die Schulung der Rechtschreibung und Schreibkompetenz sowie der Lesekompetenz. Die Sprachhandlungskompetenz sollte ebenfalls mehr und mehr autonom werden, sodass aus der gelenkten Sprachproduktion der Grundschule selbstständige, anlass- und adressatenbezogene Sprachhandlungsfähigkeit entstehen kann.

Der erste Band von *Access Bayern* versucht, diese Prozesse durch ein schrittweises Vorgehen zu unterstützen, indem sich Wortfelder oder grammatische Strukturen, sinnvoll aufeinander aufbauend, über den gesamten ersten Band hinweg verteilt wiederfinden: So werden in *Here we go!* englische Zahlwörter wiederholt und systematisiert, um sie in Unit 1 durch den Aspekt der *ordinal numbers* zu ergänzen. Im späteren Verlauf (SB-Seite 30) erfordern Uhrzeiten als Teil eines *school timetable* die erneute Verwendung der Zahlwörter.

Die Systematisierung von bereits erworbenen sprachlichen Mitteln mit Hilfe von grundschuldidaktischen Methoden ist das Hauptanliegen von *Here we go!*. Durch altersgerechte Abbildungen und Fotografien sowie die Einführung des Maskottchens Silky wird eine emotionale Bindung an die Inhalte der Einstiegsseiten gewährleistet. Die Inhalte werden durch methodische Verfahren erschlossen, die in der Grundschule weit verbreitet sind, und die, ebenso wie die Materialien aus dem Bereich der Primarstufe, als bekannt vorausgesetzt werden können, z.B. Songs (SB-Seiten 11, 17), Wimmelbild (SB-Seite 14f.), Sprachlernspiele (SB-Seiten 15, 16) oder *Total physical response* (SB-Seite 16). Im produktiven Umgang mit der Fremdsprache soll die unterstützende Bereitstellung sprachlicher Mittel bei den S von Beginn an Erfolgserlebnisse und eine positive Lernhaltung fördern.

Pro Schülerbuch-Doppelseite werden ein bis zwei Wortfeld/er vorgestellt und vertieft, die nach detaillierten Analysen von Grundschul-Lehrplan und -Lehrwerken sowie eingehender Befragungen von Grundschullehrern und -lehrerrinnen als hochfrequent identifiziert wurden. Zu den Effekten des Wiedererkennens und der Systematisierung tritt nun auch der wichtige Aspekt des Schriftbildes, das gemeinsam mit den *lexical items* eingeführt und von den Lernern erstmals explizit geübt wird. Das Lernen von Vokabeln wird von Anfang an mitgefördert, sodass die S mit Hilfe des *Vocabulary* (SB-Seite 199ff.) sowohl Grundschul- als auch neuen Wortschatz erwerben.

Schon auf den ersten Schülerbuchseiten wird der Handlungsort der ersten beiden Bände von *Access Bayern*, die englische Hafenstadt Plymouth, präsentiert, sodass auch im Bereich des kulturellen Lernens eine erste Orientierung stattfindet.

Nicht ganz ungewollt enden die Seiten des *Here we go!* in der Unterrichtssituation eines deutschen Klassenzimmers, was dem Grundgedanken eines sanften Übergangs von den Inhalten und Konzepten der Grundschule hin zum Unterricht in der Sekundarstufe I entspricht.

Eingangsdiagnose und Dossier: Das *MyBook*

Ergänzt wird das Konzept der einführenden Lehrwerkseinheit durch das dem Workbook beigelegte *MyBook* (HRU-Seite 8), das vor allem Diagnosefunktion hat. Auf wenigen Seiten werden die S aufgefordert, Aufgaben aus allen kommunikativen Kompetenzbereichen selbstständig zu lösen und zu gegebener Zeit im Unterricht vorzulegen.

Anhand der Bewältigung der einzelnen Aufgaben kann sich die Lehrkraft Einblicke in den Lernstand in einzelnen kommunikativen Kompetenzen verschaffen – und das sowohl in Bezug auf die gesamte Klasse als auch auf den individuellen Förderbedarf einzelner S. Dabei ist bewusst von einer Bewertung bzw. Benotung abzusehen, um dem Wesen der Lerneingangsdiagnose gerecht zu werden. Neben der genannten Diagnosefunktion erstellen die S hier zu einem sehr frühen Zeitpunkt erste fremdsprachliche Produkte, die im Sinne des europäischen Sprachenportfolio-Konzepts die Aufgaben des Dossiers erfüllen. In dessen Rahmen sammeln die S gut gelungene Sprachprodukte, die den Prozess des Spracherwerbs und der Sprachaneignung authentisch widerspiegeln. (Zur Integration von Portfolioelementen in *Access Bayern* ebenso HRU-Seite 8.)

2.2 Kompetenzerwerb

Die kommunikative Handlungsfähigkeit, die bereits im Gemeinsamen Europäischen Referenzrahmen, den nationalen Bildungsstandards von 2003 (und 2012: Oberstufe) und den danach adaptierten Lehrplänen angelegt wurde, hat in den letzten Jahren zu einer noch größeren Bedeutung der (funktionalen) kommunikativen Kompetenzen im Englischunterricht geführt. Diese umfassen die kommunikativen Fertigkeiten (*five basic skills*) sowie das Verfügen über sprachliche Mittel (Wortschatz, Grammatik, Aussprache und Intonation, Orthografie). Daneben wird die interkulturelle (kommunikative) Kompetenz als ebenfalls sehr wichtig erachtet. Zusätzlich verlangen die Bildungsstandards (und der bayerische Lehrplan) die Schulung von Text- und Medienkompetenz sowie den Ausbau von Methodenkompetenz (in den Abiturstandards aufgeteilt in Sprachbewusstheit und Sprachlernkompetenz). *Access Bayern* orientiert sich ganz eng am neuen bayerischen LehrplanPLUS.

2.2.1 Kommunikative Kompetenzen

Die kommunikativen Kompetenzen werden im Rahmen von *Access Bayern* umfangreich geschult und erweitert. In jeder Unit werden Anwendungssituationen in Form von motivierenden Lernarrangements angeboten. Dabei wurde auf eine gleichmäßige Verteilung auf alle kommunikativen Kompetenzen geachtet. Die jeweils geübte kommunikative Kompetenz ist durch ein Symbol in der Titelzeile der betreffenden Aufgabe gekennzeichnet:

Listening 🎧 · *Reading* 📖 · *Speaking* 💬 · *Writing* ✏ · *Mediation* 📖

Das Course-Konzept: Aussprache & Intonation

In jedem Band von *Access Bayern* wird eine kommunikative Kompetenz besonders intensiv geschult werden. Auf einer speziell dafür vorgesehenen Seite werden pro Unit unterschiedliche Aspekte geübt und gefördert. Es wurde dabei auf eine Progression von weniger komplexen zu anspruchsvolleren Teilkompetenzen geachtet.

Im vorliegenden Band für die Jahrgangsstufe 5 ist dies ein *Pronunciation Course* (z. B. Unit 1, SB-Seite 35). Gerade Aussprache und Intonation bedürfen größter Aufmerksamkeit in den frühen Jahren des Fremdsprachenlernens. Wenn phonetische und phonologische Grundlagen nicht früh geschaffen werden, können diesbezügliche Defizite später nur sehr mühsam überwunden werden. Dabei darf sich die Aussprache schulung nicht nur auf einzelne Phoneme beschränken, sondern muss suprasegmentale Phänomene berücksichtigen. Ob jemand als guter Sprecher wahrgenommen wird, hängt vor allem an der Prosodie: Wort- und Satzakzent, der auf Wortsilben ruhende lexikalische Ton, Intonation (von Einheiten von mehr als Silbenumfang) und Satzmelodie, Quantität aller lautlichen Einheiten, Tempo, Rhythmus und Pausen beim Sprechen.

Der Kommunikative Kompetenzschwerpunkt

Neben dem eben beschriebenen *Course*-Konzept wird es möglich sein, innerhalb jeder Unit eine weitere kommunikative Kompetenz schwerpunktartig zu schulen. Die HRU wird dazu entsprechende Hinweise in der Randspalte zum Unit-Kommentar und eine Übersicht zu Beginn jeder Unit geben (z. B. HRU-Seite 21). Oftmals genügt die Zusammenführung einzelner Aufgaben, um intensiv an einer Fertigkeit arbeiten zu können. Trotzdem wird es möglich sein, auch weitere Aufgaben im Sinne der Schwerpunktsetzung umzugestalten. Auch hierfür werden entsprechende Hinweise in der HRU gegeben.

Kompetenzschwerpunkte im Band für die Jahrgangsstufe 5:

Here we go! – Listening · Unit 1 – Listening · Unit 2 – Speaking · Unit 3 – Writing · Unit 4 – Reading · Unit 5 – Mediation

Hör- und Hör-/Sehverstehen

Von den *five basic language skills* kann das Hörverstehen als die im Fremdsprachenunterricht der Grundschule am intensivsten geschulte Kompetenz verstanden werden. *Access Bayern* berücksichtigt diese Tatsache durch umfangreiche Aufgaben und Materialien.

⬛ Lehrkräfte finden dieses Symbol mit Angabe der Tracknummer in der Lehrerfassung zum Schülerbuch und in der Handreichung für den Unterricht. Wie schon im Vorgängerlehrwerk, wird dabei von Beginn an Wert auf die Präsentation handlungstragender Texte über die Audio-CD gelegt, ohne dass die S den Text im Schülerbuch mitlesen können. Die dazu gehörenden Auswertungsfragen sind dabei den Methoden der Grundschule angepasst, z. B. Listen … and point to … oder Listen … and match. Daneben ist weiterhin der Großteil der Material- und Unit-Texte aus dem Schülerbuch auf der Audio-CD enthalten, sodass die Lehrkraft entscheiden kann, ob diese Texte zur Schulung des Lese- oder des Hörverstehens genutzt werden sollen.

🖐 Im Sinne des selbstgesteuerten Lernens finden die S die wichtigsten Texte als Audiodateien im mp3-Format unter www.cornelsen.de/access-bayern. Damit wird es ihnen ermöglicht, auch zu Hause Hörverstehens-Aufgaben zu bearbeiten.

Die Fertigkeit des Hör-/Sehverstehens wurde bei der Entwicklung von *Access Bayern* in noch größerem Umfang berücksichtigt, als dies bei *English G 21* der Fall war. Der Einsatz der das Schülerbuch begleitenden DVD ist nun integraler Bestandteil des Aufgabenapparates jeder Unit. Dabei wurde bewusst auf die unterrichtliche Praxis Rücksicht genommen: Die Aufgaben zum *Viewing* sind auf einer Schülerbuchseite versammelt. Unter der Überschrift The world behind the picture werden pro Unit Aufgaben angeboten, die zwei unterschiedliche Funktionen erfüllen: Zum einen werden den S soziokulturelle Aspekte des Zielsprachenlandes England durch das audiovisuelle Medium näher gebracht. In der Reaktion auf kleine Episoden mit gleichaltrigen Kindern aus Plymouth wird ebenfalls die interkulturelle Wahrnehmung intensiv geschult.

Zum anderen werden unter der Überschrift *Everyday English* alltägliche Sprechhandlungen in kleinen Spielszenen präsentiert, die den Lernern als Vorlage zur eigenen Sprachproduktion dienen sollen. Das audiovisuelle Medium hat den entscheidenden Vorteil, auch nichtsprachliche Aspekte sprachlichen Handelns in authentischem Kontext abbilden zu können.

Der Erwerb von Wortschatz und Kommunikationsstrategien im alltäglichen Sprachgebrauch ist von großer Bedeutung im Fremdsprachenerwerb. Deshalb sind die Aufgaben so gestaltet, dass sie, je nach technischer Ausstattung und Verfügbarkeit vor Ort, mit der DVD (audio-visueller Text), der Audio-CD (auditiver Text) oder auch ohne Medieneinsatz unterrichtet werden können. In letzterem Fall müssten dann die ersten Teilaufgaben zum Hör-/Sehverstehen ausgelassen werden.

Leseverstehen

Als zweite rezeptive Sprachkompetenz knüpft das Leseverstehen an Aufgabenstellungen und Textsorten an, die bereits in der Primarstufe eingeführt wurden. Im Verlauf des ersten Bandes von *Access Bayern* wird an zunehmend komplexeren Texten gearbeitet. Die Leseschulung legt mehrere Schwerpunkte fest. Während sich die Texte der Materialseiten vor allem zum Mitlesen und (dialogischen) Vorlesen eignen, werden in den Unit-Texten erste Formen der rezeptiven und produktiven Auswertung des Textinhaltes angeboten. Dieses *Working with the text* bahnt in späteren Schuljahren das analytische Lesen an.

Access Bayern verfolgt aber mit der so genannten *Access story: My home, the zoo*, die nach Unit 5 im Schülerbuch zu finden ist, ein weiteres Element der Leseschulung: das des *extensive reading*.

Die einzelnen Episoden sind lose miteinander verbunden und können in unterschiedlichen Lernarrangements in den

Unterricht eingebunden werden. Allerdings ist vornehmlich an eine selbstständige Lektüre der S gedacht, um eine Leseerfahrung jenseits der geleiteten Lektüre im Unterricht zu ermöglichen. Durch den Umfang der Episoden haben die S nach wenigen Monaten Gelegenheit, eine altersgerechte und ungewöhnliche Geschichte kursorisch lesend zu erschließen. Auf einen Aufgabenapparat im Schülerbuch wurde verzichtet, weil Lesen, Freude und Neugier im Mittelpunkt stehen sollen. Ein didaktischer Kommentar zur Behandlung im Unterricht sowie Kopiervorlagen sind unter www.cornelsen.de/access-bayern zu finden.

Zur Unterstützung der verschiedenen Formen der Leseschulung wird im *Skills File* des Schülerbuchs das Erschließen unbekannter Vokabeln vermittelt (SB-Seite 87, SF 4: S. 177f.).

Sprechen

Die wichtigste Kompetenz eines kommunikationsorientierten Englischunterrichts ist das Sprechen. Schon in der Grundschule beginnen viele S mit der Verwendung englischer Aussage- und Fragesätze – zum Teil werden diese Äußerungen noch durch sprachliche (Teil-)Impulse der Lehrkraft gelenkt. Auf dieser Sprechbereitschaft aufbauend, versucht *Access Bayern*, mit Hilfe vielfältiger Methoden und Sozialformen, die Kommunikationsfähigkeit zu fördern. Um dabei möglichst rasch freies Sprechen zu üben, wird zunächst im Rahmen von Partner- und Gruppenarbeit das dialogische, angeleitete Sprechen geübt. Wo dazu Redemittel notwendig sind, werden diese im Rahmen von *More help* oder auch durch die Material-Texte selbst bereit gestellt.

Das monologische Sprechen, das zunehmend durch (Abschluss-)Prüfungen oder Prüfungsteile große Wichtigkeit erfährt, wird durch zahlreiche Präsentationsaufgaben geschult, die sich konsequent in Umfang und Medieneinsatz erweitern.

Zum Sprechen gehört auch – und besonders – die Ausspracheschulung. Deswegen zieht sich durch alle fünf Units ein eigener *Pronunciation Course* (vgl. oben).

Schreiben

Die Schreibkompetenz, und die Rechtschreibung als eine Teilkompetenz, sind beim Übergang von der Grundschule zum Gymnasium besonders wichtig. Da das freie Schreiben wie auch die Rechtschreibung im Spracherwerbsprozess der Primarstufe weniger Berücksichtigung finden, muss dieser kommunikativen Kompetenz besonderes Augenmerk gewidmet werden. Der Übergang sollte dabei behutsam gestaltet sein. Übungen, die im Bereich der Grundschule Vorrang hatten (allen voran der Arbeitsauftrag *Copy ...* – das Abschreiben von Wörtern und Sätzen), sind deswegen in *Here we go!* und den ersten Units von *Access Bayern* für die Klasse 5 prominent vertreten (SB-Seite 14f).

Erste zusammenhängende *Me*-Texte werden im Rahmen des MyBook (HRU-Seite 6) verfasst, die die Funktion des Dossiers, wie sie im Europäischen Fremdsprachenportfolio definiert wird, erfüllen (HRU-Seite 6).

Schreibschulung bedeutet immer auch, das Schreiben bzw. den Schreibprozess vorzubereiten – hier stellt das *Skills File* (SB-Seite 174 ff.) methodische Hilfen für S zu Verfügung.

Sprachmittlung/Mediation

Die Sprachmittlung in genuinen, zweisprachigen Kontexten ist für S der Klasse 5 eine große Herausforderung, verlangt sie doch das sinngemäße Zusammenfassen gehörter oder gelesener Inhalte in der Mutter- bzw. der Fremdsprache.

Access Bayern bietet im ersten Band erste, einfach gehaltene Übungen an, die den S einerseits Vertrautheit mit den Anforderungen der Sprachmittlung verschaffen und andererseits interkulturelle Sensibilität ausbilden sollen. Die Aufgaben beschränken sich zu Beginn auf schriftliche Impulse und verlangen zum überwiegenden Teil eine Übertragung in die Muttersprache.

Verfügen über sprachliche Mittel

Der Erwerb kommunikativer Fertigkeiten gelingt nur, wenn Sprachmittel systematisch und sinnvoll strukturiert eingeführt werden. Dies nimmt besonders in der Sekundarstufe I einen wichtigen Platz ein.

Der grammatische und lexikalische Lehrgang von *Access Bayern* basiert auf der Grundannahme, dass eine saubere Progression im Grammatikerwerb und die Kombination aus induktivem Grammatikerwerb und kommunikationsorientierter Festigung (vom formalen über prä-kommunikatives Üben zu offeneren Aufgaben und schließlich freier Anwendung) zu einer sicheren Beherrschung grundständiger sprachlicher Strukturen führen. Diese sollten weiterhin im Fremdsprachenunterricht ihren festen Platz haben.

Bei der Einführung der englischen Zeitformen wurde im ersten Band von *Access Bayern* ein neuer Weg gewählt, der zuerst die einfache Form der Gegenwart (das *Simple present*) und im Anschluss die einfache Form der Vergangenheit (das *Simple past*) präsentiert, um dann in Unit 5 die Verlaufsform der Gegenwart (das *Present progressive*) einzuführen. Die gewählte Abfolge bringt eine kognitive Erleichterung für die S mit sich, da sich die beiden Zeitformen *Simple present* und *Simple past* bei Verneinung und Fragebildung ähnlich verhalten (*do/did*-Umschreibung).

Selbsttätigkeit beim Grammatikerwerb und induktives Lernen werden gefördert, wenn die SuS bei der Sprachbetrachtung (*Looking at language*) Gemeinsamkeiten zwischen den Zeitformen entdecken.

Access Bayern verfolgt drei unterschiedliche Behandlungstiefen bei der Einführung von Grammatik:

- Die induktive Erarbeitungsweise (*Looking at language*) wird immer eingesetzt, wenn grundständige grammatische Strukturen erworben werden sollen.
- Weniger komplexe grammatische Strukturen werden deduktiv eingeführt und geübt (*Language help*).
- Die S erhalten viele Lerntipps und Hinweise, die sie beim Lernen und Üben berücksichtigen sollten (*TIP*).

Der Erwerb von Wortschatz reagiert im ersten Band von *Access Bayern* auf Vorkenntnisse aus dem Bereich des Grundschulenglisch. Bereits erlernter Wortschatz wird kontinuierlich systematisiert und ergänzt. Neuer Wortschatz wird durch umfangreiches Bildmaterial unterstützt und in vielfältigen Übungen angewendet. Das Arbeiten in semantischen Feldern (vgl. *Here we go!*, SB-Seiten 8–17) bzw. in Mindmaps/Clustern (vgl. *Wordbank*) unterstützt die S dabei im Lernprozess und bei der Sprachproduktion. Nicht zuletzt garantiert die Einführung verschiedener Techniken für das Lernen von Vokabeln einen nachhaltigen Lernerfolg (SF 1, 4).

2.2.2 Interkulturelle Kompetenzen

Die S sollen über elementares Orientierungswissen (Geografie, Sehenswürdigkeiten, Alltagskultur) verfügen, den Kulturen der englischsprachigen Welt mit Interesse und Aufgeschlossenheit begegnen und sich in sehr einfachen interkulturellen Alltagssituationen sozial angemessen verhalten können.

Der Aufbau interkultureller Kompetenz erfolgt auf mehreren Ebenen. Insbesondere die umfangreichen *Access to Cultures* Abschnitte (insgesamt 12 Seiten) dienen der Vermittlung soziokulturellen Wissens. Zwischen den Units werden jeweils Doppelseiten zu *GB and the UK* (SB-Seiten 42f.), *Special Days* (SB-Seiten 66f.), *Shopping* (SB-Seiten 92f.) und *London* (SB-Seiten 118f.) eingebaut. Nach der letzten Unit informieren sogar zwei zweiseitige Einheiten über *The USA and Canada* sowie *English as a world language* (SB-Seiten 144–147).

Außerdem übernimmt das *Background file* die explizite Vermittlung soziokultureller Inhalte, z. B. der Besonderheiten englischer Teegewohnheiten (SB-Seite 56), geografischer Informationen zur Grafschaft Devon (SB-Seite 104) oder Detailinformationen zum *Plymouth Aquarium* (SB-Seite 127). Daneben fließen in viele Materialtexte des Schülerbuchs soziokulturelle Informationen ein, z. B. zum englischen Schulsystem oder zu englischen Häusern und Wohnungen.

Interkulturelles Lernen muss neben dem Wissenserwerb auch auf Haltungen abzielen: immer neuer Vergleichssituationen zwischen der eigenen und der zielsprachlichen Kultur sollen den Blick weiten. In zahlreichen Aufgabenstellungen werden die S aufgefordert, das „Neue" mit der eigenen Lebenswelt zu vergleichen: Schulkleidung, Stundenplan und Schulfächer, Freizeitgewohnheiten und Wohnsituationen sind nur einige Beispiele. Interessante interkulturelle Lernaspekte ergeben sich auch immer wieder aus den Aufgabenstellungen der *Mediation*-Aufgaben (vgl. z. B. SB-Seite 129) oder den Sequenzen der das Schülerbuch begleitenden DVD.

Nicht zuletzt die Lernaufgabe fordert die S immer wieder zu einer Perspektivübernahme auf oder versetzt sie in eine vorgestellte interkulturelle Begegnungssituation, z. B. wenn sie sich auf gemeinsame Unternehmungen mit einem Besucher aus Plymouth verständigen sollen (*Your task*, SB-Seite 88).

Für die Jahrgangsstufen 5 und 6 wurde bewusst auf Aufgabenstellungen verzichtet, die Elemente der Transkulturalität in den S bzw. im Miteinander verschiedener Kulturen thematisieren würden. Ausgehend vom kognitiven Vermögen von 9–11-Jährigen, erschien es angemessen, mit einer zuerst notwendigen Kontrastierung zu arbeiten, um zu einem späteren Zeitpunkt Elemente anderer Kulturen in der eigenen Identität identifizieren zu können.

2.2.3 Text- und Medienkompetenzen

Die S sollen beim Hören und Lesen den Inhalt von Sachtexten sowie dialogischen, erzählenden bzw. berichtenden Texten (auch mit einfachen beschreibenden Passagen) erfassen. Deswegen sind in *Access Bayern* unterschiedliche Text- und Mediensorten vertreten, z. B. …, Dialogszenen, Erzählungen, didaktisch aufbereitete Lektüren. Die Lernenden können den Texten gezielt Informationen (auch mit Hilfe von Überschriften und bildlichen bzw. graphischen Elementen) entnehmen, beantworten einfache Fragen zu Texten, fassen Inhalte zusammen und erzählen einfache Handlungsabläufe nach.

Sie verfassen Texte zu Bildvorlagen, Dialogen oder persönlichen Mitteilungen. Sie beschäftigen sich – durchaus auch in kreativer Weise – mit verschiedenartigen, altersgemäßen Texten können dabei Aufgeschlossenheit und Freude im Umgang mit fremdsprachlichen Texten entwickeln, z. B. durch gestaltendes Vortragen und szenisches Spiel. Auch produzieren sie bereits etwas aufwändigere Texttypen, z. B. …

Einfachen Filmsequenzen (*The world behind the picture*) entnehmen die S leicht erschließbare Informationen, v. a. zu Handlungsablauf und Figuren.

2.2.4 Methodische Kompetenzen

Lern- und Arbeitstechniken

Lern- und Arbeitstechniken sind notwendig, um autonomes Lernen, so wie es die Bildungsstandards seit ihrer Einführung von einer gymnasialen Ausbildung fordern, zu ermöglichen. In Lernarrangements, in denen oftmals auch Aspekte des sozialen Lernens berücksichtigt sind, sollen SuS befähigt werden, im Hinblick auf ihre späteren Aufgaben in Studium und Beruf erfolgreich Inhalte zu erschließen, sie zu strukturieren und die Ergebnisse ihrer Arbeit zu präsentieren.

Dabei werden die Anschaulichkeit und auch die Funktion von Methoden stets transparent gehalten. Um dieser Forderung gerecht zu werden, bietet *Access Bayern* einen spiralcurricular angelegten Erwerbsprozess: Auf der Grundlage anschaulicher Vermittlung schließt immer auch eine Anwendung in authentischen Kontexten an. Die so entstandenen Aufgaben mit dem Label *Study skills* zielen bewusst auf universell zu vermittelnde Lern- und Arbeitstechniken ab, die sich im ersten Band vor allem mit dem Erwerb neuer Lexik und der Strukturierung (Mindmap, Tabelle) und Darbietung von Inhalten (Buchseite, Poster) beschäftigen. Auf den *Study-skills*-Seiten befindet sich immer auch eine Aufgabe, in der die S die neuen Arbeitsmethoden anwenden können.

Eine Übersicht mit umfassenden Definitionen bzw. Funktionsbeschreibungen der zu erwerbenden Methoden befindet sich im *Skills File*, das im Anhang des Schülerbuchs zu finden ist und auf Deutsch formuliert ist (SB-Seiten 174–181). Da das *Skills File* kumulativ angelegt ist, entsteht so innerhalb eines Bandes, aber auch über die gesamte Lehrwerksreihe hinweg, ein anschauliches Kompendium, das als Nachschlagewerk eingesetzt werden kann.

Wenn man die Methodenkompetenz als den Erwerb von Strategien begreift, die das Verstehen und Behalten sinnvoll unterstützen, dann müssen sie an dieser Stelle im Zusammenhang mit den kommunikativen Kompetenzen betrachtet werden. Eine klare Funktionsbeschreibung (gerade für junge Lerner) ist dabei notwendig. Zum Beispiel sind Techniken wie das Erstellen einer Mindmap einerseits als Mnemotechnik für den Erwerb neuer Lexik erfolgreich einsetzbar, andererseits aber auch für die inhaltliche Strukturierung eines Themas. Das *Skills File* definiert daher, wo möglich, mehrere Einsatzbereiche für dieselbe Methode.

Soziales Lernen

Lernen im Englischunterricht wird zunehmend als Lernen in der Gruppe bzw. im Austausch mit anderen verstanden. Die Vorteile liegen auf der Hand, wenn es um die Ausbildung sozialer Kompetenzen geht. Aber auch die Kommunikationsförderung durch Erhöhung der individuellen Sprechzeit ist einer der vielen positiven Aspekte.

Access Bayern hat sich daher einer konsequenten Anwendung abwechslungsreicher Sozialformen verschrieben, die Kooperation, Kommunikation und Konfliktfähigkeit in gleicher Weise schulen. So kommt regelmäßig die kooperative Lernform *Partner check* vor, die durch das eigene Symbol die S dazu auffordert, mit einem selbst gewählten Partner die Ergebnisse ihrer eigenen Arbeit zu kontrollieren und sich gegenseitig eine Rückmeldung auf das Erarbeitete zu geben.

Kooperatives Lernen

Seit einigen Jahren haben sich die Verfahren des kooperativen Lernens, wie sie u.a. von Norm und Kathy Green entwickelt wurden, im Englischunterricht bewährt. In zunehmend heterogenen Lerngruppen gewinnen diese Verfahren dadurch an Bedeutung, dass sie in leicht herzustellenden Interaktionsformen sowohl die Sozial- als auch die Selbstkompetenz ausbilden. Die S sind durch die oftmals arbeitsteilige Aufgabenstellung in der Lage, sich mit ihren individuellen Stärken und Interessen in die gemeinsam zu bewältigende Aufgabe einzubringen. Hierin liegt ein Element der Binnendifferenzierung, das nicht durch eine unterschiedliche Aufgabenstellung gekennzeichnet ist und dadurch nicht als Stigmatisierung einzelner S wahrgenommen werden kann.

Die Ergebnissicherung ist darüber hinaus zumeist sehr klar gesteuert, schnell auswertbar und in den weiteren Verlauf des Unterrichtsgeschehens leicht zu integrieren. Diese komplexeren kooperativen Lernformen werden im gesamten ersten Band von *Access Bayern* angeboten und sind mit dem Symbol ⟁ gekennzeichnet (vgl. z.B. SB-Seiten 67, 103, 108, 136). Im methodisch-didaktischen Glossar (HRU-Seiten 245–250) finden sich zudem Erläuterungen zur Funktion und Durchführung der einzelnen kooperativen Lernformen.

Projektarbeit

Viele der in diesem Absatz erwähnten Vorzüge und Verfahren des sozialen Lernens kommen in *Access Bayern* in Unit 5 zum Tragen (z.B. SB-Seite 131). Die dort geschilderte Partnerarbeit *Our favourite place by the sea* vereint bereits einige der wichtigsten Aspekte der Projektarbeit: selbstständige Themenwahl, Recherche und Aufbereitung von Inhalten, Präsentation der Arbeitsergebnisse und Evaluation des Handlungsprodukts. Auch die S arbeiten im Verlauf der Unit an einer ähnlichen Aufgabenstellung und stellen ein Handlungsprodukt her (*Poster about your favourite character*, SB-Seite 132). Dabei werden enge formale Vorgaben gemacht, um die sprachliche Komplexität und den Umfang altersgerecht zu gestalten. Redemittel und Hinweise im *Skills File* (SB-Seite 179) ergänzen die Hilfestellungen. Die Auswertung im Rahmen einer *peer evaluation* bereitet dabei einen für höhere Klassenstufen wichtigen Aspekt der Projektarbeit vor.

Entdeckendes Lernen

Eines der Grundprinzipien der Lehrwerkentwicklungen von *English G 2000* und *English G 21* bestand in der Ausbildung von *Language awareness* durch den Einsatz von induktiven Verfahren in der Grammatikvermittlung. In den unteren Klassen wird dabei Lehrersteuerung notwendig sein, um den Prozess des eigenständigen Erschließens von grammatischen Regularitäten sinnvoll anzuleiten. Der Behaltenseffekt dieser Art der Grammatikvermittlung ist dennoch unbestritten.

Access Bayern reiht sich in diese Tradition ein und verstärkt den Erwerbsprozess durch eine klarere Betonung des vorbewussten, produktiven Umgangs mit der neu zu kognitivierenden Struktur. Die Übungsform *Have a go* regt dazu an, in der inhaltlichen Auswertung eines Material-Textes die neue grammatische Struktur anzuwenden, bevor sie in der darauffolgenden *Looking-at-language-Box* kognitiviert wird. Die dabei bereits erfolgte rezeptive wie produktive Sensibilisierung für die Funktion der grammatischen Struktur hilft den S bei der Formulierung von funktions- und formbezogenen Regelmäßigkeiten.

Die sich anschließende Übungssequenz (z. B. HRU-Seite 12) bietet dann ein breites, binnendifferenzierendes Übungsangebot.

Abgeschlossen wird der induktive Erwerb durch eine umfassende Definition der einzelnen Strukturen im *Grammar File* (SB-Seiten 182ff.) bzw. durch den Einsatz von *Language Action Sheets*, die die selbstständige Erarbeitung erleichtern und das lange Abschreiben in ein Grammatikheft unnötig machen.

Aufgabenorientiertes Lernen

Als Variante des *Task-Based Language Learning* (*TBLL*) kann seit einigen Jahren die Lernaufgabe gelten, die sich vieler Elemente des TBLL bedient, gerade aber im Hinblick auf den Erwerb sprachlicher Strukturen eine Modifikation darstellt. In einem motivierenden, lebensweltlich orientierten Lernkontext werden vielfältige interkulturelle und kommunikative Kompetenzen geschult. In einem weiteren Schritt wird die bereits vorhandene Sprachkompetenz (selbst oder durch *peers*) evaluiert, und es werden individuelle Hinweise zur weiteren Ausbildung von Lernkompetenzen gegeben.

Diesen Weg beschreitet *Access Bayern* im Rahmen einer die Units begleitenden Lernaufgabe (*Your task*). Im *Lead-in* von Unit 1 erhalten die S zum ersten Mal einen Hinweis, was sie am Ende der Unit im Rahmen einer klar definierten Aufgabe sprachlich leisten können werden. Sie bekommen einen ersten *sense of direction*, was die funktionale Verknüpfung mehrerer Aspekte der Unit betrifft. *Your task* bedient sich einerseits einer motivierenden Aufgabenstellung aus dem unmittelbaren inhaltlichen Zusammenhang der Unit, andererseits ist die Aufgabe aber auch in einen lebensweltlichen und interkulturellen Kontext eingebettet. Zur Bewältigung der Aufgabe werden den S immer wieder Hinweise auf bereits erworbene Kenntnisse aus verschiedenen Kompetenzbereichen gegeben. Dies soll der Unterstützung dienen, gleichzeitig aber auch verdeutlichen, dass und wie die einzelnen sprachlichen und inhaltlichen Elemente zusammenwirken, d. h. eine Transparenz der Lerninhalte herstellen.

Am Ende der *Your task* steht oft ein Handlungsprodukt, das in unterschiedlichen Sozialformen entsteht. Diese Produktorientierung fördert die Möglichkeit, den individuellen SuS ausgewählte Aspekte seiner Sprachkompetenz evaluieren zu lassen. Die damit angestrebte Individualisierung des Spracherwerbsprozesses wird durch eine konsequente Verbindung von Selbsteinschätzung und dem Angebot von Übungs- und Wiederholungsaufgaben unterschiedlicher Kompetenzbereiche realisiert, indem an die Lernaufgabe stets eine Selbsteinschätzungsseite („Wie gut warst du?") mit Tipps zum Wiederholen und Üben („Wie kannst du besser werden?") anschließt. Diese Nähe von Sprachproduktion und Sprachreflexion schafft dabei die notwendige Unmittelbarkeit, die für eine sinnvolle Reflexion notwendig ist.

Die konsequente Selbstreflexion wird im *Workbook* bzw. dem *e-Workbook* fortgesetzt. Gemeinsam mit den *Me*-Texten und Schülerprodukten des *MyBook* sind somit zwei wesentliche Elemente zur Dokumentation des Sprachlernprozesses des Europäischen Fremdsprachenportfolios fest in die Konzeption von *Access Bayern* integriert: das Dossier (vgl. HRU-Seite 6) und die Sprachenbiografie in Form der Angebote zur Selbstreflexion.

2.3 Umgang mit Heterogenität, Differenzierung und Individualisierung

Als eine der größten Herausforderungen an Unterricht allgemein – und damit auch an den gymnasialen (Fremdsprachen)Unterricht – gilt die zunehmende Heterogenität von Lerngruppen ab Jahrgangsstufe 5. Während das Vorgängerlehrwerk von einem mittleren Schwierigkeitsniveau mit entsprechenden Anpassungen an unterschiedliche Vorkenntnisse und Lerntempi ausging, integriert *Access Bayern* von Beginn an Möglichkeiten der Differenzierung.

Differenzierung wird in *Access Bayern* zuallererst als Binnen- oder innere Differenzierung verstanden, die sich sowohl auf die Leistungs- als auch die Neigungsdifferenzierung erstreckt. Die unterrichtliche Individualisierung von Lernprozessen ist im Regelunterricht angesichts von noch immer großen Lerngruppen problematisch. Durch die zunehmende Einrichtung von Ganztagsschulen und Förderstunden bzw. -unterricht erscheint aber die Realisierung von Individualisierung nicht mehr unmöglich. *Access Bayern* schafft mit einer engen Verzahnung zwischen Schülerbuch (HRU-Seite 14ff), *Workbook* (HRU-Seiten 17, 18) und Vorschlägen zur Leistungsmessung (HRU-

Seite 18) Grundlagen, Individualisierung im Kontext von ergänzendem Englischunterricht zu ermöglichen.

2.3.1 Differenzierende Übungsformate

Im Rahmen des Schülerbuchs werden immer dort Angebote zur differenzierten Behandlung von Unterrichtsstoff gemacht, wo zusätzliche Unterstützung im Lernprozess helfen könnte oder unterschiedliche Neigungen und Interessen Berücksichtigung finden sollen:

- *More help* zeigt Aufgaben an, zu denen es Hilfsangebote (*scaffolding*) gibt. Parallel zur Aufgabe innerhalb der Units findet sich die gleiche Aufgabe, mit einer vereinfachten Aufgabenstellung, mehr grammatischer Hilfe oder durch Redemittel bzw. Wortschatz ergänzt, noch einmal im Anhang des Schülerbuchs. Die Aufgabe mit Hilfestellung ist dabei stets im Anhang zu finden, um allen S zuerst die Möglichkeit zu geben, die Aufgabe ohne Hilfe zu lösen.

- Der Hinweis *Early finisher* ist an solche Lerner gerichtet, die vorzeitig eine Aufgabe beendet haben und nun nach weiterer Herausforderung suchen. Für sie ist jeweils eine anspruchsvollere Anschlussaufgabe vorgesehen. Zuweilen finden diese Lerner im Anhang des Schülerbuchs aber auch Aufgaben, die Kombinatorik und Sprachgeschick auf spielerische Weise schulen, um der Wahrnehmung vorzubeugen, dass leistungsstarke S stets weitere Aufgaben – und damit mehr Übungspensum – bewältigen müssen.

- Übungen mit der Bezeichnung *You choose* bieten die Möglichkeit zur Neigungsdifferenzierung. Im Rahmen des ersten Bandes von *Access Bayern* wird dieser Aufgabentyp vornehmlich in der Textauswertung (und Hausaufgaben) eingesetzt. Die S können zwischen verschiedenen Aufgabenstellungen der (kreativen) Auseinandersetzung mit Textinhalten wählen.

- Die mit dem Label *EXTRA* ausgezeichnetenAufgaben, Übungen und Materialien gehören nicht zum Pflichtpensum und können weggelassen werden – falls Zeitdruck herrscht oder die Lehrkraft es für wünschenswert hält.

2.3.2 Die Übungssequenz

Im Rahmen einer leistungsdifferenzierenden Übungssequenz sollen alle S befähigt werden, durch die Nutzung individueller Hilfs- und Förderangebote zu einer abschließenden, kommunikationsorientiert angelegten Aufgabe zu gelangen, in der sie die erworbene Struktur erneut üben.

Die Übungssequenzen sind folgendermaßen angelegt: In einer gemeinsamen Eingangsphase werden zunächst formbezogene Übungen in geschlossenen (und halboffenen)

Übungsformen angeboten. Im nächsten Schritt bearbeiten die S funktionsbezogene Übungen in halboffenen Übungsformen mit entsprechenden Hilfsangeboten (vgl. 2.3.1). In einem letzten Schritt lösen die S in offenen Unterrichtsformen anwendungsbezogene Übungen im Klassenverband. Dies hat für die durchführende Lehrkraft den Vorteil, dass eine Überprüfung des Lernfortschritts mit wenig Aufwand über die gesamte Lerngruppe hinweg stattfinden kann.

Die S entscheiden selbst, ob sie Unterstützungsangebote bei der Bearbeitung der Übungssequenz nutzen. Damit wird das in allen Bildungsplänen angestrebte selbstreflexive Lernen und Üben in ersten Schritten geschult und gefördert. Eine auffällige Markierung des bereits erreichten Lernfortschritts innerhalb der Übungssequenz soll den S dabei die Orientierung und die Entscheidung erleichtern.

2.3.3 Flankierungsmaßnahmen

Zusätzlich können zur Vertiefung und weiteren Differenzierung die Materialien aus dem *Workbook* (HRU-Seite 18) und dem *Workbook mit interaktiven Übungen* (HRU-Seite 18) eingesetzt werden, sodass der Lehrkraft ein umfangreicher Aufgabenpool zur differenzierenden Unterrichtsgestaltung zur Verfügung steht.

Individualisierung und Differenzierung werden in der Praxis immer eine Herausforderung darstellen. Durch *Balanced Teaching* (s. 2.5) kann es gelingen, im Laufe eines Jahres die verschiedensten Schülertypen zu erreichen.

2.4 Testvorbereitung

Die Unverzichtbarkeit konsequenten Übens wurde bereits mehrfach betont – ohne einem übertriebenen *teaching to the test* das Wort reden zu wollen. Besonders vor Schulaufgaben (Klassenarbeiten) wünschen sich alle Beteiligten (S, Lehrkräfte und Eltern) aber passgenaues Übungsmaterial zur Vorbereitung.

Deswegen – und zur grundsätzlichen Wiederholung des Unit-Pensums – schließt jede Unit von *Access Bayern* mit einer 3-seitigen Sequenz zur Testvorbereitung ab. Diese *Let's prepare for a test*-Seiten üben jeweils auf der ersten Seite den Unit-Wortschatz (Notwendigkeit der summativen Festigung der Lexik), auf der zweiten Seite die neuen grammatischen Strukturen (inklusive Lexik mittels MIXED BAG) und auf der dritten Seite zentrale Kompetenzen.

Die vielfältigen Übungen und Aufgaben sind zudem nach folgendem Dreischritt aufgebaut:

A. *Words & Grammar*
B. Kompetenz 1 (z. B. Unit 1: Hörverstehen)
C. Kompetenz 2 (z. B. Unit 1: Schreiben)

Damit wird der Kompetenzorientierung Rechnung getragen, der weit verbreitete dreiteilige Aufbau wird abgebildet, und die Methodenvielfalt wird gewährleistet (geschlossene, halb-offene und offene Testformate, rezeptive und produktive Fertigkeiten). Als beliebte und bewährte Testtechnik wird immer wieder das MIXED BAG verwendet, das lexikalische und grammatikalische Kenntnisse und Fertigkeiten integrativ überprüft.

Da in Bayern eine *mündliche Schulaufgabe* bereits in unteren Jahrgangsstufen eingesetzt werden kann, wird in *Access Bayern* nach Unit 5 (S. 143) auch dazu ein Vorschlag unterbreitet – mit einem monologischen und einem dialogischen Teil, beide durch Bildimpulse gesteuert.

Die insgesamt 15 *Let's prepare for a test* Seiten sollen dazu beitragen, dass alle Beteiligten mit einem guten Gefühl eine Unit abschließen und sich auf eine Schulaufgabe gut vorbereitet fühlen.

2.5 Balanced Teaching

Die Verabsolutierung eines didaktischen Prinzips muss unweigerlich scheitern. Es existiert kein Lehr- oder Lernprinzip, das durchgängig gültig ist, weil die Welt eben nicht aus einheitlichen Grundsätzen heraus funktioniert. Ein reflektierter Eklektizismus im Sinne einer zielorientierten Integration diverser methodischer Bauteile scheint die effektivste Unterrichtsform zu sein.

In folgenden Bereichen wird dabei in *Access Bayern* u. a. ein vernünftiges Gleichgewicht angestrebt:
- Methodik: Balance zwischen verschiedenen Ansätzen, Verfahren, Techniken
- Standards: Balance zwischen Kompetenzen und Inhalten
- Kompetenzen: Balance zwischen verschiedenen Kompetenzen – und *skills*
- Themen: Balance zwischen Fremdsteuerung (Curricula, Lehrkraft) und Selbststeuerung (Lernende)
- Verfahren: Balance zwischen *tasks* und *exercises*
- Fokus: Balance zwischen *fluency* und *accuracy*
- Schwierigkeitsgrad: Balance zwischen einfachen, mittleren und schwierigen Aufgaben
- Lehrerrolle: Balance zwischen *guide on the side* und *sage on the stage*
- Schülerrolle: Balance zwischen Wissen, Können und Handeln
- Gender: Balance zwischen weiblichen und männlichen Bedürfnissen
- Medien: Balance zwischen Lehrbuch und alternativen Materialien, zwischen traditionellen und modernen Medien
- Leistungsmessung: Balance zwischen verschiedenen Kompetenzen und unterschiedlichen Testformaten

3 Das Schülerbuch

Das Schülerbuch besteht aus folgenden Teilen (vgl. SB-Seite 4ff.):

Here we go!
– Anknüpfen an die Vorkenntnisse aus der Grundschule
– Systematisierung des bereits bis Klasse 4 Gelernten
– Einführung des Handlungsortes Plymouth und des Maskottchens Silky
– Schaffung einer positiven Lernmotivation

Fünf Units
– Detaildiskussion der einzelnen Aspekte einer Unit ab HRU-Seite 16

Fünf Lernaufgaben (Your task)
– Unit-bezogene Lernaufgabe mit motivierender Aufgabenstellung
– Anwendungskontext für erworbene Kompetenzen
– interkulturelles Lernen
– Lernstands-Diagnose und passendes Übungs- bzw. Wiederholungsangebot

Fünf Wiederholungs-Sequenzen (Let's prepare for a test)
– Wiederholung des Unit-Pensums auf 3 Seiten
– Vorbereitung einer Schulaufgabe (Klassenarbeit)
– Festigung von Wortschatz, Grammatik und Kompetenzen

Sechs Access to Cultures
– Fokus auf Landeskunde und interkulturelles Lernen
– Jeweils Doppelseiten mit interessanten Hintergrundinformationen
– Bezug zu Themengebieten des LehrplanPLUS

Access story (nach Unit 5)
– kursorisches Lesen / extensive reading
– Lesemotivation
– Erstbegegnung mit literarischen Textgestaltungsmerkmalen im Englischunterricht

More help-Seiten
– Hilfestellung im Rahmen von differenzierenden Aufgaben (niedrigeres Anspruchsniveau)

Book rally
– das Schülerbuch kennen- und nutzen lernen

Skills File
– Methodenkompendium
– detaillierte Beschreibung der eingeführten Lern- und Arbeitstechniken

Grammar File
– Übersicht über Form und Funktion der zentralen grammatischen Strukturen in der Reihenfolge ihrer Einführung im Schülerbuch
– ausführliche Erklärung erworbener Strukturen
– Möglichkeit zur selbständigen Arbeit durch regelmäßige Aufgaben zur Verständnissicherung (mit der Figur Morph als Learning Buddy)
– Ergänzung der Looking-at-language-, Language-help- und TIP-Boxen im Practice-Teil (enge Verbindung durch Verweissystem)

Wordbanks
– zusätzlicher Themenwortschatz in Mindmaps/Clustern zur Unterstützung von selbständiger Sprachproduktion

Vocabulary
– chronologisch organisierter Lernwortschatz im bewährten Dreispaltensystem; das mehrkanalige Lernen wird durch Beispielsätze („3. Spalte") und Illustrationen unterstützt
– Einführung und Erläuterung englischer Laute sowie der Lautschrift
– Green boxes systematisieren lexikalische Phänomene, wie z. B. Kollokationen oder sammeln unregelmäßige Verben im Simple past.

Dictionary
– englisch-deutsches Wörterbuch: alphabetisch sortierte Wortliste des gesamten Wortschatzes (Lernwortschatz wird mit Fundstelle angegeben); Hilfestellung bei Texterschließung
– deutsch-englisches Wörterbuch: alphabetisch sortierte Wortliste des Lernwortschatzes; Hilfestellung bei selbstständiger Sprachproduktion

Anhang
– Irregular verbs
– List of names
– English sounds
– English numbers
– Quellenverzeichnis
– Classroom English (deutsch – englisch)
– Arbeitsanweisungen (englisch – deutsch)

Die Hauptpersonen in Access Bayern|5

Maya Sen (11) ist das einzige Kind, das nicht auf die *Plymstock School* geht. Ihre Schule ist die auf Mathematik und Computer spezialisierte *Coombe Dean School*. Ihre Familie, die indische Wurzeln hat und neben Maya aus den Eltern und dem 15-jährigen Bruder Mukesh besteht, lebt gemeinsam in einer Wohnung in Plymouth. Die Sens sind sehr international geprägt und auf vielen Kontinenten zu Hause. Maya ist Lucys beste Freundin. Als sie sich auch mit Abby anfreundet, führt das zu Eifersüchteleien zwischen den Mädchen.

Pascoe (11) lebt mit ihrer Mutter, eren Schwester Holly (15) und tiefvater in einem Haus in uth. Ihre Großeltern bewirt- en eine Farm im Dartmoor, die egelmäßig besucht. Sie kennt seit ihrer frühesten Jugend, den sind eng befreundet.

Justin Skinner (12) und seine Mutter leben in einer Wohnung im Zentrum von Plymouth. Der von der Familie getrennt lebende, amerikanische Vater lebt und arbeitet in Boston (USA). Vater und Sohn sind sehr an Computern und Film interessiert und nutzen beides zur Kommunikation. Justin erstellt z. B. für seinen Vater ein Video-Tagebuch seiner ersten Tage an der *Plymstock School* und spricht mit ihm per Video-Konferenz.

Blackwell (11) lebt mit ihrer e in Wembury, einem kleinen ekt am Meer außerhalb von uth. In ihrer Familie leben den Eltern noch ihre zwei Brüder, Tim (13) und 5), die Katze Mink und der Skip. Ihre große Leidenschaft Segeln. Auf einem ihrer Segel- findet sie ein halb verhungertes nbaby am Strand, dem sie Namen geben darf: Silky.

Sam Bennetts (11) Familie besteht aus seiner kleinen Schwester, Lily (5) und den Eltern, die beide in der Britischen Marine dienen. Die Bennetts leben in einer Wohnsiedlung der *Navy* in Plymouth. Mit seinem sonnigen Charakter ist Sam jedermanns Freund. Seine Hobbys sind Kung-Fu und Basketball.

Silky ist eine Kegelrobbe (*Halichoerus grypus*), wie sie im östlichen Atlantik und der Nordsee weit verbreitet ist (40% der Gesamtpopulation lebt an britischen Küsten). Als Maskottchen ist Silky zum einen Teil der Geschichten im Schüler-buch, denn sie lebt im Plymouth Sound und stellt somit die Verbindung zur maritimen Umgebung Plymouths her. In Form der Handpuppe dient sie als emo-tionaler Anker und willkommener Gesprächspartner aus Plymouth.

Morph, das zweite Maskottchen, ist eine Phantasiefigur, die in der *Plymstock School Library* ein imaginäres Dasein führt. Weil er seine Form und Farbe belie-big verändern kann, bleibt er unentdeckt. Morph ist neugierig und wissbegierig. Als Lernbegleiter der Schülerinnen und Schüler taucht er regelmäßig auf den Seiten des Schülerbuchs auf und gibt Tipps beim Lernen und Begreifen der eng-lischen Sprache.

4 Beschreibung der Teile einer Unit und ihrer Funktion

Access Bayern folgt einem linearen Aufbau. Die Seiten können dabei nacheinander bearbeitet werden. Diese Struktur soll einerseits die Orientierung innerhalb des Schülerbuchs erleichtern, andererseits kann dadurch intensiver an einzelnen Kompetenzen gearbeitet werden. Bei der Gestaltung der einzelnen Schülerbuch-Seiten wurde Wert darauf gelegt, dass jeweils ein abwechslungsreiches methodisches und kommunikatives Angebot gemacht wird.

Jede der so gestalteten fünf Units umfasst 22 (Units 1 und 2) oder 24 Seiten (Units 3, 4, 5) sowie zum Übergang jeweils eine Doppelseite zu interkulturellen Themengebieten (insgesamt 6).

Lead-in:	die erste Doppelseite in den Units
Materialseiten pro Part (3-4 Parts):	1 bis 2 Seiten
Practice-Seiten pro *Part* (3-4 *Parts*):	2 bis 4 Seiten
Unit-Text:	2 Seiten
Your task:	1 Seite (Arbeitsschritte und Selbsteinschätzung)
Let's prepare for a test:	3 Seiten
Access to cultures:	2 Seiten

4.1 Lead-in

Die erste Doppelseite jeder Unit bietet einen motivierenden und altersgerechten Einstieg in das Thema der jeweiligen Unit. Vornehmlich über Hörverstehens-Texte und über Bildimpulse werden die S eingeladen, sich mit ihrem Vorwissen einzubringen und neue Details zu entdecken. Der dazu benötigte Wortschatz wird über erste kleine Aufgaben eingeführt bzw. systematisiert. Im Verlauf der weiteren Unit wird der vorhandene Vokabelbestand ergänzt. Neue grammatische Strukturen werden auf diesen ersten zwei Seiten nicht eingeführt.

Neben der Beschreibung des Gesehenen bzw. Gehörten nimmt auch der interkulturelle Vergleich einen prominenten Platz ein. Die S werden aufgefordert, Informationen über das Zielland mit der eigenen Lebenswirklichkeit zu vergleichen und Beobachtungen zu Gemeinsamkeiten und Unterschieden zu formulieren. Damit ist eine erste Sensibilisierung für Fragestellungen des interkulturellen Kompetenzerwerbs angelegt, der im Verlauf der weiteren Unit intensiviert wird.

4.2 Material-Seiten

In *Access Bayern* hat die Darbietung von zusammenhängenden (Lese-)Texten einen hohen Stellenwert. Im Regelfall besteht jede Unit aus mindestens drei Materialseiten. Bei der Konzeption dieser Seiten wurde dabei bewusst ein erweiterter Textbegriff zugrunde gelegt, so dass eine Fülle unterschiedlicher, altersgerechter Texte und Textsorten zum Einsatz kommt. Neben der inhaltlichen Verbindung zum kulturellen Schwerpunkt der Unit beinhalten diese Seiten auch neu einzuführende Lexik, Grammatik und Redemittel. Diese werden im jeweiligen inhaltlich-thematischen Kontext präsentiert.

Die Erlebnisse der Lehrwerkskinder verbinden die einzelnen Parts auf den Materialseiten. Diese thematische Verbindung und ein Handlungsbogen (*storyline*) halten die einzelnen Teile der Unit für die S besser zusammen und geben Orientierung.

Der Aufgabenapparat auf den Materialseiten dient in erster Linie der inhaltlichen Auswertung der Texte und macht die *Storyline* bzw. die thematischen Verbindungen transparent. Von Beginn an wird somit auch Leseverstehen intensiv geschult.

Zusätzlich wurde der Aufgabentypus *Have a go* auf den Material-Seiten aufgenommen, der neben den inhaltlichen Aspekten auch die neu einzuführende grammatische Struktur des jeweiligen Parts vorbewusst produktiv schult. *Have a go* bildet somit den Übergang zwischen Material- und Practice-Seiten.

4.3 Practice-Seiten

Die *Practice*-Seiten erfüllen eine Reihe von Funktionen:

- Kognitivierung und (differenzierende) Übung neuer grammatischer Strukturen („*Looking at language*", Übungssequenz, HRU-Seite 12)
- Systematisierung und Festigung von Wortschatz (WORDS)
- Vermittlung kultureller Aspekte des Ziellandes (*Background file*)
- Schulung aller kommunikativen Kompetenzen (Symbol-Legende, SB-Seite 3)
- Systematische Schulung der englischen Aussprache / Intonation über den kompletten Band hinweg (*Pronunciation course*)
- Intensive Schulung der methodischen Kompetenzen (*Study Skills*) durch Bewusstmachung, Anwendung und vertiefende Wiederholung
- Förderung des sozialen Lernens durch vielfältige Lernarrangements (Auszeichnung über Symbole: Partner- und Gruppenarbeit, kooperative Lernformen und *Partner check*; Symbol-Legende, SB-Seite 3)

4.4 Unit-Text

Am Ende jeder Lehrwerkeinheit steht weiterhin der Haupt-text, der umfangreicher ist als die Texte der Materialseiten. Er soll auf dem Plateau des Erreichten eine motivierende und spannende, lustige oder lehrreiche Geschichte erzählen. Der Unit-Text bildet oft den Höhepunkt und Abschluss der vorher in der Unit entwickelten *Storyline*. Da das Lese-vergnügen vorrangig ist, wurde bewusst auf unbekannte grammatische Strukturen verzichtet.

In der Begegnung mit den Texten und auch in deren Aus-wertung werden nochmals Aufgabenformate heran gezo-gen, die kommunikative und methodische Kompetenzen vielfältig üben. Verständnissicherung und Textauswertung finden im Rahmen zahlreicher Aufgaben statt, die auch Formen der Neigungsdifferenzierung ermöglichen: Das Label *You choose* signalisiert den SuS, dass sie in der pro-duktionsorientierten Auswertung des Haupttextes unter-schiedliche Wege gehen können.

4.5 Lernaufgabe (Your task)

Gegen Ende jeder Unit wird eine umfangreiche Lernauf-gabe (*Your task*, HRU-Seite 11) angeboten, die den S nochmals erlaubt, ihr in der Unit erworbenes Wissen in einem motivierenden und interkulturell ausgerichteten Kontext anzuwenden. Mit der Bearbeitung der Lernauf-gabe ist somit auch eine Vertiefungsfunktion verknüpft, die einzelne sprachliche Phänomene in einen funktional-thematischen Kontext einbettet. Außerdem können die S im Rahmen einer klar angeleiteten Selbsteinschätzung ihren Lernfortschritt reflektieren. Sie bekommen hier auch Hinweise auf Wiederholungs- und weitere Übungs-möglichkeiten innerhalb des Schülerbuchs sowie des *Workbook*.

4.6 Testvorbereitung (*Let's prepare for a test*)

s. 2.4.

4.7 Access to cultures

Zwischen den einzelnen Units wird jeweils ein *Stopover* mit einem besonderen Fokus auf Landeskunde und inter-kulturellem Lernen gelegt. Die insgesamt fünf Doppelsei-ten präsentieren interessante Hintergrundinformationen und passende Aufgaben zu den Themengebieten des LehrplanPLUS: *GB and the UK, Special Days, Shopping, London, The USA and Canada* sowie *English as a world language*.

5 Die Begleitmedien

Im Lehrwerkverbund *Access Bayern* gibt es neben dem Schülerbuch folgende Medien:

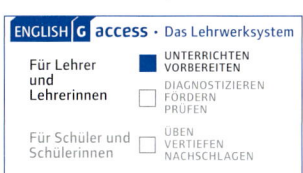

5.1 Unterrichten, vorbereiten
Schülerbuch-Lehrerfassung

Neuer Wortschatz und Grammatik sind markiert, Lösungen eingetragen und die Audio-Tracks angegeben. Außerdem gibt es Verweise auf sämtliche jeweils passenden Begleit-medien sowie kleine methodische Hinweise.

Handreichung für den Unterricht (HRU)

Didaktisch-methodische Erläuterungen und Hinweise zu den Units im Schülerbuch mit Tafelbildern und Kopiervor-lagen sowie einem Glossar. Eine übersichtliche Randspalte enthält Verweise zu den Begleitmedien sowie weitere Dif-ferenzierungsvorschläge.

Workbook-Lehrerfassung

Workbook mit sämtlichen Lösungen. Sowie Audio-Materi-al und Zugangscode für die interaktiven Übungen. Beige-legt ist das *MyBook*.

Audio-CDs

Alle Audio-Tracks des Schülerbuchs auf CD. Im mp3-For-mat finden Sie die Tracks auf der Website, ebenso die Tran-skripte.

Video DVD

Alle Video-Materialien, die Sie für die Seite *The world behind the picture* im Schülerbuch benötigen, finden Sie auf der DVD. Diese enthält außerdem Clips, die im Rahmen der Leistungsmessung eingesetzt werden können.

Folien

Das Folienpaket enthält eine Auswahl der Folien (ein bis zwei pro Unit). Die komplette Auswahl steht elektronisch im Rahmen des Unterrichtsmanagers/USB-Stick zur Verfügung.

Lektüren

Auch zu *Access Bayern* wird es in den ersten Lernjahren passsende Lektüren geben (Niveau A2).

5.2 Diagnostizieren, fördern, prüfen
Vorschläge zur Leistungsmessung

Als editierbare Word-Dateien steht mit den Vorschlägen zur Leistungsmessung ein umfangreicher Aufgabenpool zur Verfügung.

Diagnose und Fördern-Online

Über *SCOOK* vernetzen Sie sich mit ihren S im virtuellen, geschützten Klassenzimmer, weisen ihnen Aufgaben zu oder kontrollieren den Lernfortschritt mit Hilfe des Diagnosetests zu *Access Bayern*. Sie wählen den passenden Test aus und weisen ihn ihren S zum Bearbeiten zu. Eine automatische Auswertung gibt einen schnelleren Überblick über die Fähigkeiten ihrer S und bildet die Basis für eine gezielte individuelle Förderung.

5.3 Für Schüler/innen: üben, vertiefen, nachschlagen
Hörtexte aus dem SB

Die S finden eine Auswahl der Hörtexte auf der Website zum Download.

Workbook

Das Arbeitsheft zum Vertiefen und Wiederholen. Die Aufgaben decken systematisch alle Kompetenzen, Strukturen und Wortschatz ab. Die Texte zu den Höraufgaben finden sich auf der Website.

Workbook mit interaktiven Übungen

Das Workbook gibt es auch in der Variante mit interaktiven Übungen. Dieses fakultative Übungsangebot finden die S auf der Cornelsen-eigenen Website SCOOK; dafür findet sich im *Workbook* auf der ersten Seite ein Zugangscode. Das Übungsangebot ist auf drei Niveaus differenziert.

Grammar and Skills

Hier finden S das *Grammar*- und *Skills File* aus dem Schülerbuch systematisch zum Nachschlagen zusammengestellt, erweitert um einen umfangreichen Übungsteil zur Grammatik.

Schulaufgabenarbeitstrainer

Zur selbständigen Vorbereitung auf Schulaufgaben.

Wordmaster

Vertiefende Wiederholung des Wortschatzes. Die Vokabeln werden in unterschiedlichen Kontexten, auch spielerisch, präsentiert.

Vokabeltaschenbuch

Ein chronologischer Vokabelteil aus dem Schülerbuch im Mini-Taschenbuchformat.

www.cornelsen.de/access-bayern

Auf der Website gibt es zusätzliche Informationen und Materialien für Lehrkräfte und S.

Begleitmaterial auf USB-Stick mit Unterrichtsmanager und E-Book auf SCOOK

Das gesamte Begleitmaterial befindet sich auf einem USB-Stick, welches online dem digitalem Buch an passender Stelle zugeordnet ist.

Der Unterrichtsmanager ist ein neues digitales Werkzeug für die Vorbereitung zu Hause und den Einsatz im Unterricht. Es enthält das Schülerbuch (Schüler- und Lehrerfassung) als Navigationsoberfläche. Von dort aus erreichen Sie per Klick die verschiedenen Begleitmedien, die jeweils passgenau zugeordnet sind.

Vokabel-App

Vokabeltrainer fürs Handy mit seitengenauer Vokabelauswahl, Üben mit intelligenter Karteikastenlogik, Prüfungstraining und Wörterbuch. Alle Vokabeln sind vertont. Außerdem enthält die App eine Funktion, mit der sich Fotos vom Handy direkt zu einer Vokabel einfügen lassen. Herunterzuladen aus allen gängigen App-Stores.

6 Exemplarische Stoffverteilung *Access Bayern|5*

6.1 Übersicht über das Schuljahr

Ein Schuljahr umfasst ca. 38 Unterrichtswochen. Daraus ergeben sich bei …

	5 Wochenstunden
	190 Stunden
abzüglich 10% -mutmaßliche Ausfälle	19 Stunden
verbleiben	171 Stunden

6.2 Beispiel für eine Stoffgrobplanung

	5 Wochenstunden
Für Here we go! und fünf Units	126 Stunden
Für vier Klassenarbeiten (inkl. Vorbereitung und Besprechung)	12–16 Stunden
Für Your task	5 Stunden
Für Access to cultures	6–12 Stunden
Zur freien Verfügung (z. B. Lektüre der Access story)	12(–22) Stunden
ergeben	171 Stunden

6.3 Empfohlene Stundenzahl

Here we go!	10 Stunden
Für Unit 1	22 Stunden
Für Unit 2	22 Stunden
Für Unit 3	24 Stunden
Für Unit 4	24 Stunden
Für Unit 5	24 Stunden
ergeben	126 Stunden

Anmerkungen zu dieser Planung

Die Stundenverteilung basiert auf einer zügigen Unterrichtsdurchführung. Zusätzlich eingeschobene Konsolidierungsphasen werden nicht mit veranschlagt. Fakultative Teile des SB sowie Begleitmedien werden ebenso wenig einbezogen wie Phasen der Freiarbeit oder der Projektarbeit außerhalb des SB.

6.4 Vorschlag für einen Verlaufsplan: *Access Bayern*, Unit 3 (4 Wochenstunden):

Diesem Verlaufsplan liegt ein Vorgehen zugrunde, das genau die Abfolge im SB nachvollzieht. Die vorgeschlagene Stundenverteilung ist nicht als Norm anzusehen.

Stunden	Part A–C, S.	Practice	EXTRA	Grammar File / Skills File / *MyBook*
1.	S. 68/69			
2.	Part A, 70			*MyBook*
3.	Part A, 71			GF (S. 189–190)
4.	Part A, 72	LaL, P1–2	189–190	GF (S. 189–190)
5.	Part A, 73	P3–6		GF (S. 189–190)
6./7.	Part A, 74	P7	P7c)	SF (S. 175–176)
8.	Part A, 75	P1–2		TWBTP
9.	Part B, 76			GF (S. 190)
10.	Part B, 77	LaL, P1–3		GF (S. 190)
11.	Part B, 78	P4–5		GF (S. 190)
12.	Part B, 79	P6–7		GF (S. 191)
13.	Part C, 65	P2, P3		
13.	Part B, 66	P4, P5		
14.	Part B, 67			
15.	Part C, 80/81			BF
16./17./18.	Part C, 82–84	P1–6		GF (S. 192–193) SF (p. 181)
19.	Part C, 85	P1–3		*Pronunciation course*
18./19.	Text, 86–87			
20.	*Your task, 88*			*Task & Homework*
21.	*Your task, 88*			*Evaluation*
22./23.	*Let's prepare for a test, 89–91*			
24.	*Access to cultures, 92–93*			

Literaturhinweise

1. Fachdidaktiken

1.1 Doff, Sabine / Klippel, Friederike: Englisch Didaktik. Praxishandbuch für die Sekundarstufe I und II. Cornelsen Scriptor 2007

1.2 Haß, Frank (Hrsg.): Fachdidaktik Englisch. Tradition, Innovation, Praxis. Klett 2006

1.3 Thaler, Engelbert: Englisch unterrichten. Grundlagen, Kompetenzen, Methoden. Cornelsen 2012

1.4 Timm, Johannes-Peter (Hrsg.): Englisch lernen und lehren. Didaktik des Englischunterrichts. Cornelsen 1998

2. Monographien

2.1 Börner, Otfried / Edelhoff, Christoph / Lohmann, Christa: Perspektiven Englisch (Heft 8): Individualisierung und Differenzierung im kommunikativen Englischunterricht. Grundlagen und Beispiele. Diesterweg 2010

2.2 Brüning, Ludger / Saum, Tobias: Erfolgreich unterrichten durch Kooperatives Lernen. Strategien zur Schüleraktivierung. Neue Deutsche Schule Verlagsgesellschaft mbH 2006

2.3 Green, Norm / Green, Kathy: Kooperatives Lernen im Klassenraum und im Kollegium. Das Trainingsbuch. Kallmeyer 2005

2.4 Hallet, Wolfgang: Didaktische Kompetenzen. Lehr- und Lernprozesse erfolgreich gestalten. Klett 2006

2.5 ISB Staatsinstitut für Schulqualität und Bildungsforschung München: ISB Handreichung Sprachen Leben – Kompetenzorientierte Aufgaben in den modernen Fremdsprachen. Cornelsen 2011 (Bände 1 und 2)

2.6 Mattes, Wolfgang: Methoden für den Unterricht. Kompakte Übersichten für Lehrende und Lernende. Schöningh 2011

2.7 Paradies, Liane / Linser, Hans: Differenzieren im Englischunterricht. Cornelsen Scriptor 2010

2.8 Thaler, Engelbert: Lernerfolg durch Balanced Teaching: Offene Lernarrangements. Aufgabenorientiert, spielorientiert, medienorientiert. Cornelsen 2010

2.9 Thaler, Engelbert: 10 Modern Approaches to Teaching Grammar. Schöningh 2010

Here we go!

Storyline	Die Robbe Silky, eins der beiden Maskottchen des Lehrwerks, stellt sich vor: Sie ist zwei Jahre alt und lebt in Plymouth in Südengland. Silky regt die S durch Fragen dazu an, sich ebenfalls vorzustellen, und präsentiert die Sehenswürdigkeiten der Hafenstadt und damit einige Schauplätze der Handlung. So erzählt sie, wo sie sich an welchem Wochentag aufhält. Ausgehend von Silkys Lieblingstier werden Tiernamen und Farben geübt sowie die Grundschulthemen Schulutensilien und Zahlen wiederholt.
Kommunikativer Kompetenz-schwerpunkt	**Listening:** *Here we go!* nimmt Bezug auf Aufgabentypen und Methoden der Hörverständnisschulung aus der Grundschule. Die Kompetenz Hören wird auf vielfältige Weise, so z. B. durch eingängige Reime und Songs geschult. Die Aufgaben zielen dabei sowohl auf das Global- als auch auf das Detailverstehen ab.
	Die S können … verstehen, was in einem Lied gesungen wird und den Text mitsingen (SB-Seiten 11, 2; 17, 4a)) · einfachen Hörtexten die Hauptinformationen entnehmen und Orte auf einer Karte zeigen (SB-Seite 10, 1c)) · ein Gedicht verstehen und fehlende Verse zuordnen (SB-Seite 13, 3) · einfachen Hörtexten die Hauptinformationen entnehmen und Tiere in einem Wimmelbild zeigen (SB-Seite 14, 1b)) · das Wesentliche von kurzen, klaren und einfachen Mitteilungen erfassen und Schulutensilien identifizieren und auspacken (SB-Seite 16, 2, 3)
Sprechabsichten	sich selbst mit Name, Alter und Wohnort kurz vorstellen und andere danach fragen · etwas über Plymouth erzählen · nach der Uhrzeit fragen und die Uhrzeit nennen
Vorwissen aus der Grundschule	**Themen:** Wochentage · Tiere · Farben · Schulutensilien · Zahlen bis 100 **Methoden:** *Listen and point* (SB-Seiten 10, 14, 16) · *Paint and label* (SB-Seite 15) · *Point and tell* (SB-Seite 17) · Sprechen kleiner gestützter Dialoge mit einem Partner (SB-Seiten 9, 10, 12, 13, 14, 16) · Unterstützung des Hörverstehens bei unbekannten Songs und Gedichten durch *Total physical response* (SB-Seiten 13, 17) · Sprachspiele (SB-Seiten 15, 16)
Language skills	**Wortfelder:** *sights of Plymouth · days of the week · animals · colours · the classroom · numbers · time*
Study skills	**TIP – The Vocabulary:** Neue Wörter lernen anhand des *Vocabulary* (SB-Seiten 9, 201) · **Discovering the book.** Das SB nutzen lernen in einer *Book rally* (SB-Seiten 18–19)
Kooperative Lernformen	*Milling around activity* (SB-Seite 8) · *Partner check* (SB-Seite 14)

KOMMUNIKATIVE KOMPETENZEN

Die S können …

Sprechen: in einem Dialog einfache persönliche Fragen stellen, beantworten und sich vorstellen (Name, Alter, Geschlecht, Wohnort) (SB-Seite 8, 1–2)

Schreiben: über sich selbst und fiktive Personen schreiben und einen kurzen Grußtext an Silky verfassen (SB-Seite 9, 3)

METHODISCHE KOMPETENZEN

sich in PA oder mit der Handpuppe in der Fremdsprache verständigen (SB-Seite 8, 1) · den Umgang mit dem *Vocabulary* kennenlernen (SB-Seite 9, 4) · eine *Milling around activity* durchführen (SB-Seite 8, 2)

S. 8–9

NEUER WORTSCHATZ

Here we go. · Hello. · I'm a seal. (= I am a seal.) · a seal · My name is Silky. · I'm **two years old.** +Box "Numbers", *Voc.*, SB-Seite 204

EINSTIEG

SB geschlossen. L stellt die ►*Handpuppe* des Lehrwerksmaskottchens Silky, einer zweijährigen Kegelrobbe aus Plymouth, vor. Dabei führt L kleine Dialoge mit Silky vor, die über sich erzählt und L Fragen stellt. Anschließend stellt Silky die Fragen an die S.

Musterdialoge:

1. L stellt die Handpuppe Silky vor: Hello! I'm a seal. My name is Silky. I'm two years old.
2. L macht ein Gespräch mit Silky vor. Silky: What's your name? L: My name is Ms/Mr … . Silky: How old are you? L: I'm … years old.
3. Silky (L) stellt Fragen an die S. Silky: What's your name? S: My name is … . Silky: How old are you? S: I'm … years old.
4. L fragt Silky nach ihrer Herkunft, Silky fragt zurück. Anschließend fragt Silky die S, woher sie kommen. L: Where are you from? Silky: I'm from Plymouth in England. What about you? L: I'm from … in … . Silky an S: Where are you from? S: I'm from … in … .

➔ Handpuppe

Alternative

SB geöffnet. Gemeinsame Bildbetrachtung. Die S hören Silkys Vorstellung von der CD (alternativ liest L Silkys Texte vor). Ausgehend von Silkys letzter Frage (What about you?) sind nun die S aufgefordert, sich nach Silkys Beispiel selbst vorzustellen.

Weitere Differenzierung

L gibt die Redemittel aus dem SB an der Tafel vor.
Einige S können mehr über sich erzählen oder Silky übernehmen.

➔ siehe TB zu **1** auf HRU-Seite 23

◤ Silky, die Kegelrobbe

Das *Access-Bayern*-Maskottchen **Silky** ist eine weibliche Kegelrobbe. Sie ist zwei Jahre alt und hat ihren Lebensraum an der Küste von Plymouth.

Kegelrobben (*grey seals*) sind Säugetiere, die hauptsächlich in den nördlichen Meeren Europas leben. Sie gehen nur selten an Land und mögen Felsküsten und Klippen lieber als Sandstrände. Ihr Name leitet sich von ihrer kegelförmigen Kopfform ab.

Diese Wasserraubtiere können bis zu 70 m tief tauchen, um nach Fischen zu jagen, von denen eine ausgewachsene Kegelrobbe etwa zehn Kilogramm pro Tag verspeist. Mit einer Länge von ca. 2,30 m und einem Gewicht von bis zu 300 kg sind Kegelrobben deutlich größer als Seehunde (*common seals* oder *harbour seals*), die sich außerdem durch ihre rundliche Kopfform von den Kegelrobben unterscheiden. Kegelrobben werden bis zu 45 Jahre alt. Die männlichen Tiere sind wesentlich größer als die weiblichen und unterscheiden sich von diesen auch in ihrer Fellfärbung: Männchen sind auf dunkelgrauem Grund hell gefleckt, Weibchen dagegen haben dunkelgraue Flecken auf silbergrauem Grund. Kegelrobben werden mit vier bis sieben Jahren geschlechtsreif, sind aber erst mit zehn Jahren ausgewachsen.

1 Silky's questions

NEUER WORTSCHATZ

I'm from Plymouth. · in England · What about you? · what? · Silky's questions +question · °partner · °you're · °(to) ask · °answer · What's your name? · your · Are you …? · boy · or · girl · How old are you? · Where are you from? · where? · °now

ERARBEITUNG

a)/b) 👥 SB geöffnet. L: Now you're Silky. Ask your partner Silky's questions. Die S stellen ihrem Partner die Fragen, die in Silkys Sprechblase auf SB-Seite 8 (Mitte) stehen, wobei der Partner die persönlich passende Antwort geben soll. Anschließend tauschen sie ihre Rollen.

Damit alle S wissen, wie die Übung geht, führt L einen exemplarischen Dialog vor, inklusive des Rollenwechsels für Aufgabenteil **b)**.

Der Wechsel zwischen den Aufgabenteilen **a)** und **b)** kann frei (sobald ein S-Paar mit **a)** fertig ist) oder gemeinsam und von L durch ein akustisches Signal (▶akustischer Phasenwechsel) koordiniert erfolgen.

Hinweis: Die S sollen an dieser Stelle v. a. ihren Wohnort, also ihre Stadt/Viertel oder ihr Dorf, nennen. Das Herkunftsland ist zweitrangig.

Weitere Differenzierung

Vor der Durchführung von **1** sammeln L und S an der Tafel zunächst alle Fragen von Silky und Silkys Antworten aus dem SB. In den Antworten markieren die S dann die Begriffe, die sie in ihren eigenen Antworten verändern würden (auch als AB möglich):

Silky's questions
What's your name? – My name is (Silky).
Are you a boy or a girl? – I'm a (seal).
How old are you? –I'm (two) years old.
Where are you from? – I'm from (Plymouth) in (England).

2 Meet your classmates

NEUER WORTSCHATZ

Meet your classmates. · **classmate** · °(to) talk to · °different (from)

ERARBEITUNG

👥 L: Now talk to different partners. Tell your classmates about you and ask them questions.

Der im SB abgedruckte Dialog dient für diese ▶Milling around activity als Muster. Für ein sicheres Gelingen können einige S zunächst ein bis zwei Musterdialoge in der Klasse vorführen, diesmal ohne Silky.

Danach gehen die S im Klassenraum umher und erzählen verschiedenen Mit-S in kleinen Dialogen von sich selbst, um die in **1** eingeübten Sprachmuster zu festigen.

Die S können sich während der Dialoge Notizen in einer Tabelle (TB oder AB) machen und danach über ihre Mit-S berichten.

Alternative

Variante als Ratespiel: Die S lesen ihre Notizen über eine/n S vor, die anderen raten, um wen es sich handelt.

Meet your classmates

questions	student 1	student 2
What's your name?		
Are you a boy or a girl?		
How old are you?		
Where are you from?		

3 A card to Silky

NEUER WORTSCHATZ

card (to) · °(to) write · **and** · **I like …** · **the** · **colour** · **red**

ERARBEITUNG

L: Write a card to Silky and tell her about yourself. Choose a nice postcard and write your text on it. You can draw pictures on your postcard too.

Nachdem die S in **1** und **2** mündlich geübt haben, sich vorzustellen und Fragen zu stellen, vertiefen sie nun ihr Wissen schriftlich. **3** ist als HA geeignet: Die S schreiben ihren Text an Silky auf eine schön gestaltete Karte oder dekorieren diese mit Bildern und farbiger Schrift. Die fertigen Karten werden im Klassenraum aufgehängt; die S gehen herum, um sich die Postkarten anzusehen und durchzulesen.

INFO-BOX

XXX wird im informellen Englisch als Abkürzung für *kiss kiss kiss* unter sich nahestehenden Personen genutzt. X (Kuss), XX (Küsse) oder XOXO (*hugs and kisses*) sowie ähnliche Buchstabenfolgen werden entsprechend auch als informelle Schlussformeln in Kurznachrichten verwendet.

TIP

NEUER WORTSCHATZ
tip

ERARBEITUNG

Die S lesen den *TIP*. Danach schlagen sie SB-Seite 201 auf und beschreiben das dort beginnende *Vocabulary* auf Deutsch. Ggf. stellt L Fragen und gibt Erklärungen.

Mögliche S-Äußerungen: Das *Vocabulary* ist in drei Spalten aufgeteilt. Erst kommt das englische Wort, dann die deutsche Übersetzung. Es gibt eine dritte Spalte mit Erklärungen. Hinter dem englischen Wort stehen Zeichen in eckigen Klammern. Dies ist die Lautschrift, mit der gezeigt wird, wie das Wort ausgesprochen wird. Ganz außen am linken Rand ist immer wieder ein kleines *p.* mit einer Zahl zu finden, z. B. *p. 9*. Dies gibt die Seite im SB an, auf der die Vokabeln zum ersten Mal vorkommen. Das *p.* steht für *page*.

An dieser Stelle bietet es sich an, mit den S den Umgang mit dem Lernvokabular und die Anzahl der Lernwörter zu vereinbaren, sodass das Vokabellernen von Beginn an systematisch erfolgt (▶ *Umgang mit Vokabeln*). Das *Vocabulary* und das SF 1 (SB-Seiten 174–175) werden auch in Unit 1 (SB-Seite 27) behandelt.

➜ Vocabulary (pp. 201)
➜ SF 1: Learning Vocabulary (pp. 174–175)

4 Find the words

ERARBEITUNG

Die S suchen die Wörter im *Vocabulary* zum *Here we go!* (SB-Seiten 204–209) und schreiben jeweils eine Bedeutung heraus.

➜ Workbook 1–2 (p. 2)
➜ Interaktive Übungen zum Workbook 1–2

LÖSUNG

classmate: Mitschüler/in · hill: Hügel · hometown: Heimatstadt · meet: treffen · near: in der Nähe von · lots of: viel/e … · tower: Turm

Silkys Sprechblase(n)

NEUER WORTSCHATZ
Let's go to England. · **to** · (to) **go** · (to) **come** · (to) **see** · **hometown** +**town**

Einsatz der Silky-Sprechblasen und -Zeichnungen im Unterricht

Die Robbe **Silky** führt durch das *Here we go!*, indem sie am Ende jeder Doppelseite mit einer Einladung in das nächste Thema zum Umblättern und Weiterarbeiten ermuntert. In ihren **Sprechblasen** befindet sich Lernwortschatz, der die Erarbeitung des nächsten Themas vorbereitet. Der Einsatz von Silkys Sprechblasen im Unterricht kann flexibel erfolgen, wobei diese – neben der vorbereitenden Wortschatzarbeit – v. a. die Möglichkeit geben, das Vorwissen der S zu dem jeweils folgenden Thema zu sammeln, zu überprüfen und ggf. zu erweitern.

Vorschläge für den **Einsatz im Unterricht**:

1. Ritual zum Stundenbeginn: Die S lernen jeweils die Sätze von Silky auswendig und sprechen sie gemeinsam. Hierbei kann auch ein S die Rolle von Silky mit der Handpuppe übernehmen.
2. Überleitung in die nächste Lerneinheit: Silkys Äußerung wird gemeinsam gelesen. Danach sammeln die S zunächst ihr Vorwissen zum folgenden Thema, bevor die Seite umgeblättert wird (z. B. SB-Seite 11: Is it Monday, Tuesday, …? (…) – L: Tell me the names of the days of the week. What's your favourite day? …).
3. Ausblick auf die nächste Stunde: Lesen der Sprechblase. L: Next lesson we will find out more about this.

KOMMUNIKATIVE KOMPETENZEN
Die S können …

Hör-/Sehverstehen: einfachen Hörtexten die Hauptinformationen entnehmen und Orte auf einer Landkarte korrekt zuordnen (SB-Seite 10, 1c)) · die Grundaussagen eines Lieds verstehen und mitsingen (SB-Seite 11, 2)

Sprechen: sich mit einfachen Wendungen über Orte auf einer Landkarte unterhalten (SB-Seite 10, 1b))

METHODISCHE KOMPETENZEN
Listen and point · Matching words and pictures

S. 10–11

EINSTIEG

SB geschlossen. Semantisierung von *hometown*, indem L über die eigene Heimatstadt spricht und die S nach ihrer und nach Silkys Heimatstadt fragt. L: I'm from … in Germany. So, my hometown is … . In my hometown I can see a river, a pool and a school. And I can see trees and lots of people and … in my hometown. I like my hometown a lot. What's your hometown? S: My hometown is … .

Reaktivierung von Grundschulwortschatz: S mit fundierter Grundschulvorbildung können Beschreibungen ihrer Heimatstadt hinzufügen, z. B.: In my hometown I can see the school, a shopping centre, the zoo, a castle, a mountain, … .
L: What's Silky's hometown? S: Silky's hometown is Plymouth.

SB geöffnet. L: Let's find Plymouth on the map in your English book. (L zeigt auf zweite Umschlagseite im SB.) Die S suchen Plymouth auf der Landkarte. Anschließend beschreiben sie die Landkarte auf Deutsch (►*Verwendung der Muttersprache im Fremdsprachenunterricht*). Mögliche S-Äußerungen: Plymouth liegt direkt am Strand an der Südküste von England. London ist die Hauptstadt von Großbritannien. *The United Kingdom* besteht aus: *England, Wales, Scotland* und *Northern Ireland*.
Ggf. erklärt L: *(The Republic of) Ireland* ist ein eigenständiger Staat. *Loch Ness* ist in Schottland. Angeblich soll Nessie darin leben.

Alternative

📄 **KV 1: The British Isles.**
Die S schneiden die Landesteile der britischen Inseln aus, kleben sie richtig angeordnet auf und ergänzen wichtige Städte und Orte in ihrer Landkarte. Die Landkarte im SB (zweite Umschlagseite) dient als Kontrollseite. (Auch als vorbereitende HA geeignet.) Anschließend beschreiben die S ihre Landkarte auf Deutsch. Dabei wird auch Plymouth, Silkys Heimatstadt, gesucht. Danach ggf. Frage-runde zur *hometown* der S, falls nicht im Einstieg erfolgt.

---

1 Silky's tour of Plymouth 🎧

NEUER WORTSCHATZ

Welcome to Plymouth. · Silky's **tour of** Plymouth · °(to) match sth. (to sth.) · °word · °picture · **river** · **castle** · **(swimming) pool** · **tower** · **hill** · **boat** · **sea** · **big wheel** · **big** · °about: talk about · °map · **can** · **on the map** · °(to) listen (to) · °(to) look at · °place · °again · °(to) point (to sth.)

ÜBERLEITUNG

L: Let's find out more about Silky's hometown. Please open your books at page 10.

ERARBEITUNG

a) 👥 Die S ordnen in PA die im Kasten angegebenen Wörter den entsprechenden Bildern mündlich zu.
L: First, find out about things you can see in a town. Look at the pictures (zeigt auf die Bilder auf SB-Seite 10) and match them to the words in the box (zeigt auf den Wortkasten). Ein Beispiel wird vorab im Plenum gezeigt. L: What's number 1? (Zeigt auf Bild 1.) S: Number 1 is a castle. L: Now, work with your partner and match the other words to the pictures. Anschließend folgt die Sicherung der Ergebnisse im Plenum.

Alternative

Die S malen ihren Heimatort / eine Stadt und beschriften diese. Benötigen die S Vokabelhilfen, so verweist L auf das *Dictionary* auf den SB-Seiten 243 (E>D) bzw. 258 (D>E) oder schreibt und zeichnet die benötigten Vokabeln und deren Bedeutung an die Tafel.

LÖSUNG

1 castle · 2 boy · 3 river · 4 pool · 5 big wheel · 6 sea · 7 girl · 8 hill ·
9 tower · 10 boat

ERARBEITUNG

b) 👥 Die S festigen ihr Vokabelwissen, indem sie sagen, was sie auf der Landkarte auf SB-Seiten 10–11 sehen und gleichzeitig darauf zeigen.
L führt über einen Beispielsatz in die Übung ein.
L: I can see a girl on the map. (L zeigt für alle sichtbar auf das Mädchen.) What about you?
Ein S macht das nächste Beispiel vor.
L: Now talk to your partner. Tell your partner what you see on the map and point to it.

ERARBEITUNG

c) Um das Hörverständnis des eingeübten Vokabulars abzusichern, hören die S nun einen Text, in dem Silky über ihre Heimatstadt Plymouth spricht. Sie hören den Text zweimal.
1. Hören (Globalverstehen): Während des Hörens schauen die S die Landkarte auf SB-Seiten 10–11 an, um nachzuvollziehen, von welchen Orten Silky spricht.
L: Listen to what Silky says about her hometown Plymouth and look at the places on the map.
2. Hören (Detailverstehen): Die S zeigen während des laufenden Hörbeispiels auf die jeweiligen Orte auf der Landkarte im SB, von denen Silky gerade spricht.
L: Listen again. While you listen, point to the places.
L illustriert den Arbeitsauftrag gestisch, indem sie/er mit dem Finger gut sichtbar auf einige Orte auf der Landkarte zeigt.

➡ 1 ▷ 02 Transkript online
➡ Workbook 3 (p. 3)

Plymouth

Die Hafenstadt **Plymouth** [ˈplɪməθ] liegt am *Plymouth Sound* in der Grafschaft Devon (Südwestengland). Sie ist mit etwa 256.000 Einwohnern die drittgrößte Stadt Südenglands.

Plymouth wurde 1211 erstmals urkundlich erwähnt und erhielt 1245 Stadtrecht. Seit dem 16. Jahrhundert war Plymouth der Ausgangspunkt bedeutender britischer Übersee-Expeditionen, wie der Gründung der englischen Kolonie Virginia in Amerika durch Sir Walter Raleigh im Jahr 1585. Sir Francis Drake umsegelte von Plymouth aus als erster Engländer die Erde und besiegte 1588 von hier aus die spanische Armada. 1620 startete die *Mayflower*, das legendäre Segelschiff mit den Pilgervätern, von hier aus Richtung Massachusetts und zog eine Welle von Auswanderern in die Neue Welt nach sich. James Cook unternahm von Plymouth aus seine drei Weltreisen (1768–1780), die ihn zum Entdecker Australiens werden ließen.

In der jüngeren Vergangenheit liefen von hier aus die Kriegsschiffe der *Royal Navy* in den Falkland Krieg, den Golfkrieg und den Irakkrieg aus. Als Standort der königlich-britischen Marinewerft und des Marinestützpunktes Devonport im Westen der Stadt, dem größten Marinehafen Westeuropas und wichtigsten Arbeitgeber in Plymouth, ist die Stadt auch heute noch stark von der Seefahrt geprägt. Plymouth ist durch Fähren mit Frankreich und Spanien verbunden. Mit 30.000 Studierenden beherbergt Plymouth die neuntgrößte Universität Englands.

Als **Plymouth Sound** (deutsch: Plymouth Sund) wird die etwa sechs Kilometer lange Bucht vor Plymouth bezeichnet (▶*Places in Plymouth*, HRU-Seite 27).

2 Silky's song

NEUER WORTSCHATZ
Silky's **song** · °along: sing along · °chorus · °let me show you ... · °sound · °it's ... · °by the sea · °there's · °blue · °water · °warm · °kid · °cool · °white · °lots of ... · °stripe · °tall · °bright · °Who's ...? (= Who is ...?)

ÜBERLEITUNG
L: Silky has her own song about her hometown. Let's learn Silky's song.

ERARBEITUNG
Die S lernen *Silky's song* und verinnerlichen wichtige Sprachstrukturen, indem sie das Lied zuerst hörend und lesend mitverfolgen und danach mitsingen.
1. Hören: L: First, listen to *Silky's song* and read the text.
Die S hören den Song an und lesen mit.
2./mehrmaliges Hören: L: Now, sing with Silky.
Die S singen zur CD mit. Wenn die S den Song gut beherrschen, können sie ihn zum instrumentalen Playback singen.

Hinweis: In *Silky's song* kommen bereits die Farbbezeichnungen *blue*, *red* und *white* vor. Diese werden hier nicht als Lernwortschatz eingeführt, sollten den S jedoch aus der Grundschule bekannt sein.

→ 1 📀 03 Audio online
→ 1 📀 04 Audio online (Playback)

Weitere Differenzierung
L kann Schwierigkeit und gestalterische Bandbreite erhöhen, indem Strophen oder einzelne Zeilen des Songs auf Gruppen verteilt werden: Die linke Klassenhälfte singt die erste Strophe (*By the ...*); die rechte Klassenhälfte singt die zweite (*Red ...*). *Let me ...* singen alle gemeinsam.

3 Who is it? What is it?

Im Anschluss an das Singen von *Silky's song* kann das Textverständnis der S mit den Fragen 1–8 überprüft werden. Dies kann mündlich oder schriftlich erfolgen.
L: Please answer the questions.

LÖSUNG
1 a seal · 2 Plymouth · 3 a pool · 4 a river · 5 the Lido Pool · 6 the water · 7 the kids · 8 the tower

Silkys Sprechblase

NEUER WORTSCHATZ
Is it Monday? +**Box "The days of the week"**, *Voc.*, SB-Seite 206 · **every** day/colour/boat · **great**

Hinweis: Zum Einsatz im Unterricht s. HRU-Seite 22 unten.

KOMMUNIKATIVE KOMPETENZEN

Die S können …

Hören: die Grundaussagen eines Gedichts verstehen und Zeilen vervollständigen (SB-Seite 13, 3)

Sprechen: ein einfaches Gespräch mit einem Partner führen und über die Wochentage sprechen (SB-Seite 12, 1) · eigene Reaktionen auf Gesehenes altersgemäß beschreiben und Fotos zu Sehenswürdigkeiten auf der Landkarte zuordnen (SB-Seite 13, 2) · ein Gedicht vortragen (SB-Seite 13, 3)

METHODISCHE KOMPETENZEN

Partnerkontrolle (SB-Seiten 12, 1; 13, 2) · *Matching pictures* (SB-Seiten 12–13)

S. 12–13

EINSTIEG

SB geschlossen. Reaktivierung von Vorwissen aus der Grundschule zum Thema „Wochentage": Dabei werden zunächst die Wochentage an der Tafel gesammelt und danach mit bestimmten Orten, an denen sich L oder S an den jeweiligen Tagen aufhalten, in Verbindung gebracht:

The days of the week			
On	Monday	I'm	at school.
	Tuesday		at the gym / … .
	Wednesday		at the football club.
	Thursday		at my piano lesson.
	Friday		at the shop.
	Saturday		at home / at the zoo.
	Sunday		at church / … .

L: Let's talk about the days of the week. Please help me – what are the days of the week?

L schreibt und ergänzt ggf. die genannten Wochentage. L erzählt an welchen Orten sie/er sich an ein paar Tagen in der Woche aufhält und schreibt bzw. zeichnet die jeweiligen Orte neben die Wochentage an die Tafel:

L: Let me tell you about my week! On Monday I'm at school. (L schreibt *school* und/oder malt die Schule an die Tafel.) On Tuesday I'm at school too, and I'm at the gym. (L macht vor, was er/sie dort tut, und schreibt *gym* neben Tuesday an die Tafel usw.)

Anschließend erzählen die S, wo sie an einzelnen Wochentagen sind; L nennt ggf. nötige Vokabeln und schreibt die Orte neben die Wochentage an die Tafel. L: What about you? Tell me about your Monday/Tuesday/Wednesday/… .

Zudem kann dieses Thema durch ein Ratespiel vertieft werden, in dem die S sich erinnern und erraten müssen, wer an welchem Tag wo ist. Benötigte Redemittel:

– Who is at … (the shop) on … (Wednesday)?
– Is it …?

Weitere Differenzierung

In Lerngruppen, die mit den Wochentagen noch nicht sicher vertraut sind, kann L ein AB mit vermischten Wochentagen verteilen:

Friday	Tuesday
Wednesday	
Thursday	Sunday
Saturday	Monday

Die S schneiden die Wochentage aus, ordnen sie korrekt an und kleben sie, nachdem sie die Reihenfolge kontrolliert haben, auf. Zur Sicherung wird die Reihenfolge der Wochentage an die Tafel geschrieben. Danach üben die S die Wochentage gemeinsam sprechend in der richtigen Reihenfolge ein. Dabei wischt L nach und nach einzelne Buchstaben bis hin zu ganzen Worten von der Tafel weg, um das Auswendiglernen zu unterstützen.

Hinweis: Besonders bei *Tuesday, Wednesday* und *Thursday* sollte die Aussprache intensiv geübt werden, z. B. durch ▶*Chorsprechen*.

ÜBERLEITUNG

Semantisierung von *at* und *near* als Vorbereitung auf **1**, indem L die Bedeutung illustriert und S diese anschließend durch verschiedene Aufstellungen im Klassenraum umsetzen.

L: On Monday I'm <u>at</u> school, so I'm <u>near</u> the … (ein Gebäude/Ort in der Nähe der Schule).

Now I'm <u>at</u> the desk (steht am Lehrertisch), but now (geht ein paar Schritte vom Lehrertisch weg) I'm <u>near</u> the desk (stellt sich an die Tafel).

I'm <u>at</u> the board now (schreibt die Worte *at* und *near* mit illustrierender Zeichnung an die Tafel). L geht ein paar Schritte weg: I'm <u>near</u> the board.

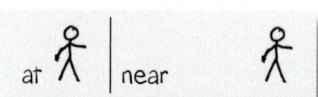

Die S bekommen Kärtchen: near the door – at the door / near the window – at the window / … und stellen sich auf. Die Mit-S nennen die Standpunkte: He is near the window.

➔ Kärtchen/gelbe Klebezettel mit Ortsbeschreibungen im Klassenraum (*at the window, near the door, …*)

1 Silky's week

NEUER WORTSCHATZ
at · near · on Monday/Tuesday/ … · she's … (= she is)

ERARBEITUNG
👥👥 **SB geöffnet.** Die Partner fragen sich gegenseitig nach den Orten, an denen sich Silky an den einzelnen Wochentagen befindet, und beantworten die Fragen mit Hilfe der von Silky in den Sand geschriebenen Worte auf SB-Seite 12.
Zur Einführung initiiert L einen knappen Beispieldialog mit den S.
L: Let's talk about Silky's week! Look at number 1 at page 12. Where is Silky on Monday? S1: She's at the Hoe. L: Ask the next question and pick somebody. S1: Where is Silky on Tuesday, S2? S2: She's at the Barbican. Where is Silky on Wednesday, S3? L: Now talk to your partner like this about Silky's week. The example in the book can help you.

LÖSUNG
A: Where is Silky on Monday? – B: She's at the Hoe. Where is Silky on Tuesday? – A: She's at the Barbican. Where is Silky on Wednesday? – B: She's at the Lido. Where is Silky on Thursday? – A: She's in Plymouth Sound. Where is Silky on Friday? – B: She's near the Big Wheel. Where is Silky on Saturday? – A: She's near the Aquarium. Where is Silky on Sunday? – B: She's at the Citadel.

Alternative
Durchführung als Spiel im Plenum: Nach jeder Frage werfen die S einen Ball. Wer den Ball fängt, antwortet und stellt die nächste Frage. Zuerst fragen die S nach den Wochentagen in der korrekten Reihenfolge, dann dürfen sie querbeet fragen.

- Where is Silky on … ?
- She's at/in/near …

➜ Workbook 4 (p. 3)

◀ **Places in Plymouth**
Plymouth Hoe [ˈplɪməθ həʊ] heißt der hinter den Kalksteinklippen an der Küstenlinie von Plymouth gelegene Hügel, der im regionalen Sprachgebrauch auch **The Hoe** genannt wird. Von hier aus eröffnet sich die Aussicht über die gesamte Bucht **Plymouth Sound** mit ihren Sehenswürdigkeiten:
The Old Barbican [ˈbɑːbɪkən], das alte Hafenviertel von Plymouth, erinnert mit seinen Fachwerkhäusern und engen Gassen an das elisabethanische Zeitalter. Lange Zeit lag hier der Fischmarkt, der inzwischen auf der anderen Hafenseite seinen Platz gefunden hat. Heute gibt es hier vor allem Kneipen, Galerien, kleinere Geschäfte und Lokale.
Das **Tinside Lido** [ˈlaɪd(ə)ʊ, ˈliːdəʊ] ist ein 1935 erbautes, halbkreisförmiges Meerwasserschwimmbad mit 55 Metern Durchmesser und mehreren Fontänen. Es liegt direkt an der Küste.
Das **National Marine Aquarium** [əˈkweəriəm] am Hafen ist das größte Aquarium von Großbritannien und das tiefste von Europa.
The Citadel [ˈsɪtəd(ə)l], die königliche Zitadelle, ist eine Festung, die King Charles II. im 17. Jahrhundert erbauen ließ, um die Hafenstadt vor Angriffen der Holländer zu schützen und um die zeitweilig rebellische Stadt besser kontrollieren zu können. Noch heute wird sie vom britischen Militär genutzt.
Smeaton's Tower [ˌsmiːtnz ˈtaʊə]: Der frühere Leuchtturm war ursprünglich von 1759 bis 1877 auf dem *Eddystone Reef* in Betrieb. Doch aufgrund der zunehmenden Erosion des Riffs wurde der obere Teil des Leuchtturms abgebaut und 1884 auf dem Hoe als Denkmal für seinen Erbauer John Smeaton, einen Pionier der Konstruktion von Leuchttürmen, errichtet.
Das fast 60 Meter hohe **Big Wheel** (Wheel of Plymouth) stand von 2011 bis 2012 im Hafenviertel von Plymouth und galt als eine der großen Touristenattraktionen. Bis zu sechs Erwachsene und zwei Kinder konnten in jeder der 42 geschlossenen und klimatisierten Gondeln aus Glas mitfahren und Plymouth aus der Vogelperspektive betrachten.

2 Plymouth photos

NEUER WORTSCHATZ
°at the Hoe · **photo · Look, … · it's** … (= it is) · **here · Yes, that's right. · No, that's wrong.**

ERARBEITUNG
👥👥 Die S ordnen die in den Fotos auf SB-Seiten 12–13 dargestellten Sehenswürdigkeiten von Plymouth den entsprechenden Stellen in der Landkarte auf SB-Seiten 10–11 zu.

Dabei arbeiten sie mit ihrem Partner zusammen und korrigieren sich gegenseitig (▶Partnercheck). Beide Schulbücher liegen so aufgeschlagen vor den S, dass die SB-Seiten 10–11 und 12–13 direkt nebeneinander liegen und die S sie vergleichen können.

L: Let's find out more about places in Plymouth. Look at exercise **2** on page 13. Work with your partner. Open one book at pages 10–11 and one book at pages 12–13. (L hält zwei SB mit den entsprechenden Seiten geöffnet hoch.) Then match the photos to the places on the map. (L zeigt abwechselnd auf die Fotos auf SB-Seiten 12–13 und auf die Landkarte auf SB-Seiten 10–11.)
L: Look at the dialogue in exercise **2** and talk like this. Ein Beispieldialog kann vorgemacht werden, dann arbeiten die S in PA weiter.

LÖSUNG
2 Lido · 3 Citadel · 4 Big Wheel · 5 Aquarium · 6 Smeaton's Tower / the Hoe · 7 Barbican

Alternative
Kopie der SB-Seiten 12–13 in ausreichender Zahl für die Lerngruppe (von L selbst erstellt) bei Klassen, in denen Grundsätzlich 2 S mit einem SB arbeiten.

3 Rhyme: The days of the week

NEUER WORTSCHATZ
rhyme · °(to) copy · °(to) add to · °(to) say · °in class · °school · °for · °work · °they're (= they are) · °so cool · °with · °group · °partner · °too · °over: school is over · °(to) say goodbye

ERARBEITUNG
Die S kennen aus der Grundschule den ▶Umgang mit Reimen, an den L hier methodisch anknüpft.
L: Let's learn a rhyme about the days of the week. Look at number **3** on page 13. Copy the black lines and leave some space after each line.
L zeigt mit Gesten und SB, welche Zeilen abzuschreiben sind. Die S schreiben die in schwarz vorgegebenen Zeilen des Reims aus dem SB ab. L weist darauf hin, dass nach jeder Zeile Platz gelassen werden muss, damit danach die jeweils passende grüne Reimzeile eingefügt werden kann.
1. Lesen/Hören: L: Now read the green lines. Listen to the CD. Then write the green lines in the right places. Die S hören den Reim und ergänzen jeweils die grüne Verszeile in ihren Aufzeichnungen.
2. Lesen/Hören: L: Listen to the rhyme again. Check your text. Are the green lines in the right places? Die S hören den Reim zur Kontrolle ein zweites Mal.

➜ 1 ▶ 05 Transkript + Audio online
➜ pro S ein schwarzer und ein grüner Stift

Alternative
L teilt den Text zu *The days of the week* als Kopie aus. Die S schneiden die grün gedruckten Verse aus, schieben sie hin und her und kleben ihre mit der CD kontrollierte Lösung auf.

FESTIGUNG
L: Let's say the rhyme together. Schließlich wird der Reim rhythmisiert in der Klasse gesprochen, wobei Textverständnis und Ausdruck durch Bewegungen unterstützt werden können (▶Total physical response).

Weitere Differenzierung
Die S lernen den Reim auswendig, tragen ihn in GA vor und gestalten ihn mit eigener Gestik und Rhythmik.

MUSTERLÖSUNG
Monday, Tuesday, school for you, Work with a group (mit Armen auf die gesamte Gruppe zeigen) and a partner (mit beiden Händen auf den Partner weisen) too. / Wednesday, Thursday, can you see (Hand über die Augen halten, als ob man in die Ferne guckt) Seals in a boat (Ruderbewegungen), one, two, three (mit Fingern 1, 2, 3 anzeigen)? / Friday, Friday. Hello! Hi! School is over (mit der Hand imaginären Schweiß von der Stirn wischen). Say goodbye (winken). / Saturday, Sunday, they're so cool – You and your friends at the swimming pool (Schwimmbewegungen).

Silky's Sprechblase

NEUER WORTSCHATZ
There are ... +There's ... · **lots of ...** · **animal** · **Follow me.** · **me**

Hinweis: Zum Einsatz im Unterricht s. HRU-Seite 22 unten.

➜ HRU-Seite 22 unten

KOMMUNIKATIVE KOMPETENZEN

Die S können …

Hören: einfachen Hörtexten die Hauptinformationen entnehmen und dabei Tiere in einem Wimmelbild identifizieren und zeigen (SB-Seite 14, 1b))

Sprechen: eigene Reaktionen auf Gesehenes in altersgemäßer Form beschreiben und im Partnerdialog Tiere benennen und danach fragen (SB-Seite 14, 1a)) · sich mit einfachen Wendungen über Farben äußern und ein Farbspiel in der Kleingruppe spielen (SB-Seite 15, 3b)-c)) · Tiere beschreiben und ein Spiel spielen (SB-Seite 15, 4)

Schreiben: über das Abschreiben vorgegebenen Sprachmaterials zum Verfassen korrekter eigener Sprachäußerungen gelangen und Tiernamen richtig buchstabieren bzw. Farben korrekt zuordnen (SB-Seiten 14, 2; 15, 3a))

METHODISCHE KOMPETENZEN

Listen and point (SB-Seite 14, 1b)) · *Draw and label things* (SB-Seite 15, 5)

S. 14–15

NEUER WORTSCHATZ

my **favourite** animal · **ant** · **bear** · **bird** · **butterfly,** *pl* **butterflies** · **cat** · **dog** · **elephant** · **frog** · **giraffe** · **guinea pig** · **horse** · **lion** · **monkey** · **pig** · **rabbit** · **rat** · **snake** · **whale** · **an** elephant · **picture** · °**when** · °**(to) hear**

➜ Folie 1

EINSTIEG

SB geschlossen. Die S wiederholen und erweitern den ihnen aus der Grundschule bekannten Wortschatz zum Thema „Tiere", indem sie die ihnen bekannten Tierbezeichnungen zusammentragen und anschließend in einem Quiz schauspielerisch darstellen und erraten.

L: Let's talk about animals today. I love dogs. I think dogs are the best animals in the world, so my favourite animal is a dog. (L schreibt *dog* an die Tafel.) What about you? Die S nennen ihre Lieblingstiere, L schreibt diese an die Tafel.

L: What other animals do you know?

Die S nennen weitere aus der Grundschule bekannte Tierbezeichnungen und L schreibt diese an die Tafel.

> Animals
> elephant rabbit mouse lion
> hamster fish bird cat dog
> cow horse (...)

L: Let's play a game: You choose an animal from the board and act it out. The others guess the animal and ask: Is it a lion? Is it a bird?

L schreibt die Frage und die Kurzantworten als Redemittel an die Tafel.

> Is it a(n) ...?
> Yes, it is. / No, it isn't.

Ablauf: S1 kommt nach vorn und stellt ein Tier schauspielerisch dar. Die Mit-S raten, welches Tier dargestellt wird. Wer das Tier richtig errät, darf das nächste Tier vormachen.

Alternative

📋 **KV 2: Animal game.** Tierquiz. Die S bekommen Karten mit darauf abgebildeten Tieren bzw. den englischen Tierbezeichnungen und stellen dann verschiedene Tiere schauspielerisch dar. Die anderen S erraten, um welches Tier es sich handelt. Die nötigen Redemittel werden an der Tafel gegeben.

> Is it a ...?
> Yes, it is. / No, it isn't.

➜ Folie 1

---

1 Silky's favourite animal

ERARBEITUNG

a) 👥 **SB geöffnet.** Die S festigen ihren Wortschatz zum Thema Tiere, indem sie ihrem Partner erzählen, welche Tiere sie im SB sehen.

L: I can see a rabbit in the picture. (L zeigt für die S sichtbar auf ein Kaninchen in der Abbildung auf SB-Seite 14.) What about you? S: I can see a … in the picture. L: Tell your partner what animals you can see in the picture. The names of the animals here can help you.

L zeigt auf den grauen Balken mit den Tiernamen im SB, damit die S sich auch mit dem Schriftbild der Tierbezeichnungen vertraut machen können.

Weitere Differenzierung

📋 **KV 2: Animal game.** Die S, die die Tiernamen noch nicht beherrschen, können diese mit KV 2 als Dominospiel einüben. Zur S-Selbstkontrolle wird KV 2 zweimal benötigt.

➜ Folie 1

ERARBEITUNG

b) Die S vertiefen ihren Wortschatz zum Thema Tiere, indem sie einen Text von Silky mit Tiergeräuschen hören.
1. Hören (Globalverstehen): Sobald die S die Tiergeräusche hören, zeigen sie dabei auf das entsprechende Tier in der Abbildung auf SB-Seiten 14–15.
2. Hören (Detailverstehen): Die S finden heraus, was Silky's Lieblingstier ist.

→ 1 ▶ 06 Transkript online

LÖSUNG

Silky the seal

ERARBEITUNG

c) Gemäß SB.

2 Strange animals?

NEUER WORTSCHATZ

strange · °letter · °order · °(to) check · °then · °number · °each · °like this

ERARBEITUNG

a)/b) Die S üben die Schreibweise der Tiernamen, indem sie die gegebenen Buchstaben so anordnen, dass daraus richtige Tiernamen entstehen. Die Tiernamen im grauen Balken dienen dabei als Kontrollhilfe. Anschließend vergleichen die S ihre Ergebnisse mit ihrem Partner und korrigieren sich gegenseitig.
L: Look at number **2**. These are very strange animal names! Somebody has mixed up the letters! Write the letters in the right order. Check with the animal names in the grey bar (darauf zeigen) for help. Then check with your partner.

Weitere Differenzierung
Für schnellere S: Make your own strange animal names and exchange them with a partner. Can she/he find the real animal?

→ Folie 1

LÖSUNG

giraffe · bear · rabbit · elephant · bird · rat · snake · horse · lion · cat · dog · guinea pig

TIP

L kann an dieser Stelle auf die Liste der häufigen Arbeitsanweisungen und ihre deutschen Entsprechungen hinweisen (SB-Seite 277).

ÜBERLEITUNG

L: Can you remember my favourite animal? S: It's a dog. L: Yes, that's right. What colour is my favourite animal? Verschiedene S: It's brown/black/white/… . L: Well, my favourite animal is a dog, but my favourite colour is green/… . Can you find a green/… animal in the picture? S: The frog is green. / … . L: What's your favourite colour? S: My favourite colour is … .

3 Colours

NEUER WORTSCHATZ

Box "Colours", *Voc.*, SB-Seite 208 · **ruler** · °(to) make · °group · °(to) find · °thing

EINSTIEG

SB geschlossen. Reaktivierung von Grundschulwortschatz zum Thema Farben: L hält verschiedene Gegenstände hoch und nennt deren Farbe.
L: This is blue/red/green/yellow/white/… .
Anschließend fragt L nach der Farbe einzelner Gegenstände: What colour is this? S: It's yellow/red/blue/ … . Die S übernehmen und präsentieren eigene Gegenstände oder zeigen auf diese und nennen deren Farbe.

→ Realia in verschiedenen Farben

Spiel: L sagt einen Satz mit einer Farbe – alle S, auf die das zutrifft, stehen auf.
L: Stand up when you have it: My pullover is green. / My pullover is black. / My shoes are blue. / My English book is white and blue. / … .
Anschließend übernehmen die S die Ansagen.

Alternative
L hält farbige Karten mit der jeweiligen Farbbezeichnung auf der Rückseite hoch. Wenn die S die Farbe richtig nennen, dreht L die Karte um und heftet sie an die Tafel. S lesen die Farbkarten vor. Danach dreht L die Karten wieder um und zeigt immer schneller auf einzelne Karten; die S sagen dazu die Namen der Farben im Chor.

ERARBEITUNG
a) SB geöffnet. Die S üben die Farben zunächst schreibend ein, indem sie die Namen der Farben abschreiben und ihnen die passenden Zahlen aus der Farbpalette auf SB-Seite 15 zuordnen.
L: Write the names of the colours from the box (zeigt auf den Kasten mit den Farbnamen auf SB-Seite 15) and match them to the numbers in the picture (zeigt auf die Farbpalette). Write the number with the colour.

➜ pro S 11 Stifte in den Farben der Farbpalette im SB

➜ Workbook 5–6 (pp. 4–5)

➜ Interaktive Übungen zum Workbook 3, 4

LÖSUNG
1 grey · 2 yellow · 3 orange · 4 black · 5 red · 6 green · 7 brown · 8 pink · 9 blue · 10 white · 11 purple

ERARBEITUNG
b) 👥 Anschließend sprechen die S mit ihrem Partner über ihre Farb-Zahl-Zuordnung.
L: Now talk to your partner and say the colour with the number. Talk like this: L zeigt auf den Beispieldialog im SB.

Weitere Differenzierung
Schnellere S zeichnen etwas in der jeweiligen Farbe neben den Farbbezeichnungen.

ERARBEITUNG
c) 👥 Die S sprechen in Dreiergruppen über Farben, indem sie zu einer Farbe jeweils ein Tier im SB und einen Gegenstand mit der gleichen Farbe im Klassenraum nennen.
Dabei gibt A eine Farbe vor, B nennt ein gleichfarbiges Tier im SB und C nennt einen gleichfarbigen Gegenstand im Klassenraum.
Die Rollen der S sollten alternieren. Bevor die S anfangen, in Dreiergruppen zu arbeiten, sollte mindestens eine Spielrunde als Beispiel in der Klasse vorgeführt werden.
L: Let's play a game. Make groups of three. L bestimmt mit Gesten drei S (▶ Gruppenbildung) und verweist auf den Musterdialog in **3c**.

Alternative
Wettbewerb: Die Klasse wird in zwei bis vier Gruppen aufgeteilt. Je ein S aus jeder Gruppe tritt pro Frage an und muss ein Tier und/oder einen Gegenstand in der Farbe nennen, die ein Quizmaster vorgibt. Die Gruppe, deren Spieler am schnellsten antwortet, bekommt einen Punkt für die Runde. Die Gruppe mit den meisten Punkten gewinnt

ÜBERLEITUNG
L: I spy with my little eye something blue. (L guckt durch eine Hand wie durch ein Fernrohr und schaut damit im Klassenraum umher, schaut auch auf den gemeinten Gegenstand.) What is it? S: Is it the door? L: Yes, that's right. / No, that's wrong. Die S sollen erraten, von welchem blauen, im Klassenraum sichtbaren Gegenstand L spricht (wie bei „Ich sehe was, was du nicht siehst"). L führt das Ratespiel mit zusätzlichen Fragen weiter, bis die S selbst Rätselfragen stellen können. Zur Hilfestellung schreibt L Redemittel an die Tafel.

I spy with my little eye a(n) …   → Is it a(n)/the …?
Yes, that's right! / No, that's wrong!

4 GAME I spy with my little eye

NEUER WORTSCHATZ

game · °(to) choose · **with** · **leg** · without

ERARBEITUNG

👥 Ratespiel: Die S fordern sich gegenseitig auf, ein Tier mit einer bestimmten Farbe und einer bestimmten Anzahl an Beinen auf SB-Seiten 14–15 zu finden.

Die Rätselaufgabe muss immer im selben Wortlaut gestellt werden. Das Spiel kann als ▶Kettenübung organisiert werden: Der S, der die letzte Frage richtig beantwortet hat, darf die nächste Frage stellen.

L: Choose an animal from the picture in your textbook. Look at the colour and count the number of legs. Then ask the class like this: I spy with my little eye a white animal with two legs. What is it?

S1: Is it a bird?

L: Yes, that's right. Now you say: I spy with my little eye …

S1: I spy with my little eye a … animal with … legs.

S2: Is it … ?

➡ GF 19: The plural of nouns (pp. 194–195)

5 My favourite colour

NEUER WORTSCHATZ

°(to) draw · °other · °thing · °(to) label · °drawing

ERARBEITUNG

Die S fertigen eine Zeichnung zu ihrer Lieblingsfarbe an, indem sie Tiere und Gegenstände in ihrer Lieblingsfarbe malen und beschriften. Diese Aufgabe eignet sich auch als ▶Hausaufgabe (HA).

In der Wordbank 1, SB-Seite 168, finden die S mehr Tiere mit Fotos und deutschen Entsprechungen.

Silkys Sprechblase

NEUER WORTSCHATZ

now · **time** · **for** · **English** · **lesson**

Hinweis: Zum Einsatz im Unterricht s. HRU-Seite 22.

➡ *WORDBANK* 1 (p. 168)
➡ GF 19: The plural of nouns (pp. 194–195)

KOMMUNIKATIVE KOMPETENZEN

Die S können …

Hören: das Wesentliche von kurzen, klaren und einfachen Durchsagen und Mitteilungen erfassen, indem sie Schulutensilien identifizieren und deren Namen nachsprechen (SB-Seite 16, 2a)) · verstehen, was in einem Lied gesungen wird, und den Text mitsingen (SB-Seite 17, 4)

Sprechen: sich mit einfachen Wendungen über Dinge äußern und mit dem Partner über Schulutensilien sprechen (SB-Seite 16, 1b) und 2b)) · Grundinformationen geben und erfragen und mit dem Partner die Telefonnummern austauschen (SB-Seite 17, 5) · einem Partner die Uhrzeit mitteilen und danach fragen (SB-Seite 17, 6)

Schreiben: über das Abschreiben vorgegebenen Sprachmaterials zum Verfassen korrekter eigener Sprachäußerungen gelangen (SB-Seite 16, 1a))

METHODISCHE KOMPETENZEN

Point and tell (SB-Seite 16, 2b; SB-Seite 17, 6)) · auf Anweisungen handelnd reagieren (SB-Seite 16, 3)

S. 16–17

1 What's in your classroom?

NEUER WORTSCHATZ

our · class · **Mr** Schwarz +**Mrs** Schwarz · **teacher** · **school** · **word** · **classroom** · **cupboard** · **desk** · **thing** · **rubber** · **pen** · °box · **board** · **chair** · **clock** +**watch** · **door** · **window** · **This is …**

EINSTIEG

SB geschlossen. Reaktivierung/Semantisierung von Wortschatz zu Schulutensilien und *Classroom words*. Die S erhalten Karten (gelbe Klebezettel) mit einzelnen Vokabeln und kleben diese an die entsprechenden Gegenstände im Klassenraum. L: I have some new words. Please help me to put them in the right places. L macht ein Beispiel vor, gibt dann an S ab. Unbekannter Wortschatz wird gemeinsam geklärt und zugeordnet. Die Sicherung der Aussprache erfolgt, indem L auf einen Gegenstand zeigt, das Wort sagt und S dieses nachsprechen.

ERARBEITUNG

a) SB geöffnet. Die S üben das Schriftbild, indem sie die Schulbegriffe aus dem Kasten abschreiben. L: If you don't know a word, the *Vocabulary* pages in your book can help you.

ERARBEITUNG

b) 👥 Die S üben die neuen Vokabeln sprechend ein, indem sie ihrem Partner die Farbe der jeweiligen Gegenstände sagen. L: Now, talk about the classroom things and their colours. Talk to your partner like this:
A: Board. – B: This is the board. It's black/green/…
B: Chair. – A: This is a chair. It's …

Alternative

L zeichnet Bestandteile eines Klassenzimmers sowie Schulutensilien an die Tafel. Die S benennen diese – L schreibt die englische Bezeichnung an. Nachdem die korrekte Aussprache des Vokabulars abgesichert wurde, wird mit diesen Wörtern das Spiel „Ich packe meinen Koffer" in der Klasse gespielt.
L: Let's play a game. I say: I put a pen into my bag. Then you say: I put a pen and a ruler into my bag. Now you go on. S1: I put a pen, a ruler and a pencil into my bag. S2: I put a pen, a ruler, a pencil and a book into my bag. S3: …

Weitere Differenzierung

Schnellere S suchen bei **a)** mehr *Classroom words* aus dem *Vocabulary* und notieren sie, um sie zusätzlich bei **b)** zu nennen.

Alternative

🗒 **KV 3: School things in my room.** Schulutensilien in einem Wimmelbild finden, ausmalen, zählen und beschriften.

2 What's in your schoolbag?

NEUER WORTSCHATZ
school bag · °(to) put · **book** · **exercise book** · **pencil** · **pencil case** · **glue stick** · **glue** · **sharpener** · °finger · **Let me show you … · (to) show**

ERARBEITUNG
a) 1. Hören: Die S lesen die Wörter in dem Kasten mit und ordnen Klang und Schriftbild der Wörter einander zu. L: Look at the words in the box in number 2 (zeigt auf den Wortkasten) and listen to the CD. Anschließend legen die S die Schulsachen, die sie auf der CD gehört haben, auf ihre Tische.
2. Hören: L: Listen again. When you hear a word, put your finger on the thing and say the word. Die S zeigen auf die Gegenstände, die sie hören, und sprechen deren Namen im Chor nach.

→ 1 ⊙ 07 Transkript online

Weitere Differenzierung
im Wortfeld „Schulutensilien": Sichere Lerngruppen lassen das SB zu. **1. Hören:** Die S legen die Schulsachen aus dem Gedächtnis auf den Tisch. **2. Hören:** Die S überprüfen ihre Wahl.

ERARBEITUNG
b) 👥👥 In einem freieren Dialog sprechen die S mit ihrem Partner über die Dinge, die vor ihnen auf dem Tisch liegen und benennen deren Farbe. L: Now talk to your partner about the things on your table. Talk like this (geht zu einem Tisch): Let me show you what's on my desk (nimmt ein Lineal in die Hand). This is my ruler. It's white/blue/… . – Now you.

Alternative
Die S fertigen eine bebilderte Liste ihrer Schulsachen an (als HA geeignet): Make a list of things that are in your school bag. Draw the things and label them.

3 GAME Simon says

NEUER WORTSCHATZ
Simon **says** … · °(to) do · °only · (to) **put** · (to) **talk (to)** · (to) **open** · (to) **touch** · (to) **give**

ERARBEITUNG
a)/b) Die S hören bei dem Spiel *Simon says* aufmerksam auf Aufforderungen, die sie nur dann umsetzen (nach der Methode des ▶ *Total physical response*), wenn vor der Aufforderung die Einleitung *Simon says* … gesprochen wird. L: Let's play a game. Listen to me. When I say 'Simon says: point to the door!' you point to the door (zeigt auf die Tür). – When I say 'Point to the door!' you do nothing (bleibt starr stehen). You do only what Simon says! L: Simon says: show me your pencil case. – Die S zeigen ihre Federmappen. – L: Show me your books. – Die S bewegen sich nicht. Nach ein paar Durchläufen gibt L die Sprecherrolle an S ab.

→ Workbook 7–9 (pp. 5–6)

4 The ants go marching

NEUER WORTSCHATZ
Box "Numbers", *Voc.*, SB-Seite 209 · °(to) go marching · °one by one · °hurrah · °two by two · °the little one · °(to) stop · °(to) climb a tree · °all · °down to the ground · °(to) get out of · °rain · °(to) pick up · °stick · °these · °a/one hundred

HINWEIS
Der Song *The ants go marching* führt die Zahlen von 1 bis 6 in anschaulicher Weise ein und dient als Einstieg in das Thema Zahlen.

ERARBEITUNG
a) 👆 **1. Hören** (mit Hörauftrag): Die S hören den Song *The ants go marching* und lesen den Text mit.
L: Listen to the song *The ants go marching* and read the text on page 17 while you listen.

→ 1 ⊙ 08 Audio online

2./3. Hören: Die S singen den Song zur CD mit und zeigen dabei die gesungenen Zahlen mit den Fingern an. L: Now, sing the song. When you sing a number, show it with your fingers like this (zeigt die Zahlen von eins bis sechs mit den Fingern an und sagt die englische Zahl dazu).

VERTIEFUNG

Die S marschieren während des Singens im Klassenraum oder ggf. im Schulflur, auf dem Schulhof, … . Dabei kann die in dem Songtext präsentierte Marschaufstellung nachgestellt werden:
The ants go marching one by one, Hurrah, hurrah! (Ein S marschiert los.)
The ants go marching two by two, Hurrah, hurrah! (Zwei weitere S marschieren nebeneinander hinter dem ersten S hinterher.)
The ants go marching three by three, … (Drei weitere S marschieren nebeneinander hinter den bereits marschierenden S hinterher.)
Diese Marschaufstellung wird in der zweiten Strophe mit Vierer-, Fünfer- und Sechsergruppen fortgeführt.

ÜBERLEITUNG

Um sicherzustellen, dass die S für die nächste Übung mit der Aussprache der Zahlen vertraut sind, sprechen die S zunächst die von L vorgesagten Zahlen nach. Dabei hält L das SB hoch, zeigt auf die Ameisengruppen und spricht die dazugehörige Zahl aus. Die S sprechen die jeweilige Zahl dann gemeinsam nach.

ERARBEITUNG

b) 👥👥 Die S sprechen die Zahlen von 1–30 aus und zeigen dabei auf die jeweilige Ameisengruppe im Buch, die das Schild der entsprechenden Zahl trägt, sodass die S immer auf die Lesehilfe zurückgreifen können. Anschließend sprechen sie die Zahlen 40, 50, 60 etc. in Zehnerschritten bis zur Zahl 100 aus. Auch hierbei zeigen sie auf die entsprechende Ameise und lesen das Schriftbild der Zahl mit.

Weitere Differenzierung
Die S erfinden eigene Strophen zu den folgenden Zahlen. Diese werden in der Klasse zusammen rhythmisch gesprochen und zum Playback gesungen.

➔ 1 ▶ 09 Audio online (Playback)

Weitere Differenzierung
Die S sprechen alle Zahlen bis 100, sprechen die Zahlen über 100 und/ oder lösen Rechenaufgaben, die sie sich gegenseitig stellen (plus [plʌs] / minus [ˈmaɪnəs]).

> ### Language awareness: Wortbildung anhand der Zahlwörter
> Anhand der Zahlwörter lässt sich die Wortbildung im Englischen und Deutschen vergleichen:
> – Alle Zahlen von 13 bis 19 haben die Endung -teen (dt. zehn).
> – Alle Zehnerzahlen ab 20 haben die Endung -ty (dt. -zig).
> – Bei den Zahlengruppen 3, 13, 30 sowie 5, 15, 50 ändert sich der Wortstamm.
> **Hinweis:** L sollte zudem darauf achten, dass die S keine falschen Übertragungen von five [faɪv] auf fifteen [fɪfˈtiːn] vornehmen und bei den Zahlen 13 bis 19 die korrekte Silbe (d. h. die letzte Silbe) betonen.

5 Telephone numbers

NEUER WORTSCHATZ
telephone · ·°(to) ask sb. for sth. · °his/her · ° (to) write down · °(to) be right · **o** · **double** · **See you.**

EINSTIEG

L: Please write your telephone number on the board. – Mehrere S schreiben ihre Telefonnummern an die Tafel. L achtet darauf, dass dabei auch Nummern mit einer Null [əʊ] und doppelten Zahlen, z. B. 88 [ˌdʌblˈeɪt] vorkommen. Falls nötig, schreibt L noch ein paar Fantasienummern an die Tafel.
L liest die Telefonnummern vor. Die S erkennen, dass Ziffern, die zweimal hintereinander vorkommen, als *double* … (Ziffer) bezeichnet werden, und dass eine Null wie ein „o" [əʊ] ausgesprochen wird. L: Read the telephone numbers and listen to me. Find out what's special about telephone numbers.

Hinweis
Aus Datenschutzgründen sollte L anmerken, dass die S nicht unbedingt ihre „echten" Telefonnummern verwenden müssen.

ERARBEITUNG

👥 Einstieg in die Übung über ein Muster: L fragt einen S: What's your number? Der S diktiert die Telefonnummer. L oder ein S schreibt die Nummer an die Tafel.

Dann fragen die S ihren Partner nach der Telefonnummer und diktieren sich gegenseitig ihre Nummern. Sie vergleichen, was sie aufgeschrieben haben, und korrigieren sich gegenseitig.

➡ Workbook 9–10 (pp. 6–7)

Telephone numbers

Die internationale **Landesvorwahl** für Großbritannien ist 0044. Die Landesvorwahl für Deutschland lautet 0049. Bei der Aussprache von Zahlenfolgen wie Konto- oder Telefonnummern, bei der die Ziffern einzeln genannt werden, wird im Englischen die Null als [əʊ] bezeichnet. Zahlen, bei denen zwei gleiche Ziffern direkt aufeinander folgen, z. B. 33, werden als *double ...* ausgesprochen, z. B. *double 3*.

6 What time is it?

NEUER WORTSCHATZ

What time is it? · Thank you. · ten o'clock · half past ten · quarter to eleven · quarter past ten · See you later. · later

ERARBEITUNG

👥 **SB geöffnet.** Zur weiteren Vertiefung der Zahlen fragen die S abwechselnd nach der Uhrzeit bzw. teilen sie ihrem Partner mit. Vorgehen gemäß SB.

LÖSUNG

It's ten o'clock. · It's ten fifteen. · It's ten twenty. · It's half past ten. · It's a quarter to eleven. · It's five to eleven.

Weitere Differenzierung/ Alternative

L schreibt weitere Uhrzeiten an die Tafel/auf OHP, zeigt jeweils eine Uhrzeit und fragt einen S: What time is it, please? Der S nennt die Uhrzeit (S: It's a quarter to three. L: Thank you.), zeigt auf eine weitere Uhrzeit und fragt den nächsten S: What time is it, please? usw.

➡ Workbook 11 (p. 7)

S. 18–19

Book rally EXTRA

ERARBEITUNG

Die S vertiefen ihr Wissen zu den Inhalten des SB mit Hilfe einer *Book rally*. So üben sie spielerisch den Umgang mit ihrem neuen Englischbuch. Die Bearbeitung erfolgt gemäß SB in PA.

SICHERUNG

Zur Selbstkontrolle legt L an ▶*Checkpoints* im Klassenraum Lösungsbögen für die S aus.

LÖSUNG

1 5 (mit *Here we go!* = 6) · 2 Grey seals (SB-Seite 106) · 3 *Grammar file* (SB-Seite 182) · 4 grün (SB-Seite 54) · 5 1 Seite (*Pronunciation course*) · 6 *Vocabulary* Unit 1 (SB-Seiten 210-216) · 7 *Skills file* (SB-Seiten 174-181) · 8 It's 4 o'clock. / Es ist vier Uhr. (SB-Seite 61) · 9 Text · 10 The world behind the picture (SB-Seite 33) · 11 My home, the zoo (SB-Seiten 148-155) · 12 What is there to eat? (im Restaurant) · 13 Let's prepare for a test · 14 Your task

The first day at school

Storyline	Für Justin, Lucy, Maya und Sam beginnt der erste Schultag an ihren neuen Schulen in Plymouth, zu dem sie ihre neuen Schuluniformen anziehen dürfen. An der Plymstock School beginnt die neue Lehrerin Mrs Bell ihren Unterricht mit einem Kennenlernspiel und einem Discovery quiz quer durch die Schule.
Kommunikativer Kompetenzschwerpunkt	**Listening:** Unit 1 bietet viele Übungen, die in unterschiedliche Kompetenzen des Hörverstehens einführen, aufbauend auf dem Vorwissen aus der Grundschule. So zielen die Aufgaben sowohl auf das Globalverstehen anhand von Zuordnungsaufgaben als auch auf das Detailverstehen der S. Um eine ganzheitliche Kompetenzschulung durchzuführen, eignet sich KV 4, die unterstützend eingesetzt werden kann. Die S können … verstehen, was in einem Lied gesungen wird und den Text mitsingen (SB-Seite 21, 3), wesentliche Merkmale einfacher Geschichten und Spielszenen verstehen, Bilder oder Texte korrekt zuordnen (SB-Seiten 20, 1; 22, 2, 3; 28, 2) · einfachen Hörtexten die Hauptinformationen entnehmen, diese wiedergeben (SB-Seite 22, 2) · Falschaussagen zur Handlung korrigieren (SB-Seiten 32, 3a); 37, 1)
Sprechabsichten	Jemanden treffen und begrüßen · nach persönlichen Informationen fragen und selbst Auskunft geben · über den Schultag sprechen · Dinge im Klassenzimmer benennen
Vorwissen aus der Grundschule	**Themen:** Begrüßung und Verabschiedung · Auskunft über sich selbst geben · Kleidung, Schule, Schulutensilien **Methoden:** Einen Song darstellend singen (SB-Seite 21)
Schreibanlässe	Einen Steckbrief (*Profile*) verfassen (SB-Seite 26, 8) · eine Einladung zu einer Party verfassen (SB-Seite 31, 10)
Language skills	**Grammatische Strukturen:** *(to) be · Personal pronouns · The possessive · Imperatives · there is/are · can/can't · Articles · Prepositions · Plurals* **Wortfelder:** *school (subjects, timetable) · dates and months · time · ordinal numbers* **Pronunciation course:** *The alphabet song* · [ʃ],[tʃ] *and* [dʒ] *sounds · linking words in sentences* (SB-Seite 35) **Thinking about language:** Höfliche Sprachformen reflektieren (SB-Seite 29, 2)
Study skills	**The Vocabulary.** Mit dem *Vocabulary* des SB umgehen lernen (SB-Seite 27).
Kooperative Lernformen	*Milling around activity* (SB-Seite 23)
Hör-/Sehverstehen: The world behind the picture	**The Plymstock School Discovery Quiz.** Das Quiz als Film (SB-Seite 33, 1) **Everyday English: Classroom English.** Sich mit *Classroom phrases* vertraut machen (SB-Seite 33, 2)
Portfolioarbeit: *MyBook*	Steckbriefe (*Profiles*) der Lehrwerkskinder anlegen (SB-Seite 21, 2)
Your task	**My profile** 💬 ✏. Ein *Profile* über sich schreiben und dieses präsentieren (SB-Seite 38)
Let's prepare for a test	Systematische Vorbereitung auf Schulaufgaben zur Unit 1 (Wortschatz, grammatische Strukturen, *Speaking, Listening und Writing*) (SB-Seite 39–41)
Access to cultures	**GB and the UK.** (SB-Seiten 42–43)

KOMMUNIKATIVE KOMPETENZEN

Die S können …

Hören/Lesen: wesentliche Merkmale einfacher Geschichten und Spielszenen (Figuren und Handlungsablauf) verstehen und Bilder und Texte korrekt zuordnen (SB-Seite 20, 1) · einfachen Hörtexten die Hauptinformationen entnehmen und diese wiedergeben (SB-Seite 20, 2)

Sprechen: verstehen, was in einem Lied gesungen wird und den Text mitsingen (SB-Seite 21, 3) · der Klasse ein Lied präsentieren oder eigene Liedzeilen schreiben (SB-Seite 21, 3 You choose)

Schreiben: Steckbriefe (*profiles*) über die Lehrwerkfiguren verfassen (SB-Seite 21, 2)

METHODISCHE KOMPETENZEN

Partnerkontrolle

S. 20–21

1　Meet the Plymouth kids

NEUER WORTSCHATZ

the first day · at school · kid · her best friend · they're … (= they are) · flat · their first day · new · uniform · nice · too · (to) know · brother · sister · °year · student · but · he/she/it isn't … (= he/she/it is not) · his mum · mum · mother · dad · father · navy · (to) look at · dark · Thank you. · please · You're late · (to) wait (for) · minute · What time is it?

EINSTIEG

SB geöffnet. Die in *Here we go!* wiederholten sprachlichen Strukturen und der Wortschatz werden nun verwendet, um die Lehrwerkfiguren von *Access Bayern* kennenzulernen. Des Weiteren wird auf das Wortfeld *clothes* zurückgegriffen, das Bestandteil des Grundschulenglisch ist.

L: Let's meet four kids from Plymouth. L stellt anschließend Fragen bzw. beschreibt Eigenschaften der vier Kinder. Die S sagen, auf wen es zutrifft. L sollte dabei darauf achten, dass die S in ganzen Sätzen antworten.

L: The T-shirt is blue. S: It's Maya. / L: He's twelve years old. S: It's Justin. / L: She's eleven years old. S: Maya and Lucy are eleven years old. / It's Maya and Lucy. / L: What's the name of the school? S: It's Plymstock School.

Alternative

Nach zwei Sätzen des L können die S diese Aufgabe als ▶Kettenübung fortführen.

ERARBEITUNG

SB geöffnet. Bildbeschreibung. Die S lernen mehr über vier der Figuren. L ermutigt die S, auch die Namen der vier Kinder zuzuordnen. In dieser Phase sollte L ebenfalls darauf achten, als Reaktion auf die S-Äußerungen das neue Vokabular wie *school uniform* oder *navy* einzuführen (▶Semantisierung).

L: For Justin, Lucy, Maya and Sam it's the first day at their new schools. One of them is at Coombe Dean, the others all go to Plymstock. Look at the pictures. Who or what can you see? S: A boy and his mother. It's Justin. / I can see two girls. / …

🖐 **1. Lesen/Hören** (Globalverstehen): Die S lesen die Texte A–C in EA still durch. L fordert die S auf, die Bilder **1–3** den drei Kurzdialogen zuzuordnen. 👥 Danach werten die S ihre Ergebnisse im ▶*Partner check* aus.

Weitere Differenzierung

L gibt lernschwächeren S Hilfen an die Hand, ggf. als kleine Karteikarten: I can see … a boy and his mother / two girls / a boy / a man and a boy / a computer / a laptop.

🎧 **Alternative**

📋 **KV 4: The first day at school.**

SB geschlossen. Die S verwenden nur die Informationen, die sie hören.

1. Hören (Globalverstehen):

a) Die S ordnen die Bilder zu.

2. Hören (Detailverstehen):

Die S bearbeiten **b)–d)** und werten diese im ▶*Partner check* aus.

➔ 1 ▷10–12　Audio online

LÖSUNG

A2 · B3 · C1

2. Hören/Lesen: Nun spielt L Text A erneut ab. L kündigt an, dass die S anschließend selbst in verteilten Rollen lesen werden und sich daher genau auf die Aussprache konzentrieren sollen. Zwei bis drei S-Paare lesen Text A laut vor, dann Text B und Text C.

Alternative

Die S wählen nach erneutem Hören aller drei Texte einen Text aus und üben diesen mit einem Partner ein. Schließlich werden alle drei Texte im Plenum präsentiert.

> **INFO-BOX**
> **Plymstock School:** Plymstock School ist eine staatliche *Comprehensive school*. Sie wurde 1961 eröffnet und liegt in Plymstock, einem beliebten südöstlichen Vorort von Plymouth. Die Schule hat einen ausgewiesenen Sportschwerpunkt (*Specialist Sports College*) und wird von ca. 1600 Schülerinnen und Schülern besucht.
> **Coombe Dean:** Diese *Comprehensive school* wurde 1976 gegründet und hat ihren Schwerpunkt in Mathematik und EDV. Etwa 1100 Schülerinnen und Schüler besuchen Coombe Dean School. Sie liegt ebenfalls südöstlich der Innenstadt von Plymouth und somit in der Nähe der Plymstock School.
> **Schuluniformen:** Das Tragen von Schuluniformen ist in Großbritannien fast überall Pflicht. Das gilt für alle schulpflichtigen Kinder; in der Regel sind lediglich die S der *sixth form* (die zwei letzten Abschlussklassen) von dieser Pflicht befreit. Die Farbe und Art der Kleidungsstücke der Schuluniform wird von jeder Schule einzeln bestimmt, z. B. Blazer, Strickjacke oder Sweatshirt mit dem Schullogo, Krawatte und Hosen. Zusätzlich gibt es Vorschriften zu Schuhen und Schmuck. Schuluniformen müssen geschlechtsneutral und kostengünstig sein und religiöse Kleidungsvorschriften respektieren; z. B. dürfen Sikhs Turbane tragen und muslimische Schülerinnen Kopftücher.
> Die Kleidungsvorschrift soll soziale Unterschiede entschärfen. Allerdings ist der Kauf neuer Schuluniformen besonders für einkommensschwache Elternhäuser eine große finanzielle Belastung. Viele Familien kaufen und verkaufen deshalb die Schuluniformen second-hand.

S. 21

2 Profiles

NEUER WORTSCHATZ
profile · °start · °get · °information about/on · °as · °(to) work · °through

Hinweis: L kann nun die bis hier als Lernwortschatz eingeführten Possessivbegleiter systematisieren, z. B. anhand der zusammenfassenden Box im *Vocabulary*, SB-Seite 210. Das in diesem Paradigma noch fehlende *its* wird im Haupttext zur Unit 2, SB-Seiten 52–53 eingeführt.

➜ *Vocabulary* (p. 210)

REAKTIVIERUNG VON VORWISSEN
Die S reaktivieren (ggf. zu Beginn der nächsten Stunde) ihr Vorwissen über die Lehrwerkskinder, indem sie die Texte A-C noch einmal **hören**. L: Listen to texts A-C again. Then talk about the children.

S: Lucy and Maya are at Maya's house. / Maya's uniform is black/nice. / Justin is on Skype with his father. / Mrs Skinner is Justin's mum. / Sam is from London. / Mr Bennett is Sam's father/in the navy.

➜ 1 📀 10–12 Transkript online

Weitere Differenzierung

In leistungsstärkeren Klassen kann das Vorwissen über die Lehrwerkskinder direkt reaktiviert werden, ohne dass der Text erneut vorgespielt wird.

TRANSFER
Die S schreiben Profile der Lehrwerkskinder in ihr *MyBook* (HRU-Seite 6). Sie legen pro Figur eine Seite an, damit sie weitere Informationen im Verlauf der Units ergänzen können.

➜

MUSTERLÖSUNG

Name: Lucy Pascoe
Hometown: Plymouth
School: Plymstock School
Brothers/Sisters: Holly, in Year 9 at Plymstock
(Age: 11
Best friend: Maya
Uniform: dark blue and grey)

Name: Justin Skinner
Hometown: Plymouth
School: Plymstock School
Brothers/Sisters: -
(Age: 12
Best friend: his dad in Boston
Uniform: dark blue and grey)

→ Workbook 1 (p. 8)

Name: Maya Sen
Hometown: Plymouth
School: Coombe Dean
Brothers/Sisters: Mukesh, in Year 9 at Plymstock
(Age: 11
Best friend: Lucy
Uniform: black)

Name: Sam Bennett
Hometown: London
School: Plymstock School
Brothers/Sisters: -
(Age: 11
Best friend: …
Uniform: dark blue and grey)

ÜBERLEITUNG

L: So Lucy, Sam, Maya and Justin all go to new schools in Plymouth. Let's take a look at someone who lives at school!

3　Meet Morph

NEUER WORTSCHATZ

library · **home** · **+Box "home"**, *Voc.*, SB-Seite 211 · °small · °really · °sometimes · °all (the colours) · °head · °change · °shape · °(to) be · °shape · °(to) find · °Just have a look. · °shelf · °always · °in: come in · °(to) act out

EINSTIEG

SB geöffnet. Gemeinsame Bildbetrachtung und Semantisierung. L: Look at the picture, there are many books. What can you see behind the books? S: An animal, a funny thing … L: This is Morph, he lives where the books are! He's *at home* in the *library* at Plymstock School, it's his house.

ERARBEITUNG

a) 1. Hören: Das Lied wird ohne weitere Aufgaben zum ersten Mal präsentiert, so können sich die S zunächst nur auf die Melodie und das Lied an sich konzentrieren.
2. Hören: Während des Hörens des Songs heben die S Stifte in blau und rot und Bücher hoch, wenn diese Begriffe im Lied vorkommen.
3./mehrmaliges Hören: Die S singen mit. L begleitet das Lied mit ausgeprägter Gestik und Mimik: Buchstaben tanzen, sich Strecken *(big)*, in die Hocke gehen *(small)*, Mimik *(really cool)*. Die S beginnen im Laufe des Liedes, die Bewegungen mitzumachen. Wenn die S das Lied sicher beherrschen, können sie es zur *Playback*-Version singen.

→ ☐1💿13
→ Material: blaue und rote Stifte, Bücher

Weitere Differenzierung
Leistungsstärkere S erfinden eigene Verse.

→ ☐1💿14 Playback

→ Workbook 1 (p. 8)
→ Interaktive Übungen zum Workbook 1.1

ERARBEITUNG You choose

Die S präsentieren das Lied in Kleingruppen und verwenden Gestik und Mimik, um den Inhalt darzustellen und zu verdeutlichen. Alternativ schreiben Sie vier weitere Verse zu *Morph's song*.

KOMMUNIKATIVE KOMPETENZEN
Die S können …

Hören/Lesen: einfach gehaltene Erzähltexte inhaltlich erfassen und Personenbeschreibungen zuordnen (SB-Seite 22, 2)

Hören: einfachen Hörtexten die Hauptinformationen entnehmen und Zitate Personen und thematisch zuordnen (SB-Seite 22, 3)

Lesen: einfach gehaltene Lesetexte inhaltlich erfassen und Verständnisfragen beantworten (SB-Seite 23, BF)

Sprechen: ein kurzes Kontaktgespräch führen und dabei alltägliche Höflichkeitsformeln verwenden, um jemanden zu grüßen und anzusprechen (SB-Seite 23, 5)

Schreiben: über das Abschreiben vorgegebenen Sprachmaterials zum Verfassen korrekter eigener Sprachäußerungen gelangen und Redemittel zu Stimmungsäußerungen zuordnen (SB-Seite 22, 3)

METHODISCHE KOMPETENZEN
eine ▶*Milling around activity* durchführen, indem sie in der Klasse nach Gesprächspartnern suchen und mit diesen Kontaktgespräche führen (SB-Seite 23, 5)

S. 22

1 👆 Before school

NEUER WORTSCHATZ
before school/lessons · **you aren't …** (= you are not) · **there** · sad · **Don't go.** · °Give me a hug · Bye. · **Watch out!** · (I'm) sorry. · **So?** · Nice **to** meet you + **Box "English 'to' – German 'zu'"**, *Voc.*, SB-Seite 180 · (to) **hurry up**

EINSTIEG
SB geschlossen. Die S äußern sich in einem UG über ihren Schulweg. L: Tell me something about your way to school. Are you alone or is there somebody with you? Is he/she at your school too? S: I go to school alone. / I go to school with Luca. / I go to school with a friend. She is at Büchner Realschule.

SB geöffnet. Bildbeschreibung. L: Let's have a look at the pictures. Who can you see in the picture? S: Maya, Lucy and Sam / their school uniforms / They are outside.

ERARBEITUNG
1. Hören/Lesen (Globalverstehen): Die S finden heraus, wo die beiden Dialoge stattfinden. (on their way to school)

👥 **2. Hören/Lesen:** Die S lesen zu dritt den Dialog laut vor. Dann wird die Szene im Plenum präsentiert. Die Rollen können hierbei ausgelost werden.

➜ 1 ▶ 15 Audio online

🎧 **Weitere Differenzierung**
In leistungsstärkeren Lerngruppen kann beim **2. Hören** direkt **2** bearbeitet werden.

2 Who are they?

NEUER WORTSCHATZ
who? · °sentence ·

ERARBEITUNG
👥 Die S formulieren Aussagen über die Lehrwerkskinder (drei oder mehr Sätze). Anschließend gleichen sie ihre Ergebnisse mit dem Sitznachbarn ab.

Weitere Differenzierung
Die S formulieren Sätze über andere Lehrwerkskinder oder Mit-S. Die Klasse muss raten, wer gemeint ist.

LÖSUNG
1 Lucy is eleven. She's in Year 7. Maya is her best friend.
2 Sam's eleven. He's in class 7EB. He's new at Plymstock.
3 Maya's eleven. She's at Coombe Dean School. Her best friend is at Plymstock.

3 Friendly or not?

NEUER WORTSCHATZ
friendly · °phrase · °list

ERARBEITUNG
Die S versuchen, die Phrasen in der Box im Text zu finden, und entscheiden dann, ob diese freundlich oder unfreundlich gemeint sind.
L: Let's read the text again: Who is friendly and who isn't friendly?
Die S notieren ihre Ergebnisse. Wenn sie fertig sind, spielt L die Lösungen vor. Die S korrigieren dabei ihre Antworten.

→  1 ▶ 16

Weitere Differenzierung
Die S lesen den Dialog laut und achten dabei besonders darauf, dass sie die Phrasen (un-) freundlich vortragen.

LÖSUNG

Friendly	unfriendly
Give me a hug.	Hey, watch out!
Hey, that's cool!	Is it?
Nice to meet you.	So?

S. 23

4 At school

NEUER WORTSCHATZ
shoe · **trainer** · (to) **forget** · (to) **wear** · **British** · **different** · (to) **have**

EINSTIEG
SB geschlossen. L wählt mehrere S aus, die Turnschuhe tragen, und semantisiert den neuen Wortschatz: Look at Lukas's and Marie's shoes. They are trainers. Lukas and Marie, you wear trainers. Are Bastian's shoes trainers too? S: Yes, they are. / No they aren't.

ÜBERLEITUNG
L: It's Justin's first day at Plymstock and his shoes are trainers too.

ERARBEITUNG
SB geöffnet. 1. Lesen/Hören mit Leseauftrag: What are Justin's problems on his first day at Plymstock School?
Die S lesen die Fotostory und finden heraus, was Justins Probleme sind: His shoes are trainers, and trainers aren't school shoes. / He's late.
L fragt, warum Justin zu spät ist, um an die Vorgeschichte anzuknüpfen:
L: Why is Justin late? S: Justin is on Skype with his father before school and so he is late.

→  1 ▶ 17 Audio online

🎧 **Alternative**
SB geschlossen. 1. Hören (Globalverstehen): Die S beschreiben Justins Probleme.
2. Hören (Detailverstehen):
In what class is he? (7EB)
In what room is his class? (HU9)

Background file

NEUER WORTSCHATZ
I don't like green.

ERARBEITUNG
SB geöffnet. Die S betrachten zunächst die vier Kinder und ordnen gemäß der ersten Frage die beiden ihnen bekannten Mädchen (Lucy, oben rechts / Maya, unten links) den beiden Schulen zu.
Danach lenkt L die Aufmerksamkeit auf Morph, der die notwendigen Sprachmittel für die zweite Teilaufgabe liefert.

L: Look at the blue Morph. Is he happy and friendly? S: Yes, he is. Die S lesen die Sprechblase vor.
L: What about the green Morph? Is he happy? S: He isn't happy. / He's sad. / He's not friendly. Die S lesen die zweite Sprechblase vor.

Nachdem nun die notwendigen Sprachmittel vorliegen, sind die S an der Reihe und sagen, welche Uniform sie mögen. L sollte sie dazu animieren, zwei Sätze zu sagen.

Alternative

☐ **KV 5: Design your school uniform.** Die S erstellen ihre eigene Schuluniform, indem sie die Kleidungsstücke bunt anmalen. Dann präsentieren sie in GA ihre Vorschläge. Leistungsschwächere S können die Sprachmittel nutzen. Die KV wird weiter verwendet in **11**, SB-Seite 25.

LÖSUNG
Lucy is at Plymstock School. Maya is at Coombe Dean School.
I like the dark blue/green uniform. It is nice/cool/good.

5 Have a go

NEUER WORTSCHATZ
Have a go. · °(to) walk around · °(to) change · role

ANWENDUNG
🧩 Die in *Part A* erarbeiteten Redemittel werden nun in einer ►*Milling around activity* vorbewusst angewendet. Die S suchen sich jeweils zwei Gesprächspartner und führen zu dritt ein kurzes Begrüßungsgespräch, in dem sie sich grüßen und höflich einander vorstellen. Danach werden die Rollen gewechselt.
Hinweis: Die ►*Milling around activity* eignet sich ebenfalls als Einstieg in *Part A Practice*.

Introducing people in GB and the US
In Großbritannien und den USA werden traditionell Gesprächspartner oder Gäste einander durch einen gemeinsamen Bekannten vorgestellt. Meist geschieht dies mit dem Vornamen.

S. 24

Looking at language

NEUER WORTSCHATZ
language · °(to) finish · °table · °second · °negative · **form (of)** · **of** · **long** · **short**

EINSTIEG
L schreibt Sätze links an die Tafel. L: Look at the sentences. You can see <u>long</u> forms (Gestik und Beispiel). When we talk, we often take the <u>short</u> forms. What are the short forms?

I am Jan.	I'm Jan.
He is from Germany.	He's from Germany.
They are students at Plymstock School.	They're students at Plymstock School.

Weitere Differenzierung
In leistungsstarken Klassen können die S direkt beginnen, aus SB-Seiten 22–23 die Informationen zu entnehmen.

ERARBEITUNG
a) Die S schlagen auf SB-Seiten 22–23 nach und tragen die entsprechenden Kurzformen von to be in die Tabelle ein. L notiert die vollständigen Sätze als Tabelle an der Tafel (s. Lösung).
L weist darauf hin, dass im Text überwiegend Kurzformen zu finden sind, weil es sich um gesprochene Sprache handelt. In der geschriebenen, formellen Sprache verwendet man dagegen die Langformen. Die S überlegen (ggf. anhand der Illustration von Morph), welcher Buchstabe durch ein Apostroph ersetzt wird. GF 1: Personal Pronouns (p. 183)

➡ GF 1: Personal pronouns (p. 183)

➡ GF 3: The verb *(to) be* (p. 184)

LÖSUNG

Personal pronouns and the forms of the verb _be_			
Singular		Plural	
long	short	long	short
I am	I'm	we are	we're
you are	you're	you are	you're
he is	he's	they are	they're
she is	she's		
it is	it's		

ERARBEITUNG

b) Die S erstellen analog zu **a)** eine zweite Tabelle und ergänzen diese erneut mit dem Sprachmaterial auf SB-Seiten 22–23.

Die S vergleichen abschließend ihre Ergebnisse mit GF 3 und korrigieren sich untereinander. L notiert die vollständige Tabelle an der Tafel.

Hinweis: In den Texten auf SB-Seiten 22–23 fehlen die negativen Formen von he/she/it. Diese müssen entweder durch die S selbst erschlossen oder dem GF entnommen werden.

Abschließend sprechen die S darüber, wie die verneinte Form von _to be_ gebildet wird. An ihr Vorwissen anknüpfend, erkennen sie, dass sich die Formen aus einer Form von _to be_ und _not_ (Kurzform _n't_) zusammensetzen.

Weitere Differenzierung

In leistungsschwächeren Klassen kann L erneut vorab zwei Mustersätze nutzen, um kleinschrittiger ins Phänomen einzuführen (_I'm not Jan, I'm … . / I'm not from Germany, I'm from … . / They aren't students at Plymstock School, they are students at … ._)

LÖSUNG

Negative forms of the verb _be_			
Singular		Plural	
long	short	long	short
I am not	I'm not	we are not	we aren't
you are not	you aren't	you are not	you aren't
he is not	he isn't	they are not	they aren't
she is not	she isn't		
it is not	it isn't		

TIPPS FÜR IHRE PLANUNG

In den nächsten beiden Übungen werden die Personalpronomina geübt und gefestigt. Dies beginnt mit einer spielerischen Übung und mündet anschließend in eine klassische Zuordnungsübung der Pronomina. **1** und **2** gehören dabei zu einer Übungssequenz mit Differenzierungsmöglichkeiten in **4** und **5**, die mit dem GAME in Übung **6** endet.

1 _He, she_ or _it?_ (Personal pronouns)

NEUER WORTSCHATZ

°(to) spy

EINSTIEG

SB geschlossen. L stellt Vorgehen der Aufgabe exemplarisch und gestikulierend dar: I spy an it. Hierbei sollte die Bedeutung von °spy deutlich werden, z. B. indem Zeige- und Mittelfinger den Blick nachzeichnen.

L fragt nach: What is it? Die S spekulieren: The pen? The rubber? The blackboard? L: No, it isn't. / That's right.

ERARBEITUNG

👥 SB geöffnet. Die S erstellen nun mit Hilfe der Bilder abwechselnd eigene Sätze und spekulieren, welches Bild der Partner meint.

Anschließend wählen die S Gegenstände/Personen aus dem Klassenzimmer und führen das Spiel fort.

MUSTERLÖSUNG
A: I spy an it. – B: The book? · A: No, it isn't. – B: The telephone? ·
A: That's right. – B: I spy a he. · A: Harry Potter? – B: Yes, that's right. ·
A: I spy a she. – B: …

2 Plymouth people and things (Personal pronouns)

NEUER WORTSCHATZ
people

ERARBEITUNG
Die S ergänzen in EA die Sätze mit dem entsprechenden Personalprono-
men und überprüfen diese selbstständig mit einer Lösungsschablone. L
kopiert hierfür ein paar Exemplare der Lösungen.

LÖSUNG
1 Where's Plymouth? – It's in England. · 2 Lucy and Maya are eleven.
They're friends. · 3 Maya: "I like you, Lucy. You're great!" · 4 Sam is
eleven too. He's new in Plymouth. · 5 Sam: "I'm in Year 7. What about
you?" · 6 Maya isn't at Plymstock School. She's at Coombe Dean. ·
7 Lucy: "Maya and I are best friends. But we're at different schools." ·
8 That's the Plymstock uniform: It's dark blue.

➜ Workbook 2–3 (p. 9)

S. 25

TIPPS FÜR IHRE PLANUNG
Nachdem die Personalpronomina gefestigt wurden, liegt der Fokus jetzt
auf den positiven und negativen Verbformen von to be. Diese werden
zunächst getrennt voneinander geübt (**3**, **4**) und abschließend in der
kontrastierenden Aufgabe **5** bearbeitet.

3 I'm Maya (be: positive statements)

NEUER WORTSCHATZ
°about yourself · °(to) use

EINSTIEG
SB geschlossen. Zunächst rufen die S sich die Formen von to be durch
eine kurze ▶Kettenübung zurück ins Gedächtnis. Dies geschieht, indem
ein S auf einen oder mehrere andere Mit-S zeigt und dadurch die Klasse
auffordert, die entsprechenden Namen zu nennen. L beginnt und zeigt
auf S1: I'm … . You're … · S2: She's/He's … . (zeigt auf S3) S3:
We're … . (zeigt auf sich und S4) S4: You're … . · (zeigt auf S4 und S5)
S5: They're … . · (zeigt auf S6 und S7)

ERARBEITUNG
a) Anschließend bearbeiten die S in EA den Lückentext und vergleichen
ihre Ergebnisse an ▶Kontrollpunkten.

LÖSUNG
1 I'm from Plymstock in Plymouth. · 2 Plymouth? – It's a town in England. · 3 I have a big brother. He's OK. · 4 My best friend is Lucy. She's
great! · 5 We're sad – we're at different schools. · 6 But I like my new
classmates. They're cool. · 7 And you? Oh, you're from Germany!

ERARBEITUNG
b) Die S schreiben nach dem Muster in **a)** Sätze über sich selbst und
überprüfen ihre Ergebnisse mit einem Partner.

4 What's wrong? (be: negative statements)

NEUER WORTSCHATZ
sentence · °correct · °(to) give

ERARBEITUNG
Die S betrachten Satz 1 gemeinsam und berichtigen dann die folgenden Sätze, indem sie die korrekte Information nennen.

DIFFERENZIERUNG `Early finisher`
Leistungsschnellere S erfinden weitere Quatschsätze und berichtigen sie.

SICHERUNG
Die Überprüfung der Sätze 1–6 und der eigenen Sätze der *Early finishers* erfolgt im Plenum, damit alle S die Aufgabe gemeinsam beenden.

LÖSUNG
2 Sam is at Coombe Dean School. – No, he isn't at Coombe Dean School. He's at Plymstock School. · 3 Justin and Sam are in Year 8. – No, they aren't in Year 8. They're in Year 9. · 4 Plymouth is a town in Germany. – No, it isn't a town in Germany. It's a town in England. · 5 The sea at Plymouth is red. – No, the sea at Plymouth isn't red. It's blue. · 6 And you? You're in a German lesson now. – No, I'm not in a German lesson now. I'm in an English lesson.

5 Who is in the photo? 🗩 (be: positive and negative statements)

ERARBEITUNG
👥 ▸ *Information gap activity*

Hinweis: Hier werden alle/viele SB der S benötigt.

MUSTERLÖSUNG
Partner A: My person isn't from Plymouth. He's from London. His dad is in the navy. Partner B: Your person is Sam. · Partner B: My person is from Plymouth. She's at Plymouth School. Her sister Holly is in year 9 at Plymouth School. Partner A: Your person is Lucy.

6 GAME Silly sentences 🗩

NEUER WORTSCHATZ
silly · °step

➡ Workbook 4 (p. 9)

ERARBEITUNG
👥 ▸ *Gruppenbildung*. Diese Aufgabe soll die S spielerisch an die korrekte Verwendung von *be: positive and negative* heranführen. Gemäß SB.

S. 26

7 Apostrophe: 's and s' (The possessive)

NEUER WORTSCHATZ
apostrophe · ball · help · (to) help · after the s

EINSTIEG
SB geöffnet. L zeigt auf ihr/sein Englischbuch, dann auf das eines S: This is my English book. And this is Jan's English book. Do all of you have your books out on the table? Yes, you have. So all my students' books are on the tables. L: Now have a good look at the four pictures. What can you see? Whose books are those? What else can you see? Die S betrachten die Bilder A–D und beschreiben sie.

ERARBEITUNG
a) Die S ordnen den Bildern die jeweils korrekte Bildbeschreibung im *Possessive* zu.

➡ GF 4: The possesive form (I) (p. 185)

LÖSUNG
1C · 2B · 3D · 4A

ERARBEITUNG
b/c) Gemäß SB.

LÖSUNG
1 Sam's name is Bennett. · 2 The boy's hometown is Plymouth now. · 3 Justin's name is Skinner. · 4 The Plymouth kids' school is Plymstock. · 5 Their teacher's name is Miss Bell. · 6 Sam: My friends' names are Justin and Lucy. · 7 Lucy: My best friend's name is Maya. · 8 Maya's new school is Coombe Dean.

8 Profiles 🎧

NEUER WORTSCHATZ
speaker +(to) **speak** · **about** me/you/ ... · °together · °pair

EINSTIEG
SB geöffnet. Bildbeschreibung. L: Let's have a look at the pictures. Who can we see in the pictures? S: In picture A we can see Justin. / In picture B it's ... L: Let's listen and find out more about them.

ERARBEITUNG
a) 1. Hören (Globalverstehen): Die S ordnen den Sprechern 1–5 die entsprechenden Fotos und Namen zu.
Hinweis: Im Rahmen der Kompetenzschulung zum Hörverstehen baut diese Übung auf SB-Seite 20, CD-Track 1.16 auf: Die S üben erneut, Informationen aus einem Hörtext zuzuordnen.

➡ 1 ▶ 18 Transkript online

LÖSUNG
1 Maya · 2 Sam · 3 Silky · 4 Justin

ERARBEITUNG
b) 2. Hören (Detailverstehen): Die S wählen einen Sprecher aus. Sie versuchen, die in der Box angegebenen Informationen über ihren Sprecher im Hörtext zu ermitteln und in der Tabelle in Stichworten zu notieren.

🎧 **Weitere Differenzierung**
Leistungsstärkere S können sich zu mehreren Sprechern Notizen machen.

LÖSUNG
1 Maya: hometown Plymouth, school Coombe Dean, best friend Lucy, eleven years old
2 Sam: hometown London, school Plymstock School, best friend Jack, eleven years old
3 Silky: hometown Plymouth, best friend Sammy, two years old
4 Justin: hometown Plymouth, best friend his dad, school Plymstock School, twelve years old

ERARBEITUNG
c) 👥 Die S schreiben nun einen Steckbrief des Lehrwerkskinds, zu dem sie sich nähere Notizen gemacht haben. Anschließend tauschen sie ihren Steckbrief mit einem anderen Paar und kontrollieren dessen Text ▶ (*Partnerkontrolle*).

➡ SF 7: Listening (pp. 179-180)
➡ Workbook 6–8 (pp. 10–11)

MUSTERLÖSUNG
This is Maya's profile. She is from Plymouth in England. She is eleven years old. She is at Coombe Dean school. Her best friend is Lucy.

9 Don't wear trainers (Imperatives)

NEUER WORTSCHATZ
help · +(to) help ·

EINSTIEG Language help

L fordert einen S auf das Fenster zu schließen oder zu öffnen: Luca, open/shut the window, please. Ein weiterer S wird z.B. aufgefordert, seine Schirmmütze abzulegen: Don't wear a cap, Micha. L unterstreicht diese Aufforderungen mimisch und besteht darauf, dass sie ausgeführt werden.

ERARBEITUNG Language help

SB geschlossen. L schreibt die Sätze aus dem Einstieg an die Tafel.
L: Look at the sentences, they are imperatives. They can be positive or negative. Let's change the positive imperative into a negative imperative.

Imperatives

positive (+)	negative (–)
Open/Shut the window, please. →	Don't open/shut the window.
Wear a cap, please. ←	Don't wear a cap.
→ with 'please'	→ no 'please'

SB geöffnet. L: Let's have a look at the four pictures on the left. Can you translate them?

FESTIGUNG

Die S verfassen anhand der Bildimpulse rechts sechs Sätze im Imperativ und vergleichen diese dann mit einem Partner.

DIFFERENZIERUNG More help

Leistungsschwächere S bearbeiten auf SB-Seite 156 einen Lückentext.

LÖSUNG

1 Don't touch the picture. · 2 Give me the pen, please. · 3 Don't put the rat in the bag. · 4 Don't open the window. · 5 Don't forget your bag. · 6 Don't talk in the library.

➡ GF 5: Imperatives (p. 186)

➡ Workbook 9 (p. 11)

Alternative
Zur Erarbeitung kann hier erneut das Spiel Simon says durchgeführt werden. (SB-Seite 16)

➡ Folie 2

Language Awareness
Im Englischen wird hinter Imperativen im Gegensatz zum Deutschen meist kein Ausrufezeichen verwendet.

10 STUDY SKILLS The Vocabulary

EINSTIEG

SB geöffnet. L zeigt S das Vocabulary im SB und weist darauf hin, dass sie hier immer die neuen Wörter einer Unit und viele Tipps finden. L: Have a look. Here you find the new words of a unit and some <u>tips</u> too.
Hinweis: Weiter sollte die Einführung des Vocabulary an dieser Stelle nicht gehen, sodass die S sich den Vokabelteil anhand der nun folgenden Aufgaben selbstständig erschließen können.

ERARBEITUNG

a) Die S erarbeiten die Aufgabe selbstständig und überprüfen anschließend im ▶Partner check ihre Ergebnisse.

LÖSUNG

1b) · 2c) · 3b) · 4a) · 5c)

ERARBEITUNG

b) Nachdem in **a)** die Grundlagen des Vocabulary aufgezeigt wurden, werden die S nun aufgefordert, ihr Wissen konkret anzuwenden, wahlweise in EA oder PA. Die Lösungen werden anschließend im Plenum verglichen.

LÖSUNG

old · Das [w] wird nicht ausgesprochen. · Es wird immer groß geschrieben. · Die Null wird wie ein „o" ausgesprochen.

➡ Vocabulary, (pp. 201–242)

➡ SF 1: Learning vocabulary (pp. 174–175)

KOMMUNIKATIVE KOMPETENZEN

Die S können …

Lesen/Hören: einfache Dialoge im *classroom discourse* verstehen und Zitate Personen zuordnen (SB-Seite 26, 1–2)

Sprechen: einfache persönliche Fragen stellen und beantworten und einen Dialog mit Mit-S führen (SB-Seite 26, 3)

METHODISCHE KOMPETENZEN

EXTRA Ein Vorstellungsspiel mit einem Ball spielen (SB-Seite 26, 3)

S. 28

1 ☜ A game with Miss Bell

NEUER WORTSCHATZ

Miss Bell · **Good morning**. · **so** · (to) **come in** · (to) **start** · **ball** · (to) **throw** · (to) **ask** · (to) **catch** · (to) **answer** +**answer** (n.) · **about** yourself · **birthday** · **September** · (to) **do** · (to) **live** · **at 14 Dean Street** · **then** · **again** · **timetable**

EINSTIEG

SB geschlossen. L reaktiviert zusammen mit den S das Vorwissen aus *Part A* mit Hilfe von Fragen, z. B. What are the names of the two schools? (Plymstock School, Coombe Dean) Who is new at Plymstock School? (Lucy, Sam and Justin) Who is late? (Justin is late.)

SB geöffnet. L: Let's have a look at the pictures. Where are we? (At (Plymstock School) What can you say about the students? (There's a game with a ball.) L: It's their first day at Plymstock School. Let's listen to their first lesson.

ERARBEITUNG

1. **Hören/**Lesen (Globalverstehen): Die S zählen, wie oft der Ball geworfen wird. *(three times)*

2. **Hören/**Lesen (Detailverstehen) mit Hörauftrag: Who can throw the ball in the game? (Miss Bell, Sam and Justin)

SICHERUNG

L stellt zur inhaltlichen Sicherung anschließend einige Vertiefungsfragen, z. B. Who is Miss Bell? (She's the class teacher.) Why do they play a game? (They want to know more about / to meet the other students.)

→ 🔲 1 🔊 19 Audio online

🎧 **Alternative**

🔲 **KV 6: A game with Miss Bell. SB geschlossen.** Die S identifizieren Figuren, die den Ball werfen und ordnen Zitate Personen zu. Bei Bearbeitung der KV entfällt **2** im SB.

2 Who is it?

NEUER WORTSCHATZ

°dialogue · °the others · °example · °mobile phone

ERARBEITUNG

👥 Als ▶*Kettenübung* lesen die S in Kleingruppen reihum einen Satz des Textes vor, und die übrigen Gruppenmitglieder nennen die entsprechende Person im Text.

3 Have a go

ERARBEITUNG

👥 Die S üben in PA die Entscheidungsfragen mit *to be* ein, indem sie sich gegenseitig Fragen stellen und darauf die Kurzantworten geben, wie im Beispiel angezeigt.

Um dies kurzweiliger zu gestalten, kann dies auf Zeit geschehen: Jeder S hat drei ▶*Appointments*. Es gilt, sich als Zweierteam gegenseitig so viele Fragen wie möglich in zwei Minuten zu stellen, bis das nächste *Appointment* dran ist.

ERARBEITUNG EXTRA

👥 Die S spielen das Spiel aus dem SB nach: GA à 6–8 S, jede Gruppe erhält einen Ball. Die Gruppen stellen sich im Kreis auf. Der älteste S beginnt, den Ball zu werfen, und stellt die erste Frage. Fängt ein S den Ball, muss er mit einer Kurzantwort antworten.

→ 4–5 Bälle

MUSTERLÖSUNG

Are you in class 5b / in a football team / from London / from Berlin? – Yes I am. / No, I'm not. · Is your brother / sister at our school too? – Yes/ no, he/she is/isn't. · Is your dad from Germany? – …

S. 29

TIPPS FÜR IHRE PLANUNG

Zunächst sammeln die S aus dem Text *A game with Miss Bell* die positiven und negativen Kurzantworten, um diese dann in **1** in einer mehrteiligen Partneraufgabe einzuüben.

→ Interaktive Übungen zum Workbook 1.2

Looking at language

EINSTIEG

Der Einstieg kann sowohl über SB-Seite 28, 3 als auch durch eine kurze Reaktivierung dieser Fragerunde im Plenum erfolgen.

ERARBEITUNG

a)/b) Die S übertragen die Tabelle in ihr Heft, suchen im ersten Schritt die positiven Formen in **1** und tragen sie in die Tabelle ein. Sie vergleichen die Antworten mit einem Partner und wiederholen diesen Vorgang entsprechend für die negativen Formen.

LÖSUNG

a)/b)

be: questions and short answers		
Are you ...?	Yes, I am.	No, I'm not.
Is he ...?	Yes, he is.	No, he isn't.
Is she ...?	Yes, she is.	No, she isn't.
Is it...?	Yes, it is.	No, it isn't.
Are you ...?	Yes, we are.	No, we aren't.
Are they ...?	Yes, they are.	No, they aren't.

1 Yes, I am (be: questions and short answers)

ERARBEITUNG

a) 👥 Die S üben paarweise die Kurzantworten ein. Partner A beginnt, Partner B die Fragen in der Aufgabe zu stellen, dann wird getauscht.

Alternative
L erstellt eine Tandemübung aus den Lösungen. Die S korrigieren sich gegenseitig.

LÖSUNG

Partner A	Partner B
1 Yes, I am.	5 No, I'm not. / Yes, I am.
2 Yes, he is.	6 Yes, they are.
3 No, we aren't.	7 Yes, it is. / No, it isn't.
4 No, they aren't.	8 No, she isn't.

ERARBEITUNG

b) Die S formulieren eigene Fragen an ihre Mit-S. Um die Aufgabe spielerischer zu gestalten, formulieren sie die Fragen vorab auf Zetteln oder kleinen Kärtchen, die dann verdeckt und gemischt werden. Die Karten dienen als Joker oder als Zufallsgenerator.

DIFFERENZIERUNG   **More help**

Leistungsschwächere S bilden die Fragen mit Hilfe einer *Substitution table* auf SB-Seite 156.

MUSTERLÖSUNG

Is your mum from Bamberg? · Is your dog friendly? · Is your dad British? · Are your friends in year 5? · Are you sad/happy?

➔ GF 3: The verb *(to) be* (p. 184)

➔ Workbook 10 (p. 12)

2 THINKING ABOUT LANGUAGE Talking to people

NEUER WORTSCHATZ

(to) **think (about)**

HINWEIS

Diese Übung festigt die bereits in *Part A*, **3** vorbewusst und in *Part B Looking at language* behandelte Art, im Englischen höflich auf Fragen zu antworten, indem z. B. einfache Ja-/Nein-Antworten vermieden und Kurzantworten richtig verwendet werden.

ERARBEITUNG

L erstellt zwei Teams aus je zwei S. Um die unterschiedliche Wirkung beider Dialoge hervorzuheben, liest Team 1 zuerst Text A in verteilten Rollen im Plenum vor. Anschließend präsentiert Team 2 Text B. Die S bemerken, dass James in Text B freundlicher und höflicher wirkt und belegen dies mit Beispielen.

Alternative

Die S hören die Texte und werten sie gemeinsam im Plenum aus.

➔ 1 ▷ 20–21   Audio online

LÖSUNG

In Text A, James only gives very short answers ("No. Year 8.") but in Text B James is friendly ("No, I'm not. I'm in Year 8.").

3 WORDS School subjects

NEUER WORTSCHATZ

(school) **subject** · +Box "School subjects", *Voc.*, SB-Seite 213

ERARBEITUNG

a) Die S spekulieren, welche Fächer sich hinter den englischen Bezeichnungen verstecken. Hierbei sollte L verdeutlichen, wie viele Wörter man aus dem Deutschen ableiten kann.

Ausnahmen sind: Art (You paint pictures in Art lessons.), ICT (Information and communication technology. You work with computers in ICT lessons.), PE (Physical education. You do sports and play games like basketball, football or volleyball in PE lessons.)

ÜBERLEITUNG

L: I like Geography and English is my favourite subject. What are your favourite subjects? S: I like Maths and PE. / English and German are my favourite subjects.

ERARBEITUNG

b) L zeichnet eine Tabelle an die Tafel (s. u.) und spielt dann den Hörtext vor. S beantworten die Fragen im SB, indem sie die Lösungen in die Tabelle eintragen.

➔ 1 ▷ 22   Transkript online

LÖSUNG

	Lucy	Maya
Favourite subjects	Design and Technology	ICT
They like...	Geography, History	Maths, Science, German, Religion

S. 30

TIPPS FÜR IHRE PLANUNG
4–5 thematisieren Stundenpläne. Sie führen von der Auseinandersetzung mit dem Stundenplan der Plymstock-Schüler zu einer Mediation-Aufgabe, in der die S Lucy Fragen zu einem deutschen Stundenplan auf Englisch beantworten und den in Part B neu erworbenen Wortschatz festigen.

➜ Interaktive Übungen zum Workbook 1.3

4 WORDS The students' timetable (The school day)

NEUER WORTSCHATZ
°below · **hour** · **lunch** · **break** · (to) **learn**

EINSTIEG
Die S betrachten den Stundenplan. L semantisiert die drei Begriffe in der Box, z. B. You often have short <u>breaks</u> between your lessons where you relax or change the room.

Weitere Differenzierung
In leistungsstärkeren Klassen bearbeiten die S die Aufgabe ohne semantische Vorentlastung.

ERARBEITUNG
a) Anschließend vervollständigen die S den Lückentext über Plymstock School.

➜ Wordbank 2 (p. 168)

LÖSUNG
At Plymstock School, there are <u>five</u> lessons every day. Lessons are one <u>hour</u> long. The first lesson is at <u>9 o'clock</u>. There's a short <u>break</u> at 11:00. The <u>lunch</u> break is at 1:20. It's <u>35</u> minutes long. It's time to go home at <u>2:55</u>.

ERARBEITUNG
b) 👥 Die S stellen sich nun gegenseitig Fragen über den Stundenplan der Plymstock-Schüler. Hier kann L relativ schnell eine ▶Information gap activity erstellen. L erstellt zwei Versionen des Stundenplans mit jeweils unterschiedlichen Lücken an verschiedenen Stellen. So können die S sinnvolle Fragen über die Lücken stellen und gemeinsam den Stundenplan vervollständigen.

Weitere Differenzierung
Leistungsschwächere Klassen können zunächst einige Fragen im Plenum zusammen beantworten.

➜ Workbook 11–13 (pp. 12–13)

5 A German timetable

ERARBEITUNG
Die S beantworten die Fragen zu dem Stundenplan zunächst in EA und überprüfen ihre Ergebnisse anschließend im ▶Partnercheck-Verfahren. Zur Überprüfung spielen ein bis zwei S-Paare (Paar 1 Frage 1-3, Paar 2 Frage 4-6) die Antworten exemplarisch als Mini-Dialoge im Plenum vor.

Alternative
Die Übung eignet sich auch als schriftliche HA, die in der Folgestunde im Plenum besprochen und exemplarisch von zwei S (Lucy und deutscher S) vorgespielt werden kann.

MUSTERLÖSUNG
1 The first lesson is at 8:00. · 2 The first lesson on Monday is Maths. · 3 Breaks are at 9:30 and at 11.15. They are 15 minutes long. · 4 PE is on Monday at 8:45. There is a double lesson on Wednesday at 11:30 too. · 5 There is a Science lesson on Monday at 10:30 and a double lesson on Tuesday at 11:30. · 6 It is time to go home at 1:00.

➜ Wordbank 2 (p. 168)
➜ SF 10: Mediation (p. 181)

6 Apostrophes

NEUER WORTSCHATZ
°apostrophe

EINSTIEG
SB geöffnet. L erläutert: Look at Lucy's questions in exercise 5 again. Some questions begin with a short form, for example: When's the first lesson? Which letter is missing? S: The "i" is missing. L: Right. There is an apostrophe for the missing letter. Which other short forms with an apostrophe do you know? S: I'm, you're, there's, what's … L: Now look at the sentences in exercise 6. Which letters are missing? Where do you put an apostrophe?

➜ Workbook 14 (p. 14)
➜ SF 9: Writing – Check your spelling (p. 181)

ERARBEITUNG
Die S entwirren den Buchstabensalat in den sechs Schlangen und identifizieren, an welchen Stellen ein Apostroph eingesetzt werden muss. Sie schreiben die sechs Sätze in ihr Heft.

LÖSUNG
What's the time? It's five o'clock. · We aren't twelve. We're eleven. · Don't open the window. · There's a break at eleven o'clock. · Who's that? It's Miss Bell. She's nice. · Let's play a game. Don't go.

Zusatz
Die S bilden gemeinsam die long forms der Wörter in den Wortschlangen. L weist ggf. darauf hin, dass o'clock ein feststehender Ausdruck ist und das Apostroph hier nicht entfallen kann.

S. 31

TIPPS FÜR IHRE PLANUNG
In **7–8** lernen die S die Aussprache von Datumsangaben. Dies wird anhand von diversen kurzen Hörverstehensübungen trainiert.

➜ Interaktive Übungen zum Workbook 1.4–5

7 WORDS My birthday is in … 🎧 (The months)

NEUER WORTSCHATZ
month +Box "The months" *Voc.*, SB-Seite 213

EINSTIEG
SB geschlossen. Reaktivierung von Grundschulwortschatz: L fragt die Monatsnamen ab, um den notwenigen Wortschatz aus dem Themenfeld *Months and seasons* zu wiederholen. L: What's month number 5 in a year? (May)
SB geöffnet. L verweist auf die Box und die S lesen reihum die Monate vor. Jeder S liest einen Monat laut vor, dann ist sein Sitznachbar dran, solange bis jeder S einmal dran war. Diese Aufgabe kann variiert und erschwert werden, indem S1 einen Monat nennt und S2 den darauffolgenden Monat nennen muss. Dann nennt S2 einen Monat und S3 muss den darauffolgenden nennen.
S1: May, S2: June, S2: December, S3: January …

Alternative
Sollten die Monatsnamen den S bisher unbekannt sein, liest L diese zunächst vor und die S sprechen im ►Chor nach.
➜ Workbook 15 (p. 14)

ERARBEITUNG
a)/b) Die S notieren nun ihren Geburtsmonat auf einer Karte und hören die Auflistung der Monate. Wenn ihr Monat dran ist, halten sie ihre Karte hoch und sagen: My birthday is in … .

➜ Karten, dicke Stifte
➜ 1 ▶ 23 Transkript online

Alternative nach a)
Die S basteln einen Geburtstagskalender: Sie illustrieren ihre Karten aus a) und hängen sie nach Monaten sortiert auf.

8 WORDS My birthday is on … 🎧 (Ordinal numbers)

NEUER WORTSCHATZ
°ordinal number · °Put up your hand. · **second** · **third** +**Box,** *Voc.,* SB-Seite 214 · **when?** · **Box "Birthdays"**, *Voc.,* SB-Seite 214 · (to) **write**

ERARBEITUNG
a) Nachdem die Monate wiederholt wurden, führt L die Ordnungszahlen ein: Die S hören die Zahlen und sprechen sie im Chor nach. Während des **1. Hörens** lesen sie die Zahlen im SB mit. Dabei müssen sie zwischen -15th–19th und 24th–29th besonders genau zuhören, da diese Zahlen nur gehört werden. Wenn ihr eigenes Geburtsdatum genannt wird, heben die S die Hand.

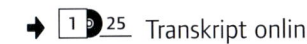

ERARBEITUNG
b) In Form einer ▶*Milling around activity* tauschen die S sich über ihr Geburtsdatum aus.

ERARBEITUNG
c) L: Have a look at the speech bubble. Who can write (Gestik) the date on the blackboard? Ein S wird gebeten, das Datum an die Tafel zu schreiben. L ergänzt das TB mit der Datumsangabe in Zahlen. Zur Vertiefung werden drei weitere Geburtstage von S in ähnlicher Form an die Tafel geschrieben.

➜ 1 🔵 25 Transkript online

On the ninth of July → 9th July
On the seventeenth of May → 17th May
…

LÖSUNG

➜ Workbook 16 (p. 14)

Name	Date
Will	13th March
Zoe	15th October
Harry	22nd May
Grace	13th April

9 a [ə] or *an* [ən] 🎧

EINSTIEG
SB geschlossen. L fragt die S nach ihren Geburtstagswünschen und schreibt diese in eine dem SB entsprechende Tabelle gemäß der Unterscheidung „a/an".

ERARBEITUNG
Die S ordnen die Geschenkideen aus der Vorgabebox in die Tabelle ein. L spielt dazu die Aufnahme zweimal vor. Anschließend erschließen die S die Regel für a/an.

➜ 1 🔵 26 Transkript online

Hinweis: L sollte deutlich darauf aufmerksam machen, dass die Regel sich auf der phonologischen Ebene befindet und nicht ausschließlich am Schriftbild zu erkennen ist. Beispiele: uniform [ˈjuːnɪfɔːm], MP3 player [ˌem piː ˈθriː ˌpleɪə].

LÖSUNG

➜ Workbook 17 (p. 15)

"a/an" with nouns		
name	**a**	**an**
Will	football	English book
Zoe	DVD	orange pen
Harry	giraffe	elephant
Grace	uniform for Teddy	MP3 player

Be careful:
It's about the first sound of the word not about the first letter.

10 Come to my party! ✎ (Prepositions)

NEUER WORTSCHATZ
°invitation · °preposition

EINSTIEG
L: Imagine it's your birthday and you want to invite many friends to your party. What do you have to do? (write invitations) What do you have to tell your friends? (place, time)

ERARBEITUNG
a) SB geöffnet. Die S wählen selbst die Sozialform, in der sie diese Aufgabe bearbeiten möchten: EA oder PA. Sie übertragen die Einladung ins Heft, tragen die korrekten Präpositionen ein und vergleichen die Ergebnisse anschließend untereinander.

LÖSUNG

Come to my party!
It's in Plymouth.
At 19 Hill Street,
on Saturday, 13th March,
at 3 o'clock.

ERARBEITUNG
b) Die S nutzen die Einladung im SB als Muster und verfassen (und gestalten) eine eigene Einladung.

Hinweis: Aufgabe 10b) bietet sich als HA an.

➜ SF 9: Writing – Check your spelling (p. 181)

DIFFERENZIERUNG Early finisher
Lernschnellere S lösen auf SB-Seite 164 ein Quiz, bei dem sie ein Lösungswort ermitteln müssen. Die Lösungen stehen auf SB-Seite 257.

KOMMUNIKATIVE KOMPETENZEN

Die S können …

Lesen/Hören: wesentliche Merkmale einfacher Spiel- und Handlungsszenen verstehen und Aussagen richtig/falsch zuordnen (SB-Seite 30, 1–2)

Hören: einfachen Hörtexten die Hauptinformationen entnehmen und Falschaussagen korrigieren (SB-Seite 30, 3)

S. 32

1 Where's Justin?

NEUER WORTSCHATZ

°discovery · (to) **find** · (to) **count** · **Are there any …?** · (to) **spell** · (to) **work** · (to) **read** · (to) **watch** +Box "**look** · **see** · **watch**", *Voc.,* SB-Seite 183 · (to) **fall asleep** · **place** · **this** place/break/subject · **I don't know.** · (to) **eat** · **What** colour …? · **canteen** · **gym** · **We're finished.** · **back** · we **can't** · (to) **win** · **him**

EINSTIEG

SB geschlossen. L verweist auf die Stundenpläne der S aus **5** (SB-Seite 30) und fragt, in welchen Räumen die Fächer stattfinden:
L: Look at your timetables. Where are your English/geography/PE/ITC lessons …? S: They are in our classroom/in the geography room/gym/computer room/… . L semantisiert ggf. die Orte, die die S noch nicht kennen: z. B. Your PE lessons are in the *gym*.

ERARBEITUNG

SB geöffnet. L: Our students are new at Plymstock School. There is a discovery quiz, so they know where all the rooms are for example.
Bildbeschreibung und Spekulieren über den Text: L lenkt anhand von *Right/wrong-statements* die Aufmerksamkeit der S auf die Figur Justin und darauf, dass Justin sich von Lucy und Sam unterscheidet.
L: Look at the picture. Am I right or wrong? Sam talks to Lucy. S: Yes. L: He has a pencil in his hand. S: No, Lucy has a pencil in her hand. L: Justin talks to Lucy. S: Yes./No. / He goes out of the door.
Die S erkennen, dass Justin sich entfernt, auch wenn sie dies noch nicht perfekt versprachlichen können.
1. Lesen/Hören mit Leseauftrag: Die S lesen den Text still und zählen dabei, in wie vielen Räumen das Quiz stattfindet.
L: Count the rooms. (Four rooms: geography room, computer room, library, canteen)

→ 1 ▶ 27 Audio online

2 Right or wrong?

ERARBEITUNG

2. Lesen/Hören: Die S lesen den Text erneut still und entscheiden, ob die Aussagen richtig oder falsch sind.
Die Ergebnisse vergleichen sie mit einem Partner.
Nun üben die S in Gruppen à 3 S den Text mit verteilten Rollen zu lesen. Einführend sollte L hierbei auf wichtige Aspekte des Vorlesens aufmerksam machen, z. B. das Verbinden von Vokalen und Konsonanten an Wortgrenzen. Ggf. kann L ein Beispiel herausgreifen:
Abschließend lesen – je nach Zeitbedarf – einige Gruppen vor.

Are there any maps?

LÖSUNG

1 Right. · 2 Wrong. Justin is with them in the computer room. · 3 Right. · 4 Wrong. They can't go back to the classroom without Justin.

3 The winners are … 🎧

NEUER WORTSCHATZ
winner

EINSTIEG
👥 Die S spekulieren, ob Sam, Lucy und Justin noch gewinnen können. L: Can Team 3 win? – Can they be *winners*? S: Yes, they can. Lucy and Sam can find Justin. / No, they can't. Justin isn't there. They are late.

ERARBEITUNG
a)/b) 1. Hören: Die S hören das Ende der Geschichte. L fordert die S auf, die vier Sätze in EA zu korrigieren. Anschließend tauschen die S mit einem Partner ihre Lösungen.
👥 **2. Hören:** Die Partner kontrollieren gegenseitig ihre Antworten während des Hörens.

➡ 1 ▷ 28 Transkript online

LÖSUNG
2 No, he isn't. Justin is at the geography room.
3 No, there isn't. There's a map of England in the geography room.
4 No, they aren't. Team 3 are the winners.

Weitere Differenzierung
👥 Leistungsstärkere Lerngruppen gestalten schließlich ein *Discovery Quiz* zur eigenen Schule, das von S einer anderen Gruppe gelöst wird.

S. 33

1 The Plymstock School Dicovery Quiz

NEUER WORTSCHATZ
°film · °Stop! · °the same

EINSTIEG
SB geöffnet. Bildbetrachtung. L: Who can we see in the picture? S: Two boys and a girl. They are at school. They have school uniforms. L: Do we know the students? What are their names? S: We don't know them. L: You can see these students in films. There are films for every unit of your English book. So let's watch the film for this unit and find out the children's names.

→ Transkript zur DVD online

ERARBEITUNG
a) 1. Sehen (Globalverstehen): Die S sehen den Film so lange, bis sie die Namen der Figuren kennen. Wer als erstes die Namen weiß, ruft „Stop!" und wiederholt die Namen für alle.

LÖSUNG
Jack, Oliver, Ruby (bei ca. 0:40 Sekunden)

ÜBERLEITUNG
L: Where are the kids? S: Jack, Ruby and Oliver are at Plymstock School. L: They are also in a team for the School Discovery Quiz. Let's watch the film again and find out more about the places they visit.

ERARBEITUNG
b) 2. Sehen (Detailverstehen): Bearbeitung gemäß SB. L kann hierzu vorbereitend die im Film erwähnten Orte auf Folie oder als kleine Notizzettel anbieten (vgl. Lösung), damit anschließend die Zuordnung für alle als Unterstützung zur Versprachlichung der Ergebnisse erfolgen kann.

ERARBEITUNG
c) 🎬 Die S nummerieren die Orte in ihren Notizen in der Reihenfolge ihres Auftretens und überprüfen ihre Ergebnisse mit einem Partner, indem sie ihre Notizen nach dem Muster im SB vorlesen. Abschließend zeigt L den Film ein weiteres Mal; die S überprüfen ihre Ergebnisse und korrigieren ggf. ihre Aufzeichnungen.

LÖSUNG

A the canteen	2	(chairs = red + yellow)
B classroom HU3	4	(4 maps)
C classroom HU6	1	
D a computer room	5	(11 computers)
E the library	3	(Open Mon-Thur 8.30 am – 4 pm, Fri 10 am – 3.50 pm)

Weitere Differenzierung
3. Sehen oder *Early finisher*:
Die S notieren die Lösungen der Fragen aus dem *Discovery Quiz* von Jack, Ruby und Oliver (vgl. Lösung in Klammern).

ERARBEITUNG
d)/e) 👥 Die S werten aus, was sie in einer englischen Schule gesehen haben. L: Think about Plymstock School again. What rooms or things are in the film? Which things do you like? Which things don't you like? L kann die S-Äußerungen durch Redemittel an der Tafel sprachlich unterstützen.

I (don't) like the food/... at Plymstock School.

👥 / 👥 Die S legen eine Tabelle nach dem Muster im SB an und listen die Dinge, die ihnen besonders (oder nicht) gefallen, auf. Anschließend vergleichen die S die Ergebnisse mit einem anderen Paar und verabschieden eine gemeinsame Liste (▶*Think-Pair-Share*).

NEUER WORTSCHATZ

everyday · **workbook** · **page** · °What page are we on? · **toilet** · **What's for homework?** · **homework** · °(to) compare · °ladder

Hinweis: Die Filmclips zu EVERYDAY ENGLISH sind auch als Tondateien auf der Audio-CD zu finden.

➜ Classroom English (p. 271)

ÜBERLEITUNG

L: Let's take a look at another classroom.

ERARBEITUNG

a) 1. Sehen/Hören (Globalverstehen) mit Seh-/Hörauftrag: L: Who says these sentences – a student or their teacher? L kann die Sätze 1-10 auf Folie zeigen, die S ordnen die Personen den Zitaten zu: 1, 2, 7 teacher; 3-6, 8-10 a student.
2. Sehen/Hören: Die S ergänzen die Sätze schriftlich.

➜ Transkript zur DVD und Audio online

DIFFERENZIERUNG `More help`

Leistungsschwächere S finden auf SB-Seite 157 eine Box mit fehlenden Begriffen.

LÖSUNG

1 open · 2 work · 3 Sorry · 4 page · 5 window · 6 do · 7 can · 8 go · 9 What's · 10 spell

ERARBEITUNG

b) 👥 Die S vergleichen und korrigieren die Ergebnisse mit einem Partner.

ERARBEITUNG

c) 3. Sehen/Hören: Die S sehen den Film abschließend ein drittes Mal und korrigieren ihre Aufzeichnungen selbst.

ERARBEITUNG

d) 👥 Die S übertragen ihre Ergebnisse auf zwei verschieden farbigen Karteikarten und machen einen Klassenraumaushang nach dem Muster im SB. Sie können auch die Liste auf SB-Seite 275 für ihre Sammlung nutzen. Die *Classroom ladders* können innerhalb der kommenden Wochen erweitert werden.

➜ Zwei Farben Karteikarten im Klassensatz

S. 34

1 At Plymstock School *(there is / there are)*

NEUER WORTSCHATZ
There aren't any … · °(to) go on (with sth.)

EINSTIEG
SB geöffnet. Bildbetrachtung, SB-Seite 33 oben. L beschreibt das Bild und führt so die Bewusstmachung der neuen Struktur ein: There is a pencil case in the picture. There isn't a computer. But there are three students in the picture too. There aren't any teachers. Are there any rulers? What else is there in the picture?
Die S bilden anschließend eigene Sätze. (There's a table/desk. / There are posters. / There aren't any timetables. / …)
Hinweis: *Any* wird an dieser Stelle nicht grammatikalisch sondern als Lernwortschatz eingeführt. *Not any* entspricht dem deutschen „kein(e)" und sollte auch so den S präsentiert werden.

ERARBEITUNG Language help
Mit Hilfe der *Language-help-Box* und den Satzphrasen in der Tabelle erstellen die S nun weitere Sätze und notieren diese.

SICHERUNG
Die S vergleichen ihre Ergebnisse im Plenum, indem einige S einen Satz in das TB eintragen.

LÖSUNG

+		−	
There's a …	There are …	but there isn't a …	but there aren't any …
Discovery Quiz for year 7, map of China in room HU3, library at the school,	uniforms for the students, red and yellow chairs in the canteen, 18 computers in the computer room,	Discovery Quiz for Year 8. map of Mexico. swimming pool.	uniforms for the teachers. green chairs. maps.

DIFFERENZIERUNG Early finisher
Leistungsschnellere S beschreiben in weiteren Sätzen mit *there is/isn't* und *there are/aren't*, welche Gegenstände sie im Klassenraum sehen oder im Schulranzen haben. So bleibt den langsameren S mehr Zeit zur Vervollständigung der zeitintensiven Aufgabe **1**.

2 What's different *(there is/there are: questions and short answers)*

ERARBEITUNG
a)/b) 👥 Gemäß SB.

MUSTERLÖSUNG
In picture A there are books on the desks. In picture B there aren't any books on the desks. · In picture A there is a map in front of the board. There isn't a map in picture B. · There is a ball in picture B but there isn't a ball in picture A. · There is a clock on the wall in picture A. There isn't a clock in picture B. · There are two pencils in picture B but there aren't any in picture A. · In picture B there is a pencil case on the desk. In picture A there isn't a pencil case on the desk. · In picture A there is a school bag on a chair. In picture B there isn't a school bag on a chair.

➡ GF 6: There is … / There are … (p. 186)

Alternative
Kim's game: L oder ein paar S legen auf einem Tisch zehn Dinge aus dem Klassenraum aus, deren Bezeichnungen die S kennen. S1 muss draußen warten, während die anderen Dinge hinzufügen oder wegnehmen. S1 kommt zurück und muss erkennen, was sich verändert hat: There is a school book but there aren't any pencils.

➡ Folie 3

➡ Workbook 18–20 (pp. 15–16)

3 I can do it! *(can)*

NEUER WORTSCHATZ
in German/English

> **Language Awareness**
> L verweist zunächst auf den *TIP* und macht den S dadurch die unterschiedliche Satzstellung bewusst: Im Englischen steht das Vollverb see direkt hinter dem Hilfsverb can. Des Weiteren sollte L die S darauf hinweisen, dass hinter can immer ein Vollverb stehen muss: Ich kann Englisch. – I can speak English. Bei der Fragestellung tauschen *can* und das Subjekt den Platz.

ERARBEITUNG

a)/b) Die S formen in EA aus den Versatzstücken korrekte Sätze und Fragen mit *can*. Wenn sie fertig sind, suchen sie sich einen Partner, der ebenfalls fertig ist, und vergleichen ihre Ergebnisse. Im Anschluss bearbeiten sie gemeinsam Aufgabe **b)**.

LÖSUNG

1 I can spell "cupboard". · 2 I can't speak French. · 3 Can you say it in German? · 4 Can I work with Lisa? · 5 What can I do now?

➡ GF 7: can (p. 187)

➡ Workbook 21 (p. 16)

➡ Interaktive Übungen zum Workbook 1.6

Alternative

👥 Zwei S schreiben Namen der Mit-S oder L auf Kärtchen, zwei weitere notieren activities wie in **a)**. Nun bilden die S abwechselnd Sätze oder Fragen aus jeweils zwei Kärtchen

---

S. 35

1 🔊 The alphabet song

NEUER WORTSCHATZ
pronunciation · °alphabet · °sound group

ERARBEITUNG
a) 🔊 SB geöffnet. 1. Hören. Gemäß SB

ERARBEITUNG
b) 🔊 SB geöffnet. L: Look at the green letters and the music in a) again, why are there different colours? Die S betrachten die Farben der Buchstaben und die Noten und erkennen, dass es sich um dieselben Laute handelt. L spricht nun die einzelnen Buchstaben der sieben Soundgruppen nacheinander vor. Die S sprechen im Chor nach (▶Chorsprechen). Nach jeder Gruppe schreibt L das entsprechende Symbol der Lautschrift an die Tafel und notiert die entsprechenden Buchstaben.

[eɪ]	[iː]	[e]	[aɪ]	[əʊ]	[ɑː]	[uː]
AHJK	BCDEGPTV	FLMNSXZ	IY	O	R	QUW

ERARBEITUNG
c) 🔊 SB geöffnet. Die S hören den Track und schreiben die von Morph genannten Wörter auf.

LÖSUNG
Justin · aren't · Coombe Dean · Sam Bennett · geography

2 🔊 You say … the [ʃ], [tʃ] and [dʒ] sounds

NEUER WORTSCHATZ
sound

ERARBEITUNG
a) SB geöffnet. 1. Hören: L spielt die Laute einmal vor und die S lesen mit. Beim 2. Hören sprechen die S die Wörter während des Hörens laut mit.

b) L liest alle Wörter einmal laut vor. Dann ordnen die S die Wörter den entsprechenden Lauten in EA zu.

LÖSUNG
1 [ʃ]: British, show · 2 [tʃ]: China, watch · 3 [dʒ]: gym, subject

c) Diese Übung festigt neben der Aussprache auch das Verständnis der S für Lautschrift. Gemäß SB.

LÖSUNG
1F · 2C · 3D · 4E · 5A · 6B

d) 👥 Die S überlegen sich weitere Wörter und schreiben diese wie in a) im SB auf. Anschließend tauschen sie mit dem Partner und kontrollieren die Ergebnisse.

MUSTERLÖSUNG
1 [ʃ]: sharpener, shoe · 2 [tʃ]: picture, touch · 3 [dʒ]: giraffe, geography

→ 1 ▶ 29 Audio online
→ 1 ▶ 30 (Playback)

→ English sounds (p. 272)
→ 1 ▶ 31 Audio online
→ Workbook 22 (p. 17)
→ Interaktive Übungen zum Workbook 1.6

→ 1 ▶ 32 Transkript und Audio online

Weitere Differenzierung
L stoppt nach jedem Wort die CD und die S buchstabieren das Wort ebenfalls entweder im Chor oder einzeln.

→ 1 ▶ 33 Audio online
→ English sounds (p. 272)

→ 1 ▶ 34

3 How to link words in sentences

NEUER WORTSCHATZ

how to do sth. · (to) **link** · **group (of)**

ERARBEITUNG

a) 🖑 Die S lesen zuerst Morphs Hinweis und schauen sich dann die Box „Der Bindebogen" auf SB-Seite 209 an. Anschließend spielt L das Audio vor (**1. Hören**), die S wiederholen daraufhin oder während des **2. Hörens** im ▶Chorsprechen.

ERARBEITUNG

b) 🖑 👥 Gemäß SB.

LÖSUNG

I think there's an͜ elephant in͜ our school! But where is͜ it? Let's look͜ in my library!

➡ 1 💿 35 Audio online

➡ 1 💿 36 Audio online

Zusatz

L kann den S weitere kleine Texte, z.B. The ants go marching, Here we go, SB-Seite 17, zur Übung des Bindebogens geben. L kopiert den (Song)Text, die S tragen die Bindebögen in EA ein und tragen anschließend den Text zur Festigung der korrekten Aussprache laut in PA oder einzelne Strophen exemplarisch im Plenum vor.

➡ Workbook 23–24 (p. 17–18)

KOMMUNIKATIVE KOMPETENZEN
Die S können …
Hören/Lesen: einfach gehaltene Erzähltexte inhaltlich erfassen und Aussagen richtig/falsch zuordnen und korrigieren
Sprechen: Gefühlsäußerungen anderer verstehen und über die Gefühle der Lehrwerksfiguren sprechen · Gefühle ausdrücken und einen Lehrwerkstext szenisch darstellen
Schreiben: falsche Aussagen schriftlich korrigieren · über fiktive Personen schreiben und eine Geschichte weitererzählen

METHODISCHE KOMPETENZEN
einen Dialog szenisch darstellen

S. 36–37

Chaos at the corner shop

NEUER WORTSCHATZ
chaos · **corner shop** · **master** · **yoghurt** · little · **always** · **group (of)** · **that** group · (to) swim · **like** boys · **swimmer**

MÖGLICHES VORWISSEN AUS DER GRUNDSCHULE
Die S können über diverse Produkte sprechen, die man in einem *small shop* oder *supermarket* kaufen kann.
Wortfeld *food and drink:* apple · banana · bread · butter · carrot · cheese · chicken · chocolate · drink · egg · fish · fruit · hamburger · honey · ice cream · lemon · lunch · milk · orange (juice) · pear · plum · rice · sandwich · sausages · strawberry · tomato · water
Andere Vokabeln: book · flower · money · paper · pen · pencil (case) · rubber · ruler

EINSTIEG
SB geschlossen. Semantisierung und Reaktivierung von Vorwissen aus der Grundschule: Die S nennen in einem UG, was man in einem *corner shop* alles sehen kann. L: A corner shop is a small shop. There is for example a corner shop opposite our school. Do you have a corner shop near your house? What can you see there? S: … L: Sam and his little (Gestik) sister are at the corner shop today too.

ERARBEITUNG
SB geöffnet. Bildbeschreibung: Die S betrachten die Bilder und versuchen, bekannte Gesichter wiederzuerkennen. L: Who's in the story? S: Sam, Lucy and Maya. Die S finden heraus, welche Personen sie bisher noch nicht kennengelernt haben, dabei semantisiert L den Plural von *man*: Who's new? I can see two *men* (Tafelanschrieb)… S: Maya's dad and a man in a shop. There is a little girl too.

→ 1 ▷ 37 Audio online

🎧 Alternative
SB geschlossen. Die S hören den Text und bilden auf der Grundlage des Gehörten eine erste Hypothese vor dem Lesen.

1 Right or wrong?

NEUER WORTSCHATZ
(to) **be good at** kung fu

ERARBEITUNG
1. Lesen/Hören: Die S lesen den Comic still und bearbeiten dabei die Aufgabe schriftlich.

→ 1 ▷ 38 Transkript online

LÖSUNG
1 Wrong. Lucy is in the Broadway before Maya. · 2 Right. · 3 Right. · 4 Wrong. Lily is Sam's sister. · 5 Wrong. Maya is the best swimmer in Plymstock. · 6 Wrong. Sam isn't in the shop with his sister. He is with Maya and Lucy. / Lily is in the shop.

2 Feelings

NEUER WORTSCHATZ

feeling · °smiley · **angry** · *happy* · **surprised** · °sorry

ERARBEITUNG

Die in **2** vorkommenden Emotionen können zunächst mimisch, ggf. mit Unterstützung der Handpuppe Silky, semantisiert werden. L imitiert die Emotionen durch seinen Gesichtsausdruck und fordert die S auf, es ihm gleichzutun.

L: OK everybody. Look at me, I'm <u>happy</u>. And now you, let's look happy. – Now I'm really <u>angry</u>. Let's look angry. – Hey, what's this, (Silky) …? I'm <u>surprised</u>! Are you surprised?

2. Lesen/Hören: Die S lesen den Text erneut still und ordnen die Emotionen in EA den entsprechenden Bildern zu. Anschließend vergleichen sie im ▶*Partner check* ihre Ergebnisse mit einem Mitschüler.

MUSTERLÖSUNG

Picture 1/smiley 5: Maya is sorry. · Picture 2, 3/smiley 1: Maya and Lucy are happy. · Picture 4/smiley 4: Lucy is surprised. · Pictures 5 and 6/smiley 1: Lily is happy. · Picture 7, 13/smiley 4: Sam is surprised. · Picture 9/smiley 4: Lucy is surprised. · Picture 10/smiley 5, 3: Sam is sorry. / Maya and Lucy are angry. · Picture 11/smiley 2: Sam is sad. · Picture 12/smiley 4: Lily is surprised.

➜ Handpuppe Silky

Alternative

👥👥 L kopiert die Smileys. Pro Paar gibt's einen Satz Smileys, die die S ausschneiden und verdeckt auf den Tisch legen. S1 und S2 drehen abwechselnd Karten um, ordnen die Smileys Bildern der Geschichte zu und sprechen darüber.

3 Act it out

NEUER WORTSCHATZ

(to) **act out** · °speech bubble

Hinweis:

L kann die (Vor-)Lesekompetenzen, die im Verlauf der Unit eingeübt wurden, bündeln und wiederholen. So sollten die S beim Vorlesen der einzelnen Sprechblasen die in **2** zugeordneten Emotionen umsetzen – eine hinführende ▶Murmelphase kann hilfreich sein. Obendrein sollte L auf die Bindung der Wörter achten. Auch dies sollte L vorab exemplarisch wiederholen.

> this is
>
> best swimmer in Plymstock

ANWENDUNG

Der Text enthält 21 Sprechblasen, sodass einige Texte – je nach Klassengröße – doppelt vergeben werden. Damit alle S sprechen, kann L den Text auch nach Szenen an die Gruppen verteilen.

Beispiel: Bild 1 (2 S), Bilder 2–4 (2 S), 5–7 (4 S), 8–9 (3 S), 10–11 (3 S), 12–13 (2 S) = 16 S bzw. 32 bei Dopplung

👪 Die S üben ihre Texte ein und spielen ihre Szene vor.

Alternative

🗒 **KV 7: Chaos at the corner shop.** Die S erhalten die Sprechblasen zum Ausschneiden auf KV.

4 The next picture

NEUER WORTSCHATZ
the **next** picture/question · **man**, *pl* **men** +**woman**, *pl* **women**

TRANSFER/DIFFERENZIERUNG `You choose`

In der abschließenden Aufgabe schreiben die S die Geschichte fort. Die S entscheiden, welche Neigungsaufgabe sie bearbeiten möchten. Hierbei werden eine künstlerisch-gestalterische Aufgabe und ein kreativer Schreibauftrag angeboten, die sich inhaltlich mit der gleichen Thematik beschäftigen und somit gemeinsam ausgewertet bzw. in PA arbeitsteilig erarbeitet werden können.
a) Die S zeichnen das nächste Bild zur Geschichte.
b) Die S formulieren Sprechblasen für vorgegebene Protagonisten.

AUSWERTUNG
Alle Produkte werden ausgehängt. Die S bewerten die Ergebnisse mittels ▶ Punktevergabe. Auch die eigene Arbeit darf einen Punkt erhalten; so geht kein Produkt leer aus.

Weitere Differenzierung
In leistungsschwächeren Gruppen sammeln die S zunächst Ideen an der Tafel im Plenum:

> Maya and Lucy help Sam and Lily in the corner shop. / Sam is very angry. / Sam and Lily run away.

➜ Klebepunkte
➜ Workbook 25–26 (pp. 18–19)
➜ Workbook Checkpoint (pp. 20–23)
➜ Interaktive Übungen zum Workbook 1.8

S. 38

My profile ○ ✎

TIPPS FÜR IHRE PLANUNG

In Unit 1 begegnet den S die erste Unit begleitende Lernaufgabe (*Your task*), die bereits im *Lead-In* angekündigt wurde. Die Aufgabenstellung stammt aus dem inhaltlichen Zusammenhang der Unit, und zur Bewältigung der Aufgabe werden den S immer wieder Hinweise und Rückverweise auf bereits erworbene Kenntnisse aus verschiedenen Kompetenzbereichen gegeben.

SB-Seite 38 kann im Unterricht gemeinsam bearbeitet werden; es ist jedoch sinnvoll, auch die Selbstevaluation ausführlich mit den S zu besprechen, denn diese gibt ihnen eine Struktur zur tatsächlichen Reflexion des Erarbeiteten und ihres Könnens. Dieser Leitfaden wird den S auf Deutsch angeboten, um bei der Aufarbeitung der Schwächen keine sprachliche Hürde aufzubauen und die Reflexion in der Muttersprache zu ermöglichen.

ERARBEITUNG STEP 1

SB geöffnet. Die S lesen gemeinsam die einleitende Aufgabenstellung und STEP 1. Danach wählt jeder für sich eine Figur aus dem SB (Sam, Justin, Abby, Maya oder Lucy) aus.

MUSTERLÖSUNG

My Plymouth kid is Sam.

ERARBEITUNG STEP 2

Die S nutzen die vorgegebenen Redemittel zur Erstellung ihres Profils und schlagen ggf. auch noch einmal auf SB-Seite 21 nach. Nach dem Muster auf SB-Seite 38 machen sich die S Notizen und verfassen ihren Steckbrief als Hilfe für den Kurzvortrag.

ERARBEITUNG STEP 3

Die S ergänzen Angaben über ihre Schule, Klasse, Freunde und Dinge, die sie nicht mögen, nach dem Muster im SB.

ERARBEITUNG STEP 4

👥 Die S können einen Partner bitten, den Freund aus Plymouth darzustellen, damit es ihnen leichter fällt, zu jemandem zu sprechen und sie einen Blickanker haben.

MUSTERLÖSUNG

Hello, Sam! Nice to meet you! My name is Max and I'm 11 years old. My hometown is Murnau in Germany. I have a little sister. Her name is Maja and she's four years old. My mum and dad are from Garmisch-Partenkirchen. We have two cats. Their names are Mikesch and Molly. I like books and music. So my favourite subjects are German and Music. My favourite day is Saturday. I don't like Mondays!

S. 39–41

TIPPS FÜR IHRE PLANUNG
Dieser Abschnitt des SB bietet den S eine systematische Vorbereitung auf Schulaufgaben. Die in den Teilen A, B und C aufgeführten Aufgaben in *Let's prepare for a test* spiegeln die Aufteilung der bayerischen Schulaufgaben wider:
– A (geschlossene, formbezogene Aufgaben): 1–8, Wiederholung von Wortschatz und grammatischen Strukturen
– B (kompetenzorientierte Aufgaben): 9, *Listening*
– C (produktive Aufgaben): 10, *Writing*
Hinweis: Zur Bearbeitung werden zwei Varianten vorgeschlagen.
Variante 1: Sehr gründliche gemeinsame Erarbeitung der Aufgaben, die besonders in leistungsschwächeren Gruppen anbietet.
Variante 2: Eigenverantwortliche und individuelle Erarbeitung etwa im Rahmen einer Hausaufgabe mit anschließender Auswertung im Plenum oder in Form eines ▶ *Lerntempoduetts* im Unterricht.
Variante 2 bietet sich zum Beispiel bei den Aufgaben 1–8 und 10 an, während 9 (*Listening*) im Plenum erfolgen sollte.

A   1   What is when?

NEUER WORTSCHATZ
(to) **prepare (for)** · **test** · **Which** words …?

FUNKTION
Wiederholung von Wortschatz zu Schulfächern sowie Wiederholung der Ordinalzahlen

ERARBEITUNG
Die S betrachten den Stundenplan mit den abgekürzten Schulfächern. Anschließend schreiben sie ihn in ganzen Sätzen ausformuliert in ihr Übungsheft.

SICHERUNG
Die S vergleichen ihre Ergebnisse in PA. Eine Kontrolle der Ergebnisse ist auch möglich, indem ein S exemplarisch die Sätze im Plenum vorliest. L sollte als Korrektiv die Sätze auch schriftlich anbieten (Sicherung der korrekten Schreibung).

LÖSUNG
The first lesson is maths The second lesson is geography. The third lesson is religion. The fourth lesson is French. The fifth lesson is design and technology. The sixth lesson is science.

2 Pairs

NEUER WORTSCHATZ
a pair (of)

FUNKTION
Wiederholung von Wortschatz: *compound nouns, phrasal verbs*; Umwälzen des Wortschatzes

ERARBEITUNG
a)/b) Die Erarbeitung erfolgt mündlich oder schriftlich.

LÖSUNG
a) 1B exercise book · 2A lunch break · 3D school bag · 4C best friend
b) 1C throw a ball · 2D spell your name · 3B play a game · 4A open a window

ERARBEITUNG
c) Gemäß SB.

MUSTERLÖSUNG
My exercise book is on my desk. · Our lunch break is from 12:30 to 1 o'clock. · Pat plays games with his dog Monty. · He throws balls for Monty.

3 At home

NEUER WORTSCHATZ
like this

FUNKTION
Wiederholung von Wortschatz aus *Here we go!* und Unit 1

ERARBEITUNG
Gemäß SB. Die S schreiben die passenden Wörter in der richtigen Reihenfolge in ihr Übungsheft. Anschließend vergleichen die S in PA ihre Ergebnisse und L sichert die Ergebnisse durch Präsentation der Musterlösung.

LÖSUNG

Lucy: Hi, Maya! I'm at <u>home</u> now. Let's talk. Plymstock is cool! The <u>kids</u> in my <u>class</u> are nice and our teachers are <u>friendly</u>.
What about you? Are you happy?

Maya: Yes, Coombe Dean is great too! There are 26 kids in my class, twelve boys and fourteen girls. Our <u>teacher</u> is OK. There are two or three new <u>subjects</u>, like ICT.
There are five <u>lessons</u> every day.

Lucy: Like Plymstock. Our first lesson on <u>Monday</u> is design and <u>technology</u>. That's new.
And <u>languages</u> are new too. There's <u>French</u> and <u>German</u>. Our teacher is Miss Bell, and there's a game with a ball in her lesson on the first day. The game is like this:
<u>Throw</u> the ball and <u>ask</u> a question. <u>Catch</u> the ball and <u>answer</u> it. It's cool. There's a Discovery Quiz on the first day too. There are <u>breaks</u> at at eleven o'clock and at one-twenty.

Maya: Is there a good <u>canteen</u> for the <u>lunch</u> break?

Lucy: Yes, there is. The chairs are red and yellow. There's a big <u>library</u> too with lots of books and DVDs and a great <u>gym</u> for PE. And what's for <u>homework</u>?

Maya: That's the best thing. There's no homework on the first day!
Lucy, come to our <u>flat</u> and we can talk <u>about</u> lots of school things.

4 My timetable 💬

FUNKTION
Umwälzung des Wortschatzes

ERARBEITUNG
👥 Gemäß SB. **Hinweis:** L sollte den S eine kurze Vorbereitungszeit geben, in der die S sich Stichpunkte machen. Um den Prüfungscharakter der Aufgabe zu unterstreichen, kann L den S ein Zeitlimit von 60 Sekunden setzen.

MUSTERLÖSUNG
Out timetable is OK. On Mondays the first lesson is German, the second lesson is maths. The first break is after the second lesson. My favourite subjects are maths and science and I like PE with Miss Maier too. PE is on Wednesday at 11.30 and on Friday at 8.45.

S. 40

5 New friends (Personal pronouns, be: short forms and short answers)

FUNKTION
Wiederholung des Gebrauchs von Personalpronomina und Kurz- und Langformen von (to) be

ERARBEITUNG
a) Mündliche Bearbeitung gemäß SB.

LÖSUNG
Justin: Hello, Jack! You're at Coombe Dean now, right? This is Sam. He's in my class at Plymstock.
Jack: Hi, Sam. Plymstock. It's a good school.
Justin: Oh, look! Here's Lucy with Maya. They're best friends. Hi, Lucy! Jack, this is Lucy. She's at Plymstock too.
Maya: And I'm Maya. I'm at Coombe Dean. We're at different schools now. It's sad.

ERARBEITUNG
b) Schriftliche Bearbeitung in EA, Vergleich der Ergebnisse in PA oder im Plenum.

LÖSUNG
1 Yes, I am. · 2 No, I'm not. · 3 No, they aren't. · 4 Yes, they are. · 5 No, he isn't. · 6 Yes, she is. · 7 Yes, it is. · 8 Yes, we are.

6 What's wrong? (The possessive forms)

FUNKTION
Wiederholung des s-Genitiv

ERARBEITUNG
Schriftliche Bearbeitung in EA, Vergleich der Ergebnisse in PA oder im Plenum.

LÖSUNG
1 Silky's home is Plymouth sound. · 2 The students' class is 7EB. · 3 Is Mukesh Maya's brother? · 4 The Sens' flat is near Plymstock school. · 5 What are your friends' names, Sam? · 6 What's your teacher's name?

7 At school

FUNKTION
Wiederholung und Personalisierung der Lerninhalte aus *Here we go* und Unit 1 (etwas über sich erzählen; andere fragen, wie sie heißen und wie alt sie sind; über die eigene Klasse/Schule sprechen; persönliche Informationen austauschen)

ERARBEITUNG
Die S bereiten die Fragen in EA vor und führen anschließend ein Gespräch in PA.

Alternative/Weitere Differenzierung
Die S führen Gespräche mit verschiedenen Mit-S im Rahmen einer ► *Milling around activity* und wechseln dabei auf ein akustisches Signal des L hin die Rollen von fragenden zu Fragen beantwortenden S und umgekehrt.

LÖSUNG
1 Where are you from? · 2 Can you speak German? · 3 Are there German students at your school? · 4 What colour is your uniform? · 5 And your school, is it new or old? · 6 Can you help me with this question?

8 MIXED BAG Lucy's exercise book

NEUER WORTSCHATZ
mixed bag · warm

FUNKTION
Wiederholung von Wortschatz und grammatischen Strukturen der Unit 1

ERARBEITUNG
Schriftliche Bearbeitung in EA, Vergleich der Ergebnisse in PA oder im Plenum.

LÖSUNG
Lucy: Mum, where's my German exercise book? I can't find it. It isn't in my school bag. Can you help me?

Mum: Mmm. Let's look in your room. Oh! Phh! It's warm in here. Open the window, please, Lucy. Now, what colour is your exercise book?

Lucy: It's pink. And there's a nice picture of an elephant on it.

Mum: Wait a minute. There are lots of books on the chair, and are there any books in your cupboard?

Lucy: No, there aren't. Oh, no! What time is it?

Mum: It's half past eight. Hurry up! Don't/You can't be late!

Lucy: But where's my German exercise book? I can't go to school without it.

Mum: But Lucy, it's Saturday! There is no school. It's time to meet Maya at the Broadway!

S. 41

B   9 Meet Jenny 🎧

FUNKTION
Schulung des Hörverstehens

ERARBEITUNG
a) Gemäß SB im Plenum. Die S lesen zunächst die Fragen in Stillarbeit und schreiben die Zahlen 1–12 untereinander in ihr Heft. Anschließend erfolgt das **1. Hören**. In der Pause vor dem **2. Hören**, bearbeiten die S die Aufgabe soweit wie möglich gemäß SB. Danach erfolgt das 2. Hören. Anschließend haben die S noch Zeit die Aufgabe fertigzustellen. Jedes *Statement* muss als „richtig" oder „falsch" qualifiziert werden (Häkchen/Kreuz). Die korrigierten Sätze werden direkt hinter die Nummer des Satzes geschrieben. Vergleich in PA und Sicherung anhand der Lösungsvorlage durch L.
Hinweis: Rechtschreibfehler werden nicht gewertet

➜ 1 ⏵38 Transkript online

Alternative/Weitere Differenzierung
Besonders in leistungsschwächeren Lerngruppen empfiehlt sich ein mehrmaliges Hören.

LÖSUNG
1 True. · 2 False. Her birthday is on the thirteenth. · 3 True. · 4 False. Jenny's sister is fourteen. · 5 True. · 6 False. Jenny's brother's name is Josh. · 7 True. · 8 False. He can swim. · 9 False. He's brown and white. · 10 True. · 11 False. Jenny's uniform is black. Her sister's uniform is dark blue and grey. · 12 True.

ERARBEITUNG
b) Die S lesen zunächst beide *timetables* und vergleichen diese im Hinblick auf Unterschiede. Anschließend erfolgt das **2. Hören** und sie entscheiden, bei welcher *timetable* es sich um die von Jenny handelt.

➜ 1 ⏵38 Transkript online

LÖSUNG
B

C   10 About you

FUNKTION
Produktives Schreiben

ERARBEITUNG 1
Gemäß SB.

MUSTERLÖSUNG
Hello Jenny!
My name is Max and I'm at Gustav-Leutelt-Schule in Kaufbeuren in Germany. I'm in Year 5. My school is small, but it's very nice. There are posters, maps and lots of books in my classroom. There's a gym, but there isn't a library. My classmates are all very friendly, I like them all. I have two favourite teachers, Mr Schmidt and Mrs Müller. They are nice!
Bye!
Max

ERARBEITUNG 2
Gemäß SB.

MUSTERLÖSUNG
Hello Maya!
Let me tell you about my school day. There are five lessons every day. The first lesson is at 8 o'clock. We have two long breaks every day. They are at 9.30 and at 11.30. I go home at 12.15 and eat lunch.
Our subjects are German, English, music, maths, religion, PE and geography. I like music and English but I don't like geography. Our teacher is not very nice. ☹
Bye!
Fatih

S. 42–43

TIPPS FÜR IHRE PLANUNG
Es empfiehlt sich den neuen Wortschatz in den Aufgaben 1 und 2 zu Beginn der Erarbeitung der *Access to cultures*-Seiten *en bloc* zu semantisieren.

➜ Interaktive Übungen zum Workbook

1 Morph's map

NEUER WORTSCHATZ
access (to) · culture · GB (Great Britain) · the UK (the United Kingdom) · It says here: …

EINSTIEG
SB geschlossen. Die S spekulieren in einem offenen Unterrichtsgespräch über die folgenden Begriffe (Tafel/Folie/o.ä.): the UK, Great Britain, England, London, Scotland, Wales. Dabei werden Ideen gesammelt und die ersten Vokabeln semantisiert, so z.B.: <u>Great Britain</u>, <u>United Kingdom</u>, <u>capital</u>, <u>country</u>. Anschließend leitet L zur Aufgabe über:
L: Morph is on the computer. He has a map of England, but he doesn't really understand it. Let's read what he says and listen to him.

Alternative
Anhand der Karte im inneren Buchcover können die Begriffe und Zusammenhänge in einem Unterrichtsgespräch herausgearbeitet und dabei die Vokabeln semantisiert werden.

ERARBEITUNG
SB geöffnet. Die S lesen die Sprechblase und hören gleichzeitig den entsprechenden Hörtext. Anschließend bearbeiten sie in EA die Aufgabe. Die Auswertung erfolgt im Plenum.

➜ 1 39 Audio online

LÖSUNG
1 England · 2 Scotland · 3 Wales · 4 Northern Ireland

ÜBERLEITUNG
L: The boys and girls in exercise 2 are from the United Kingdom. Let's find out about more about them and let's see which of the photos on page 43 is their photo.

2 Where are they from?

NEUER WORTSCHATZ
million · country · capital · summer · port · ship · famous (for) · museum · Welsh

ERARBEITUNG
a) SB geöffnet. Gemäß SB. Die Auswertung erfolgt in PA.

LÖSUNG
1C · 2D · 3B · 4A

➜ 1 40 Audio online

ERARBEITUNG
b) SB geöffnet. Gemäß SB. Die Auswertung erfolgt in PA.

MUSTERLÖSUNG
A: I can see a castle on a little green hill. · B: I can see a house with the picture of a ship / the Titanic on it. · C: I can see lots of people in the street, shops and a bus. · D: I can see a lake with a monster in it.

INFO-BOX

Cardiff Castle ist das historische Herz der walisischen Hauptstadt und wurde im 11. Jahrhundert von den Norman-
nen auf den Ruinen eines römischen Kastells erbaut. Noch heute kann man das opulente Chaucer-Zimmer mit Glas-
malereien der *Canterbury Tales* besichtigen, sich auf die Spuren der Römer begeben, unterirdische Tunnel erkunden
und Drehorte von Serien wie *Sherlock* oder *Doctor Who* besuchen.

London ist die Hauptstadt des Vereinigten Königreichs und Hauptsitz der Königsfamilie. Es wurde 43 n. Chr. als
römische Siedlung gegründet und ist seitdem auf eine Größe von heute 1.572 km² und 8,6 Millionen Einwohnern
im Großraum London gewachsen. London ist eine Metropole, die zahlreiche Kulturen vereint und zudem ein international bedeutender Standort für Wirtschaft, Kultur, Mode und Bildung sowie Forschung ist. Jedes Jahr zählt
London mit seinen unzähligen Sehenswürdigkeiten über 16 Millionen Besucher.

Belfast ist die Haupt- und größte Stadt Nordirlands. Sie zählt 334.000 Einwohner und hat eine Fläche von 115 km².
Belfast spielte während der industriellen Revolution eine wichtige Rolle; außerdem zeugt das Titanic-Museum bis
heute davon, dass das weltberühmte Kreuzfahrtschiff hier gebaut wurde. Im 20. Jahrhundert erlebte die Stadt immer
wieder Unruhen zwischen Protestanten und Katholiken. Neben dem Ulster Museum, welches Kunst, geschichtliche
und wissenschaftliche Exponate der Region zeigt, verspricht auch das interaktive Zentrum W5 Besuchern ein unver-
gessliches Erlebnis.

Loch Ness ist der mythenumwobene See in den schottischen Highlands, der eine Fläche von 57 km² misst und sich
von Inverness im Norden bis zum Fort William im Süden erstreckt. Er ist das Zuhause des Seemonsters „Nessie",
einem vermeintlichen Dinosaurier, welchen seit 1933 immer wieder Menschen gesehen und dokumentiert zu haben
glauben.

3 The UK

ERARBEITUNG
SB geöffnet. Mündlich gemäß SB. Die Auswertung erfolgt in PA.

LÖSUNG
1 The capital of Wales is <u>Cardiff</u>. · 2 There are 54 million people in <u>Eng-
land</u>. · 3 Belfast is the capital of <u>Northern Ireland</u>. · 4 People in <u>Wales</u>
speak Welsh too. · 5 There are five million people in <u>Scotland</u>. · 6 Is
there a monster in <u>Loch Ness</u>? · 7 There are three million people in
<u>Wales</u>. · 8 There are 300 different languages in <u>London</u>.

SICHERUNG
Anschließend kann eine Sicherung der Ergebnisse der Übungen 1–3 stattfinden. Es empfiehlt sich, diese in Kleingruppen zu den jeweiligen Ländern
anlegen zu lassen (als Vorstufe zu Aufgabe **5**).

Alternative
Challenge: Bei geschlossenem SB
teilt L die Klasse in zwei Gruppen. L
präsentiert die Fragen eine nach der
anderen (Tafel/Folie). Die Gruppen
versuchen als erste die Lösung zu
präsentieren. Für eine richtige und
schnelle Lösung gibt es einen
Punkt.

Early finisher
Die S entwerfen neue Sätze zu den
Inhalten, die bisher gesammelt
wurden und erstellen ein Quiz, das
von einer anderen Gruppe oder
einer Parallelklasse gelöst wird.

4 Partner quiz

ERARBEITUNG
👥 **SB geschlossen.** Die S fragen einander in PA jeweils drei Fragen zu
Ländern und Städten im UK. L schreibt als Stütze die Frageimpulse aus
dem SB an die Tafel/auf Folie.

MUSTERLÖSUNG
What's the capital of Northern Ireland? – It's Belfast. · Is there a famous
museum in Belfast? – Yes, there's the famous Titanic Museum. · ...

**Weitere Differenzierung/
Erweiterung**
Die Partner einigen sich auf "ihre"
3 besten Fragen und stellen diese
nach der internen Fragerunde ans
Plenum. Anschließend hält L eine
Auswahl der besten Fragen an der
Tafel fest.

5 EXTRA The UK in your classroom

ERARBEITUNG

👥 **SB geöffnet**. Die S erarbeiten Poster mit Bildern und Bildunterschriften zu England, Schottland, Wales und Northern Ireland. Vorher sollte im Plenum kurz besprochen werden, was ein gutes Poster ausmacht.

AUSWERTUNG

Die Auswertung erfolgt im Rahmen eines ▶ *Gallery walk*. Die S äußern sich abschließend im Plenum darüber, welche Poster den Kriterien für ein gelungenes Poster am besten entsprochen haben und welches ihnen persönlich besonders gut gefallen hat.

Alternative/Weitere Differenzierung

Falls in der Schule kein Computerraum mit entsprechenden Ressourcen vorhanden ist, empfiehlt es sich die S die Bildersuche und Vorarbeit individuell zuhause erledigen zu lassen und die gemeinsame Arbeit an den Postern in die folgende Unterrichtsstunde zu legen. Alternativ bringt L verschiedene Broschüren, Prospekte und Informationsmaterial mit.

➜ Realia: Die S benötigen folgende Materialien zur Erstellung der Poster: Papier, Karton, Klebestifte, Scheren, Bildmaterial zum Ausschneiden

Alternative

Die Plakate werden durch die Gruppen mündlich vor der Klasse präsentiert (*mini talks*, 1 Minute).

6 Your country

ERARBEITUNG

👥 Die S fragen einander im Rahmen einer ▶ *Milling around activity* vier Fragen zu dem Land, über das sie ein Poster erstellt haben.
Hinweis: Mit der Übung ist ausdrücklich nicht gemeint, dass S deren Eltern oder Großeltern zugewandert sind, über diese Herkunftsländer befragt werden sollen.

MUSTERLÖSUNG

What's the capital of your country? · Are there people from lots of different countries in your hometown/country? · How big is the capital of your country? · …

Alternative

Sie können ihre vier Fragen auch im Rahmen des ▶ *Gallery walk* in **5** stellen.

Homes and families

Storyline	Maya hat Abby im Segelclub kennengelernt und besucht sie am Samstagvormittag zuhause. Mayas Onkel Amar ist am Samstagabend bei den Sens zu Besuch und erzählt Maya und ihrem Bruder Mukesh nach dem Abendessen von ihrer Großfamilie, die über die ganze Welt verstreut lebt. Sam sitzt am Sonntag mit seiner Familie beim Mittagessen. Justin ist mit seiner Mutter am Samstag im Hafen unterwegs und hilft der Polizei, einen kleinen Jungen wiederzufinden.
Kommunikativer Kompetenzschwerpunkt	**Speaking:** Im Mittelpunkt der Unit 2 stehen Ausbau und Schulung der monologischen und dialogischen Sprechfertigkeiten. Die S üben sich im zusammenhängenden, monologischen Sprechen, indem sie unter Verwendung einfacher Redemittel über sich selbst und andere sowie über Dinge und Orte Auskunft geben. Sie erwerben elementare dialogische Kommunikationsfertigkeiten, um an einfachen Gesprächen teilzunehmen. Die S können … ihre Reaktionen auf Gelesenes, Gehörtes oder Gesehenes in altersgemäßer Form beschreiben (SB-Seite 44) · aus dem eigenen Erlebnisbereich erzählen (SB-Seiten 46–47) · über sich selbst sprechen (SB-Seite 54)
Sprechabsichten	über das eigene Zimmer berichten · über den Tagesablauf sprechen · sagen, was man mag und nicht mag · über die Familie/den Familienstammbaum sprechen · über Essen und Trinken sprechen
Vorwissen aus der Grundschule	**Themen:** Wohnen · Familie · Essen **Methoden:** *Listen and point* (SB-Seite 44 1e)) · *Say and match numbers* (SB-Seite 44, 1c), d)) · *Label the things* (SB-Seite 44, 2b)) · *Listen and sing along* (SB-Seiten 48, 1c))
Schreibanlässe	EXTRA eine Liedstrophe verfassen (SB-Seite 48) · schreiben, was man selbst / die Mit-S nicht mögen (SB-Seite 52) · einen Familienstammbaum erstellen (SB-Seite 55)
Language skills	**Grammatische Strukturen:** *Simple present positive and negative sentences (don't, doesn't)* · *3rd person singular -s* · *Possessive determiners* · *word order* **Wortfelder:** *The house* · *families* · *food and drink* **Aussprache:** *The "s" sound:* [s],[z] or [ɪz] (SB-Seite 49) **Pronunciation course:** *The th-sound, the* [uː] *sound, word stress* (SB-Seite 51) **Thinking about language:** Food and drink in other languages (SB-Seite 57)
Study skills	**Learning words with mind maps.** Das Vokabular wortfeldspezifisch durch die Verwendung von Oberbegriffen (*Fumbrella words*) strukturieren und mit Hilfe der Wordbank selbstständig erweitern (SB-Seite 50) · mit Mindmaps Ideen sammeln und ordnen (SB-Seiten 57)
Kooperative Lernformen	*Partner check* (SB-Seiten 50, 54, 61)
Hör-/Sehverstehen: The world behind the picture	**My house, your house.** Ruby und Jack am Nachmittag zu Hause (SB-Seite 59) **Everyday English: Time for lunch.** Olivers Familie beim Mittagessen (SB-Seite 59)
Portfolioarbeit: *MyBook*	Ein Bild über das eigene Zimmer gestalten (SB-Seite 44) · einen Familienstammbaum erstellen (SB-Seite 55)
Your task	**A tour of my home** ⏺. Sein eigenes Zuhause vorstellen (SB-Seite 62)
Let's prepare for a test	Systematische Vorbereitung auf Schulaufgaben zur Unit 2 (Wortschatz, grammatischen Strukturen, *Speaking*, *Reading* und *Writing*) (SB-Seite 63–65)
Access to cultures	**Special days.** Sich mit Formen des Feierns von Weihnachten und Geburtstag im UK im Vergleich mit den eigenen Formen auseinandersetzen (SB-Seite 66–67)

KOMMUNIKATIVE KOMPETENZEN
Die S können …

Hören: das Wesentliche von kurzen, klaren und einfachen Durchsagen und Mitteilungen erfassen und Gegenstände und Möbel in einem Haus identifizieren (SB-Seite 44, 1c)) · einfachen Hörtexten die Hauptinformationen entnehmen und zeigen, in welchem Raum sich benannte Gegenstände befinden (SB-Seite 44, 1e))

Sprechen: ihre Reaktionen auf Gelesenes, Gehörtes oder Gesehenes in altersgemäßer Form beschreiben, indem sie die Begriffe für Räume und Gegenstände im Zimmer/Haus verwenden (SB-Seite 44, 1a)–b), d))

METHODISCHE KOMPETENZEN
ein Bild beschriften (SB-Seite 44, 2b))

S. 44–45

TIPPS FÜR IHRE PLANUNG
Unit 2 begleitet die Lehrwerkskinder Maya, Sam und Justin am Wochenende zu ihren Familien nach Hause. Dort erleben wir sie in Alltagssituationen und lernen sie von einer privaten Seite kennen. Das *Lead-in* dient der sprachlichen und inhaltlichen Vorbereitung darauf. Die S erweitern ihren Wortschatz zu den Themen Wohnen, Familie und Verwandtschaft durch die Beschäftigung mit Bild- und Hörtexten (**1**) und wenden ihre neu erworbenen Kenntnisse bei der Beschreibung ihres eigenen Zimmers an (**2**).

➔ Interaktive Übungen zum Workbook 2.1

1 WORDS Our house

NEUER WORTSCHATZ
family, *pl* families · road · garden · upstairs · downstairs · bedroom · bathroom · dining room · kitchen · living room · armchair · bed · lamp · shelf, *pl* shelves · sofa · table · toy · TV · +(to) watch TV

EINSTIEG 1
SB geschlossen. Reaktivierung des Vorwissens über die Lehrwerkskinder: L hält als Impuls Bilder von Sam, Maya, Lucy und Justin bereit (z. B. aus dem Vorwort): Who can you see in the pictures? Die S nennen die Namen der Kinder und bekommen die Gelegenheit, sich zu den Lehrwerkskindern frei zu äußern. L: How old are they? S: Sam/Maya/Lucy is eleven years old. Justin is twelve years old. L: Where are they from? S: They're from Plymouth. L: Are they nice/funny? S: Lucy/Maya/Justin is nice. Sam is funny. L: What about school? S: Sam, Lucy and Justin go to Plymstock School, Maya is at Coombe Dean.

➔ HRU-Vorwort, HRU-Seite 15
➔ Bilder von Sam, Maya, Lucy und Justin auf Folie

ÜBERLEITUNG
L: Let's meet a new student from Plymstock School. It's a girl. Her name is Abby. She lives in Wembury, near Plymstock.

EINSTIEG 2
SB geöffnet. Bildbetrachtung. L stellt Abby und ihr Zuhause unter Verwendung der Bilder auf SB-Seiten 44–45 vor und führt den neuen Wortschatz ein: This is Abby (L zeigt auf Abby und liest die Sprechblase vor). Abby says: I live in Beach Road in Wembury, near Plymouth. This is my house. (L zeigt auf Haus). This is Abby's house. It's big, isn't it? Abby and her family, her mum and her dad, live in this big house. Let's look at the house. Can you see the garden? It's so green! How many windows can you see? There are (L zählt langsam) one, two windows downstairs (Gestik: Daumen nach unten) and (L zählt langsam) one, two, three, four windows upstairs (Daumen nach oben)!

ÜBERLEITUNG

L: Can you see the door? (öffnet pantomimisch eine Tür) Let's go inside!

ERARBEITUNG

a) Die S betrachten das Bild auf SB-Seite 45. Bevor sie die Fragen im Plenum beantworten, führt L den hierfür notwendigen Wortschatz ein. L: I can see lots of rooms in Abby's house – a <u>dining room</u>, a <u>kitchen</u>, a <u>living room</u>, two <u>bedrooms</u> and a <u>bathroom</u> (L zeigt jeweils auf das entsprechende Zimmer). – Can you see the kitchen / the two bedrooms / the <u>garden</u>? (Die S zeigen jeweils am OHP auf die Zimmer). Nun liest L die Fragen vor; die S antworten im Plenum.

→ Bild auf SB-Seite 45 auf Folie (von L selbst erstellt) oder per Dokumentenkamera

LÖSUNG

Upstairs: Mr and Mrs Blackwell's bedroom, bathroom, Abby's bedroom
Downstairs: dining room, kitchen, living room, garden

SICHERUNG

Die Sicherung des Ergebnisses erfolgt im UG, L achtet auf die korrekte Aussprache der Wörter und ergänzt, dass auch Kinderzimmer im Englischen *bedrooms* genannt werden: Your room at home is your bedroom. You work, play and sleep in your bedroom.

ÜBERLEITUNG

L: Let's see what things we can find in a house. There are lots of things.

ERARBEITUNG

b) 👥 Zur Vermittlung der Bedeutung der Wörter und ihrer Aussprache liest L die Wörter in der Box vor und zeigt Bilder der bezeichneten Gegenstände (z. B. auf KV 8). Die S wiederholen die Wörter im ▶Chor. Anschließend gibt L den S Zeit, die Wörter in der Box durchzulesen und ihre Bedeutung unter Zuhilfenahme des Bildes auf SB-Seite 45 in PA zu klären. L: Can you find the things in the picture?

Alternative

🗒 **KV 8: Things you can find in a house.** Die S ordnen Bild- und Wortkarten der Gegenstände aus der Box zu und kontrollieren ihr Ergebnis an der Tafel mit Karten (oder mit Folienschnipseln am OHP). L achtet auf die Aussprache und nutzt die Bilder zur Wortschatzeinführung.

SICHERUNG

Zur Sicherung des Wortschatzes kann L das Bild des Hauses (SB-Seite 45) auf Folie zeigen. Ein S steht am OHP und beantwortet Fragen aus dem Plenum (Where's the sofa? S zeigt Gegenstand auf dem Bild). Bei *shelf* macht L die unregelmäßige Pluralform *shelves* bewusst (There are two <u>shelves</u>. There's one shelf in the living room and another one in Abby's bedroom. Can you see them?).

ERARBEITUNG

c) 1. Hören (Globalverstehen): Die S hören den Sätzen zu und zeigen auf die bezeichneten Gegenstände im Bild, ohne zu sprechen. L: Point to the things with your finger when you hear the word.
2. Hören (Detailverstehen): L: Let's listen again. Point to the things and say the correct numbers. L erklärt das Beispiel im Buch. L: When you hear "There's a chair in the dining room," you point to the chair in the dining room and say "That's number 13." Alle S hören zu, zeigen auf die Gegenstände und nennen (einzeln auf Nachfrage durch L oder gemeinsam murmelnd im Chor) die richtigen Nummern.

→ 2 ▷01 Transkript online

ANWENDUNG

d) 👥 L bespricht das Beispiel im Buch und fordert die S auf, sich in PA gegenseitig weitere Fragen zum Bild zu stellen.

Alternative

▶Kettenübung, so kann L korrigierend eingreifen. Zusatz: Jungs rufen Mädchen auf und umgekehrt.

ÜBERLEITUNG

L: Let's meet Abby.

ERARBEITUNG

e) 1. Hören (Globalverstehen): Die S hören den Text und zeigen in ihrem Buch auf die von Abby benannten Gegenstände.
2. Hören (Detailverstehen): Der Text wird zum zweiten Mal gehört. Zwei S teilen sich ein Buch, führen die Aufgabe gemeinsam durch und korrigieren sich ggf. gegenseitig.

➜ 2 🔊 02 Transkript online

Alternative
Ergebnissicherung: L zeigt das Haus (SB-Seite 45) als DIN-A3-Poster oder auf Folie und spielt den Text vor. Ein S zeigt auf die Gegenstände im Bild, die Klasse überprüft/korrigiert.

2 My bedroom

NEUER WORTSCHATZ
°(to) take turns · **small**

EINSTIEG

SB geöffnet. L fordert die S auf, Abbys Zimmer zu beschreiben: Look at Abby's bedroom. What things can you find in her room? S: A bed, a desk, a chair, a shelf, a poster, a lamp …
L semantisiert <u>small</u> anhand der Zimmer im SB.
L: You can say how big or <u>small</u> (Gestik) your room is and what things there are. Maybe there's a big bed or a <u>small</u> bed (Gestik).

➜ Workbook 1–2 (p. 24)

Hinweis: Lenkdrachen = kite; Sportpokal = cup, trophy

ERARBEITUNG

a) 👥 Ein S liest das Beispiel vor, anschließend beschreiben sich die S abwechselnd in PA ihr Zimmer.

ERARBEITUNG

b) Die S fertigen eine Zeichnung ihres eigenen Zimmers an und beschriften diese. Dabei ermutigt L die S, die Wordbank 3 (SB-Seite 169) zu benutzen, um ihre Ausdrucksmöglichkeiten zu erweitern.

👥 Anschließend stellen sich die S ihre Zimmer in PA gegenseitig vor. Die S-Produkte können zunächst im Klassenraum aufgehängt werden und dienen in den nachfolgenden Stunden als Sprechanlass, z. B. zum Stundeneinstieg. Später können die S ihre Bilder in das ▶MyBook einkleben.

Weitere Differenzierung
Lernstärkere S schreiben mit Hilfe der Redemittel aus der Wordbank bereits einen kleinen zusammenhängenden Text über ihr Zimmer.

💬 **Alternative**
▶*Milling around activity*: Die S halten ihre Bilder in der Hand. L gibt ein akustisches Signal, alle bleiben stehen. Die S stellen dem S, der neben ihnen steht, ihr Zimmer vor und umgekehrt. Nach z. B. einer Minute ertönt das Signal, alle gehen weiter und suchen sich beim nächsten Mal einen neuen Partner.

➜ *WORDBANK* 3 (p. 169)

➜ 📓 *MyBook*

➜ Workbook 1–2 (p. 24)

YOUR TASK

L kann zum Abschluss der Einführungsseiten zur Unit 2 im Sinne der Lernzieltransparenz auf die Lernaufgabe der Unit hinweisen (SB-Seite 62, dazu HRU-Seite 108).

KOMMUNIKATIVE KOMPETENZEN
Die S können …

Hören: einfachen Hörtexten die Hauptinformationen entnehmen und Falschaussagen zur Handlung korrigieren (SB-Seite 47, 4, 5)

Lesen: einfach gehaltene Erzähltexte oder Szenenfolgen zu Alltagsroutinen/Gewohnheiten/Hobbys inhaltlich erfassen (SB-Seite 46, 1)

Sprechen: in einfacher Form aus dem eigenen Erlebnisbereich erzählen und über vertraute Alltagsroutinen/Gewohnheiten/Hobbys sprechen (SB-Seiten 46, 2; 39, 6)

Schreiben: einen einfachenText über ihre Alltagsroutine verfassen (SB-Seiten 46, 3)

S. 46–47

TIPPS FÜR IHRE PLANUNG
Im Zentrum der kommunikativen Arbeit in *Part A* steht die Beschreibung von Tagesabläufen. Ein typischer Tag im Leben Silkys dient hierfür als Aufhänger (**1**, **2**, **3**). Beim Rundgang durch Abbys Haus (**4**, **5**) erfahren Maya und die S anschließend, was sich an einem typischen Samstagvormittag zu Hause bei den Blackwells ereignet. Sprachlich begegnen die S erstmals lesend bzw. hörend den Verbformen des *Simple present, 3rd person singular*. Diese reproduzieren die S in **6** vorbewusst, bevor die Bewusstmachung, die eigenständige Produktion und die Einübung des neuen sprachlichen Mittels in *Part A Practice* erfolgen.

➜ Interaktive Übungen zum Workbook 2.1

1 My day at home

NEUER WORTSCHATZ
°sound · (to) **wake up** · (to) **have breakfast** · **a plate of** … · **crab** · **in the afternoon** · (to) **play** · **in the evening** +Box, *Voc.*, SB-Seite 214) · **fish**, pl **fish** · **dinner** +Box, *Voc.*, SB-Seite 214 · (to) **sit** · **rock** · (to) **text** a friend · **after that**

EINSTIEG
SB geschlossen. L reaktiviert das Vorwissen zu Silky: Who's Silky? S: A seal. L: How old is she? S: She's two years old. L: What's her hometown? S: Plymouth. L: Where's Silky on Wednesday? S: She's at the Lido. L: What about the other days? S: … Die von den S genannten Informationen werden von L an der Tafel kreativ in Form eines ▶Acrostic erfasst, das von den S in ihr Heft übertragen und gestaltet wird.

Who's Silky?
S EAL
L I DO
P L YMOUTH
"I L**I** K E BIRDS!"
TWO **Y** EARS OLD

Alternative
Zur Einstimmung auf den Text kann auch noch einmal *Silky's song* (SB-Seite 11) gesungen werden.

➜ 2 ⏵ 03

ÜBERLEITUNG
L: Before we read about Silky's day, let's talk about you and me. Zur Vorentlastung des Textes semantisiert L den neuen Wortschatz durch Beschreibung eines für L typischen Tagesablaufes. Dazu schreibt L die Begriffe *in the morning*, *in the afternoon*, *in the evening* an die Tafel und ergänzt sie um tageszeitentypische Tätigkeiten (diese können auf Wortkarten bereit gehalten und an der Tafel befestigt werden). L: I wake up (Gestik) at 7 o'clock every morning (Uhrzeit auf Spieluhr anzeigen!). What about you? (Die S erhalten Gelegenheit, zu antworten.) Then I have toast for breakfast (Teller mitbringen und plate einführen). Can you tell me what you have for breakfast? (S antworten.) After that, I go to school. Then I teach and teach and teach.

➜ Realia: Teller

After school, <u>in the afternoon</u>, I go home, have lunch and work and work and work (Uhrzeiten jeweils auf Ziffernblatt anzeigen). What about you? (S antworten.) <u>In the evening</u>, I <u>text</u> my friends (mit Handy simulieren, Gestik). Then I have <u>dinner</u> (Gestik). And then I fall asleep. What about you? Die S antworten mit Hilfe der Muster an der Tafel.

In the morning	In the afternoon	In the evening
wake up, have toast for breakfast, go to school, teach	go home, have lunch, work	text friends, have dinner, fall asleep

ERARBEITUNG
SB geöffnet. 1. Lesen/Hören (Globalverstehen): L: Let's read about Silky's day. Die S hören den Text, lesen ihn zunächst still mit und betrachten die Bilder. Anschließend überprüfen die S, welche an der Tafel genannten Tätigkeiten auf Silky zutreffen. Unter der veränderten Überschrift *Silky's day* werden unpassende Wörter gestrichen bzw. die entsprechenden Wortkarten abgehängt. L: Now you are Silky. What about your day? Say what you do in the morning, in the afternoon and in the evening. L achtet darauf, dass die S den Tag aus Silkys Sicht, also in der ersten Person Singular, beschreiben (I wake up …, I have breakfast …). Die S übertragen das Zwischenergebnis in ihr Heft. Dann **2. Lesen**/Hören (Detailverstehen): Die S lesen den Text erneut und ergänzen die Tabelle im Heft um weitere Informationen. Die Lösungen werden im Plenum verglichen, das TB ergänzt.

Silky's day

In the morning	In the afternoon	In the evening
wake up, have breakfast	swim, play football	catch fish, sit on a rock, have dinner (eat fish), text friends, read a book, fall asleep

2 Now you

ERARBEITUNG
🧑‍🤝‍🧑 Gemäß SB. Die Übung dient der Festigung des neuen Vokabulars und seiner Aussprache. Ein S berichtet seinem Partner von seinem Tag. Anschließend werden die Rollen getauscht.

SICHERUNG
L bittet einen oder mehrere S, vor der Klasse in die Rolle Silkys zu schlüpfen und von ihrem Tag zu berichten, ggf. sogar frei und mit Handpuppe.

3 Write about your day

ERARBEITUNG
Die S greifen auf ihren kurzen Bericht aus Aufgabe **2** zurück und benutzen die darin verwendeten Wörter und Phrasen, um ihren Tagesablauf in mindestens fünf Sätzen zu verschriftlichen. Die S kontrollieren ihre Ergebnisse in PA. Einige S-Arbeiten können exemplarisch im Plenum vorgelesen werden. Als HA geeignet.

MUSTERLÖSUNG
I get up at 7 o'clock. Then I go to the bathroom and after that, I go into the kitchen. I have breakfast with my family. Then I go to school till 1 o'clock. I have lunch at home. After lunch, I do my homework. In the afternoon, I meet my friend Valeria. …

→ 2 ▶ 03 Audio online

Weitere Differenzierung
Die Bildunterschriften werden von einem leistungsstärkeren S vorgelesen.

Alternative

📄 **KV 9: My day at home. SB geschlossen.** Die S erhalten die Bilder und Bildunterschriften auf Kärtchen, die durcheinandergewürfelt sind. Die S schneiden die Bilder und Sätze aus, bringen sie in eine sinnvolle Reihenfolge und ordnen die Bildunterschriften zu. Ein S löst die Aufgabe am OHP mit Hilfe von Folienschnipseln und präsentiert sein Ergebnis. Zum Abschluss vergleichen die S ihre Lösungen mit dem SB.

💬 **Weitere Differenzierung**
Leistungsstärkere S schließen ihr SB und sprechen frei, schwächere S können sich am TB oder am Text orientieren (SB geöffnet).

S. 47

4 ᶳ At the Blackwells' house

NEUER WORTSCHATZ

her · (to) **go sailing** · °sailing club · **into** the kitchen · (to) **make** · **a cup of …** · **tea** · **paper** · **at the weekend** · **at night** · (to) **sleep** · °**woof** · (to) **feed** · **no …** · **us** · **of course** · **basket** · **floor** · **trophy**, pl **trophies** · **away** · **mad** · (to) **think** · **so** cool/nice/… · (to) **go for a walk**

EINSTIEG

SB geöffnet. Bildbetrachtung und Semantisierung von Wortschatz. L: Who are the girls in the picture? S: Abby and Maya. L: Who's the boy? Tell me what you <u>think</u> (L tippt sich an die Stirn.). S: He's Abby's brother or a friend. L: What room is it? Tell me what you <u>think.</u> S: It's Abby's bedroom. Mit Hilfe des Bildes entlastet L den Text lexikalisch vor (<u>trophies</u>, basket, floor).

ÜBERLEITUNG

L: It's Saturday morning. No school today! It's the <u>weekend</u>. Maya is with Abby at the Blackwells' house. Find out who's in the house.

ERARBEITUNG

1. Hören/Lesen: L zeichnet vor dem ersten Hören/Lesen eine Tabelle an die Tafel, die von den S abgeschrieben wird. Nach dem ersten Hören/Lesen werden die Namen der Personen (und Haustiere) aufgezählt und in der linken Spalte (*who?*) festgehalten.

2. Hören/Lesen: Die S ergänzen ihre Tabelle um die rechte Spalte (*where?*). L: Listen/read again. Find out where they are in the house, what rooms they're in. Die Ergebnisse werden im Plenum besprochen, die S lesen den Dialog abschließend mit verteilten Rollen vor.

At the Blackwells' house	
who?	where?
Mr Blackwell	kitchen
Abby	living room, Abby's room
Maya	living room, Abby's room
Tim	Abby's room
Mink	living room
Skip	garden

→ ⟦2⟧ᴰ04 Audio online

Alternative

1. Hören/Lesen: *While-listening activity.* L teilt vor dem ersten Hören eine Liste mit Namen aus (Mr Blackwell (+), Mrs Blackwell, Abby's brother Tim (+), Skip the dog (+), Ronny the rabbit, Mink the cat (+), Abby (+), Maya (+), Lucy, Sam). Die S haken ab, wer sich im Haus befindet.

2. Hören/Lesen: Die S vollziehen während des Hörens Abbys und Mayas Rundgang durch das Haus auf SB-Seite 45 mit dem Finger nach.

5 Abby's home

ERARBEITUNG

a)/b) Die Aufgabe dient der Festigung des Detailverstandnisses und wird schriftlich erledigt. Anschließend ▸*Partnercheck*.

MUSTERLÖSUNG

Abby and Maya are old friends. – Wrong. Maya is Abby's new friend. …

→ Workbook 3–5 (pp. 25–26)

→ Interaktive Übungen zum Workbook 2.2

6 Have a go

Hinweis: *Have a go* dient der vorbewussten Verwendung der einfachen Präsensform in der dritten Person Singular. Die S erleben die neue grammatische Struktur in einem sinnvollen kommunikativen Zusammenhang: Sie sprechen über Dritte – ihre eigene Familie. Die *Substitution table* im SB enthält daher die neuen Verbformen in gebeugter Form. Die S reproduzieren diese, ohne sich Gedanken über die Bildung zu machen.

ÜBERLEITUNG

L: On Saturday mornings, Mr Blackwell reads the paper in the kitchen. Mink sleeps on the sofa in the living room. Skip sleeps in Abby's room. Tim comes to Abby's room too. L betont dabei die Verbformen deutlich und lenkt dadurch die Aufmerksamkeit der S auf die neu zu erwerbende sprachliche Form.

ANWENDUNG

L fordert die S auf, ähnliche Sätze über einen typischen Samstag daheim zu bilden: What about your Saturday mornings? Make sentences. You can say "My father reads in the bathroom." Mit Hilfe der *Substitution table* formulieren die S Sätze, zunächst im Plenum, dann in PA. Dabei reproduzieren sie die neue Präsensform. L achtet während der Plenumsphase auf die richtige Verwendung der Verbform und verbessert ggf. indirekt, z. B. durch korrigierendes Lehrerecho, ohne die grammatische Regel zu formulieren.

S. 48

Looking at language

NEUER WORTSCHATZ
person

EINSTIEG
Das Vorwissen über Abbys Familie wird handlungsorientiert und spielerisch aktiviert. L schreibt "I always read the paper in the kitchen." an die Tafel, spielt die Situation pantomimisch vor und fragt: Who am I? Am I Abby? No. Am I Tim? No. Who am I? Die S erraten den Namen (- You are Mr Blackwell). Dieser wird im TB ergänzt. Gleiches Vorgehen bei "I sleep in Abby's room." (- You are Skip.), "I like the sofa." (- You are Mink.) und "I say: no dogs in the living room." (- You are Mrs Blackwell.). Es ist auch möglich, dass die S die Situationen vorspielen und L die Sätze auf Zetteln bereithält.

> ### Who am I?
>
> "I always read the paper in the kitchen." → Mr Blackwell
>
> "I sleep in Abby's room." → Skip
>
> "I like the sofa." → Mink
>
> "I say: no dogs in the living room." → Mrs Blackwell

ÜBERLEITUNG
L: Let's look at page 45 again.

ERARBEITUNG
a) L oder ein S liest den Arbeitsauftrag vor, die S bearbeiten ihn in EA. Die Kontrolle der Ergebnisse erfolgt im UG, L hält die Lösung bereit (Tafel oder AB, Verbformen zunächst nicht unterstrichen).

LÖSUNG

> #### Looking at language: Simple present positive
>
> | Singular | Plural |
> |---|---|
> | I play football in the afternoon. | We play at weekends. |
> | You play basketball. | You play in the park. |
> | He plays in the garden. | They play at home. |
> | She plays at night. | |
> | It plays DVDs. | |

ERARBEITUNG
b) Die S bearbeiten die Frage; die Besprechung erfolgt im Plenum. Anschließend fordert L die S auf, die Verbformen in der 3. Person Singular farbig zu unterstreichen. Die S notieren unter der Tabelle den Merksatz: „He, she, it – das S muss mit!"

FESTIGUNG
L notiert in Anlehnung an den spielerischen Einstieg vier Sätze ohne Verbform an der Tafel und fordert die S auf, die richtigen Verbformen zu bilden:

> Mr Blackwell (= he) always … (read) the paper in the kitchen.
> Skip (= he) … (sleep) in Abby's room.
> Mink (= she) … (like) the sofa.
> Mrs Blackwell (= she) … (say) "no dogs in the living room."

Alternative
Die S lesen den Lehrwerkstext *At the Blackwells' house* in verteilten Rollen zur Aktivierung des Vorwissens.

➜ GF 9: The simple present (I): positive and negative statements (pp. 187–189)

1 I wake up in the morning (Simple present: positive statements)

NEUER WORTSCHATZ
°singer · °line

ERARBEITUNG
a) Die S lesen den Songtext und beantworten die Frage *'Who sings this song?'*.

LÖSUNG
Silky

ERARBEITUNG
b) Die S beschreiben die Bilder (SB-Seite 48). L: Who can you see in the pictures? S: Abby, Silky, Maya, Morph. L leitet über: Can you finish the song for the other singers? Die S ordnen den Bildern die entsprechenden Textzeilen zu (Sicherung im UG) und tragen anschließend die Texte vor.

LÖSUNG
Maya: Then I text my friends. · Morph: Then I read a book. · Abby: Then I feed the dog.

ANWENDUNG
c) 1. Hören. Die S hören das Lied bei geöffnetem SB. 2. Hören. Die S schließen das SB und singen mit.

➡ `2` `05–08` Transkript online

ERARBEITUNG **EXTRA**
d) Die S schreiben ihren eigenen Songtext und singen ihn zum Playback.

➡ `2` `09` (Playback)

2 We have a big breakfast (Simple present: positive statements)

ERARBEITUNG
a) Besprechung des Beispielsatzes im Plenum, dann gemäß SB.

MUSTERLÖSUNG
I read books in my room. · I play games with my friends. · Skip and I go for a walk on the Hoe. · We have a big breakfast in the kitchen. · My mum and dad read books in the living room. · They eat lunch in the dining room.

ERARBEITUNG
b) Die S verfassen fünf Sätze über ihr Wochenende. Eine Kontrolle erfolgt in PA oder im Plenum.

Weitere Differenzierung
Leistungsschwächere S können sie auf die Struktur von Aufgabe 3 auf SB-Seite 46 zurückgreifen. Leistungsschnellere S erfinden weitere sinnvolle – d. h. den Charakteren angemessene – Strophen.

MUSTERLÖSUNG
On Saturday, I sleep till 10 o'clock. Then I have a big breakfast. After breakfast, I go shopping with my mum and dad. …

DIFFERENZIERUNG **Early finisher**
Leistungsschnellere S können ein Bilderrätsel auf SB-Seite 164 lösen.

3 The seal and the crab (The "s" sound: [s], [z] or [ɪz])

NEUER WORTSCHATZ
poem · °(to) count to ten · °(to) read sth. out loud · (to) **run**

EINSTIEG
SB geschlossen. L zeigt das Bild einer Schlange. L: What animal is this? Can you make the sound of a snake? L notiert "sss" unter dem Bild und zeigt das Bild einer Biene: Can you make the sound of a bee? L notiert "zzz" unter dem zweiten Bild. L: Let's read a poem with lots of snake and bee sounds. It's not about a snake or a bee. It's about a seal and a crab.

➡ Realia: Skizzen/Bilder von einer Schlange und einer Biene (Kopien aus SB, von L selbst erstellt)

ERARBEITUNG

a) SB geöffnet. 1.-2./mehrmaliges Hören: Die S hören das Gedicht mindestens zweimal und achten dabei auf stimmhafte und stimmlose Wortendungen. L: Listen to the poem, please. Can you hear words that end in a snake sound? Can you hear words that end in a bee sound?

Dann nennen die S entsprechende Wörter aus dem Gedicht, die an der Tafel in drei Rubriken erfasst werden: *snake sound*, *bee sound* und *special bee sound*.

 2 ▶ 10

> **The 's' sound**
> snake sound: wakes, waits
> bee sound: comes, finds
> special bee sound: watches, catches

ERARBEITUNG

b) L macht mit Hilfe der Beispiele an der Tafel bewusst, wann welche Aussprachevariante zu verwenden ist („iz" nach s- oder Zischlauten, stimmhaftes „s" nach allen anderen stimmhaften Mitlauten und Selbstlauten stimmloses „s" nach allen anderen stimmlosen Mitlauten). Die S übertragen nun die Tabelle ins Heft.

1.-2./mehrmaliges Hören: Die S ergänzen die Tabelle beim Zuhören. Die Ergebnissicherung erfolgt im Plenum (die Lösung sollte schriftlich bereitgehalten werden).

LÖSUNG

Snake sound [sss]	Bee sound [zzz]	Special bee sound [iz]
wakes	comes	watches
thinks	has	catches
waits	finds	
counts	swims	
puts	says	
makes	runs	

➡ Interaktive Übungen zum Workbook 2.3

ERARBEITUNG

c) 👥 Die S üben zunächst das Aussprechen der Wörter in der Tabelle in PA, indem sie sich gegenseitig die Wortgruppen mehrmals vorlesen. Anschließend tragen sie ihrem Partner das Gedicht vor.

Alternative

👥 Die S lesen sich abwechselnd die Verbformen vermischt vor und korrigieren sich. Bei [s] hebt der zuhörende S die rechte Hand, bei [z] die linke, bei [ɪz] beide Hände.

4 Before school, after school (Simple present: positive statements)

ERARBEITUNG

a) Bearbeitung gemäß SB. Auswertung im Plenum oder mit Hilfe eines Lösungsblattes.

➡ Folie 4

LÖSUNG

1 feeds · 2 texts · 3 has · 4 reads

ERARBEITUNG

b) Zunächst liest ein S den Beispielsatz vor und L macht die besondere Schreibung bei *goes* bewusst. Die S wählen nun selbstständig Verben, bilden die Präsensformen und ergänzen die Sätze. Auswertung im Plenum oder mit Hilfe eines Lösungsblattes.

DIFFERENZIERUNG   **More help**

Leistungsschwächere S finden auf der SB-Seite 157 Hilfe: Die gesuchten Verben werden als Infinitive hinter den Sätzen gegeben.

LÖSUNG
1 goes · 2 helps · 3 watches · 4 has

→ Interaktive Übungen zum Workbook 2.4

ANWENDUNG
c) 👥 Die S bilden abwechselnd Sätze zu ihrem Tagesablauf.

5 Saturdays 💬

NEUER WORTSCHATZ
go shopping

→ Folie

ERARBEITUNG
a) 👥 Gemäß SB.

MUSTERLÖSUNG
s. Lösung zu Aufgabe 2, SB-Seite 48, HRU-Seite 88.

Weitere Differenzierung
Leistungsschwächere S können sich inhaltlich auf ihre Sätze aus Aufgabe 2, SB-Seite 48 stützen, indem sie sich diese noch einmal durchlesen. Vor dem freien Sprechen schließen sie ihr Übungsheft.

ERARBEITUNG
b) Diese Teilaufgabe dient der Festigung. Bearbeitung gemäß SB. L achtet besonders darauf, dass die S nicht mehr aus der Ich-Perspektive erzählen, sondern die 3. Person Singular bzw. Plural verwenden.

Alternative
Um allen S das Sprechen zu ermöglichen, schließen sich die S-Paar mit jeweils einem weiteren S-Paar zusammen. L weist ggf. zu. Die Gruppe stellt sich im Kreis auf. Ein S beginnt: On Saturday morning, Lily … Die anderen S korrigieren eventuelle Fehler. Danach kommt der nächste S an die Reihe.

→ Workbook 6–9 (pp. 26–27)

6 Where and when (Word order)

NEUER WORTSCHATZ
phrase · usually · sometimes

EINSTIEG
SB geöffnet. L: I teach English. You learn English. Where and when do you learn English? (S antworten.). L: That's right, you learn English at school in the morning. Have a look at the Language help box on page 49. L erläutert die Wortstellung S-V-O und weist die S auf die Eselbrücke S-V-O = **S**traßen**V**erkehrs**O**rdnung hin. Mit Bezug auf den Einstiegssatz erläutert L: In English sentences, place comes before time. You learn English at school in the morning. I teach English in this classroom on Tuesdays. Let's try the 'S-V-O' and 'place before time' rules out in exercise 6 on p. 49.

ERARBEITUNG
Schriftlich gemäß SB. Vergleich der Ergebnisse in PA und ggf. mündlich im Plenum.

LÖSUNG
1 The Plymstock students like their school. · 2 They go to school at 8.30. · 3 They have lunch in the canteen at 1.20. · 4 Lucy and Maya go to the Broadway on Saturdays. · 5 Justin plays computer games in his room after school.

→ Workbook 10 (p. 28)

7 STUDY SKILLS Learning words with mind maps

NEUER WORTSCHATZ
°way · °umbrella · °mind map · °group word · °missing

EINSTIEG
SB geschlossen. L bringt einen Regenschirm mit. L: This is an umbrella (öffnet Schirm). I'm under the umbrella now. How many students can go under my umbrella? One? Two? Three? More? (L bittet einige S nach vorne, die sich unter den Regenschirm stellen. L gibt den Schirm an einen S weiter, damit nur S darunter stehen.) Nun beschreibt L die Situation und führt den Begriff *umbrella word* ein: Hannah, Tilo, Max, Isabell, Özge and Irem are under the umbrella. Six students are under the umbrella. So students is our umbrella word because Hannah, Tilo, Max, Isabell, Özge and Irem are all students.

➡ Realia: Regenschirm

ERARBEITUNG
a) SB geöffnet. L oder S lesen und klären vorab die Aufgabenstellung, die S benennen anschließend im Plenum die *umbrella words*.

LÖSUNG
family · animals · subjects

ERARBEITUNG
b) In EA suchen die S passende umbrella words.
🎬 Die S vergleichen die Ergebnisse in PA und lesen sie abschließend im Plenum vor.

DIFFERENZIERUNG **More help**
Leistungsschwächere S können auf SB-Seite 157 die *umbrella words* aus einer Box zuordnen.

LÖSUNG
1 people · 2 colours · 3 months · 4 house · 5 school

ERARBEITUNG
c) Die S erarbeiten die Übung im Plenum. L kann eine Folie der Mindmap bereithalten und sie von den S schrittweise ergänzen lassen. Im Anschluss kann die Study-skills-Box gemeinsam gelesen und am Beispiel der Folie besprochen werden.

LÖSUNG
bedroom · dining room · living room

ERARBEITUNG
d) Die S erstellen nach dem Muster im SB in ihrem Heft eine eigene Mindmap mit Begriffen und Zeichnungen zu ihrem Haus oder ihrer Wohnung. L weist darauf hin, dass sie hierfür die neuen Wörter aus der Unit (v. a. SB-Seiten 44–45) sowie die Wordbank verwenden können. Ein S erledigt die Aufgabe auf einer OHP-Folie und stellt sein Zuhause zum Abschluss mit Hilfe seiner Mindmap der Klasse vor.

Hinweis: Die S verwenden ihre Mindmaps im Rahmen der Lernaufgabe (Your task) noch einmal (SB-Seite 62). Statt OHP und Folie können natürlich auch Dokumentenkameras verwendet werden.

➡ WORDBANK 3 (p. 169)

➡ SF 1: Learning vocabulary (pp. 174–175)

➡ Workbook 11–12 (pp. 174–175)

➡ Leere Folie

➡ Interaktive Übungen zum Workbook 2.5

S. 51

1　You say ... the *th*-sounds　([θ] and [ð])

NEUER WORTSCHATZ
(to) **have fun**

ERARBEITUNG
a) 👥 L liest die Wörter getrennt vor und lässt die S diese im Chor nachsprechen (▶ *Chorsprechen*). Anschließend gemäß SB.

ERARBEITUNG
b) 👥 ✋ Die S hören die Worte mehrmals, so oft es nötig ist.

👥 Sie korrigieren ihre Ergebnisse gegenseitig per ▶ *Partnercheck*.

➜ [2 ▶ 11] Transkript + Audio online

LÖSUNG

[θ]	[ð]
think	mother
throw	without
month	them

ERARBEITUNG
c) ✋ Gemäß SB.

➜ [2 ▶ 12] Audio online

ERARBEITUNG
d) ✋ Gemäß SB.

➜ [2 ▶ 13] Audio online

2　You say ... the [uː] sound

NEUER WORTSCHATZ
° How many?

EINSTIEG
SB geschlossen. L stellt den S ein Rätsel: Can you find English words that rhyme with glue? Be quick. You have a minute. S: you, too, two, blue, do, who, ... Die Wörter werden an der Tafel gesammelt. L sensibilisiert anschließend für die Besonderheit der Schreibung: We hear the [uː]-sound in ... L und S lesen die Wörter vor. L: But we write ... Einige S buchstabieren die Wörter.

ERARBEITUNG
a) ✋ **SB geöffnet.** Die S betrachten die Bilder, wahlen die passenden Bilder aus und äußern ihre Vermutung.
1.-2. Hören: Nach dem ersten Hören werden die Ergebnisse verglichen; zur Festigung wird der Text zum zweiten Mal angehört.

➜ [2 ▶ 14] Audio online

LÖSUNG
pool · shoe · two · blue · ruler

ERARBEITUNG
b) ✋ **1. Lesen**: Die Übung kann kooperativ im ▶ *Think-Pair-Share*-Verfahren durchgeführt werden. Die S beantworten die Frage zunächst für sich alleine, tauschen sich anschließend (auf ein akustisches Signal durch L) in PA aus, bevor die Lösungsvorschläge im Plenum besprochen werden. Anschließend überprüfen sie ihre Lösungen anhand der CD.

➜ [2 ▶ 15] Audio online

LÖSUNG
10

ERARBEITUNG
c) Gemäß SB.

3 Word stress

ERARBEITUNG
a) Gemäß SB. Auswertung im Plenum.

LÖSUNG
'April · 'August · 'elephant · ge'ography · Jul'y · 'minute · 'music ·
'profile · re'ligion · 'student · 'toilet

ERARBEITUNG
b) 👆 Gemäß SB. Auswertung im Plenum.

→ 2 ▶ 16 Audio online

LÖSUNG
s. **a)**

KOMMUNIKATIVE KOMPETENZEN

Die S können …

Hören/Lesen:	wesentliche Merkmale einfacher Geschichten und Spielszenen (Figuren und Handlungsablauf) verstehen und Figurenbeschreibungen zuordnen (SB-Seite 52, 2)
Schreiben/Sprechen:	in einfachen Sätzen über sich selbst sprechen und mitteilen, was sie selbst / ihre Mit-S nicht mögen (SB-Seite 52, 3)

S. 52

TIPPS FÜR IHRE PLANUNG

Die S sind zu Gast bei Mayas Familie: Die Sens leben in einer Wohnung in Plymouth und haben am Samstagabend Onkel Amar zu Besuch. Der Dialogtext liefert neue Informationen zu Maya und ihrer Familie, die indischer Abstammung ist, aber über die ganze Welt verteilt lebt. In sprachlicher Hinsicht begegnen die S den verneinten Präsensformen (*Simple present negative sentences*), die die S nach der inhaltlichen Auseinandersetzung mit dem Text in **2** erstmals vorbewusst reproduzieren (**3**).

1 ⚲ Uncle Amar comes to dinner

NEUER WORTSCHATZ

uncle +**aunt** · **sport** +(to) **do sport** · **near here** · °cricket · °Indian · **he doesn't have time** · **only** · **often** · (to) **tell (about)** · **all** · …, **you know.** · **cousin**

EINSTIEG

SB geschlossen. Blitzumfrage, dabei Semantisierung. L schreibt SPORT, MATHS und COMPUTER GAMES an die Tafel: Who likes <u>sport</u>? Hands up! Who likes Maths? Hands up! And who likes computer games? Hands up! L fordert die S auf, ihre Lieblingssportarten, -spiele und -fächer zu benennen: Tell me what sport you like. Football? Tennis? What sport? <u>Tell</u> me <u>about</u> that sport. Tell me <u>all</u> about it! S: I like fooball. I can play it in the park with my friends. L: Let's see what the Plymouth kids like.

SB geöffnet. Bildbetrachtung und Reaktivierung von Grundschulwortschatz zum Wortfeld „Familie". L: Who can you see in the picture? S: Maya, her family. L stellt die Personen im Bild vor und zeichnet dabei zur Veranschaulichung einen Stammbaum auf eine OHP-Folie (sie wird in der nächsten Stunde wiederverwendet). L: It's Saturday evening after dinner. We're with the Sen family. We can see five people in the picture. There are two in the kitchen: Mr and Mrs Sen. They're Maya's mum and dad. Maya, her brother Mukesh, and <u>Uncle</u> Amar are in the dining room. L führt an dieser Stelle das Wort <u>uncle</u> ein: Amar is Mr or Mrs Sen's brother. Your <u>uncle</u> is your mum or dad's brother. What's your uncle's name? S: … .

ERARBEITUNG

1. Hören/Lesen (Globalverstehen). L: Find out who in the Sen family likes sport, who likes Maths and who likes computer games. Die Aufgabe wird nach dem Hören/Lesen im Plenum besprochen.
S: Maya likes Maths and sports. Mukesh likes computer games.

2. Hören/Lesen (Detailverstehen). L: Let's listen/read again. Who are the other people in the Sen family? Find out the names.
Die Aufgabe wird im Plenum besprochen. Anschließend ergänzt L den Stammbaum auf der Folie, die S übertragen ihn ins Heft. Dabei macht L die Bedeutung und Aussprache von <u>cousin</u> und <u>aunt</u> bewusst: Dilip and Sanjay are Maya and Mukesh's cousins. Dasan and Priya are together. Dasan is Maya's uncle, Priya is Maya's aunt.

→ 2 ▶ 17 Audio online

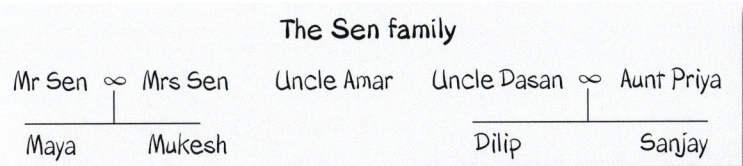

The Sen family

Mr Sen ∞ Mrs Sen   Uncle Amar   Uncle Dasan ∞ Aunt Priya

Maya   Mukesh   Dilip   Sanjay

2 Who is it?

ERARBEITUNG

Die Übung dient der Sicherung des Detailverstehens. L: Let's talk about the Sens. L liest Arbeitsauftrag vor und ergänzt: Can you say who the <u>person</u> is? The person can be a man or a woman or a boy or a girl. We need the name of the <u>person</u>, OK? Die S lesen zunächst still den Text und notieren sich die Namen ins Heft, anschließend erfolgt der Austausch mit einem Partner. Die Lösungen werden an der Tafel oder auf einem Lösungsblatt bereitgehalten.

LÖSUNG

1 Uncle Amar · 2 Mukesh · 3 Mukesh · 4 Maya · 5 Uncle Amar · 6 Dasan

3 Have a go

ERARBEITUNG

a) 👥 L liest den Arbeitsauftrag und das Beispiel vor und betont dabei die negative Verbform, um den S die neu zu erwerbende grammatische Form „zuzuspielen". Bevor die S fünf Beispielsätze notieren und die negative Präsensform reproduzieren, empfiehlt es sich, die S zunächst mehrere Beispielsätze mündlich formulieren zu lassen. An dieser Stelle kann L ggf. korrigierend eingreifen, ohne eine Regel zu formulieren.

MUSTERLÖSUNG

I don't like games. · I don't like the weather. · I don't like tests. · I don't like the food at school. · I don't like winter.

ERARBEITUNG

b) 👥 In PA lesen sich die S ihre Sätze vor. Zur Sicherung der Ergebnisse werden mehrere S gebeten, Sätze im Plenum vorzutragen. L hat erneut die Möglichkeit, durch korrigierendes Lehrerecho die S für die neu zu erwerbende Form zu sensibilisieren.

ERARBEITUNG

c) L liest den Arbeitsauftrag und das Beispiel vor und betont besonders die Verbformen. Die S werden aufgefordert, Aussagen über ihre Partner zu machen. Dabei können sie auf die Aussagen in **a)** zurückgreifen. L verbessert ggf. durch korrigierendes Lehrerecho.

MUSTERLÖSUNG

Jakob doesn't like the food at school. · Noemi doesn't like winter. · …

S. 53

Looking at language

EINSTIEG

Reaktivierung des vorangegangenen Lehrwerkstextes (SB-Seite 52): L zeigt noch einmal den Stammbaum der Familie Sen auf Folie (HRU-Seite 95). L: Can you say who the people are? Die S festigen dabei den Wortschatz aus dem Bereich „Verwandtschaft" S: Mukesh is Maya's brother. / Amar and Dasan are Maya's uncles. / Priya is Maya's aunt. / Dilip and Sanjay are Maya and Mukesh's cousins. / Dilip lives in New York. / …

➡ Stammbaum der Familie Sen auf Folie

ERARBEITUNG

a) L liest die Aufgabenstellung vor. Zur Lösung der Aufgabe übertragen die S die Tabelle in ihre Aufzeichnungen. L weist zusätzlich darauf hin, dass Platz für eine Überschrift freigelassen werden möge. Die S vervollständigen die Sätze in EA oder PA. Die Ergebnissicherung erfolgt im Plenum, z. B. anhand einer Lösungsfolie (s. u.).

ERARBEITUNG

b) Die Frage wird im Plenum besprochen. Die S erkennen, dass die Verneinung der einfachen Präsensform nur in der dritten Person Singular mit doesn't geschieht, sonst mit don't. Die Verbformen in der dritten Person werden farbig unterstrichen, anschließend die Überschrift über der Tabelle und ein Merksatz unter der Tabelle notiert (siehe TB).

LÖSUNG

➡ GF 9c: The simple present (p. 189)

Simple present negative

Singular	Plural
I don't like cricket.	We don't all live in India.
You don't like cricket.	You don't like maths.
He doesn't do sport.	They don't live in South Africa.
She doesn't go to Plymstock.	
It doesn't play DVDs.	

Use don't + verb after I, you, we, they.

Use doesn't + verb after he, she, it.

1 Abby doesn't go to Coombe Dean (Simple present: negative statements)

ERARBEITUNG

a) Die Erarbeitung erfolgt schriftlich in EA. Die S können ihre Lösungen in PA vergleichen.

LÖSUNG

doesn't go · doesn't live · don't live · don't know · doesn't have · don't like · don't know · doesn't know

SICHERUNG

b) 👆 Zur Kontrolle ihrer Ergebnisse spielt L den Dialog von der CD vor. Die S lesen mit und überprüfen die Richtigkeit ihrer Antworten.
c) 👥 Anschließend spielen die S den Dialog mit einem Partner durch.

➡ 2 ▶ 18 Transkript + Audio online

2 At Grandma's farm (Simple present: positive and negative statements)

NEUER WORTSCHATZ
grandma +Box "grand-/Groß-", Voc., SB-Seite 219 · **farm** · **Well**, …
· **till** 12 o'clock

EINSTIEG
L fragt die S nach ihren Vorlieben und Abneigungen und lässt die S verbalisieren.

> <u>Paula</u> likes pink, but she <u>doesn't</u> like blue.
> <u>Paula</u> likes purple, but she <u>doesn't</u> like red.
>
> <u>Fred</u> likes fish, but he <u>doesn't</u> like salad.
> <u>Fred</u> likes his <u>farm</u>, but he <u>doesn't</u> like cars.
>
> <u>Mike</u> likes music, but he <u>doesn't</u> like sport.
> <u>Mike</u> likes Mondays, but he <u>doesn't</u> like Tuesdays.

ERARBEITUNG
Die Übung wird in EA oder PA erledigt, die Besprechung erfolgt im Plenum oder mit Hilfe eines Lösungsblattes.

DIFFERENZIERUNG [More help]
Leistungsschwächere S finden auf SB-Seite 157 einen Lückentext, in dem
die Infinitive für positive Verben grün und die für negative rot gedruckt
sind, sodass sie diese Vorauswahl nicht mehr treffen müssen.

LÖSUNG
wake up · feed · doesn't wake up · doesn't feed · have · don't have ·
feed · makes · go · doesn't come · sleeps · go

💬 **Alternative**
Erarbeitung mündlich in PA.

💬 **Alternative**
👥 Peer correction: Je zwei
S-Paare tragen sich den Dialog
vor und korrigieren sich
gegenseitig.

S. 54

3 A weekend in the library (Simple present: positive and negative sentences)

ERARBEITUNG
a) Pre-listening: Bildbeschreibung. L: Who can you see in the picture? S:
Morph. L: Where is Morph? S: In the library. L: What things can you see in
the picture? S: Lots of books, shelves, a room upstairs. Die S lesen die
fehlerhaften Sätze im Plenum vor und bearbeiten dann die Übung in EA.
1. Hören: Während des Hörens machen sich die S Notizen.
Hinweis für die S: Es reicht nicht, den gegebenen Satz zu verneinen,
sondern es muss eine positive Korrektur erfolgen. L kann dies anhand des
Beispielsatzes unterstreichen.

ERARBEITUNG
b) 👥 **2. Hören:** Die S vergleichen anschließend ihre Ergebnisse in PA
und notieren sich die Sätze im Heft. L hält ggf. ein Lösungsblatt zur Kontrolle bereit.

LÖSUNG
1 He doesn't live in a house. He lives in a library. · 2 He doesn't sit on
chairs. He sits on books. · 3 He doesn't have a bed. He has lots of books.
· 4 The Plymstock students don't see Morph every day. They see the
teachers. · 5 He doesn't sleep at night. He sleeps in the day. · 6 They
don't go to school at weekends. They go to school from Monday to Friday. · 7 He doesn't read French books at weekends. He reads English
books.

➡ [2 ▶ 21] Transkript online

➡ Interaktive Übungen zum
Workbook 2.6

4 The weekend 💬

ERARBEITUNG

a) 👥 Dieses Kommunikationsübung kann zu zweit durchgeführt werden. Den Zeilen A bis G sind Tätigkeiten zugeordnet, den Spalten 1 bis 5 Namen. Abwechselnd geben sich die S ein Feld vor (z. B. 2B), woraufhin der Partner eine richtige Aussage formulieren muss (z. B. Justin doesn't go sailing at the weekend).

ERARBEITUNG

b) 👥 Die S bilden nun bejahte und verneinte Aussagen in der ersten Person Singular und erzählen sich gegenseitig, was sie am Wochenende unternehmen.

💬 **Alternative**
Die Übung kann zur Erhöhung der individuellen Sprechzeit auch im ▶ *Kugellager* durchgeführt werden.

5 They've got a house in Wembury

ERARBEITUNG

SB geöffnet. Zunächst wird im Plenum die *Language-help*-Box gemeinsam gelesen und besprochen. Anschließend erarbeiten die S die Aufgabe schriftlich in EA. Auswertung im Plenum.

➡ Workbook 14–18 (pp. 29–30)

➡ GF 11: *have got* „haben" (p. 190)

LÖSUNG

The Blackwells <u>have got</u> a house near the sea. They like sailing, but they <u>haven't got</u> a boat. Abby <u>has got</u> lots of sailing trophies. Tim <u>hasn't got</u> any trophies in his room, but he <u>has got</u> lots of great computer games. The Blackwells <u>have got</u> two pets. They <u>haven't got</u> a guinea pig or a rabbit. They <u>have got</u> a cat and a mad dog.

> S. 55

6 WORDS Family

NEUER WORTSCHATZ
family tree · °**symbol** · **dead** · **divorced** · **married (to)** · **single** · **twins** (pl)

➡ Realia: Kopie/Folie eines Familienstammbaums

➡ Interaktive Übungen zum Workbook 2.7

EINSTIEG

SB geschlossen. Einführung des neuen Wortschatzes. L kann dazu ein Bild einer möglichst vielen S bekannten Familie mitbringen (z. B. die Simpsons oder die königliche Familie). L zeigt das Bild und fragt die S nach den Namen der abgebildeten Personen: Who are these people? Im Unterrichtsgespräch werden die Verwandtschaftsbezeichnungen geklärt (father, mother, brother, sister, cousin, uncle, aunt), dabei wird unbekanntes Vokabular semantisiert (grandfather, twins, dead, single, divorced, married (to)).

ÜBERLEITUNG

L: What about Lucy's family? Let's find out.

ERARBEITUNG

a) 👥 **SB geöffnet.** L erklärt die Aufgabenstellung anhand der Illustration im Buch. Es ist ratsam, vor Beginn der PA ein Beispiel mit der Klasse durchzusprechen. L: Here's an example. This is Lucy. What can you say? S: Lucy is Holly's sister. Zur Ergebnissicherung werden einige Verwandtschaftsbeziehungen im Plenum beschrieben.

➡ GF 4: The possessive form (I) (p. 185)

Alternative
📄 **KV 10: Tandem sheet.** Die S festigen die *family words* in einer kommunikativen Übung und korrigieren sich gegenseitig.

ERARBEITUNG

b) Die Übung wird in EA erledigt und im Plenum besprochen.

LÖSUNG
1 twins · 2 single · 3 married · 4 divorced · 5 dead

7 Lucy's family 💬

ERARBEITUNG
Vor der Präsentation des Hörtextes lesen die S die Sätze durch.
1./2. Hören: Die S überlegen während des Hörens, welches Wort ergänzt werden muss. Die Ergebnissicherung erfolgt anschließend im Plenum.

➡ Transkript online

LÖSUNG
1 divorced · 2 dead · 3 single · 4 cousin · 5 married · 6 twins

➡ Workbook 19–21 (pp. 30–31)

8 Your family

ERARBEITUNG
Die S erstellen einen Stammbaum ihrer eigenen Familie mit Zeichnungen oder Fotos.

➡ WORDBANK 4 (p. 169)

ERARBEITUNG EXTRA
Bevor sie ihre Produkte im *MyBook* einkleben, stellen die S sich gegenseitig ihre Familien mit Hilfe ihrer Stammbäume vor, z. B. nach der ▶ *Kugellager-Methode*

➡ 📓

KOMMUNIKATIVE KOMPETENZEN
Die S können …

Hören:	verstehen, was in einem einfachen Alltagsgespräch gesagt wird und anhand von Fragen zum Text ihr Detailverständnis sichern (SB-Seite 56, 2)
Lesen:	kurze, einfache landeskundliche Texte zu Essgewohnheiten verstehen (SB-Seite 56, Background file)

S. 56

TIPPS FÜR IHRE PLANUNG
Nachdem die S in den vorangegangenen Abschnitten bei Abby und Maya zu Gast waren, führt sie *Part C* an den Mittagstisch der Familie Bennett, um den sich Sam, seine Schwester Lily sowie ihre Eltern versammelt haben. Die Lektüre dieser humorvollen Szene (**1**) bietet zahlreiche Sprechanlässe, um mit den S über ihre Lieblingsspeisen ins Gespräch zu kommen. Zur inhaltlichen Vertiefung schließt sich das Background File ‚Cream tea' an.

1 ⟨⟩ Sunday lunch

NEUER WORTSCHATZ
What's for lunch? · **roast beef** · **potato**, *pl* **potatoes** · **yummy** · **vegetables** (*pl*) · **soup** · **dessert** · **fruit salad** · **ice cream** · **scone** · °**cream tea** · **What would you like?** · **I'd like** … (= I would like …) +**What would you like to eat?** · **hot** · **cold** · (to) **drink** + **drink** · **sandwich** · **cake** · **cream** · **jam**

EINSTIEG
SB geschlossen. Zur Einführung des neuen Vokabulars zeigt L sechs Bilder, auf denen eine Kartoffel, eine Eiswaffel, ein *scone*, ein Suppenteller, ein Rostbraten und Früchte zu erkennen sind. L: Look at the pictures. All this yummy (Gestik!) food! We can see a potato, some ice cream, a scone, soup, roast beef and lots of fruit. You can make fruit salad with fruit. Die Bilder werden beschriftet. L: I like fruit for breakfast (L zeigt auf das Bild). I like vegetables for lunch (L zeigt auf die Kartoffel und nennt *carrots* als zweites Beispiel). I like soup for dinner (L zeigt auf das Bild). And I always like ice cream and fruit salad for dessert. What about you? S: I like pudding for dessert. / I like pizza. / … .

ERARBEITUNG
SB geschlossen. 1. Hören (Globalverstehen): Hörauftrag: Listen and draw a family tree of Sam's family. Ein S bearbeitet die Aufgabe an der Tafel und präsentiert seine Lösung. Die Besprechung erfolgt im Plenum.

> The Bennetts
>
> Mr Bennett ∞ Mrs Bennett
> ———————|———————
> Sam   Lily

SB geschlossen. 2. Hören (Detailverstehen): L: Listen again and find out what Sam and Lily would like for lunch. Die Besprechung der Frage erfolgt im Plenum. S: Sam would like roast beef, roast potatoes, fruit salad and ice cream. Lily would like soup.
SB geöffnet. Abschließend wird der Text in verteilten Rollen gelesen.

→ Realia: Bilder, die folgendes zeigen: eine Kartoffel, eine Eiswaffel, ein *scone*, ein Suppenteller, ein Rostbraten, Früchte

Ergänzung
Die Klasse spielt in Gruppen (à 10–15 S) *Fruit salad*: Jeder S bekommt einen Speisenamen (*potato, ice cream, scone, soup, roast beef*). Die S sitzen im Stuhlkreis, ein S steht in der Mitte. Dieser nennt eine Speise. Entsprechende Mit-S stehen auf und wechseln den Platz. Wird „Fruit salad!" gerufen, wechseln alle S ihren Platz. Der S in der Mitte versucht, einen Platz zu ergattern.

→ ⟨2 ⟩21 Audio online

2 What's for lunch?

SICHERUNG
a)/b) 3. **Lesen** (Detailverstehen): Gemäß SB.

LÖSUNG
a) 1 roast beef with potatoes · 2 vegetable soup · 3 fruit salad, ice cream · 4 hot · 5 cold

ERARBEITUNG
b) L notiert die Redewendungen <u>What would you like for …?</u> und <u>I'd like …</u> an der Tafel. Die S äußern sich im Plenum oder in PA.

MUSTERLÖSUNG
I'd like vegetable soup and fruit salad for lunch. / I'd like hot soup, not cold soup, for lunch. / I'd like roast beef and roast potatoes for lunch.

Background file: Cream tea

EINSTIEG
L: I often <u>drink</u> tea in the morning and in the afternoon. I like tea. What about you? S: I drink milk/tea/water/ … . In the morning I have tea with toast and <u>jam</u>. In the afternoon I have tea and <u>cake</u> with <u>cream</u>, lots of cream, yummy. What about you? S: In the afternoon I have ice cream / … .

➡ Realia: Teekanne, Teetasse, Teebeutel, Marmeladenglas

ERARBEITUNG
1./2. Lesen mit Leseauftrag: Die S lesen den Text und ergänzen zwei Halbsätze, die L an die Tafel schreibt oder auf einem AB bereitstellt. Die Kontrolle der Aufgabe erfolgt im Plenum.

People in Britain often have tea at … .
People in Britain often have tea with … .

Alternative/Ergänzung
Die Klasse feiert eine *Tea party*. Aufgaben zur Vorbereitung: Einladungen schreiben, Tischdeko anfertigen, *scones* backen, Tee kochen.

S. 57

TIPPS FÜR IHRE PLANUNG

Part C Practice dient der Festigung des Wortschatzes im Wortfeld Food and drink (1, 2, 3) und trainiert die Verwendung der Possessivbegleiter (possessive determiners), denen die S bereits begegnet sind, die aber bislang rein lexikalisch behandelt wurden (4, 5).

1 WORDS Food and drink

NEUER WORTSCHATZ

food · biscuit · bread · cheese · meat · milk · water

ERARBEITUNG

a) L führt den neuen Wortschatz mit Hilfe der Fotos im SB ein. Die S ordnen den Bildern die entsprechenden Wörter zu und übertragen zur Festigung der Schreibung die Ergebnisse in ihre Aufzeichnungen (s. Lösung). Die Sicherung erfolgt im Plenum; L achtet dabei auf die korrekte Aussprache der Wörter, die S buchstabieren einige der neuen Vokabeln.

→ Folie 5

LÖSUNG

1 sandwich · 2 cornflakes · 3 milk · 4 yoghurt · 5 water · 6 cheese · 7 fruit · 8 bread · 9 potatoes · 10 meat · 11 spaghetti · 12 pizza · 13 vegetables · 14 soup · 15 biscuits · 16 salad

→ WORDBANK 5 (pp. 170–171)

ERARBEITUNG

b) Die S übertragen die Kärtchen in ihr Heft (hier als Tabelle) und sortieren die Wörter in die drei Rubriken ein. Die Zuordnung ist nicht eindeutig, ein Wort kann durchaus in mehreren Spalten auftauchen.

MUSTERLÖSUNG

breakfast	lunch	dinner
cornflakes	sandwich	sandwich
milk	water	water
fruit	cheese	cheese
bread	soup	soup
yoghurt	pizza	pizza
biscuits	spaghetti	spaghetti
sandwich	potatoes	potatoes
cheese	meat	meat
	vegetables	vegetables
	salad	salad

ANWENDUNG

c) 👥 In PA tauschen sich die S über ihre Lieblingsspeisen aus. Die Ergebnisse der vorangegangenen Aufgaben sollen zur sprachlichen Unterstützung herangezogen werden. Zur Sicherung der Ergebnisse präsentieren mehrere Zweiergruppen ihren Dialog vor der Klasse.

→ Workbook 22 (p. 31)

→ Interaktive Übungen zum Workbook 2.8

2 THINKING ABOUT LANGUAGE Food and drink in other languages 💬

NEUER WORTSCHATZ

food · biscuit · bread · cheese · meat · milk · water

ERARBEITUNG

a) 👥 Gemäß SB. Auswertung im Plenum.

ERARBEITUNG
b) Gemäß SB. Auswertung im Plenum.

➜ WORDBANK 5 (pp. 170–171)

MUSTERLÖSUNG

English	German	Other languages
salad	Salat	salata (Türkisch), insalata (Italienisch), salade (Französisch), salat (Norwegisch), …
milk	Milch	süt (Türkisch), latte (Italienisch), lait (Französisch), mjølk (Norwegisch), …
water	Wasser	su (Türkisch), acqua (Italienisch), eau (Französisch), vann (Norwegisch), …
soup	Suppe	çorba (Türkisch), zuppa (Italienisch), soupe (Französisch), suppe (Norwegisch), …
yoghurt	Joghurt	yoğurt (Türkisch), yogurt (Italienisch), yaourt (Französisch), yoghurt (Norwegisch), …

S. 58

3 What is there to eat?

EINSTIEG
SB geschlossen. L fragt im Plenum (ggf. auch in Deutsch), in welcher Situation die S im englischsprachigen Ausland (z.B. in Großbritannien, den USA) ihren Eltern schon helfen können (S: *tell sb. our names, ask sb. for their name/about the time/…, at a restaurant*). Dann dreht L die Perspektive um und fragt die S, was sie machen würden, wenn sie mit einem englischsprachigen Freund in Deutschland essen gehen würden und ihm helfen müssen etwas Passendes zu bestellen (S: *tell him/her what there is to eat, not translate*).

ERARBEITUNG
Die S arbeiten in PA und tauschen anschließend die Rollen. Die Auswertung erfolgt im Plenum.

MUSTERLÖSUNG
You can have soup. There's vegetable soup, tomato soup or "Flädle-suppe". It don't know the English name. It's a German soup and it's very good. Or there are sandwiches with cheese, tomato and other things. Then there's roast beef with potatoes and vegetables or you can have pizza or a big salad. For dessert there's ice cream, there are two different cakes and then there's fruit salad. And what would you like to drink? There's tea, water …

➜ Workbook 22 (p. 32)

➜ Interaktive Übungen zum Workbook 2.9

4 I feed my bird (my, your, his, …)

ERARBEITUNG
a) Die Possessivbegleiter, die bislang lexikalisch behandelt wurden, werden in dieser Übung systematisch zusammengeführt. L fordert die S zunächst auf, das Gedicht abzuschreiben und zu ergänzen. Es wird anschließend mehrmals rhythmisch vorgelesen (im ▶Chor oder in getrennten Rollen).

LÖSUNG
my · your · his · her · our · your · their

ANWENDUNG
b) 🗣 Das Gedicht wird memoriert und in PA bei geschlossenem SB vorgetragen.

ERARBEITUNG

c) Die S berichten im Plenum über ihre Haustiere. Anschließend verfassen sie vier Sätze darüber. Die Kontrolle erfolgt in PA, indem sich die S ihre Sätze erst gegenseitig vorlesen und dann gemeinsam mit dem Partner kontrollieren und ggf. korrigieren.

MUSTERLÖSUNG

We have two cats. Their names are Sissi and Franz. My friend has a dog. His name is Rudi.

5 My class (my, your, his, …)

ERARBEITUNG

a) Gemäß SB in EA. Sicherung im Plenum oder per Lösungsblatt.

DIFFERENZIERUNG   More help

Leistungsschwächere S arbeiten auf SB-Seite 158: Es sind jeweils zwei Optionen pro Lücke vorgegeben.

LÖSUNG

1 my · 2 your · 3 our, Her · 4 your · 5 My, their · 6 his, her · 7 their

ERARBEITUNG

b) Gemäß SB in PA.

MUSTERLÖSUNG

My friend Olga has a brother. His name is Ivan. Their house is in our street. They have two dogs. Their names are Tom and Jerry. …

Ergänzung

Weitere Einübung der Possessiv-begleiter: S1 wird rausgeschickt. Ein Gegenstand wird auf das Pult gelegt, S1 kommt wieder herein und muss herausfinden, wem der Gegenstand gehört. Er befragt dazu seine Mit-S: Is this your pen? Diese verneinen immer und zeigen auf Mit-S: No, it isn't my pen. It's his pen. Hat S1 alle S befragt, muss er sagen, wer gelogen hat: He/she is the liar!

➜ Workbook 24–25 (pp. 32–33)

➜ Interaktive Übungen zum Workbook 2.10–11

S. 59

1 My house, your house

ERARBEITUNG
a) Bildbetrachtung. Bevor die S die Aufgabenstellung bearbeiten, spekulieren sie zu den Details im Bild. L: Who can you see in the photo? S: Jack, Ruby and Lucy. L: And what things can you see? S: I can see a house, a bike, a door, school uniforms, school bags … . Anschließend bearbeiten die S den Auftrag. L: What time of day is it? Does Lucy live in a flat or in a house? Die Antworten notiert L an der Tafel.

> My house, your house
> time of day: afternoon?
> Lucy's home: house?

ERARBEITUNG
b) 👥 **1. Hören/Sehen** mit Sehauftrag: Are we right about the time of day and Lucy's home or not? Let's watch the film and find out. Nach der Vorführung des Films überprüfen die S ihre Vermutungen. L hakt die S-Antworten an der Tafel ab bzw. lässt sie verbessern. Anschließend bearbeiten die S arbeitsteilig die Fotos mit Hilfe der vorgegebenen Fragen (Partner A 1–3, Partner B 4–6) und tauschen ihre Ergebnisse mündlich aus.
2. Hören/Sehen zur Festigung.

LÖSUNG a)/b)/c)
It's after school in the afternoon. Lucy lives in a small house. · 1 Ruby's bedroom · 2 Jack's bathroom · 3 Jack's kitchen · 4 Jack's bedroom · 5 Ruby's kitchen · 6 Ruby's living room

2 EVERYDAY ENGLISH Time for lunch

ERARBEITUNG
a) Vor der Präsentation des Films spekulieren die S über die Namen der Personen im Bild.
1. Hören/Sehen: Die S überprüfen ihre Vermutungen beim Zuschauen. Die Aussagen der S werden nach der Präsentation des Films in einem UG auf ihre Richtigkeit hin überprüft und die Lösungen im Plenum verglichen.

EVERYDAY ENGLISH ist auch als Tondatei auf der Audio-CD zu finden:

➡ Transkript der DVD online

LÖSUNG
1 Mrs White · 2 Luke · Mr White · 4 Katy · 5 Oliver

ERARBEITUNG
b) Die S lesen die falschen Aussagen vor und verbessern sie anschließend.

Weitere Differenzierung
Redemittel an der Tafel: This is wrong because …

LÖSUNG
1 This is wrong because Katy would like (lots of) potatoes. · 2 This is wrong because there's milk and water to drink. · 3 This is wrong because there's fruit salad and ice cream for dessert.

ERARBEITUNG
c) Die S notieren sich, von wem die Zitate stammen.
2. Hören/Sehen: Die S überprüfen ihre Notizen auf ihre Richtigkeit, die Ergebnissicherung erfolgt abschließend im Plenum.

LÖSUNG
1 Oliver · 2 Mrs White · 3 Katy · 4 Mr White · 5 Luke · 6 Mrs White

ERARBEITUNG
d) 👥 Kleingruppen à max. 5 S: Die S erfinden einen Dialog für eine Szene beim Mittagessen und schreiben ihn auf. Redewendungen vgl. **c)**.

KOMMUNIKATIVE KOMPETENZEN

Die S können …

Lesen: einen längeren Lehrbuchtext verstehen und mit Hilfen wichtige inhaltliche Aspekte entnehmen (SB-Seite 53, 1) · anhand von Textpassagen zeigen, wie sich jemand fühlt und über Gefühle sprechen (SB-Seite 53, 2)

METHODISCHE KOMPETENZEN

einen Auszug aus einem Lehrwerkstext szenisch darstellen bzw. eine Textpassage in eine andere Textform übertragen (SB-Seite 53, 3)

S. 60–61

Saturday in Plymouth

NEUER WORTSCHATZ

(to) **remember** · **present** · **café** · **harbour** · **seagull** · (to) **shout** · **suddenly** · **down** · (to) **take** · **maybe** · (to) **jump** · **onto** the boat · **police officer** · (to) **look** happy/angry/… +**Box "look"**, SB-Seite 221 · **worried** · **hair** · **clothes** (*pl*) · **jeans** (*pl*) · **why?** · **never** · °(to) give sb. a hug · (to) **be in trouble**

EINSTIEG

SB geschlossen. Reaktivierung des Vorwissens über Plymouth: L: Justin spends his Saturday afternoon in Plymouth. What places in Plymouth can you <u>remember</u>? Die Antworten der S werden an der Tafel als Liste gesammelt. Dabei führt L neues Vokabular im Kontext ein: <u>café</u>, <u>harbour</u>, <u>seagull</u>, <u>police officer</u>.

> <u>Plymouth places</u>
> the Hoe, Smeaton's Tower, the Lido,
> the Citadel, the Barbican,
> the Aquarium, Plymouth Sound, …
> <u>the harbour</u>, <u>a café</u>

Anknüpfend an die Ortsbeschreibung äußern sich die S im nächsten Schritt zur Frage, was Justin an diesen Orten machen kann. L: Think of four things Justin can do. Die Ideen der S werden stichwortartig an der Tafel mitprotokolliert.

> <u>In Plymouth Justin can …</u>
> make films, see his friends, go
> swimming, go to school, eat
> an ice cream …

1 The story in pictures

NEUER WORTSCHATZ

story, *pl* **stories** · °scene

ÜBERLEITUNG

L: Let's find out where Justin really is and what he is about to do. Let's listen to the <u>story</u>.

ERARBEITUNG

a) 🎬 **SB geöffnet. 1. Hören**/Lesen (Globalverstehen): Die S hören den Text und sortieren dabei die Bilder. Sie besprechen die Lösungen zunächst in PA und gleichen sie anschließend im Plenum ab.

→ 2 ▶ 22–25 Audio online

LÖSUNG

B · C · D · A · F · E

ERARBEITUNG

b) 2. Hören/**Lesen** (Detailverstehen): Die Aufgabe kann wahlweise in PA, GA (à 3 S pro Kleingruppe) oder im Plenum erledigt werden. Die S suchen zu jedem Bild die passende Textpassage und lesen diese abwechselnd in der richtigen Reihenfolge vor.

➜ SF 8: Reading (p. 180)

Alternative

 KV 11: Saturday in Plymouth. 3. Hören/Lesen (Detailverstehen): Die S bearbeiten ein Multiple-Choice-Quiz.

2 Tom's mum

NEUER WORTSCHATZ

it shows **that** …

ERARBEITUNG

a)/b) 👥 L fordert die S auf, die Textpassage (Zeilen 44–73) erneut zu lesen, eine Tabelle im Heft anzulegen und darin Äußerungen der Mutter zu sammeln, die ihrer Sorge (linke Spalte) bzw. ihrer Erleichterung (rechte Spalte) Ausdruck verleihen. L legt zunächst beispielhaft an der Tafel eine Tabelle mit zwei Spalten an und trägt das Beispiel aus dem Buch ein. L versprachlicht dabei: "Please find him!" shows that Tom's mother is worried. L notiert den Ausdruck *shows that* … gesondert als Redemittel an der Tafel. In EA vervollständigen die S nun die Tabelle und tragen sich in PA ihre Ergebnisse einander vor. Zum Abschluss äußern sich einige S im Plenum.

LÖSUNG

Worried	Happy
Please find him!	Oh, Tom!
He can't swim.	Never do that again!
Tom! Tom, where are you?	

3 Act it out

NEUER WORTSCHATZ

°whole · °step · °(to) choose · °idea · °in front of

ERARBEITUNG

a) 👥 In Kleingruppen spielen die S die Szene aus der Geschichte nach. Dazu schreibt sich jeder S zunächst die Sätze seiner Rolle heraus und liest sie ein paar Mal durch, bevor die Gruppe die Szene gemeinsam einübt.

ERARBEITUNG

b) Die S ergänzen Informationen über Justin in ihrem MyBook.

➜

MUSTERLÖSUNG

"Sorry, Mum, I'm late, but …" – "Justin, why is the policeman here?" His mum is worried. But then Justin tells his mum the story about Tom and the boat. Mrs Skinner smiles: "Sarah, this is my Justin!" Everybody is happy. "What would you like?" Mrs Skinner asks Justin. "A big ice cream?"

➜ Workbook 26 (p. 33)

➜ Workbook Checkpoint 2 (pp. 34–37)

➜ SF 8: Reading (p. 180)

S. 62

A tour of my home 💬

TIPPS FÜR IHRE PLANUNG

In Unit 2 begegnet den S die erste Unit-begleitende Lernaufgabe (*Your task*). Bereits im *Lead-In* wurde den S angekündigt, was sie am Ende der Unit sprachlich leisten können werden (SB-Seite 44). Die Aufgabenstellung stammt aus dem inhaltlichen Zusammenhang der Unit, und zur Bewältigung der Aufgabe werden den S immer wieder Hinweise und Rückverweise auf bereits erworbene Kenntnisse aus verschiedenen Kompetenzbereichen gegeben.

Die Aufgabe kann im Unterricht gemeinsam bearbeitet werden; es ist jedoch sinnvoll, auch die Selbstevaluation ausführlich mit den S zu besprechen, denn diese gibt den S eine Struktur zur tatsächlichen Reflexion des Erarbeiteten und ihres Könnens. Dieser Leitfaden wird den S auf Deutsch angeboten, um bei der Aufarbeitung der Schwächen keine sprachliche Hürde aufzubauen und die Reflexion in der Muttersprache zu ermöglichen.

ERARBEITUNG STEP 1

SB geöffnet. Die S lesen gemeinsam die einleitende Aufgabenstellung und STEP 1. Danach wählt jeder für sich eine Figur aus dem SB (Sam, Justin, Abby, Maya oder Lucy) aus.

MUSTERLÖSUNG

My Plymouth kid is Sam.

ERARBEITUNG STEP 2

Die S schlagen geeignete Redemittel zu ihrem Kurzvortrag über ihr Zimmer nach oder nutzen die aus dem Muster. Sie machen sich Notizen, indem sie entweder ihre eigenen Mindmaps (SB-Seite 50, 7c)) wiederverwenden oder die Mindmap aus dem SB als Muster nutzen. Auch einen Kurzvortrag zum eigenen Zuhause haben sie dort bereits geübt.

ERARBEITUNG STEP 3

Die S sprechen über ihre Familie, indem sie ihre auf SB-Seite 55 erarbeiteten Familienstammbäume oder das Muster im SB nutzen.

ERARBEITUNG STEP 4

👥 Die S können einen Partner bitten, den Freund aus Plymouth darzustellen, damit es ihnen leichter fällt, zu jemandem zu sprechen und sie einen Blickanker haben.

MUSTERLÖSUNG

Hello, Sam! Nice to meet you! Come in. OK, let's go on a tour of my flat. Here's my room. It's small and there's a desk at the window. I do my homework here. And I sleep there in my bed. Here's the dining room. We eat breakfast, lunch and dinner here at the table. This is the bathroom. You can find the toilet here. Let's go to the living room and watch TV or play a game. You can sit on the sofa.

There are four people in our family: me, Mum, Dad and my brother Max. Max is four years old. Do you have a brother or sister? My parents are married. Are your parents married or divorced? My grandparents don't live here. They live in … . I also have an aunt. She's single.

S. 63–65

TIPPS FÜR IHRE PLANUNG
Dieser Abschnitt des SB bietet den S eine systematische Vorbereitung auf Schulaufgaben. Die in den Teilen A, B und C aufgeführten Aufgaben in *Let's prepare for a test* spiegeln die Aufteilung der bayerischen Schulaufgaben wider:
– A (geschlossene, formbezogene Aufgaben): 1–9, Wiederholung von Wortschatz und grammatischen Strukturen
– B (kompetenzorientierte Aufgaben): 10, *Reading* (Leseverstehensübung im *Right/Wrong*-Testformat)
– C (produktive Aufgaben): 11, *Writing*
Hinweis: Zur Bearbeitung werden zwei Varianten vorgeschlagen.
Variante 1: Sehr gründliche gemeinsame Erarbeitung der Aufgaben, die besonders in leistungsschwächeren Gruppen nötig sein könnte.
Variante 2: Eigenverantwortliche und individuelle Erarbeitung etwa im Rahmen einer Hausaufgabe mit anschließender Auswertung im Plenum oder in Form eines ▶ *Lerntempoduetts* im Unterricht.
Die Durchführung im Unterricht (Variante 1) bietet sich an; mit Ausnahme von Aufgabe **4** können die Übungen ggf. auch als HA mit anschließender Besprechung im Unterricht erledigt werden (Variante 2).

S. 63

A   1 Words in groups

NEUER WORTSCHATZ
other

FUNKTION
Wiederholung von Wortschatz mit Hilfe von Wortlernstrategien

ERARBEITUNG
a) Gemäß SB. Bei Erarbeitung im Unterricht vergleichen die S in PA und haben so die Gelegenheit ihre Listen zu ergänzen oder zu korrigieren.

Hinweis: Auch die *umbrella words* befinden sich im Kasten

LÖSUNG
1 Things at home: armchair, cupboard, shelves, TV
2 Family: aunt, brother, grandma, uncle
3 Food: biscuit, cheese, jam, meat, vegetables
4 Rooms: bathroom, bedroom, kitchen
Words that don't go in the groups: hall, harbour, ship

ERARBEITUNG
b) Gemäß SB. Vergleich in PA bei Erarbeitung im Unterricht.

LÖSUNG
2 cup: The other words are drinks. · 3 plate: The other words are food. · 4 twins: The other words are people in the family. · 5 present: The other words are places.

2 One word or two?

FUNKTION
Wiederholung von Wortschatz und Schreibung: *Compound nouns*; Umwälzen des Wortschatzes

ERARBEITUNG
a)/b) Gemäß SB.

LÖSUNG

a) dining room · downstairs · family tree · fruit salad · ice cream · living room · roast beef

b) 2 They watch TV in the <u>living room</u>. · 3 Abby's cat, Mink, likes to sleep on the sofa <u>downstairs</u>. · 4 Sam likes <u>roast beef</u> for Sunday lunch. · 5 For dessert he likes <u>ice cream</u>, not <u>fruit salad</u>. · 6 Lucy has a <u>family tree</u> of the Tizzards and the Pascoes.

3 Sundays

FUNKTION

Wiederholung von Wortschatz aus Unit 2

ERARBEITUNG

Gemäß SB.

LÖSUNG

Sunday mornings are cool. I wake up at nine, but my brother Tim always sleeps <u>till</u> ten. First I <u>feed</u> Skip. He eats <u>meat</u> and dog biscuits and he <u>drinks</u> lots of water. There's always a pool of water on the <u>floor</u> in the kitchen. Dad reads the <u>paper</u> and I <u>text</u> my friends. Tim <u>listens to</u> music in his room – and Mum <u>shouts</u> 'Breakfast'. Then we <u>go/meet downstairs</u> in the <u>dining</u> room and <u>have</u> a big breakfast. I love Sunday lunch too. There's hot vegetable <u>soup</u> – Dad's favourite. After that there's Tim's favourite – <u>roast</u> beef with potatoes, and <u>fruit</u> salad for dessert – that's Mum's favourite. After lunch I go for a <u>walk</u> with Skip. For Sunday tea we make <u>scones</u> with jam and <u>cream</u>. Yummy! That's my favourite!

4 Weekends are great 💬

FUNKTION

gelenktes Üben des freien Sprechens

ERARBEITUNG

👥👥 Gemäß SB in PA.

MUSTERLÖSUNG

Saturdays are great! I often sleep till 10 o'clock, then I get up and help my mum and dad in the house. In the afternoon, I always go for a walk with our dog and in the evening, I meet friends. On Sundays, we …

Alternative/Weitere Differenzierung
Die S führen Gespräche mit verschiedenen S im Rahmen einer
▶ *Milling around activity*.

S. 64

5 Lucy and her mum (there, they're, their, you're, your; his, he's, its, it's)

FUNKTION

Wiederholung der korrekten Verwendung der genannten *Adverbs, Possessive determiners* und der *Simple present*-Form von *(to) be*

ERARBEITUNG

a) Gemäß SB.

LÖSUNG

Lucy   Mum, look! Can you see the two boys over <u>there</u>? In Plymstock uniform?

Mum   Oh, yes, OK. What about them?

Lucy   <u>They're</u> my new friends.

Mum   Oh, that's nice. What are <u>their</u> names?

Lucy   Sam and Justin. <u>They're</u> cool.

Mum   <u>Your</u> friends are always nice, Lucy. So <u>you're</u> all in Miss Bell's class, right?

Lucy   Yes, we are.

ERARBEITUNG
b) Gemäß SB.

LÖSUNG
Mum <u>It's</u> nice that you have friends in your class. So who's who?
Lucy Well, Justin is the boy with dark hair. <u>His</u> dad lives in the USA.
Mum Oh, what's the name of the town?
Lucy I can't remember <u>its</u> name. Boston, I think. Yes, <u>it's</u> Boston. And Sam is new in Plymouth. <u>He's</u> from London. <u>His</u> mum and dad are in the navy here.

6 Abby and Tim (German 'sie')

FUNKTION
Verwenden der korrekten Pronomen

ERARBEITUNG
Gemäß SB.

LÖSUNG
Tim   Where's my school bag? I can't find <u>it</u>. <u>It</u> isn't in my room.
Abby Ask mum. Maybe <u>she</u> knows.
Tim   Mmm. That's right. Where is <u>she</u>? I can ask <u>her</u>. And the meat sandwiches for tea. I can't find <u>them</u>. Where are <u>they</u>?
Abby In the kitchen?
Tim   Ha ha! <u>They</u> aren't there. Well, I can't see <u>them</u>.
Abby Erm, where's Skip? He likes meat sandwiches?

7 Maya and her mum (my, your, …)

NEUER WORTSCHATZ
curry

FUNKTION
Verwenden der korrekten *Possessive determiners*

ERARBEITUNG
Gemäß SB.

LÖSUNG
Maya Abby is <u>my</u> new friend. The Blackwells live in Wembury. <u>Their</u> house is in Beach Road. Abby has sailing trophies in <u>her</u> room. She has a brother. <u>His</u> name is Tim. They have a nice cat but I can't remember <u>her</u> name.
Mum   Maybe Abby can come here next week. You can show her <u>our</u> flat and <u>your</u> bedroom.
Maya Yes. I can show her <u>our</u> family tree too. Mukesh can show her <u>his</u> new computer games. And can we have <u>your</u> beef curry?

8 On Saturdays (Simple present: positive statements)

NEUER WORTSCHATZ
mixed bag · warm

FUNKTION
Vervollständigen von Satzanfängen mit Hilfe von Bildimpulsen, Anwenden des Präsens in Aussagesätzen

ERARBEITUNG
Gemäß SB.

LÖSUNG

1 Maya wakes up at 9 o'clock. · 2 Then she has toast and tea for breakfast. · 3 After that Maya goes shopping. · 4 In the afternoon she does sport with Lucy. · 5 In the evening she watches TV.

S. 65

9 MIXED BAG Evenings at home (Simple present: positive and negative statements)

FUNKTION

Verwenden der korrekten Verbformen im *Simple present*, Wiederholen und Festigen von Wortschatz

ERARBEITUNG

Gemäß SB. L weist die S auf die zwei unterschiedlichen Schreibungen von <u>mum</u> hin: Wenn <u>Mum</u> als Eigenname/Anrede gebraucht wird, wird es großgeschrieben, ansonsten schreibt man es als Substantiv klein. Auch klärt er auf, dass *positive and negative statements* möglich sind und die Auswahl aus dem Kontext getroffen werden muss.

LÖSUNG

After homework, Abby <u>goes</u> for a <u>walk</u> in the park with Skip. Kids often <u>play</u> football in the park, so Skip runs and takes <u>their</u> ball. The Blackwells like meat for dinner. After the walk there's <u>tea</u> and cake at home. Skip <u>doesn't</u> eat cake. Mrs Blackwell <u>says</u> it isn't good for him. Mr Blackwell <u>comes</u> home at half past five. He reads his <u>paper</u> and <u>tells</u> Mum about his day. The kids do their <u>homework</u> in their <u>bedrooms</u>.

After homework, Abby <u>helps</u> her mum in the kitchen. The Blackwells like meat for dinner, but they <u>don't</u> eat meat every day. Skip is sad <u>because</u> they have fish. He <u>doesn't eat</u> fish, but <u>it's</u> Mink's favourite. After dinner, Mr Blackwell <u>watches</u> TV on the sofa with Mink, and Mum <u>sits</u> in <u>her</u> favourite armchair with a good book.

B   10 Mink and Skip

FUNKTION

Üben des Leseverstehens und produktives Schreiben

ERARBEITUNG

a) Gemäß SB.

LÖSUNG

1 Wrong. The Blackwells wake up at half past seven.
2 Wrong. They're late for school every day.
3 Wrong. He doesn't have time for the paper in the morning.
4 Wrong. Dad takes the kids to school at quarter past eight.
5 Wrong. Skip often eats the cat food.
6 Wrong. Tim's desk is near the window.

ERARBEITUNG

b) SB geöffnet. Gemäß SB.

MUSTERLÖSUNG

Mink is the Blackwell's cat. He likes the house without the family and he sleeps a lot. Mink often sits on Tim's desk.

Skip is the Blackwell's dog. Every morning he takes the paper to Mr Blackwell. He eats a lot of biscuits and often eats the cat food too.

C   11 Write an email ✎

FUNKTION
Produktives Schreiben; Umwälzung des neu erworbenen Wortschatzes

ERARBEITUNG
Gemäß SB.

MUSTERLÖSUNG
Hello, Lucy!
Let me tell you about my rabbit Roger. Roger is two years old. In winter, he lives in my bedroom and in summer, he is always in our garden. He finds a lot of food there! He is white and friendly and I like to play with him. When I come home from school, I always tell him everything about my day. …

S. 66–67

TIPPS FÜR IHRE PLANUNG

Dieser Abschnitt bietet den S die Möglichkeit zu lernen, wie Weihnachten und Geburtstage im UK begangen werden und zu reflektieren, inwiefern sich die eigenen Gebräuche davon ggf. unterscheiden.

Es empfiehlt sich den neuen Wortschatz zu Beginn der Erarbeitung der *Access to cultures*-Seiten *en bloc* zu semantisieren.

➡ Interaktive Übungen zum Workbook

1 Merry Christmas!

NEUER WORTSCHATZ

special · Christmas · light · candle · turkey · cracker · That's fun. · paper hat

EINSTIEG

SB geöffnet. L fragt die S nach eigenen Weihnachtsbräuchen und semantisiert über die Bildimpulse neuen Wortschatz, z.B.: Is there a Christmas tree in your living room too? Do you eat turkey on Christmas Day? Do you get crackers (L verweist auf das Bild im SB) too?

Falls in der Lerngruppe Kinder aus verschiedenen kulturellen Hintergründen zusammen lernen, könnte so ein Panoptikum im Sinne von *Christmas around the globe* erstellt werden.

L: Now Morph will tell us something about his Christmas. Let's read and listen to him.

ERARBEITUNG

a) 🖑 **SB geöffnet.** Die S lesen die Sprechblasen und hören gleichzeitig den entsprechenden Hörtext. Anschließend tauschen sie sich zur Erhöhung der individuellen Sprechzeit in PA dazu aus, was sie verstanden haben. Die Auswertung erfolgt anschließend im Plenum.

➡ 2 ▶ 26   Audio online

ERARBEITUNG

b) SB geöffnet. L: Now we learn what Christmas is like in Jake's family. Die S hören den Text ggf. mehrmals und überlegen sich in PA, inwiefern sich das Feiern von Weihnachten in Deutschland zu dem von Jake beschriebenen unterscheidet.

➡ 2 ▶ 27   Transkript online

MUSTERLÖSUNG

In Germany, we don't open our presents in the morning and we don't have Christmas crackers.

ERARBEITUNG

c) 👥 Gemäß SB. L unterstützt die S im Hinblick auf Wortschatz.

MUSTERLÖSUNG

At Christmas Eve (on the 24th!), my family has a big dinner. My grandparents, aunts and uncles are there with us. We eat roast goose with red cabbage, dumplings and lots of sauce! After that we sing a few Christmas songs together and then we open our presents under the Christmas tree. Later in the evening, we go to church together. ...

ERARBEITUNG EXTRA

d) L erklärt den S, dass in Großbritannien viel mehr Karten als in Deutschland geschrieben werden und diese in der Adventszeit im Wohnzimmer aufgehängt werden. Kinder überreichen z. B. auch ihren Lehrern und Eltern oft Weihnachtskarten. Im UG werden wichtige Phrasen zum Verfassen eigener Weihnachtskarten gesammelt. L kann den S farbiges Tonpapier (mehrere Farben zur Verfügung stellen, so dass die S auch künstlerisch tätig werden können.

➡ Realia: farbiges Tonpapier

MUSTERLÖSUNG

To Mum and Dad

Merry Christmas and a happy new year!

From Viola

INFO-BOX

Weihnachten und Neujahr im Vereinigten Königreich. In der Weihnachtszeit veranstalten viele Schulen *Nativity plays*, kurze Theaterstücke über die Geburt Jesu. Viele Briten dekorieren ihre Häuser mit Mistelzweigen, unter denen man sich der Tradition nach küsst. Am Abend des 24. Dezember hängen Kinder *Stockings*, übergroße Strümpfe, auf, in denen sie am *Christmas day*-Morgen die von *Father Christmas* gebrachten Geschenke finden. Am frühen Nachmittag des 25. Dezember, *Christmas Day*, ist ein Festessen üblich, welches typischerweise aus Truthahn mit Cranberrysauce, *Stuffing*, *Roast potatoes*, Rosenkohl und einem Nachtisch aus *Christmas pudding* besteht.

Entgegen der Annahme vieler Deutscher ist *Dinner for One* in Großbritannien weitestgehend unbekannt. Hingegen gehören zu britischen Silvestertraditionen, um Mitternacht das Feuerwerk in London im Fernsehen anzuschauen oder sich zum Glockenschlag Big Bens mit überkreuzten Armen an den Händen zu fassen und *Auld Lang Syne*, ein traditionelles schottisches Lied, zu singen.

2 Happy birthday

NEUER WORTSCHATZ
invitation (to) · everybody, everyone · wish

EINSTIEG
SB geschlossen. L: The special day that I really, really love (Gestik/ Mimik) is my birthday. I write <u>invitations</u> or cards to my friends and family and ask them to come to my birthday party. I want <u>everybody</u> (Gestik/ Mimik) to come; <u>everyone</u> has to be there. I want a cake with a candle. I want to blow it out (Gestik/Mimik) and make a <u>wish</u>. Do you like birthdays too? S: … L: What do you want to do for your birthday? S:…

ERARBEITUNG
a) SB geöffnet. Gemäß SB.

LÖSUNG
I can see an invitation, paper hats, ice cream, presents, a card, fruit salad, and a birthday cake with candles.

ERARBEITUNG
b) SB geöffnet. L leitet zu neuen Situation über: Now there is a special birthday: Emma's! She wants a party with a lot of presents and fun …
Danach lesen S die Fragen laut vor und erstellen eine Tabelle in ihrem Übungsheft mit sechs Zeilen und den laufenden Nummern sowie zwei weiteren Spalten (eine für die Entscheidung *right/wrong* und eine für eine mögliche Verbesserung). L weist darauf hin, dass die Korrekturen nur in Stichpunkten erfolgen müssen. Dann erfolgt das **1. Hören.** Anschließend haben die S Zeit zum Eintragen der ersten Ergebnisse. Nach einer Pause erfolgt das **2. Hören** und erneut Zeit zum Vervollständigen der Ergebnisse. Anschließend werden die Ergebnisse in PA verglichen und ggf. ergänzt. Abschließend Verbesserung im Plenum, evtl. anhand einer Lösungsvorlage des Lehrers.

➜ 2 ▶ 28 Transkript online

115

LÖSUNG

1 Wrong. Emma doesn't have a birthday party every year.
2 Wrong. She writes invitations to her friends and her classmates.
3 Wrong. Emma's birthday is in summer.
4 Wrong. English kids have candles on their cakes. (Emma has a candle for every year.)
5 Wrong. You don't tell anybody your wish.
6 Wrong. After tea, the kids play games.

ÜBERLEITUNG

L: Now let's talk about your birthdays. Do you have birthday parties? Who do you invite? …

Die S sammeln im UG Aspekte ihrer Geburtstagspartys. L steuert notwendiges Vokabular bei und sichert es an der Tafel, so dass es für die folgende Phase zur Verfügung steht.

ERARBEITUNG

c) 🧩 **SB geöffnet.** Die S bereiten sich in EA kurz auf den anschließenden ▶*Double circle* vor und machen sich ggf. Stichpunkte in English.

MUSTERLÖSUNG

My birthday is on 19 May. I often have two birthday parties. On my birthday, my grandparents, aunts, uncles, cousins come to see me. And at the weekend, I have a big birthday party with all of my friends. We eat cake and ice cream and we drink tea or lemonade in the afternoon. In the evening we have pizza. Sometimes we play computer games; sometimes we play ball games in the garden or go to the pool. But we always listen to music on my birthday.

ERARBEITUNG

d) 🧩 **SB geöffnet.** Gemäß SB in EA schriftlich auf ein von L bereitgestelltes Tonpapier. Die Zettel können daraufhin von L als „Wunschzettel" in eine extra „Wunschbox" geworfen werden. Jeder S kann nach seinem nächsten Geburtstag seinen Zettel wieder entnehmen und prüfen ob seine Wünsche in Erfüllung gegangen sind. Aufgrund der sehr persönlichen Natur der Wünsche sollte die Wunschbox vom L verwaltet werden.

➡ Realia: Tonpapier, kleiner Karton

MUSTERLÖSUNG

For my next birthday, I'd like a biking helmet and a new computer game. On my birthday, I'd like to go to Bayern Park – you can try climbing there too!

ERARBEITUNG EXTRA

e) 🧩 **SB geöffnet.** Gemäß SB.

➡ My Book

AUSWERTUNG

Die Auswertung bzw. Würdigung der S-Ergebnisse kann im Rahmen eines kleinen ▶*Gallery walk* erfolgen.

➡ Workbook p. I

Clubs and hobbies

Storyline	Lucy, Maya, Abby, Sam und Justin unterhalten sich über die verschiedenen Schulklubs, in die sie gehen, und stellen einander ihre Hobbys vor. Justin bekommt von seinem Vater eine Videokamera geschenkt. Mit Lucy, Sam und Maya plant er, einen Film damit zu drehen. Lucy träumt am Ende der Unit von einer Zeitreise nach Plymouth im 16. Jahrhundert. Die Freunde beschließen, diesen Traum zu verfilmen.
Kommunikativer Kompetenzschwerpunkt	**Writing:** Unit 3 bietet einen behutsamen Einstieg in die Schulung der Schreibkompetenz. Ausgehend von einfachem vorgegebenem Schreibmaterial, in dem nur lexikalische Einheiten ausgetauscht werden müssen, entwickeln die S diesen Kompetenzbereich systematisch weiter: Sie vervollständigen Einsetzübungen und ordnen Satzteile sinnvoll an. Die S erstellen Profilkarten zu ihren Klassenkameraden, indem sie zuerst einfache Sätze bilden und später Fragen stellen. Am Ende der Unit können die S kurze Texte (SMS, Email, Dialog) selbst verfassen. Die S können … Steckbriefe fortführen (SB-Seite 70, 2) · Informationen über sich und andere schriftlich und mündlich weitergeben (SB-Seite 78, 4) · Textanteile in einen Dialog umformen (SB-Seite 87, 3b))
Sprechabsichten	über Schulklubs (AGs), Hobbys, Sportarten und Freizeitaktivitäten sprechen · um Erlaubnis bitten · sagen, wie oft man etwas tut
Vorwissen aus der Grundschule	**Themen:** Hobbys · Freizeitaktivitäten **Methoden:** eine Zeichnung zu einem Satz oder zu einer Geschichte erstellen (SB-Seite 83, 4) · eine Zeichnung zu einer Geschichte erstellen oder Teile einer Geschichte szenisch darstellen (SB-Seite 87, 3a)/b))
Schreibanlässe	über Hobbys und Freizeit berichten (SB-Seite 73, 3-6) · Informationen über eine/n Partner/in weitergeben (SB-Seite 78, 4) · Anteile eines Textes in der direkten Rede in einen Dialog umformen (SB-Seite 87, 3b))
Language skills	**Grammatische Strukturen:** *Simple present:* Fragen, Kurzantworten · *(to) have to;* Subjekt- und Objektfragen; Personalpronomen; Objektformen; die *of*-Fügung; Wortstellung der Häufigkeitsadverbien **Wortfelder:** sports and hobbies · go/play/do **Pronunciation course:** [f]-, [v]- *and* [w]-*sounds* · *the* [ɔː]-sound · *word stress* (SB-Seite 85) **Thinking about language:** small letters, CAPITAL LETTERS (SB-Seite 83, 4)
Study skills	**Collecting information.** Mindmaps und Tabellen (SB-Seiten 74, 78, 67) **EXTRA Giving a one-minute talk.** Minipräsentationen zu Hobbys (SB-Seite 74)
Kooperative Lernformen	*Partner check* (SB-Seiten 68, 83, 85) · Kettenübung (SB-Seite 83, 4c))
Hör-/Sehverstehen: The world behind the picture	**Plymstock school clubs.** Oliver und Jack zeigen ihre Schulklubs (SB-Seite 75). **Everyday English: How can we join the club?** Oliver und sein jüngerer Bruder Luke möchten sich im *Plymouth Life Centre* anmelden (SB-Seite 75).
Portfolioarbeit: *MyBook*	Steckbriefe (*profiles*) der Lehrwerkskinder weiterführen (SB-Seite 70,2)
Your task	**What can we do this week?** ✎ Eine SMS an einen britischen Gastschüler schreiben. (SB-Seite 88)
Let's prepare for a test	Systematische Vorbereitung auf Schulaufgaben zur Unit 3 (Wortschatz, grammatischen Strukturen, *Listening, Writing*) (SB-Seiten 89–91)
Access to cultures	**Shopping.** Sich mit dem Themenkomplex *Shopping* in Großbritannien im Vergleich zu Deutschland auseinandersetzen (Währung, Einkaufsdialoge, Ladenöffnungszeiten) (SB-Seiten 92–93)

KOMMUNIKATIVE KOMPETENZEN

Die S können …

Hören:	Hauptinformationen aus kurzen Hörtexten entnehmen und Geräusche verschiedenen Schulklubs zuordnen (SB-Seite 68, 1b))
Lesen:	diskontinuierlichen Texten Informationen entnehmen (SB-Seiten 68–69)
Sprechen:	Informationen über Schulklubs der *Plymstock School* geben (SB-Seite 68, 1) · über eigene Erfahrungen in einem Schulklub sprechen (SB-Seite 69, 2)

METHODISCHE KOMPETENZEN

Minipräsentationen zu Schulklubs halten (SB-Seiten 68, 1a); 69, 2) · *Partner check* (SB-Seite 68, 1b))

S. 68–69

School clubs

An Schulen in Großbritannien haben *school clubs* (dt. AGs oder Klubs) eine große Bedeutung. Sie finden entweder in der Mittagspause oder am Nachmittag nach der Schule statt. Jeder S wählt mindestens einen Klub aus. Es ist eine gute Gelegenheit, um Freunde mit gleichen Interessen zu treffen. *School clubs* unterscheiden sich von *teams*. *Teams*, z. B. die Basketballmannschaft, repräsentieren die Schule, während Klubs zum Vergnügen besucht werden. Die S können selbst neue Klubs anregen und diese zum Teil selbst leiten.

NEUER WORTSCHATZ

hobby, *pl* **hobbies** · **some** · (to) **join a club** · **more** · **information (about)** *(no pl)* · **4 pm** +**4 am** · (to) **edit** · **gardening** · (to) **grow** · (to) **sell** · **kit** · **quiet** · **young** · (to) **choose** · **area** · **lunchtime** · **instrument** · (to) **sing** · (to) **dance** · **from … to**

EINSTIEG

SB geschlossen. L schreibt eine AG der Schule nach dem Muster im SB an die Tafel und semantisiert hierbei den für das gewählte Beispiel notwendigen Wortschatz: This is a school club at our school. I know there are students from this class in this club. <u>Some</u> of you <u>joined</u> it when you started here. You go to the gym every Thursday <u>from</u> 3 <u>to</u> 4 <u>pm</u>. Who is in this club? – S heben die Hand. L: Do you like it? Do you have fun there? S: … L: I also go to yoga classes. It's my <u>hobby</u>. And I always take my sport clothes there, my yoga <u>kit</u>. I like it because it's a <u>quiet</u> sport (Flüstern, Gestik), not as noisy as school.

> **Yoga**
>
> With Mrs Lehnert
> Where: Gym
> When: Thur 3-4 pm
> Do some yoga exercises after school, get fit and have fun!

Anschließend erzählen die S in einem UG von den AGs an ihrer Schule. L: But maybe <u>young</u> people like other clubs. What's another club that you can <u>choose</u> at our school? Can you tell me about it? Can you give me <u>more</u> <u>information</u> <u>about</u> it? Who is the teacher? When is it? Is it at 2 pm or 3 pm? S: I have tennis with Mr Reichelt. It's on Wednesday afternoon at 4 pm.

Im Anschluss an diese Aktivierungsphase kann L die weiteren für die *Lead-in*-Doppelseite benötigten Wörter semantisieren. Viele Vokabeln lassen sich jedoch aus dem Kontext erschließen, sodass sie anhand der Texte eingeführt werden können: (to) edit, gardening, (to) grow, (to) sell, area, lunchtime +at lunchtime, instrument, (to) sing, (to) dance.

Language Awareness

Einige der neuen Vokabeln bringen eine hohe Komplexität im Bereich Aussprache mit sich: (to) join [dʒɔɪn], (to) grow [grəʊ], quiet ['kwaɪət], young [jʌŋ], choose [tʃuːz]). L sollte deshalb großen Wert auf das Nachsprechen dieser Wörter legen. Ein weiterer Schwerpunkt kann auf der Veränderung der Schreibweise der Pluralform von *hobby* (*hobbies*) liegen. Als weiteres Beispiel kann L *baby* (*babies*) nennen.

ÜBERLEITUNG
L: These are all clubs the students from Plymstock can join. They can be in one or more clubs. Now, let's have a look at what clubs there are.

ERARBEITUNG
SB geöffnet. Bildbeschreibung. L: Please choose one picture and describe what you can see. S: I can see people with computers. / I can see vegetables. Someone is in a garden. / I can see a basketball. / I can see women and instruments. / I can see two students. They have two books.

1 Plymstock clubs

ERARBEITUNG
a) 🎓 **1. Lesen**/Hören: Jeder S in einer Fünfergruppe liest einen der Texte in EA durch und präsentiert den anderen S seiner Gruppe den Inhalt des gelesenen Textes im Sinne der arbeitsteiligen Gruppenarbeit. Die S nutzen die vorgeschlagenen Redemittel aus dem SB.

ERARBEITUNG
b) 🎧 **2. Hören**/Lesen (Globalverstehen): Die S hören verschiedene Geräuschkulissen und ordnen diese während des Hörens den Clubs zu (Heftbild s. Lösung).
👥 Anschließend vergleichen die S ihre Lösungen im ▶Partnercheck-Verfahren.

➡ 2 ▶ 29–33 Transkript online

Alternative
Vorbereitung einer Tabelle:

Sound	Club	☞
No. 1		
No. 2 …		

LÖSUNG
1 Quiet Reading · 2 Samba Club · 3 Basketball · 4 Gardening Club ·
5 Film Making

S. 69

2 Your clubs

ERARBEITUNG
Die S berichten mit Hilfe der Redemittel im Buch im Plenum von Schul-AGs oder Vereinen, die sie in ihrer Freizeit besuchen. Weitere Clubs und Hobbys finden die S in der WORDBANK 6.
L: Tell me about the clubs you go to. Are there any clubs at your school that you like? S: There's a football club near our house. You can play football there. I go there every Tuesday and Friday.

➡ WORDBANK 6 (pp. 172–173)
➡ Workbook 1–4 (pp. 38–39)

FESTIGUNG
Die S erstellen als HA einen kurzen Steckbrief entweder zu einer Schul-AG oder zu einem Freizeit- oder Sportklub. Als Vorlage dienen die Bilder und die Struktur (name, with, where, when, what about) des SB und des Einstiegs (HRU-Seite 118).

YOUR TASK
L kann zum Abschluss der Einführungsseiten zur Unit 3 im Sinne der Lernzieltransparenz auf die Lernaufgabe der Unit hinweisen (SB-Seite 88, dazu HRU-Seite 150).

KOMMUNIKATIVE KOMPETENZEN
Die S können …

Lesen/Hören: kleine Erzählungen und wesentliche Merkmale einer Geschichte verstehen und dazu eine Tabelle ausfüllen oder sagen, wer was macht (SB-Seiten 70, 1, 2; 71, 4, 5)

Sprechen: in Dialogen Fragen stellen und beantworten (SB-Seite 70, 3) · über Gefühle sprechen, indem sie sich in Lehrwerksfiguren hineinversetzen (SB-Seite 71, 5b)) · auf einfache inhaltliche Fragen zum Text reagieren (SB-Seite 71, 6)

Schreiben: Steckbriefe der Lehrwerksfiguren (*profiles*) weiterführen (SB-Seite 70, 2)

METHODISCHE KOMPETENZEN
Fragen/Aufgaben für Mit-S ausdenken und die Mit-S zu einem Text befragen

---

S. 70

---

1 (◑) In the school canteen

NEUER WORTSCHATZ
(to) **get** angry/cold/… · **wet** · **umbrella** · **funny** · **very** funny/wet/… · **joke** · **because** · °**trampoline** · **really** · (to) **have to** go/work/… · **What's the matter?**

EINSTIEG
SB geschlossen. L: When it rains I take my umbrella (Regenschirm zeigen) <u>because</u> I don't want to <u>get</u> <u>wet</u>. Now I have a <u>joke</u> for you. It is <u>very</u> <u>funny</u> (Mimik): L schreibt Sams einleitende Frage *What's grey and never gets wet?* an die Tafel. Die S suchen nach der Lösung. L gibt zwei Hinweise und zeichnet zuerst einen Elefanten und anschließend einen Regenschirm an die Tafel.

→ Realia: Regenschirm

Weitere Differenzierung
Einige S überlegen sich zu Hause entsprechend Sams Witz einen kurzen Witz mit einem Tier. In der nächsten Stunde dienen diese Witze als lustiger Einstieg.

ÜBERLEITUNG
L: Let's now take a look at our students from Plymstock School on page 70. Today they are in the school canteen.

SB geöffnet. Bildbeschreibung. L: Please describe the picture. What can you see in the picture? S: I can see Sam, Abby and Lucy at a table. Justin is there too. L: Where in the school is that? S: It's in the school canteen.

ERARBEITUNG
1. Hören/Lesen (Globalverstehen): L gibt den S zwei Fragen als Hörauftrag: L: What do the children talk about? S: They talk about their hobbies and school clubs. L: What clubs do they talk about? S: They talk about the Basketball Club, the Film Making Club, the Trampoline Club and Wembury Sailing Club.

→ [2 ▶ 34] Audio online

2 Which clubs are they in?

NEUER WORTSCHATZ
Which clubs/jokes/…?

ERARBEITUNG
2. Hören/Lesen (Detailverstehen): Die S übertragen vor dem Hören die Tabelle in ihr Heft und füllen sie dann während des zweiten Hörens aus. Anschließend werden die Ergebnisse im Plenum verglichen.

→ [2 ▶ 34] Audio online

LÖSUNG

	Abby	Justin	Lucy	Maya	Sam
Film Making		X			
Basketball Club					X
Trampoline Club	X				
Wembury Sailing Club	X			X	

Alternative
Zur Zeitersparnis erstellt L ein AB der Tabelle aus dem SB, damit die S die Tabelle nicht abschreiben müssen.

TRANSFER
Abschließend übertragen die S die in der Tabelle gesammelten Informationen in die Steckbriefe zu den Lehrwerksfiguren (*character profiles*) aus Unit 1 in ihrem *MyBook* (als HA geeignet).

➔

Weitere Differenzierung
3. Lesen in Gruppen à 4 S. L kann die Rollen nach Z. 25 neu besetzen, Justin entfällt.

3 Do you play basketball?

ERARBEITUNG
👥 Die S nutzen die vorgegebenen Redemittel und schreiben fünf Fragen in ihr Heft. Im Anschluss befragen sie ihre Sitznachbarn. Diese antworten entweder mit Yes, I do. oder No, I don't. Die Antworten werden ebenfalls im Heft notiert.
Um das Ergebnis der kleinen Umfrage im Klassenverband zu präsentieren, fragen und antworten die S nach folgendem Schema: Mehmet: Do you play football, Daniel? Daniel: No, I don't. Do you know any good jokes, Julia? Julia: Yes, I do. Do you …

**Alternative /
Weitere Differenzierung**
📄 **KV 12: Do you play basketball?** ▸*Milling around activity*: Der graue Bereich, den alle S ausfüllen, enthält die Beispiele aus dem SB. Wer mag, kann zusätzlich *like* abfragen. Jeder S sollte sechs Mit-S befragen.

MUSTERLÖSUNG
1 Do you play football? – Yes, I do. / No, I don't. · 2 Do you know any good jokes? – … · 3 Do you play basketball? – … · 4 Do you know Sahin? – … · 5 Do you play tennis? – …

S. 71

4 👆 At Lucy's house

NEUER WORTSCHATZ
What's she like? · (to) visit · (to) love · nothing · list · (to) want · work · (to) want to do · (to) sound · (to) make friends

EINSTIEG
SB geschlossen. L führt den neuen Wortschatz ein: You meet somebody for the first time. You don't know the person, but you <u>want</u> to know if he or she is nice. You ask somebody who knows the person, "What's he/she <u>like</u>?" You want to know more about the person. Maybe you can be friends! At school it's easy to <u>make friends</u>. Sometimes you can <u>visit</u> people in the afternoon and go to their house.

ERARBEITUNG
SB geöffnet. Bildbeschreibung. Die S spekulieren über den Inhalt des Dialogs. L: Who do you see in the picture? S: Lucy and Maya. L: What do they do? S: They're in Lucy's room. / Lucy isn't happy. L: Maya wants to help Lucy find a club. Which is the best club for Lucy? What do you think? S: Lucy can play… / Lucy can choose …

ÜBERLEITUNG
L: Let's listen to Lucy and Maya and find out more about them.

➔ 2 ▶ 35 Audio online

5 Lucy, Maya and Abby

ERARBEITUNG

a) 1. Hören/Lesen. Die S hören den Text und folgen gleichzeitig lesend. Anschließend vervollständigen die S in PA die Sätze mündlich. Auswertung im Plenum

LÖSUNG

1 Lucy and Maya talk about <u>clubs at Plymstock and about Abby</u>.
2 Maya tells Lucy about Abby's <u>family</u>.
3 Maya's brother is in the <u>Computer Games Club</u>.
4 Maya helps Lucy to <u>choose a club</u>.

VERTIEFUNG

b) Die S überlegen sich, ob Lucy glücklich ist oder nicht. Sie begründen ihre Meinung mündlich anhand der Redemittel im SB. L erstellt dazu ein TB.

Hinweis: Die Mindmap wird an dieser Stelle vorbewusst eingeführt. Die S können diese Arbeitsmethode in **7** Study skills, SB-Seite 73 aktivieren und bewusst machen.

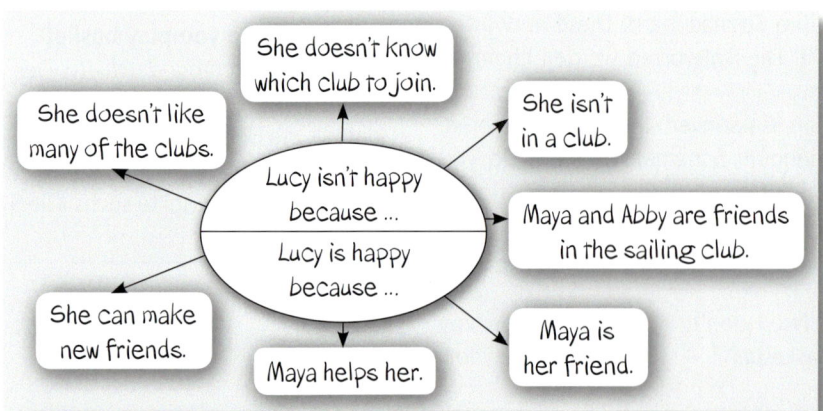

MUSTERLÖSUNG

I think/don't think Lucy is happy because she isn't in a club.

6 Have a go

ERARBEITUNG

Hinweis: Die S wenden vorbewusst *questions and shorts answers* in der 3. Person Singular an. Sie legen ein Muster für die grammatische Form an, das ihnen mittels Wiederholung bzw. Imitation das spätere Erlernen der neuen Struktur erleichtert.

👥 Anschließend überlegen und notieren sich die S weitere Fragen, die sie zu Abby stellen möchten, und fragen und antworten sich gegenseitig.

MUSTERLÖSUNG

Does Abby go to Coombe Dean School? – No, she doesn't. · Does Lucy like Abby? – No, she doesn't. · Does Abby like Maya? – Yes, she does. · Does Abby have pets? – Yes, she does. · Does she live in Plymstock? – No, she doesn't.

✎ Alternative

Die S erledigen die Aufgabe schriftlich und übernehmen die Aufgabenstellung in ihr Heft. Sie schreiben einen Satz. Einige S lesen anschließend ihre Sätze im Plenum laut vor. L sammelt die Äußerungen in einer Mindmap an der Tafel (s. links), die die S in ihre Hefte übertragen.

Weitere Differenzierung

👥 Leichtere Variante: Die S schreiben Lucys Fragen und Mayas Antworten aus **4** in ihre Hefte. Die Ergebnisse werden an der Tafel festgehalten: … Does she visit you (Maya) at your house? – No, she doesn't.

TIPPS FÜR IHRE PLANUNG

Die Bewusstmachung und Einübung der Fragen mit *do/does* anhand von Sport und Hobbys steht neben den *short answers* im Zentrum von *Part A Practice*. Zunächst erfolgt die Bewusstmachung der Fragebildung und *short answers*. Unmittelbar nach der Erarbeitung der *Looking at language-* Box sollte **1** erfolgen. In **2** werden lexikalische Einheiten zu Sportarten und Hobbys vermittelt. In **3–4** wenden die S die Fragebildung und Beantwortung mit *short answers* an. **2** und **3** lassen sich gut nacheinander erledigen. Die ▶Milling around activity **5** und **6** führen zusätzlich *have to* ein und geben den S die Möglichkeit, frei zu sprechen. **7** bietet den S ein Methodentraining zum Sammeln von Informationen.

Looking at language

EINSTIEG

SB geschlossen. In spielerischer Form ruft L den S die Fragebildung zurück ins Gedächtnis. L übernimmt die erste Zeile der Tabelle aus **a)** auf Folie und formuliert die Fragen aus *Part A* als Klassenumfrage: Die S stimmen mit Hilfe von ▶*Right/wrong-cards* ab, das Ergebnis wird ausgezählt, und je ein S füllt die Lücken auf dem OHP aus: 13 students say yes – yes, you do!

Simple present: questions and short answers

Singular	students yes	no	Short answer	Plural	students yes	no	Short answer
Do I know any good jokes?	13	12	Yes, you do.	Do we have maths homework?	0	25	No, we don't.

ERARBEITUNG

a) SB geöffnet. Die S übertragen die Tabelle und füllen sie mit Hilfe der SB-Seiten 70–71 aus. L erstellt analog ein TB.

LÖSUNG

	Singular	Plural
1st person	Do I know any good jokes?	Do we have maths homework?
2nd person	Do you know any good jokes?	Do you all like the sea?
3rd person	Does she live in a nice house?	Do they go sailing?

DIFFERENZIERUNG `Early finisher`

Leistungsschnellere S suchen nach weiteren Beispielen für die 3. Person Singular auf SB-Seiten 70-71.

LÖSUNG

Does she have any brothers or sisters? · Does she visit you at your house? · Does Plymstock have a tennis club? · Does Abby go to Coombe Dean School?

ERARBEITUNG

b) Die Frage *What is different in the third person singular?* wird im Plenum besprochen. Die S erkennen die veränderte Schreibweise (*do – does*) aus GF 9 wieder (SB-Seite 187). L markiert im TB *does* farbig. Die S übernehmen die Markierung in ihr Heft. Ggf. lesen die S abschließend das GF 12 (SB-Seite 190-191), insbesondere die blaue Box „Simple present – Entscheidungsfragen und Kurzantworten".

Alternative

L steigt mit den Fragen aus *Have a go!* (**6**, SB-Seite 71) ein und lässt die S ihre eigenen Fragen vorlesen. Die Fragen werden im Plenum beantwortet.
Anschließend übernimmt L die Tabelle **a)** an die Tafel und füllt diese gemeinsam mit den S aus.

➜ GF 12: The simple present (II) (pp. 190-191)

1 Yes or no? (Simple present: questions and short answers)

ERARBEITUNG
👥 Die S schreiben mit Hilfe der vorgegebenen Redemittel sechs Fragen in EA in ihr Heft. Anschließend stellen die S sich in PA wechselseitig eine Frage und beantworten sie.

LÖSUNG
Do you go to Plymstock School? – No, I don't. · Do Abby and Maya make films? – No, they don't. · Do cats eat fish? – Yes, they do. · Does Sam play basketball? – Yes, he does. · Does Justin play an instrument? – No, he doesn't. · Does your friend live in Germany? – Yes, he/she does.

➜ Workbook 5–6 (pp. 39–40)

Alternative
Die S befragen sich im Plenum. S1 wirft einen Ball und stellt eine Frage. Wer den Ball fängt, antwortet und stellt selbst eine Frage, während er/sie den Ball wirft.

2 WORDS Go, play or do?

NEUER WORTSCHATZ
activity, *pl* activities · other · chess · drum · piano · gymnastics · skating · riding · judo +Box "Sports and other activities", *Voc.*, SB-Seite 224

ERARBEITUNG
a) L geht mit den S die Wortbox durch und weist sie auf die Aussprache hin, besonders *yoga* ['jəʊgə], *gymnastics* [dʒɪm'næstɪks], *chess* [tʃes]. Anschließend ordnen die S die Wörter den Bildern zu. L: Please match the words to the pictures. What is picture one? S: Picture one is swimming.

LÖSUNG
1 swimming · 2 basketball · 3 kung fu · 4 skating · 5 chess · 6 yoga · 7 sailing · 8 the drums · 9 gymnastics

ERARBEITUNG
b) L geht mit den S die Kollokationen mit *go*, *play* und *do* analog zur dritten Zeile in der Tabelle durch. Anschließend übernehmen die S die Tabelle in ihr Heft und ordnen die Wörter dem richtigen Infinitiv zu.

Hinweis: Die S sollten eine Tabelle mit sieben Zeilen anlegen und nach Möglichkeit rechts eine Spalte für die Namen der Mit-S in 3 freilassen.

Alternative
📋 KV 13: Go, play or do? Die S bekommen die KV und ordnen die Wörter dem entsprechenden Verb zu.

✏️ **Vertiefung**
Anschließend bilden die S je einen Satz pro Spalte und tragen ihn im Plenum vor, z. B.: Dirk Nowitzki plays basketball. / Dorian does kung fu. / …

LÖSUNG

go	play	do
swimming	basketball	kung fu
skating	chess	yoga
sailing	the drums	gymnastics

ERARBEITUNG
c) Mit Hilfe der Erläuterung der Kollaktionen zu *go*, *play* und *do* ordnen die S die Wörter dem richtigen Verb in der Tabelle aus **b)** in ihrem Heft zu. L vervollständigt die Tabelle an der Tafel.

➜ Workbook 7 (p. 40)

LÖSUNG

go	play	do
riding	cards	judo
	football	
	the piano	

DIFFERENZIERUNG Early finisher
Lernschnellere S können das Logikrätsel auf SB-Seite 175 lösen.

S. 73

3 Activities (Simple present: questions)

ERARBEITUNG
a)/b) 👥 Die S nutzen bei dieser ▶*Übung* ihre Tabelle aus **2b)/c)**. Sie befragen ihren Partner und ordnen ihre Namen den verschiedenen Aktivitäten zu. Wer als erstes für sechs verschiedene Aktivitäten einen Namen eintragen konnte, hat gewonnen.

Alternative
Klassenumfrage: Ein S/L fragt ab: Do you play chess? Die S melden sich, der Umfrageleiter hält die Ergebnisse auf Folie fest: 7 students go swimming; 3 students play the piano; … Auswertung im UG durch L: Three of you do gymnastics. Which club are you in? What do you like about it?

4 GAME Guess who! 💬

NEUER WORTSCHATZ
(to) guess

ERARBEITUNG
👥 L erklärt den S das Spiel und semantisiert dabei den neuen Wortschatz: Let's play a game. Get together in pairs. One of you chooses a name from the list and *says Guess who!* The other one asks questions and guesses (Gestik, Mimik) the name. *Partner B* kann sich bei der Fragebildung der Redemittel im Buch bedienen, aber auch eigene Fragen formulieren. *Partner A* gibt *short answers*.

➡ Workbook 8–9 (p. 41)

DIFFERENZIERUNG [More help]
Leistungsschwächere S finden auf SB-Seite 158 weitere Redemittel.

5 They have to join a club

NEUER WORTSCHATZ
(to) **clean**

ERARBEITUNG
S betrachten zuerst die *Language help*-Box und klären ggf. Fragen mit L. Anschließend erfolgt die Bearbeitung gemäß SB.

LÖSUNG
1 have to · 2 has to, has to · 3 don't have to · 4 doesn't have to

6 At home (have to)

ERARBEITUNG
a) 👥 Die S erzählen ihrem Partner, was jeweils zwei Dinge, die sie zu Hause nicht tun bzw. tun müssen.

ERARBEITUNG UND AUSWERTUNG
b) Die S berichten im Plenum, was ihr Partner heute zu Hause (nicht) tun muss. Zur weiteren Festigung der neuen Struktur kann L die Ergebnisse an der Tafel sammeln und diese gemeinsam mit den S auswerten. S1: Fifteen students have to clean their room today. S2: Twenty-four students have to do homework. S3: Nine students don't have to clean their rooms today. usw.

MUSTERLÖSUNG
Sara can't go swimming because she has to clean her room.
Burhan can't help his mum because he has to do his homework.

➡ Workbook 10 (p. 41)

S. 74

7 STUDY SKILLS Collecting information

NEUER WORTSCHATZ

(to) **collect** · **free +free time** · (to) **ask** sb. **to do** sth. · (to) **try** ·
table · (to) **need** · **guitar** · **beach**

EINSTIEG

SB geschlossen. Die S lernen Strategien, um gesammelte Informationen
zu strukturieren und zu ordnen, z. B. zur Präsentation bei Vorträgen. L
hebt den Zweck und die Funktion der Mindmap hervor, indem er an seinen eigenen Freizeitaktivitäten zeigt, wie eine Mindmap angelegt wird.
Während L die Mindmap an die Tafel schreibt, semantisiert L den Wortschatz. Die Struktur von (to) ask somebody to do sth. sollte von L klein-
schrittig erklärt werden (Tafelanschrieb). Guitar muss vor allem wegen
der von der Aussprache abweichenden Schreibweise beachtet werden.
L: Well, now we know a lot about your hobbies and activities. – Let me
tell you about my afternoons ... Well, I have lots of hobbies (1). On
Mondays (2) and Thursdays (3) I play the guitar (Gestik) (4). On Tuesdays (5) I go swimming (6). Saturday (7) is my favourite day because I
meet my friends (8). This is called a mind map. We can use it for presen-
tations, for example about your free time – your time after school or at
weekends. You collect all the information that your listeners need and
write it all down like this.

ÜBERLEITUNG

L: Sometimes you have to give a presentation at school. You give a talk,
for example you talk about *My favourite animal.* What do you do? You
take a piece of paper and take notes. You can make a list or a table. Or
next time you can use a mind map to collect information. Maya also has
to talk about her free time activities at school. And you can see her notes
in your book. Please have a look at Maya's mind map on page 74.

ERARBEITUNG

a) SB geöffnet. 1. Lesen/Hören: Die S sehen sich Mayas Mindmap an
und sprechen im Plenum darüber, ggf. anhand einer Folie oder Kopie. L:
What do you see? What can you say about Maya's hobbies? S: Maya
plays the guitar on Tuesdays and Thursdays. L: Why is there a house? S:
The teacher comes to her house. / ...
L: What hobbies does she have? Which clubs does she go to? Can you
guess them when you look at the things she needs for her hobbies? We
call them *umbrella words or group words.* Take notes. Die S machen sich
kurz Notizen zu den drei Oberbegriffen.
2. Hören/Lesen: Die S vergleichen ihre Notizen mit Mayas Äußerungen.
L oder einzelne S ergänzen ggf. die Oberbegriffe auf der Folie.

LÖSUNG

links oben: sailing club · links unten: skating · rechts unten: guitar
lesson

ÜBERLEITUNG

L: Some of you collect information in another way. In **b)** Maya uses a
table.

➜ SF 2: Collecting information
(pp. 175–176)

➜ 2 ▶ 36 Transkript online

Hinweis: Da es an dieser Stelle
um eine Arbeitstechnik geht
bzw. um lernstrategisches Wissen, kann SB-Seite 74 in Teilen
auch auf Deutsch behandelt
werden.

ERARBEITUNG

b) 1. Hören/Lesen: Die S übertragen die Tabelle in ihre Hefte oder L kopiert sie. Nach dem Hören vervollständigen die S die Tabelle.

👥 Anschließend vergleichen sie ihre Ergebnisse im ▶Partnercheck-Verfahren untereinander.

➜ ⎡2 🔊 37⎤ Transkript online

Alternative
Folie mit richtigen und falschen Informationen: Die S korrigieren die falschen Angaben.

LÖSUNG

	Monday	Tuesday	Wednesday	Thursday	Friday
activity	computer club	guitar lesson	inline skating	guitar lesson	sailing
time	3:15–4:00	5:00–6:00	3:30–5:00	5:00–6:00	4:00–6:00
place	at school	at home	the park	at home	Wembury beach
what I need	computer	guitar	inline skates	guitar	sailing boat

ÜBERLEITUNG

L: Let's think about your sports and hobbies and structure them with a mind map or in a table.

DIFFERENZIERUNG / TRANSFER You choose

c) Die S sammeln Informationen über ihre eigenen Sportarten und Hobbys entweder in einer Mindmap oder in einer Tabelle. Weitere Sportarten und Hobbys können die S in der ▶WORDBANK 6 auf SB-Seite 172-173 nachschlagen.

Die S orientieren sich an den inhaltlichen Punkten im SB und schreiben auf, was sie wo wann tun und was sie dafür benötigen. Auch Mayas Mindmap und Tabelle können als Hilfestellung genutzt werden. In EA lesen die S die Study *skills*-Box durch. L steht für Nachfragen zur Verfügung.

Hinweis: Das Anlegen einer Tabelle wenden die S auch in der Lernaufgabe zur Unit 3 noch einmal an (SB-Seite 88).

Weitere Differenzierung
👥 Gut strukturierte S können z. B. schwächeren S beim Entwickeln der Tabelle helfen („Lernen durch Lehren"). L teilt hierfür die Paare gezielt ein. Aber auch eine zufällige Einteilung ist durchführbar. Paare können sich auch nach Neigung (Mindmap oder Tabelle) zusammenfinden.

➜ Wordbank 6 (pp. 172–173)

ERARBEITUNG EXTRA

Die S bereiten anhand ihrer in **c)** erstellten Mindmap oder Tabelle einen *One-minute talk* als HA vor. Dieser wird durch Realia (clothes, sports equipment, …) unterstützt.

L lässt einige S ihren Kurzvortrag halten. Die S erhalten Feedback vom Plenum nach vorab gemeinsam bestimmten Kriterien (z. B. You looked at us when you talked. / Your talk was interesting. / We could hear you.). Schön gestaltete Mindmaps können im Klassenzimmer aufgehängt werden. Die S kleben ihre Mindmaps oder Tabellen ins ▶MyBook.

➜ Workbook 11 (p. 42)

➜ Realia: (Sport-)Bekleidung, Inlineskates, Ball, …

➜ 📘My Book

The world behind the picture

S. 75

1 Plymstock school clubs

NEUER WORTSCHATZ
outside +**inside** · (to) **jump**

EINSTIEG
SB geschlossen. L zeichnet eine Trommel an die Tafel (oder bringt eine Trommel mit in die Klasse) und fragt die S: What do you call this instrument? S: It's a drum. L: Do we have a club at our school where you can play the drums? S: Yes, we have a music club at our school. / No, we don't have a music club.

➜ Realia: Trommel

ÜBERLEITUNG
SB geöffnet. L: Take a look at the first picture. Do you know the two students? S: Yes, I know Oliver. I don't know the other boy.

ERARBEITUNG
a) L fragt die S, wen sie auf den Bildern sehen, wo die Personen sind und was sie tun. Die S beschreiben zuerst Bild 1 (Samba Club) und anschließend Bild 2, um dann auf den Club zu kommen.

LÖSUNG
Picture 1: I can see Oliver. He's at school. He's in the Samba Club.
Picture 2: There's Jack. He's in the gym. He's in the Trampoline Club.

ERARBEITUNG
b) L bittet die S nun, konzentriert dem Filmausschnitt zu folgen, den L zuerst ohne Ton abspielt. L: Let's watch a little film. Please pay attention to the *action* – that is, to what the students *do*, not to what they *say*. We will hear nothing.
1. Sehen: Die S schauen den Filmausschnitt und machen sich Kurznotizen zu 1–7 in ihr Heft. Nach dem Film erhalten sie dann Zeit, die Antworten sauber in ihre Aufzeichnungen zu übertragen. Anschließend lesen die S einzelne Lösungen im Plenum vor, ohne dass L diese gleich korrigiert.

Hinweis: L kann den S vor dem Anschauen des Filmausschnitts eine Minute Zeit geben, um die Antwortoptionen 1–7 zu **b)** zu lesen. So können sich die S voll und ganz auf die Handlung im Film konzentrieren.

ÜBERLEITUNG
L. Now let's see and hear if you have the right answers. We will now watch the film with sound.

ERARBEITUNG
c) 2. Sehen: Die S sehen den Film mit Ton und korrigieren währenddessen ihre Antworten.

Hinweis: L kann den Filmausschnitt aufteilen: Eine Pause ist nach der Vorstellung von Oliver und Ruby im Samba Club möglich.

➜ Transkript online

SICHERUNG
Um die Richtigkeit der S-Ergebnisse zu gewährleisten, korrigieren die S zuerst in PA ihre Antworten. Anschließend lesen die S die Antworten laut im Plenum vor und die Klasse korrigiert zusammen mit L.

LÖSUNG
1 Oliver's club meets at lunchtime. · 2 They meet in the music area. · 3 Oliver plays the drums. · 4 Jack's club meets at lunchtime. · 5 They meet in the gym. · 6 You can't wear trainers. · 7 Jack and Abby do three different jumps.

ERARBEITUNG
d) Im Anschluss sollen sich die S nun von der Vorlage im Buch lösen und eigene Sätze formulieren: L fragt die S, welchen *club* Ruby mag. Danach findet eine weitere Öffnung statt, in der die S ihre eigenen Vorlieben beschreiben können.

L: Well, we watched the film. What do you think? Which club does Ruby like? S: Ruby likes the Samba Club. (She doesn't like the Trampoline Club.) She dances in the music area. L: And which club do you like? Why? S: I like the Trampoline Club. I think it's fun to jump on a trampoline. (L: And which clubs do you like at our school? Tell us why you like them.)

LÖSUNG
Ruby likes the Samba Club.

2 EVERYDAY ENGLISH How can we join the club?

Plymouth Life Centre
Das *Plymouth Life Centre* gehört zu einer der größten Ketten von Sport- und Freizeitzentren in Großbritannien. Die 1987 gegründete Firma *Sports and Leisure Management Limited (SLM)* betreibt die Zentren im Auftrag örtlicher Behörden unter dem Slogan *30 minutes activity – 5 days a week*. Das Angebot umfasst neben Sportkursen für Kinder und Jugendliche auch Sport- und Fitnesskurse für Erwachsene. Schwimmen steht in diesem Zentrum im Mittelpunkt. Auch Tom Daley, der olympische Turmspringer aus Plymouth, trainiert hier: Das *Plymouth Life Centre* bietet den einzigen Pool mit Wettkampfmaßen von 50 m in ganz Südengland – abgesehen vom Olympischen Dorf in London – sowie ein Tauchbecken mit bewegbaren Böden.

NEUER WORTSCHATZ
letter · °karate

EINSTIEG
L schreibt den Namen des Freizeitzentrums *Plymouth Life Centre* an die Tafel und fragt die S, ob sie wissen, worum es sich hierbei handelt. L kann Piktogramme für Sportarten ergänzen, um den S Tipps zu geben.

L: Do you know what *Plymouth Life Centre* is? S: It's a fitness centre. We have one in our town too. L: Yes, *Plymouth Life Centre* is something like a fitness club (centre). You can do some of these sports there (bowling, badminton, volleyball, swimming, karate, trampoline, basketball).

ÜBERLEITUNG
L: Oliver and his little brother Luke are at *Plymouth Life Centre* today too. Let's watch a film about the two boys.

ERARBEITUNG
a) 1. Sehen/Hören: Die S schauen Filmabschnitt 1 an. L schreibt die Sehaufträge aus dem Buch an die Tafel: 1. Where do Oliver and Luke want to go? 2. What do they want to do?
L: Please try to answer these two questions.
Die S beschreiben anschließend, was in dem gezeigten Ausschnitt passiert. L kann dazu *swimming cap* und *swimming trunks* semantisieren: Do you know the word for the thing that you wear on your head? You wear it when you go swimming and you don't want your hair to get wet. Men and boys wear *swimming trunks* for swimming, women and girls put on *bikinis* or *swimsuits*.

→ Audio + Transkript online

LÖSUNG

Oliver and Luke want to go to the *Life Centre* in Plymouth. They want to go swimming. (Oliver and Luke put a swimming cap and swimming trunks in their bags. Luke has a kung fu uniform in his bag too.)

ERARBEITUNG

b) 2. Sehen/Hören: Die S schauen nun den zweiten Teil des Films und bearbeiten dabei die Aufgabe **b)**. Sie können die Lösungen in Kurzform notieren. L: Please watch the film carefully and match the questions 1 to 5 to the answers A to E in the boxes below. You can write the answers in your exercise books. Just write down *1A*, for example, so you don't have to copy all the sentences.

➡ Audio + Transkript online

LÖSUNG

1E · 2D · 3A · 4B · 5C

ÜBERLEITUNG

L: We saw Oliver and Luke in the film and talked about what they want to do at the *Life Centre*. Now we want to find out more about you.

ERARBEITUNG

c) 👥 Die S erstellen einen Dialog. Sie orientieren sich an der Struktur des Films und präsentieren der Klasse den Dialog als Rollenspiel. L: I want you to work in teams of two. Just work with the person next to you / your partners. Please write a dialogue and present it to the class. Write the complete dialogue and not just your own part. Imagine a situation where you want to join a sports or music club.

L hält den Arbeitsauftrag an der Tafel fest oder teilt ein AB aus. L kann zusätzlich einen möglichen Anfang anbieten, um den S den Einstieg in den Dialog zu erleichtern.

> − Write a dialogue in your exercise book.
> − Work in teams of two.
> − Everybody writes the complete dialogue.
> − Situation: you want to join a sports or music club.
> Man: Hi! What can I do for you?
> Oliver: We'd (I'd) like some information about the club.
> Man: What do you want to know?
> Oliver: ...

SICHERUNG

L legt fest, wie lange die S brauchen dürfen, um den Dialog zu erstellen. Dies hängt von der Leistungsstärke der Gruppe ab. Um den S mehr Zeit zu geben, kann das Schreiben des Dialogs als HA erledigt werden; die Überprüfung wird so in eine spätere Stunde verlegt. Ggf. ziehen die S ihre in *Study skills*, **7c)** erstellten Mindmaps oder Tabellen hinzu.

KOMMUNIKATIVE KOMPETENZEN
Die S können …

Hören/Lesen: wesentliche Merkmale einfacher Dialoge erfassen und Informationen über Lehrwerksfiguren korrekt zuordnen (SB-Seite 76, 2)

Sprechen/Schreiben: sich gegenseitig einfache Fragen stellen und beantworten (SB-Seite 76, 3)

S. 76

1 On Skype with Dad

NEUER WORTSCHATZ

(to) **finish** sth. · **Come on,** Dad. · **How are you?** · **Listen,** Justin. · (to) **listen** · **much** · **job** · **studio** · **programme** · **What programmes …?** · **midnight** · **too** late/cold/big/… · (to) **get up** · **How do you like it?** · **It's about** a seagull. · (to) **send** sth. **to** sb. · **idea**

EINSTIEG / REAKTIVIERUNG VON VORWISSEN

SB geöffnet. Bildbeschreibung. L reaktiviert je nach Lerngruppe Vorwissen zu Internet und Internettelefonie: Who do you see in the picture? S: Justin and his mum. / He has a computer. L: You know that Justin's dad doesn't live with him. Who knows what Justin and his dad do when they want to talk? S: They use Skype. L: What is Skype? S: You can talk to people on the Internet. / You can phone people with your computer. And you can see them.

Alternative
SB geschlossen. L: You really want to talk to your best friend. You don't have a phone, but you have a computer. What can you do? S: You can skype / use Facebook / write an e-mail. Anschließend Bildbeschreibung.

→ 2 ▶ 38 Audio online

ERARBEITUNG

Bevor die S den Text anhören, semantisiert L die neuen Vokabeln. Besondere Wichtigkeit haben die Vokabeln (to) listen (Look at Justin and his mum again, she is talking to him, and Justin is listening to what she says.), job (My job is teacher.) und idea (I think Justin has an idea, he has thought of something new.) wegen der Aussprache und too aufgrund der Verwechselbarkeit mit *to*. L: Let's now listen to the new text. Let's listen to Justin, his mother and his dad too.

1. Hören/Lesen (Globalverstehen): Die S hören den Text einmal komplett an und beantworten zwei Höraufträge: *Who talks? Where are they?* L schreibt die Höraufträge vor dem Hören an die Tafel und die S übernehmen sie in ihr Heft. S: Justin, his mum and his dad talk. Justin and his mum are in Plymouth. Justin's dad is near Boston harbour in a TV studio / at work.

2. Lesen/Hören: Die S lesen den Text zuerst in EA leise und anschließend in verteilten Rollen laut. Der Fokus liegt hier auf der Aussprache des neuen Wortschatzes (to) listen, job, programme, midnight und idea.

2 Justin's dad

ERARBEITUNG

Die S schreiben in EA fünf Sätze über justins Vater. Anschließend vergleichen sie die Ergebnisse per ▶ *Partnercheck*.

LÖSUNG

Mr Skinner lives in the USA. He has a new job near Boston harbour. He works in a TV studio. He edits TV programmes. Justin's dad works a lot and doesn't have much time. He loves his job.

3 Have a go

NEUER WORTSCHATZ
°(to) take turns

ERARBEITUNG
a) Die beiden Fragen werden im Plenum laut vorgelesen. Anschließend formulieren die S vier Fragen mit *When do you …* für ihre/n Partner/in und schreiben sie in ihre Hefte. L kann einzelne S eine ihrer Fragen vorlesen lassen.

MUSTERLÖSUNG
When do you play the piano? · When do you have school on Mondays? · When do you go to bed on Fridays? · When do you do your homework?

ANWENDUNG
b) 👥 Die S befragen und antworten sich abwechselnd.
L: Please read out your questions to your partner now. You have to °take turns: One of you asks a question and waits for the answer. Then your partner asks the next question.

MUSTERLÖSUNG
Partner A: When do you play the piano?
Partner B: I play the piano on Saturdays.
Partner B: When do you have school on Mondays?
Partner A: On Mondays I have school at eight o'clock.
Partner A: When do you …

S. 77

Hinweis: Die S bilden hier vorbewusst Fragen mit Fragewörtern im *Simple present*. Die Wiederholung und anschließende Imitation dieses Musters erleichtert den S das spätere Erlernen der neuen Struktur.

Alternative
Die S schreiben ein Hobby groß auf eine DIN A4 Karte und halten sie hoch. ▶Kettenübung: S2, when do you play the guitar? S2: I play the guitar on Thursdays and Fridays. – S3, when do you …?

Looking at language

TIPPS FÜR IHRE PLANUNG
In *Part B Practice* steht die Bewusstmachung der Fragebildung mit Fragewörtern im *Simple present* im Zentrum. Nach Bearbeitung der *Looking at language*-Box können **1** und **2** direkt angeschlossen werden. In **3–5** wird die richtige Satzstellung bei Fragebildung mit Fragewort geübt. Die Box *English and German are different* kann sowohl vor **1** als auch nach **3** bewusst gemacht werden.

➜ GF 12: The simple present (II): questions and short answers (p. 190–191)

EINSTIEG
SB geschlossen. S-L-Interview: L schreibt einige Fragen ohne Fragewort an die Tafel: Today you can interview me. Please have a look at the board. Finish the questions and use the right question word.

When do you come to school?
When do you get up?
Where do you live?
Why do you work at this school?
What do you do in the afternoons?
How do you come to school?

ÜBERLEITUNG
L: Justin's dad has a new job in Boston, so Justin has lots of questions too. Look at page 76 again.

ERARBEITUNG
a) Die S übernehmen die Tabelle in ihr Heft und vervollständigen sie mit Hilfe des Textes auf SB-Seite 76. L übernimmt die Tabelle aus dem SB an die Tafel / auf Folie und vervollständigt sie gemeinsam mit den S.

LÖSUNG

Where do you work now?   Near Boston harbour.
What do you do there?   I edit TV programmes.
When do you finish work?   I finish at 7 o'clock.
How do you like it?   It's great, Dad.
Why does Dad work so much?   Because he loves his work.

ERARBEITUNG

b) Die S bestimmen das Hilfsverb, das dem Fragewort folgt.

L: Please read one question from **a)**. When you make a question, what word do you use after the question word? L markiert das Hilfsverb *do/ does* im TB. Die S sprechen über die Besonderheit, dass man in der 3. Person -Singular *does* verwendet.

➜ GF 12: The simple present (II) (p. 190–191)

Where	do	you work now?
Why	does	Dad work so much?
Fragewort	Hilfsverb	

1 Where does Morph live? (Simple present: questions with question words)

ERARBEITUNG

Die S bilden die Fragen und schreiben sie in ihre Hefte. L sichert anschließend durch Tafelanschrieb oder Folie die Ergebnisse.

LÖSUNG

1 Where does Morph live? · 2 Where does Justin's father work? · 3 What does Justin's father do? · 4 When does our next lesson start? · 5 Why do we have to go to school? · 6 What do you do at weekends?

DIFFERENZIERUNG [Early finisher]

Leistungsschnellere S bilden ▶ *Lerntempoduette*, befragen und antworten sich gegenseitig und erledigen dann 2 gemeinsam.

➜ Folie 6

2 Sorry, I can't hear you (Simple present: questions with question words)

NEUER WORTSCHATZ

°noisy · (to) **hear** +Box "**hear** · **listen**", *Voc.*, SB-Seite 226 · **swimming**

Language Awareness: (to) listen – (to) hear

Der Unterschied zwischen (to) **hear** und (to) **listen (to) sb./sth.** muss den S verdeutlicht werden, z. B. anhand der Box im *Vocabulary*, SB-Seite 222: **Listen.** Can you **hear** the dogs in the street?

🔊 (to) hear – hören (können) → Man hört, weil man Ohren hat. Es handelt sich also um die Sinneswahrnehmung.

🎧 (to) listen to sb./sth. – zuhören, horchen → Wenn man sich auf etwas konzentriert und zuhört.

ERARBEITUNG

👥 S1 liest eine Aussage vor, S2 fragt nach der durchgestrichenen Information. Die S können den Dialog szenisch darstellen. Nach der Hälfte des Dialogs können die Rollen getauscht werden.

DIFFERENZIERUNG [More help]

Leistungsschwächere S finden die vorgegebenen Fragewörter auf SB-Seite 158.

LÖSUNG

1 A: Sorry, what do you play? B: Football! · 2 A: Sorry, when do you help your mum? B: On Saturday morning! · 3 A: Sorry, when do you get up on Sundays? B: At 10 o'clock! · 4 A: Sorry, where do you go to? B: To the swimming pool! · 5 A: Sorry, why do you like it there? B: Because I meet my friends! · 6 A: Sorry, what do your friends like? B: Swimming!

3 What sport does Abby like? (Simple present: questions with question words)

ERARBEITUNG

a) Die S lesen die Box, die einen häufigen Fehler deutscher Mutter-sprachler behandelt, der bei Übertragungen ins Englische vorkommen kann: „*Was für* Bücher liest du?" kann in „~~*What for* books~~ …" übertragen werden. *Was für* und *What* werden daher in der Box gegenübergestellt. Anschließend lesen die S die Antworten und vervollständigen die Fragen mit Hilfe der markierten Verben in den Antworten. Zur Unterstützung gibt L ein Muster an der Tafel.

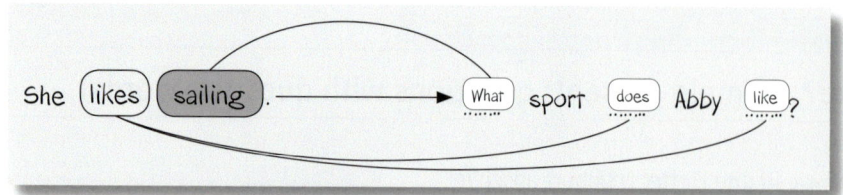

DIFFERENZIERUNG More help

Leistungsschwächere S bilden auf SB-Seite 159 die Fragen, indem sie das Objekt einsetzen, das in einer Wortbox vorgegeben ist.

LÖSUNG

1 What sport does Abby like? · 2 What food does Silky eat? · 3 What games do you play? · 4 What shoes do Plymstock students wear? · 5 What films do you watch? · 6 What subjects do you like?

ANWENDUNG

b) 👥 L ergänzt das TB ggf. um ein Muster in der zweiten Person Singu-lar, z. B. Frage und Satz 3. Die S denken sich drei oder vier Fragen aus und interviewen sich gegenseitig.

➜ Workbook 12 (p. 42)

MUSTERLÖSUNG

What books do you read/like? · What films do you watch/like? · What food do you eat/like? · What sport do you play/like?

S. 78

4 Do you know your partner? (Simple present: mixed questions)

NEUER WORTSCHATZ
partner

ERARBEITUNG

a) Die S übertragen die Tabelle in ihr Heft und vervollständigen die Fra-gen in EA. In einem Zwischenschritt kann L die Fragen vorlesen lassen und Fehler korrigieren.

LÖSUNG

Where do you live? · Do you have brothers and sisters? · Where do your mum and dad come from? · How do you come to school? · What sub-jects do you like? · What music do you like? · Do you play an instru-ment? · What hobbies do you have? · What clubs do you go to?

ANWENDUNG

b) 👥 Die S befragen und antworten sich abwechselnd in PA.

Alternative

📋 **KV 14: Do you know your partner?** Tabelle als KV

ERARBEITUNG

c) Die S erstellen mit Hilfe der gesammelten Informationen aus **b)** eine Profilkarte ihrer Partner, ohne deren Namen zu verraten.

DIFFERENZIERUNG   More help

Leistungsschwächere S können weitere Ideen und die notwendigen Satzteile für eine Profilkarte auf SB-Seite 159 zur Unterstützung nutzen.

ANWENDUNG

d) 👥 Ratespiel: Abschließend werden alle Karten gemischt, ein S zieht eine Karte und liest sie vor. Die Mit-S erraten, wer beschrieben wird. Auch in Kleingruppen als Wettbewerb durchführbar: die Gruppe, die die meisten Mit-S errät, hat gewonnen. Abschließend bekommen die S ihre Karten zurück und kleben sie in ihre Aufzeichnungen oder ins *MyBook*.

➡ Workbook 13–14 (p. 43)

5 There isn't much time

ERARBEITUNG

Zunächst wird die *Language help*-Box im Plenum gemeinsam gelesen und besprochen. Anschließend bearbeiten die S die Aufgabe in EA schriftlich, indem sie die Sätze abschreiben und in den Lücken *a lot of*, *much* oder *many* ergänzen und jeweils unterstreichen. Die Auswertung erfolgt im Plenum.

LÖSUNG

Justin doesn't have <u>much</u> homework today, so he phones his dad in Boston. His dad has a new job, so he has <u>a lot of</u> work. Does Justin have <u>many</u> questions about the job? Yes, he does, but his dad can't give him <u>much</u> information today. He can't answer <u>many</u> questions because there isn't <u>much</u> time to talk. Justin wants to tell his dad about his new friends, but there isn't <u>much</u> time to talk. Today Justin's phone call isn't <u>much</u> fun, but he can phone his dad again at the weekend. After the phone call, Justin goes to the kitchen. Oh, great! His mum's scones! There aren't <u>many</u> and there isn't <u>much</u> jam, but there's <u>a lot of</u> cheese for a sandwich and there's <u>a lot of</u> milk too. Now it's homework time, but Justin is good at maths, so he doesn't need <u>much</u> help from his mum.

➡ GF 14: a lot of/lots of – much – many (p. 192)

➡ Workbook 15–16 (pp. 43)

S. 79

TIPPS FÜR IHRE PLANUNG

SB-Seite 79 schließt sich mit dem Schwerpunkt an die Bildung von Fragen an. Übung **6** fokussiert auf den Unterschied von Subjekt- und Objektfragen, Übung **7** übt die Verwendung von Objektpronomen in Fragen. Es empfiehlt sich eine chronologische Bearbeitung beginnend mit der *Language help*-Box im Unterricht.

6 Who knows Morph (Subject and object questions)

NEUER WORTSCHATZ

(to) **happen** · **when** · **no one** · °(to) phone sb.

EINSTIEG

SB geöffnet. Gemeinsames Lesen der *Language help*-Box. L erläutert den Unterschied zunächst mit Hilfe der Beispiele und weist auf den Unterscheid zwischen Nominativ (subject question – wer?) und Akkusativ (object question – wen?) in der deutschen Fragestellung hin. Anschließend macht L den S deutlich, dass sich der Unterschied im Englischen anhand der Verwendung eines Hilfsverbs wie *does* ausmachen lässt und leitet zur Übung über.

ERARBEITUNG

a) Mündlich gemäß SB.

LÖSUNG

1C · 2E · 3B · 4F · 5A · 6D

ERARBEITUNG

b) Schriftliche Bearbeitung gemäß SB. Auswertung im Plenum.

LÖSUNG

1 What does Justin learn at the Film Club? · 2 Who does kung fu? · 3 Who does Maya know at the Sailing Club? · 4 What do the students do at the Samba Club? · 5 Who tells jokes? · 6 Who does Maya visit at the weekend?

Hinweis: Diese Übung eignet sich auch als HA.

➜ GF 15: Subject and object questions (p. 193)

➜ Workbook 17 (p. 44)

7 Lucy likes him too (Object pronouns)

ERARBEITUNG

a) Die Übung kann gemeinsam im Plenum gelöst werden, indem L die Tabelle an die Tafel / auf Folie schreibt und gemeinsam mit den S ausfüllt. L sollte die S darauf aufmerksam machen, dass *I* groß-, *me* aber kleingeschrieben wird.

LÖSUNG

Subject	Object
I	me
you	you
he	him
she	her
it	it
we	us
you	you
they	them

ERARBEITUNG

b) Die S orientieren sich am TB und formulieren die Sätze mit Objektpronomen um.

LÖSUNG

1 him · 2 it · 3 them · 4 us · 5 her · 6 they, him

ERARBEITUNG

c) 👥 Die S verfassen drei weitere Sätze, in denen die Objektpronomen fehlen. Sie tauschen die Sätze mit ihrem Partner und setzen die richtigen Objektpronomen ein. Anschließend tauschen sie wieder zurück und kontrollieren ihre Ergebnisse. Einige S-Paare lesen ihre Sätze im Plenum vor.

➜ GF 16: Personal pronouns: object forms (p. 193)

➜ Workbook 18–20 (pp. 44–45)

KOMMUNIKATIVE KOMPETENZEN
Die S können …
Hören/Lesen: kleine Erzählungen verstehen und Sätze aus einem Hörtext Bildern zuordnen oder falsche Aussagen
berichtigen (SB-Seiten 80, 1–2; 81, 3)
Lesen: einfach gehaltene Erzähltexte inhaltlich erfassen und dazu Notizen machen (SB-Seite 81, BF)
Sprechen: über vertraute Themen sprechen, indem sie dazu ihre Notizen nutzen (SB-Seite 81, BF)

S. 80

1 At the Hoe

NEUER WORTSCHATZ
on Saturday afternoon · (to) **ride a bike** · **bike** · (to) **stop** · **tired** ·
(to) **be thirsty** · **chocolate** · (to) **turn** sth. **on** · **all of** Plymouth ·
behind +**in front of** · °(to) jump · (to) **turn around** · **ghost** · °move
(n.) · **ready** · **loud**

EINSTIEG
SB geschlossen. L erzählt eine Fantasiegeschichte, in der der Wortschatz
semantisiert wird, und schreibt die semantisierten Wörter an die Tafel. Die
S üben die Aussprache von thirsty, tired, chocolate und action durch
▶ Chorsprechen.
L: I want to tell you a little story about what I like to do on Saturday afternoons (zeigt Uhr um 14 Uhr). On a perfect Saturday afternoon, between
1 pm and 3 pm, I usually ride my bike (Bewegung auf dem Fahrrad). When
I'm thirsty (Bewegung des Trinkens) and tired, I stop (Hand) at Sam's
house. He's a good friend. He always gives me chocolate and something
to drink. I love chocolate. Then he turns on (Bewegung des Anstellens)
the TV and we watch action films. Sometimes it's so loud that I turn
around (L dreht sich um) to see if somebody is behind (L zeigt hinter
sich) me. When we're finished, I ride back home on my bike. That's my
favourite Saturday afternoon.

ERARBEITUNG
SB geöffnet. Die S lösen die *Pre-reading*-Aufgabe gemäß SB. Anschließend
erfolgt das **1. Lesen**/Hören.

Alternative
L führt die Vokabeln anhand von
frei gewählten Beispielsätzen ein.

➔  Audio online

2 What's in the picture?

ERARBEITUNG
👥 **2. Lesen**/Hören (Detailverständnis): Die S suchen zunächst in FA
nach passenden Sätzen in **1**, indem sie den Text still lesen und sich die
Sätze zu den Bildnummern notieren. Danach arbeiten sie in PA, indem sie
erst die Bilder in die korrekte Reihenfolge bringen (3–2–4–1) und dann
ihre Ergebnisse mit ihren Partnern vergleichen.

Alternative
In leistungsstärkeren Klassen
kann **2** bereits nach dem 1.
Hören und vor dem gemein-
samen Lesen bearbeitet werden.

LÖSUNG
1 "Hey, you can film me with your video camera." Sam does a kung fu move
and shouts, "Kung Fu Master Wu is ready for action." · 2 "Hi Dad, this is
the Big Wheel at the Hoe. (You can see all of Plymouth from here.)" · 3
"Hey Lucy, wait for me," Maya shouts. (But Lucy doesn't wait. She rides
to Smeaton's Tower and waits there.) · 4 Suddenly, someone is behind
Justin. "Boo!"

S. 81

3 A good idea 🎧

NEUER WORTSCHATZ
°rest · **scary** · °time traveller · **traveller** +(to) **travel**

EINSTIEG
SB geschlossen. L semantisiert den Wortschatz. L: Films with ghosts are scary (L macht ein ängstliches Gesicht). Who here likes to go to another country in the summer? If you do, you like to travel. L erklärt auch *the Barbican*, als *old part of Plymouth*.
Hinweis: An dieser Stelle kann die Bearbeitung des *Background file* vorgezogen werden.

ERARBEITUNG
a) SB geöffnet. 1. Hören/Lesen (Globalverstehen): Die S hören das Ende der Geschichte an und notieren sich die Wörter aus der Box im SB, die im Dialog vorkommen. Die Ergebnisse werden im Plenum verglichen. Abschließend sprechen L und S über die Idee.

→ 2 ▶ 40 Transkript online

LÖSUNG
film · scary · time travellers · Barbican · streets · ghost
It's the film. / They want to make a film.

ERARBEITUNG
b) 2. Hören/Lesen (Detailverstehen): Die S entscheiden, ob die Sätze richtig oder falsch sind und korrigieren die falschen Sätze.

→ 2 ▶ 40 Transkript online

LÖSUNG
1 That's wrong. Sam likes action films. · 2 That's right. · 3 That's wrong. Lucy wants to make a film about ghosts. · 4 That's wrong. Maya and Sam say Abby can be in the film. · 5 That's right.

Background file: Old Plymouth – the Barbican

NEUER WORTSCHATZ
part · (to) **be called** · **restaurant** · **visitor** · **former** · **floor** · (to) **imagine** sth. · **life**, *pl* **lives** · **child**, *pl* **children** · **ticket** · **pound (£)** +Box "British money – pounds and pence", *Voc.*, SB-Seite 229 · (to) **come along**

EINSTIEG
SB geöffnet. Bildbeschreibung und Semantisierung des neuen Wortschatzes. L: Take a look at the picture on the right. Plymouth has lots of interesting parts. Some of them are really old. The street in this picture is in the old part of Plymouth. It's called the Barbican. The four kids talk about it too. Look at the picture on the left. What can you see? S: People with old clothes in a garden. / The house is old.

L: There's also a child (Tafelanschrieb) in the garden, with a woman. So we can see what people looked like in old Plymouth, over 400 years ago. We can think about life in those days, we can try to imagine what it was like for people in Plymouth in 1580. Let's read about it.

| one child | → | two children |
| one life | → | two lives |

Alternative
L: What can be old? Damit wird den S der gedankliche Schritt ins Jahr 1580 erleichtert. Nach der ▶ Blitzlichtmethode sagt jede/r S ein Wort, ohne lang darüber nachzudenken. Die Reihenfolge der Äußerungen folgt der Sitzordnung. S1: a chair, S2: people, S3: ghosts, S4: …

Hinweis: Die Box im *Vocabulary "British money – pounds and pence"*, SB-Seite 229, liefert ebenfalls wichtige Redemittel. Diese kann L unabhängig vom *Background File* einführen. Die Erarbeitung sollte sich auf die Lexik beschränken. Das Thema *Shopping / Money* wird in Access to cultures auf SB-Seite 92–93 behandelt.

Für die S ist die Visualisierung von Pfund (£) von Bedeutung. L stellt die Zeichen € und £ gegenüber und bezieht ggf. auch Dollar ($) ein. Ausgehend vom Eurozeichen können die anderen Währungen von den S benannt werden. Die verbindliche Stellung der Symbole £ und $ *vor* dem Betrag muss an dieser Stelle beachtet werden. Im Deutschen ist beides möglich.

➜ Realia: £ Scheine, Münzen

ERARBEITUNG

a) L und S lesen gemeinsam das *Skills File* 5 (*Taking notes*) auf SB-Seite 178. L gibt ein Beispiel für Kurzsymbole und -zeichen an der Tafel, z. B. Ziffern verwenden, Häkchen für positive Notizen/Listen oder durchgestrichene Stichpunkte für Verneinungen, Abkürzungen mit Doppelpunkt, „und" wird zu „+" etc.; aber auch eigene Abkürzungen sind erlaubt.
1. Lesen/Hören: Anschließend lesen die S den Text still und machen sich dazu Notizen auf Englisch.

➜ SF 5: Taking notes (p. 178)

MUSTERLÖSUNG

Old Plymouth: Barbican, small streets, some very old houses, shops, restaurants
Elizabethan House: a former sea captain's home over 400 years old, museum – old bedrooms, dining room, kitchen
Children's ticket: £1.50

ERARBEITUNG

b) Die S nutzen ihre Notizen, um sich in PA etwas über das alte Plymouth zu erzählen.

✎ **Alternative**
Die S verfassen einen kurzen Text über das alte Plymouth.

S. 82

TIPPS FÜR IHRE PLANUNG
Die *Mediation*-Übung **1** knüpft an das *Background file*, SB-Seite 81, an:
Die S nutzen ihr Vorwissen zu *Old Plymouth*, um aus einem englischen
Flyer anhand von Stützfragen Informationen auf Deutsch zu selektieren.
In **2** werden die Possessivformen mit Bezug auf das *Background file*
wiederholt.

1 The Elizabethan House

NEUER WORTSCHATZ
°mediation · °Elizabethan · °sea captain · °in the 1500s · °prices ·
°adults

EINSTIEG
L erläutert den S kurz, was sie bei einer Sprachmittlungsaufgabe (mediation) erwartet und erklärt ihnen die Besonderheiten: Do your grandmas
or grandpas speak English? They don't? What can you do to help them
understand an English text? Well, you can read the text and tell them
what the text says in German. You don't translate every word. You just
tell your grandma and grandpa what they want to know. You say it in
your own words.

➜ SF 10: Mediation (p. 181)

Hinweis: Die Einträge
Elizabethan · sea captain · in
the 1500s · prices · adults sind
unbekannte Lexik, die die S
gemäß der Sprachmittlungsaufgabe aus dem Kontext
erschließen.

ERARBEITUNG
SB geöffnet. L führt den S die Situation genau vor Augen: Stellt euch
vor, ihr seid mit euren Großeltern im Urlaub in Plymouth, und ihr wollt in
der Altstadt von Plymouth, im Barbican, das *Elizabethan House* besichtigen. Eure Oma kann zwar kein Englisch, aber sie hat eine Menge Fragen!
Schaut euch den Text auf SB-Seite 82 an und beantwortet ihre Fragen
mit Hilfe des Textes. Die S bekommen ausreichend Zeit, um zuerst die
Fragen der Oma und anschließend den englischen Text genau zu lesen.
Sie beantworten die Fragen auf Deutsch.

Alternative
👥👥 Die S führen die Aufgabe in
PA mit wechselnden Rollen
durch und spielen ihr Ergebnis
ggf. als Rollenspiel vor.

LÖSUNG
1 32 New Street, The Barbican. · 2 Ja. · 3 Dienstag bis Samstag von 10
bis 17 Uhr · 4 Es ist über 400 Jahre alt. · 5 Man kann die Inneneinrich-
tung aus dem 16. Jahrhundert und den Garten besichtigen. · 6 ein
Kapitän · 7 Ja, es gibt ein Familienticket. · 8 £7.10

➜ Workbook 21 (p. 46)

2 The rooms of the house (Possessive forms)

NEUER WORTSCHATZ
end

ERARBEITUNG
a) In dieser Übung wird an die bereits gelernten Possessivformen in
Unit 1, Aufgabe **7** auf SB-Seite 26 angeknüpft und um die Possessivform
mit *of* erweitert. Zuerst wird die *Language help*-Box gemeinsam gelesen,
dann erfolgt die Bearbeitung gemäß SB.

LÖSUNG
1 the rooms of the house · 2 a sea captain's life · 3 a tour of the museum ·
4 the end of the street · 5 the streets of the town · 6 Justin's film · 7 the
history of the museum · 8 Maya's photos · 9 the kids' tickets · 10 the sea
captain's home

ERARBEITUNG
b) Diese Übung eignet sich als schriftliche HA, Kontrolle der Ergebnisse im Plenum.

MUSTERLÖSUNG
1 The rooms of the house are small. · 2 They do a tour of the museum. · 3 Lucy and Abby like Maya's photos.

➜ GF 17: The possessive form (II) (p. 194)
➜ Workbook 22 (p. 46)

S. 83

3 THINKING ABOUT LANGUAGE small letters, CAPITAL LETTERS

NEUER WORTSCHATZ
letter · °capital **letter** · °(to) use · °etc. · °the same ·
°city + pl **cities** · °church · °word order

EINSTIEG
L und S lesen gemeinsam die *TIP*-Box und gehen die Regeln nacheinander durch. Die S übertragen die Tipps in ihre Aufzeichnungen.

ÜBERLEITUNG
L: I have a friend from Plymouth, Josh. He always sends me e-mails, but he doesn't know when to use small or CAPITAL letters (an Tafel). Look at this! L zeigt die ersten drei Sätze des Texts aus dem SB auf Folie oder an der Tafel (bis *I like sport.*).

ERARBEITUNG
a) Die S lesen den Text und schreiben ihn anschließend unter Beachtung der Regeln für Groß- und Kleinschreibung in ihr Heft.

Alternative
Einige S arbeiten zweifarbig (Großbuchstaben, Trennstriche) auf Folie (Abgleich für alle: OHP).

➜ Workbook 23 (p. 47)

LÖSUNG
Hi! My name is Josh. I come from Wembury near Plymouth and I go to Plymstock School in Church Road. I like sport. I do judo and I play football at Wembury Football Club on Fridays.
I like Germany because my mum is German. She comes from Augsburg. In July or August we visit my German uncle there.

SICHERUNG
b) 👥 Die S werten ihre Ergebnisse im ▶*Partnercheck* aus, zu dem sie sich nach der Methode ▶*Lerntempoduett* verabreden. L übernimmt den korrekten Text auf Folie oder Lösungsschablonen, damit die S ihre Texte abgleichen können.

DIFFERENZIERUNG **Early finisher**
Paare, die Aufgabe **b)** abgeschlossen haben, überlegen sich einen Satz mit Namen, Wochentagen und anderen Wörtern, die im Englischen großgeschrieben werden. Sie diktieren ihrem Partner den Satz und kontrollieren anschließend, ob er/sie den Satz richtig geschrieben hat. Dann wechseln sie die Rollen.

Weitere Differenzierung
Leistungsschnellere S lesen ihre Sätze vor oder schreiben sie komplett klein an die Tafel. Die S übernehmen die Sätze richtig in ihre Hefte.

4 How often? (Word order: adverbs of frequency)

ERARBEITUNG
a) Die S übernehmen die Grafik in ihre Hefte und vervollständigen sie. L oder S halten die richtige Reihenfolge an der Tafel oder auf Folie fest.

➜ Folie 7

LÖSUNG
never · sometimes · often · usually · always

ERARBEITUNG

b) L übernimmt die beiden Beispielsätze aus dem SB an die Tafel und verdeutlicht den S die Stellung der *Adverbs of frequency* vor dem Vollverb und die Position des Hilfsverbs. (Dabei im TB unter den Sätzen Platz lassen für eine Kennzeichnung der Satzteile nach dem Lesen der Box) Die Box stellt die englische und deutsche Syntax gegenüber, da es sich bei der Position der *Adverbs of frequency* um einen häufigen Fehler deutscher Muttersprachler handelt. Die S lesen die Box und erkennen, dass im Gegensatz zum Deutschen das Häufigkeitsadverb im Englischen nie vor dem Objekt steht. L kennzeichnet die Satzteile im TB. Anschließend bearbeiten die S **b)** schriftlich in ihrem Heft und nutzen dabei das TB als Muster. Zur Überprüfung der Lösung fordert L einzelne S auf, je einen Satz an die Tafel zu schreiben.

LÖSUNG

1 Sam always goes to a club on Thursdays. · 2 Lucy doesn't always eat in the canteen. · 3 Justin and Sam sometimes meet on the Hoe. · 4 Justin doesn't often see his dad. · 5 Maya often goes swimming at the Lido. · 6 Sam usually does kung fu at weekends. · 7 Morph always sleeps in Plymstock Library.

Weitere Differenzierung
L kann Lösungsschablonen austeilen, anhand derer die S sich selbst überprüfen.

DIFFERENZIERUNG `Early finisher`

Leistungsschnellere S schreiben einen weiteren Satz über Silky oder über Morph und zeichnen ein Bild zu ihrem Satz.

Weitere Differenzierung ✎
👥 Die S tauschen Satzfragmente wie in b) aus und schreiben abwechselnd *Silky's story* (vgl. SB-Seite 46)

ERARBEITUNG

c) 👥 Die S können die in a) komplettierte Grafik als Hilfe nutzen und spielen das Spiel als ►*Kettenübung*: Ein S wählt ein Adverb der Häufigkeit und fordert einen Mit-S auf. Dieser bildet mit dem genannten Adverb einen Satz. Anschließend nennt dieser S selbst ein Adverb und einen Namen: S1: sometimes – S2. S2: I sometimes play basketball. – often – S3. S3: I don't often eat fish. – usually – S4. S4: …

➜ GF 18: Word order (II): Adverbs of frequency (p. 194)

➜ Workbook 24 (p. 47)

5 Baskets, boxes and butterflies (The plural of nouns)

NEUER WORTSCHATZ
box · **address** · **bus** · **(to) add** · **consonant** · **ending** · **vowel**

EINSTIEG
SB geöffnet. Gemeinsames Lesen der Language help-Box.

ERARBEITUNG
a) 🎧 Die S schreiben zunächst die Wörter aus der Box in eine Tabelle. L präsentiert die Wörter mit Hilfe der CD und die S notieren in einer weiteren Spalte die Pluralformen.

➜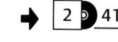

LÖSUNG

Singular	action, address, basket, beach, bed, box, boy, bus, map, month, sandwich, watch
Plural	actions, addresses, baskets, beaches, beds, boxes, boys, buses, maps, months, sandwiches, watches

ANWENDUNG
b) 👥 Die S fragen sich abwechselnd die Pluralformen der Wörter in der Tabelle ab.

➜ GF 19: Plural of nouns (p. 194)

➜ Workbook 25 (p. 47)

6 MIXED BAG Anna calls

NEUER WORTSCHATZ
(to) **call**

ERARBEITUNG
Die S bearbeiten die Aufgabe mündlich mit einem Partner. Einige S-Paare lesen den Dialog anschließend mit verteilten Rollen im Plenum vor.

LÖSUNG

Lucy: Oh, hi, Anna. <u>Do</u> you want <u>to</u> speak to Holly?

Anna: I'd like to ask her to my party <u>on</u> Saturday. And you too, of <u>course</u>.

Lucy: A party. Great! Thanks. We really like <u>parties</u>. Holly is at school.

Anna: Oh, <u>does</u> she go <u>to</u> a club?

Lucy: Yes, she <u>does</u>. She <u>goes</u> to the Computer Games Club <u>on</u> Tuesdays.

Anna: And what <u>do</u> they do there? <u>What</u> games do they play?

Lucy: I <u>don't</u> know. I don't like computer games. I think they're silly. <u>Do</u> you go to any clubs?

Anna: I'm in a photo club. Taking photos is one of my favourite <u>hobbies</u>.

Lucy: I <u>have to</u> choose a club too. Maybe I can <u>join</u> the Samba Club. I love music and dancing.

Anna: Samba. Cool! That <u>sounds</u> fun. But <u>tell</u> me about your new classmates. Who are your friends?

Lucy: Well, there's Sam. He <u>does</u> kung fu and he tells silly <u>jokes</u>. Then there's Justin.

Anna: Sam and Justin. Two <u>boys</u>! What about girls? <u>Does</u> Maya go to Plymstock?

Lucy: No, <u>she doesn't</u>. She's at Coombe Dean.

Anna: Do you see <u>her</u> at weekends?

Lucy: Yes, we often meet. But Maya <u>has</u> a new friend now. <u>Her</u> name is Abby. Maya sometimes <u>visits</u> her in Wembury. They <u>go</u> sailing.

Anna: Oh! You can go with <u>them</u>. It's a cool sport.

Lucy: Erm, no thanks. Sailing is cool, but you <u>get</u> wet!

➜ Workbook 26 (p. 48)

S. 85

1 You say ... the [f]-, [v]- and [w]-sounds

ERABEITUNG

a) 1. **Hören.** Die S sprechen beim Hören des Textes leise mit. Anschließend üben sie die Aussprache mit einem Partner.

 2 42 Audio online

ERABEITUNG

b) 1. **Hören.** Gemäß SB.

 2 43 Audio + Transkript online

ERABEITUNG

c) 1. **Hören.** Die S lesen sich die Zungenbrecher abwechselnd vor und korrigieren sich ggf. gegenseitig. Anschließend spielt L das Audio zum 1. **Hören** vor. Beim 2. **Hören** sprechen S im Chor mit.

2 44 Audio online

ERABEITUNG

d) Die S üben Morphs Zungenbrecher zunächst leise murmelnd in EA. Anschließend erfolgt das 1. **Hören,** sodass sich jeder S unauffällig selbst verbessern kann. Wenn sie sie einigermaßen sicher beherrschen, lesen sie die Zungenbrecher einem Partner vor. Mutige S tragen die Zungenbrecher in der Klasse vor.

2 45 Audio online

2 You say ... the [ɔː]-sound

EINSTIEG

SB geschlossen. Reaktivierung von Vorwissen: L schreibt bekannte Wörter mit [ɔː] und [uː] durcheinander an die Tafel. L: Please find the words with the [uː]-sound. S: blue, two, glue, pool, shoe, school. L: The other words all have the [ɔː]-sound. L sensibilisiert anschließend für die Besonderheit der Schreibung: We hear the [ɔː]-sound in ... Die S lesen die Wörter. L: But we write ... Die S buchstabieren die Wörter.

blue   for   shoe   short glue
      more ruler walk
two   all   pool   sport school

ERARBEITUNG

a) **SB geöffnet.** Bildbetrachtung. Die S benennen die Bilder und äußern ihre Vermutung. Nach dem 1. **Hören** der Wörter vergleichen sie ihre Ergebnisse. Zur Festigung dient das 2. **Hören.**

 2 46 Audio + Transkript online

LÖSUNG

four · board · ball · horse · door

ERARBEITUNG

b) Die S notieren sich die Wörter mit einem [ɔː]-*sound*. Anschließend vergleichen sie ihre Ergebnisse zunächst in PA, dann im Plenum. L hält die Lösung an der Tafel fest.

LÖSUNG

10

3 Word stress: What's different in German and English?

NEUER WORTSCHATZ

stress

ERARBEITUNG

a) Die S sprechen die Wörter leise in EA. Dann schreiben sie die Wörter in ihr Heft und markieren die betonte Silbe. Anschließend erfolgt das 1. **Hören** zur Kontrolle. Die S vergleichen in EA/PA, ob sie die richtige Silbe betont und markiert haben. Ggf. erfolgt ein 2. **Hören.**

2 47 Audio online

LÖSUNG

ac<u>ti</u>vity · <u>cho</u>colate · <u>cou</u>sin · infor<u>ma</u>tion · <u>ins</u>trument · <u>per</u>son ·
<u>pro</u>gramme

ERARBEITUNG

b) 👥 Die S denken sich Sätze mit den Wörtern aus **a)** aus und sprechen
sie ihrem Partner vor, der ggf. die Betonung korrigiert. Anschließend
werden die Rollen getauscht.

➡ Workbook 27 (p. 48)

KOMMUNIKATIVE KOMPETENZEN

Die S können …

Lesen:	Lehrbuch- und Lektüretexte global verstehen und Überschriften zu Textabschnitten zuordnen (SB-Seite 87, 1) · einige unbekannte Wörter und Formulierungen mit Hilfen aus dem Text erschließen (SB-Seite 87, 2)
Sprechen:	einen in einen Dialog umgeschriebenen Auszug des Lesetexts vorspielen (SB-Seite 87, 3b)) · Zustimmung beziehungsweise Ablehnung ausdrücken (SB-Seite 87, 3a))
Schreiben:	einen Lesetextauszug in eine andere Textsorte, z. B. einen Dialog, umwandeln (SB-Seite 87, 3b))

METHODISCHE KOMPETENZEN

einen ▶*Gallery walk* durchführen (SB-Seite 87, 3a))

S. 86–87

🖑 The captain's ghost

NEUER WORTSCHATZ

(to) **take place**

1 **sound** · **attic** · **boring** · **mouth** · **diary**, *pl* **diaries** · °**captain** · **sick** · **money**, (to) **hope** · **bottle** · (to) **smell** · **Me too.**

2 **out of** · **moon**

3 (to) **walk** · **along** the street / the river/ … · **Oh, it's you.** · (to) **bark** · **step** · **voice** · **thief**, *pl* **thieves** · **hand** · (to) **fight**

4 **coin** · (to) **taste**

5 **dream** · **perfect**

Hinweis: Im Rahmen der Erarbeitung des Lesetextes lernen die S sehr viele neue Vokabeln kennen. Um die neuen Vokabeln nicht alle auf einmal einzuführen, kann L jeweils vor einem Sinnabschnitt (1–5) den dazugehörigen Wortschatz semantisieren.

EINSTIEG

SB geschlossen. Semantisierung des neuen Wortschatzes zu Abschnitt 1 und 2 im UG: Auf einem Tisch im Klassenraum platziert L ein altes Tagebuch und eine Flasche. L: Look at these things. I found them in my house, in my attic (zeigt nach oben bzw. macht Dreieck mit den Händen). That's where we have our old things – things we don't want to have in our rooms but also don't want to throw away. First I found the old diary and then a bottle (zeigt Realia). Some of you write in diaries. You can write about what happens to you every day. This bottle smells (Mimik) funny. Some smells even make you feel sick (Bauch halten). Or sometimes you're sick and you don't feel OK.

➜ Realia: Tagebuch, alte Flasche

Alternative

L zeichnet Gegenstände an die Tafel. L fragt die S, was man damit machen kann. S erklären die Wörter, L nennt die englischen Bedeutungen und schreibt sie daneben.

ÜBERLEITUNG

L schreibt den Titel der Geschichte *The captain's ghost* an die Tafel, die S spekulieren über den Inhalt. L gibt Redemittel an der Tafel vor (Vorgriff Unit 4): What's the story about? What can we read about in the story today? S: It's about a map, a diary, a bottle, a man and a ghost. L: Let's listen to / read a story about Old Plymouth and some very old things.

ERARBEITUNG

1. Lesen/Hören (1). Die S lesen den Abschnitt 1 leise in EA oder hören den ersten Teil von der CD im Mitleseverfahren. Anschließend lesen die S Abschnitt 1 laut vor. L gibt einige Aussagen zur Sicherung des Textverständnisses an der Tafel oder auf Folie vor. Die S entscheiden durch Heben des Arms oder anhand von ▶*Right-wrong-cards*, ob die Aussagen richtig oder falsch sind. Wenn sich die S entschieden haben, verbessern sie die falschen Aussagen. L: Here are some right and some wrong sentences about our story. Please correct the wrong sentences.

➜ 🔲2 ▶48 Audio online

Alternative

Die S lesen die gesamte Geschichte am Stück. L fragt nur nach Gesamteindruck: How do you like the story? S: I like/don't like it. / It's nice/scary/funny … . Anschließend bearbeiten die S **1–3** (vgl. HRU-Seiten 148–149).

1 Abigail and her friend Sam are at Abigail's house.
  (Wrong. Abigail and her friend May are at Abigail's house.)
2 Abigail and May go down to the attic because it's boring where they are.
  (Wrong. They go up to the attic.)
3 They find the diary of Captain Justin Pascoe. (Right.)
4 It's the year 1681. (Wrong. It's the year 1581.)
5 The map they find shows where Captain Pascoe has his gold. (Right.)
6 A letter from Lucille Pascoe falls out of the diary. (Right.)

1. Lesen/Hören (2). Die S lesen den Abschnitt 2 leise in EA oder hören den zweiten Teil von der CD im Mitleseverfahren. Anschließend lesen die S Teil 2 laut vor. L gibt dazu einen Leseauftrag an der Tafel; die S sollen darauf achten, was May und Abigail sehen, nachdem sie in Plymouth im Jahre 1581 aufwachen: What do May and Abigail see when they wake up in Plymouth in 1581? L oder einzelne S notieren nach dem Lesen die Antworten der S an der Tafel. Anschließend fragt L, was die beiden Mädchen in Plymouth im Jahre 1581 machen und wen sie dort treffen: What do Abigail and May do there? S: They want to find Lucille Pascoe. L: And who do they meet? S: They meet a boy who helps them to find Lucille.

➜ 2 🔘 49 Audio online

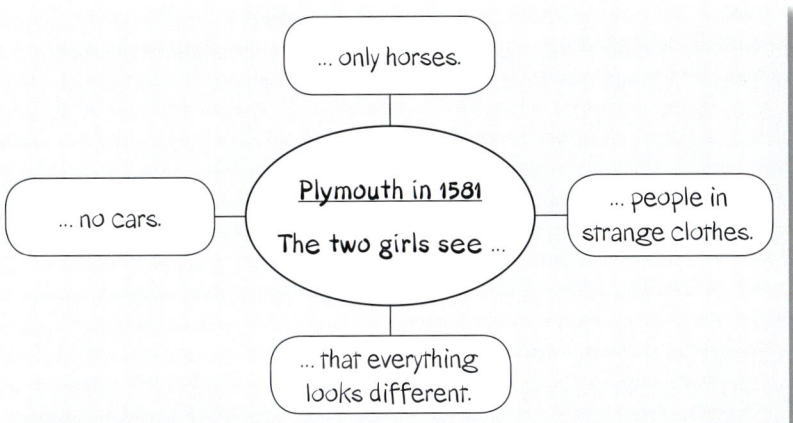

... only horses.

... no cars.

Plymouth in 1581
The two girls see ...

... people in strange clothes.

... that everything looks different.

ÜBERLEITUNG

L semantisiert den Wortschatz zu Abschnitt 3 und liefert damit ein Muster für die Aussprache einiger schwierigerer Vokabeln (voice, (to) fight, thief): So Abigail and May walk along (Gestik) the street in the year 1581. Everything is different. Do people speak differently? Are their voices (Gestik, ggf. Dt.) different? Let's listen to the next part of the story. I think it's the part where Samuel wants to fight (Gestik).

ERARBEITUNG

1. Lesen/Hören (3). Die S hören den Abschnitt 3 mit Hörauftrag: sie finden heraus, was passiert, als Abigail und May Lucille treffen. Die S sollen einen Satz vervollständigen (s. TB). Nach dem Hören lesen die S den Abschnitt mit verteilten Rollen laut vor. Dann übertragen sie das TB in ihr Heft und versuchen, passende Satzenden zu finden. L gibt aus Gründen der Differenzierung keine genaueren Angaben zur Anzahl der Satzenden. Im UG werden die Sätze der S ausgewertet.

➜ 2 🔘 50 Audio online

When Abigail and May meet Lucille, ...

... they tell her about her father.

... they tell her about the gold.

... they hear loud steps and a loud voice.

... they meet a scary ghost.

... the ghost thinks they are thieves.

ERARBEITUNG

1. Lesen/Hören (4). Die S lesen oder hören (Mitleseverfahren) den Abschnitt 4 leise in EA. Lese-/Hörauftrag: L: Where do the friends find the gold? S: They go upstairs in Lucille's house. There is a little door in the floor. The gold is there. L kann ergänzend semantisieren: They drink some tea which <u>tastes</u> funny (Mimik, schmatzen).

→ 2 ⏵51 Audio online

ERARBEITUNG

1. Lesen/Hören (5). Die S lesen den Abschnitt 5 laut (ggf. mit verteilten Rollen) im Plenum vor oder hören den Rest der Geschichte. L erfragt im UG, wem die Geschichte gefallen hat und was das Besondere daran ist: I'm sure most of you like the story. Can you tell us why? S: I like the story because it's scary. / I like the story because they find the gold and Lucille gives a coin to May. / I like the year 1581 because everything is different. / … L: What's funny or interesting about the story? S: It's only a dream. / …

→ 2 ⏵52 Audio online

1 Understanding the story

NEUER WORTSCHATZ

(to) **understand** · °title

ERARBEITUNG

2. Lesen/Hören: Die S lesen die Geschichte noch einmal für sich und entscheiden, welche Überschriften zu welchem Abschnitt der Geschichte passen bzw. denken sich selbst passende Überschriften aus.

Alternative
👥 Die S bearbeiten die Aufgabe in PA.

SICHERUNG

Die S zeigen per Handzeichen, welche Überschrift sie für welchen Abschnitt gewählt haben. L fragt nach, ob S sich auch eigene Überschriften ausgedacht haben.

MUSTERLÖSUNG

1 = The sea captain's diary / Skipper finds an old book (In the attic)
2 = It's 1581! / Is this Plymouth? (We have to find Lucille Pascoe)
3 = Thieves or friends (The dead father)
4 = Lucille finds gold (The gold coin)
5 = A great story (Let's make a film!)

2 New words

ERARBEITUNG

3. Lesen. Die S suchen die Wörter in EA im Text, um sie zu verstehen (L kann <u>line</u> und <u>headline</u> einführen und gleichzeitig die Zahlen wiederholen). Die S wenden bewusst eine Erschließungsstrategie an und überlegen sich, ob die englischen Wörter deutschen ähneln, die sie kennen. L weist die S auf die Schreibung von <u>thieves</u> in Singular hin: thief. L hält die Ergebnisse an der Tafel fest und die S übertragen sie in ihre Hefte.

→ SF 4: Understanding and looking up new words (pp. 177–178)

→ LM Unit 4

→ Workbook Checkpoint 3 (pp. 50–53)

line	English word	German word
headline	captain	Kapitän
109	dream	Traum
headline	ghost	Geist
21	gold	Gold
44	moon	Mond
72	thief, pl. thieves	Dieb, Diebe

3 👥 The captain's ghost

TRANSFER/DIFFERENZIERUNG **You choose**

Die S entscheiden sich, welche Neigungsaufgabe sie bearbeiten möchten. Es werden eine gestalterische Aufgabe und ein kreativer Schreibauftrag angeboten.

a) 👥 Die S gestalten in GA ein Filmposter zu *The captain's ghost*. Sie entscheiden sich, wer in dem Film mitspielt und welche Rollen übernommen werden. Die S zeichnen eine oder mehrere Szenen aus der Geschichte. Die Ergebnisse werden in einem ▶*Gallery walk* ausgestellt und ausgewertet.

b) 👥 Die S wählen Szene 1, 2 oder 3 aus und schreiben in GA (à 2–4 S, abhängig von der gewählten Szene) daraus einen Dialog. Anschließend stellen sie den Dialog szenisch dar.

TRANSFER **EXTRA**

👥 Mehrere Gruppen arbeiten zusammen und stellen die komplette Geschichte szenisch dar.

➡ Workbook 28 (p. 49)

S. 88

TIPPS FÜR IHRE PLANUNG

Die Lernstandsüberprüfung mittels Selbst- und Peerevaluation und das interkulturelle Lernen werden auf der Your task-Seite zur Unit 3 kombiniert. Die S lernen, sich offen und größtenteils eigenverantwortlich mit ihren Lernfortschritten und -defiziten auseinanderzusetzen: Die Lernaufgabe kann im Unterricht gemeinsam bearbeitet werden; es ist jedoch sinnvoll, auch die Selbstevaluation ausführlich mit den S zu besprechen, denn sie gibt den S eine Struktur zur tatsächlichen Reflexion des Erarbeiteten und ihres Könnens. Dieser Leitfaden wird den S auf Deutsch angeboten, um bei der Aufarbeitung der Schwächen keine sprachliche Hürde aufzubauen und die Reflexion in der Muttersprache zu ermöglichen.

What can we do this week? 🖊

NEUER WORTSCHATZ

°plan · °(to) add · °phrase

ERARBEITUNG STEP 1

SB geöffnet. Die S lesen gemeinsam die einleitende Aufgabenstellung und STEP 1. Danach erarbeiten sie in Stillarbeit und tabellarischer Form ihre Vorschläge für gemeinsame Aktivitäten mit ihren Gastschülern aus Plymouth. Hierfür holen sie sich auf SB-Seiten 68–74 Impulse.

L: Who do you want to spend time with? (Who is your friend from Plymouth?) Please draw a table like Morph in the picture and write down your ideas for three afternoons from Wednesday to Friday.

Weitere Differenzierung
Tipps hinter der Tafel:

Abby is in the 🚣 Club and 🏊 Club.

Lucy wants to join the 🎤🎤 Club.

Justin is in the 🎬 Club.

Maya is in the 🏊 Club.

MUSTERLÖSUNG

My friend is Justin.

	Wednesday	Thursday	Friday
2 pm			make films
3 pm	play tennis		
4 pm			
5 pm		go sailing	

STEP 2

Die S bereiten ihren Beitrag vor. Dazu können sie vorher auf SB-Seite 72 Redemittel nachschlagen und sollten dafür ausreichend Zeit bekommen.

STEP 3

👥 Die S tragen sich gegenseitig ihre Ideen vor.

STEP 4

In EA schreiben die S eine SMS mit ihren Vorschlägen an ihren Gastschüler aus Plymouth. Die S nutzen die Vorlage im Buch und entwickeln diese weiter (als HA geeignet, ggf. in Verbindung mit der Selbsteinschätzungsseite).

Im Rahmen der Präsentation der verfassten SMS kann L die S auffordern, sich explizit zu der Sprachfertigkeit / dem Kompetenzbereich (*Words, Speaking, Writing*) zu äußern, die/der ihnen nach eigener Meinung noch Probleme bereitet (rote Ampel). Diese Evaluation kann auf Deutsch erfolgen. L: Wo hast du eine rote Ampel gezeichnet? S: Bei *Speaking* ist meine Ampel rot. L: Und was kannst du machen, um Dein Sprechen noch zu verbessern? Hast du einen Tipp für die anderen? S: Ja, man kann auf Seite 60 im Englischbuch nützliche Redewendungen nachschlagen.

S. 89–91

TIPPS FÜR IHRE PLANUNG

Dieser Abschnitt des SB bietet den S eine systematische Vorbereitung auf Schulaufgaben. Die in den Teilen A, B und C aufgeführten Aufgaben in *Let's prepare for a test* spiegeln die Aufteilung der bayerischen Schulaufgaben wider:

- A (geschlossene, formbezogene Aufgaben): 1–8, Wiederholung von Wortschatz und grammatischen Strukturen
- B (rezeptive Aufgaben): 9, *Listening*
- C (produktive Aufgaben): 10, *Writing*

Hinweis: Zur Bearbeitung werden zwei Varianten vorgeschlagen.

Variante 1: Sehr gründliche gemeinsame Erarbeitung der Aufgaben, die besonders in leistungsschwächeren Gruppen nötig sein könnte.

Variante 2: Eigenverantwortliche und individuelle Erarbeitung etwa im Rahmen einer Hausaufgabe mit anschließender Auswertung im Plenum oder in Form eines ▶ *Lerntempoduetts* im Unterricht.

Variante 2 bietet sich zum Beispiel bei den Aufgaben 1–8 und 10 an, während 9 (*Listening*) im Plenum erfolgen sollte.

A 1 Clubs and activities

FUNKTION

Wiederholung von Wortschatz

ERARBEITUNG

a) Bearbeitung gemäß SB.

LÖSUNG

be quiet · get wet · have fun · join a club · make new friends · play the guitar · ride your bike · tell a joke

ERARBEITUNG

b) Bearbeitung gemäß SB.

LÖSUNG

1 join · 2 have · 3 ride · 4 make

2 Jo and his family

NEUER WORTSCHATZ

junior team · trumpet

FUNKTION

Wiederholung der Verbformen von *go*, *play* und *do* im *Simple present*

ERARBEITUNG

Die Erarbeitung erfolgt mündlich. Anschließend ▶ *Partnercheck*.

Alternative
Schriftlich als HA.

LÖSUNG

In our family we all <u>do</u> lots of sports. I'm in our junior football team. We <u>play</u> on Fridays after school. I <u>do</u> kung fu too. My sister <u>does</u> judo and she <u>goes</u> riding on Sundays. Mum and Dad <u>play</u> tennis. Mum <u>does</u> gymnastics too, and in summer we all <u>go</u> swimming. Hobbies? Well, Dad <u>plays</u> chess in a club and I <u>play</u> the trumpet. I think it's cool – but Mum isn't too happy.

3 A club for Ed

NEUER WORTSCHATZ
tomato, *pl* tomatoes

FUNKTION
Wiederholung von Wortschatz aus Unit 3

ERARBEITUNG
Die Erarbeitung erfolgt mündlich. Anschließend ▶ *Partnercheck.*

LÖSUNG
Jo: Hi, Ed! You look worried. What's the <u>matter</u>?
Ed: <u>Nothing</u>. I'm OK. But I <u>have</u> to <u>join</u> a club, and I don't know <u>which</u> club to <u>choose</u>.
Jo: Well, you can read the <u>information</u> on the school <u>website</u>. It tells you about all the clubs. I go to the <u>Gardening Club</u> on Wednesdays. It's <u>from</u> 3.15 to 4.15 with Mrs Hobbs. I like it.
Ed: <u>Really</u>? But it's <u>boring</u>. Nothing happens. Gardening isn't for me. <u>Why</u> do you like it?
Jo: Well, I like it <u>because</u> it's <u>quiet</u> in the school garden. All the other clubs are inside, so it's nice to be <u>outside</u> – when it isn't cold.
Ed: And Mrs Hobbs? What's she <u>like</u>?
Jo: She's nice. We <u>grow</u> tomatoes and potatoes and then we can <u>sell</u> them. What do you do in your <u>free</u> time? Do you have any <u>hobbies</u>?
Ed: Music is my hobby. Maybe I can join the <u>Dance</u> Club and learn break-dance or hip hop.
Jo: Well, that <u>sounds</u> fun. But I think you have to dance with girls in the school club.
Ed: Oh, really? So that's boring too. Erm, when does the Gardening Club <u>meet</u>?

Alternative
Challenge: Die S erstellen in GA schriftliche Lösungen (nur die Wörter in der richtigen Reihenfolge). Auswertung im Plenum per OHP / Dokumentenkamera.

4 About you 💬

FUNKTION
Umwälzung des Wortschatzes

ERARBEITUNG
👥👥 Gemäß SB in PA.

MUSTERLÖSUNG
Partner A: What do you do after school?
Partner B: After school, I go home and I eat lunch. In the afternoon, I often meet my friend Lilly. What do you do after school?
Partner A: I go to basketball training on Tuesdays and Fridays after school. On the other days, I go home after school. What books do you read?
Partner B: I like to read books about vampires! What books do you like? ...

S. 90

5 Sports (Simple present: mixed questions)

FUNKTION
Wiederholung der Fragebildung mit *do* und mit Fragewörtern

ERARBEITUNG
a) Schriftliche Bearbeitung gemäß SB.

LÖSUNG
1 Do you do a sport? · 2 What sport do you do? · 3 Does Justin play basketball? · 4 When does Maya go swimming? · 5 Where do Abby and Tim go sailing? · 6 How often does Lucy do gymnastics?

ERARBEITUNG
b) Schriftliche Bearbeitung in EA, Auswertung in PA oder im Plenum.

MUSTERLÖSUNG
1 Do you do sports? · 2 What sport do you do? · 3 What hobbies do you have? · 4 When do you do sport? · 5 How often do you have time for your hobby? · 6 What do you like about your hobby?

Vertiefung
Die S wählen die sechs besten Fragen aus der Auswertungsphase aus und beantworten diese dann in PA.

6 Plymstock school clubs (Simple present: questions with question words)

FUNKTION
Wiederholung von Fragen mit Fragewörtern

ERARBEITUNG
Schriftliche Bearbeitung in EA, Auswertung im Plenum.

LÖSUNG
1 What club does Sam join? · 2 When does the Cricket Club meet? · 3 Where does the Science Club meet? · 4 What do you learn at the Food Club? · 5 What club does Justin join? · 6 Why does Abby join the Film Club?

7 Free time (Word order: adverbs of frequency)

FUNKTION
Wiederholung der Wortstellung von Häufigkeitsadverbien

ERARBEITUNG
Gemäß SB.

LÖSUNG
1 Lucy and Maya often ride their bikes to the Hoe. · 2 Sam usually doesn't do homework at the weekends. · 4 Mukesh never plays cricket. · 5 The friends don't often go to a museum. · 6 Justin is in town with his camera sometimes.

8 MIXED BAG Justin's new film

FUNKTION
Wiederholung von Wortschatz und grammatischen Strukturen der Unit 3

ERARBEITUNG
Schriftliche Bearbeitung in EA, Auswertung im Plenum.

Tipp: Die S sollten nur die relevanten Wörter in der richtigen Reihenfolge schreiben, da der Text sehr lang ist, um ihn komplett abzuschreiben.

LÖSUNG
Hi, Dad! Do I love my video camera? Yes, it's great! Film making is my favourite activity, and I have an idea for a new film! I sometimes go for a walk in the Barbican. There's a very old house in New Street, it's over 400 years old. It's a museum now. When you visit its old rooms, you can imagine life in Plymouth in 1580. So, Dad, what about a scary story in the old house – with a ghost? Here it is. Four kids are in the dark house at night. It's scary because hear strange sounds. They have a map of the house and they find lots of gold coins under a little door in the floor. Suddenly a man's voice says:"Stop! It's my gold. Give it to me." Then they see an old man – but he's a ghost. He's angry because he wants his gold back. A hand touches Abigail and it/she throws her/the coins to the floor. So the kids fight with the ghost. Who wins? Well, you have to see the film! So that's the story. How do you like it? Sam wants to be the ghost. He doesn't want to be one of the kids. But do ghosts do kung fu? And now your new job: What is it like? Where do you work? In a big, famous studio? Which TV programme do you edit? And why do you work so much? You're never at home! Let's talk on Saturday!

S. 91

B 9 Meet Molly and Max 🎧

NEUER WORTSCHATZ
age

FUNKTION
Schulung des Hörverstehens

ERARBEITUNG
a) Gemäß SB im Plenum. Die S sehen sich zunächst die vier Bilder an und lesen sich die Aufgabenstellung durch. Anschließend erfolgt das **1. Hören**. Nach einer kurzen Stillarbeitsphase erfolgt die Auswertung im Plenum.

→ 2 ▶ 53 Transkript online

LÖSUNG
Picture 2 shows Molly because she likes to play chess. · Picture 3 shows her brother because his favourite sport is swimming.

ERARBEITUNG
b) Die S übertragen die Tabelle in ihr Heft und schauen sich die darin genannten Kategorien vor dem Hören noch einmal genau an. Dann erfolgt das **2. und 3. Hören**, bei dem die S die Tabelle mit weiteren Informationen füllen.

→ 2 ▶ 53 Transkript online

LÖSUNG

	Molly	Max
age	11	13
sports and activities	sailing chess walking dog on the beach	football basketball swimming karate
clubs and teams	chess club	school swimming team
when	sailing: at the weekends chess club: Tuesdays and Fridays at lunchtime walking dog: after school	football: sometimes in the park for fun swimming: Monday and Friday evenings

ERARBEITUNG
c) Die S erarbeiten die Aufgabe in EA. Die Auswertung erfolgt mündlich im Plenum. Die S begründen ihre Antworten.

LÖSUNG
1 right. · 2 wrong (They live in Wembury.) · 3 wrong (She goes sailing with her parents.) · 4 wrong (The chess club meets at lunchtime.) · 5 right · 6 wrong (She sometimes meets her friend.)

ERARBEITUNG
d) Die S bearbeiten die Aufgabe in EA schriftlich. Auswertung im Plenum.

LÖSUNG
1 Bella is the Bartons' dog.
2 Molly and Anna don't go to the same school.
3 Sailing isn't Max's favourite sport.
4 Max is in the school swimming team.
5 Max has training on Monday and Friday evenings.
6 When Molly talks about Sophie, Max usually gets angry.

C 10 Hi, ...!

FUNKTION
Produktives Schreiben

ERARBEITUNG
Gemäß SB.

MUSTERLÖSUNG
Hi, Maxine!

Let me tell you about my hobbies today. I like to do hip-hop dance in my free time, it's my favourite hobby! I go to dancing lessons on Tuesday evenings and on Thursday afternoons. We have a great teacher and it's lots of fun! What do you do in your free time? Do you do sport?
I also ride my bike a lot at the weekends but it's just for fun. We also have a bike club at school but I can't go there. They meet on Tuesdays when I go to my hip-hop dance lessons. When do you do your hobbies? Do you do them often?

Bye for now

Marla

S. 92–93

1 British money: pounds and pence!

NEUER WORTSCHATZ
pence *(pl)* · felt pen

ERARBEITUNG
a) SB geöffnet. Die S lesen die Sprechblase und beantworten Morphs Frage mündlich im Plenum.

LÖSUNG
No, in our country it's euros and cents.

ÜBERLEITUNG
Für die S ist die Visualisierung von Pfund (£) von Bedeutung. L stellt die € und £-Zeichen gegenüber und bezieht ggf. auch Dollar ($) ein. Ausgehend vom Euro-Zeichen können die anderen Währungen von den S benannt werden. L: What's more? € 10 or £ 10/$ 10? Die verbindliche Stellung der Symbole £ und $ vor dem Betrag muss an dieser Stelle beachtet werden. Im Deutschen ist beides möglich.

L schreibt die Übersetzung für „Was kostet" an die Tafel und gibt zwei Beispielsätze vor:

> How much is a bar of chocolate? – It's 70p.
> How much are these trainers? They're £59.50.

L weist die S darauf hin, dass sich das Verb je nach Anzahl der beschrieben Dinge verändert (Einzahl = is /Mehrzahl = are). Die S können nun Sätze bilden, indem sie in PA ein kurzes Verkaufsgespräch führen und nach den Preisen verschiedener Dinge in der Klasse fragen. S1: How much is a bag? S2: It's £40. S2: How much are the pencils? – S1: They're …

L semantisiert den neuen Wortschatz (pens *(pl)*, felt pen) und leitet zur Aufgabe über.

ERARBEITUNG
b) 🎧 👥 SB geöffnet. L: Now let's go shopping. Have a look at the pictures and guess how much these things are.
Die S spekulieren über die Euro-Preise, die dann grob in Pfund umgerechnet werden (Tafel). Dann legen die S eine Tabelle mit den Artikeln im Heft an (8 Zeilen). Anschließend erfolgt das **1. und 2. Hören**, gefolgt von ▶*Partnercheck*, Auswertung im Plenum und Abgleich mit den Ideen an der Tafel.

LÖSUNG
1 £6.75 · 2 £19.49 · 3 £149.95 · 4 £45.99 · 5 £145 · 6 £12.95 · 7 £65.35 · 8 £59.50

ERARBEITUNG
c) 👥 Die S verbalisieren die gehörten Preise in einem Einkaufsdialog. L achtet auf die genaue Aussprache der Preise bzw. Zahlen. Durchführung in PA gemäß SB.

Tipp: L bringt Münzen und Scheine mit.

➜ Interaktive Übungen zum Workbook

➜ 2 ▶ 54 Transkript online

Alternative
Der Austausch kann im Rahmen einer ▶*Mingling activity* erfolgen, bei der sich die S jeweils gegenseitig eine Frage stellen, diese beantworten und dann zum nächsten Partner gehen.

INFO-BOX

Im Gegensatz zu vielen anderen Staaten der Europäischen Union hat Großbritannien im Zuge des Vertrags von Maastricht (1992) nicht den **Euro** eingeführt, sondern verwendet für den nationalen Zahlungsverkehr nach wie vor das britische **Pfund** (*Pound Sterling*). Ein britisches Pfund teilt sich in 100 *pence* auf, wobei das Münzgeld in den Werten 1 *penny*, 2, 5, 10, 20 und 50 *pence* sowie 1 und 2 *pounds* vorhanden ist. Banknoten gibt es im Wert von 5, 10, 20 und 50 *pounds*. Das Währungszeichen £ wird bei der Schreibung von Geldbeträgen immer vor den Betrag geschrieben (z. B. £ 25.99), aber nachstehend ausgesprochen (*That's twenty-five pounds (and) ninety-nine (pence).*).

2 When are the shops open?

NEUER WORTSCHATZ
shopping centre · supermarket · closed · Easter

EINSTIEG

L fragt die S nach ihren Shopping-Gewohnheiten und lenkt das Gespräch auf Ladenöffnungszeiten. L: When do you go shopping? / Do you go shopping at the weekends? / How about Sundays? Would you like to have open shops on Sundays?

L leitet über, indem er Informationen per Hörtext zu britischen Ladenöffnungszeiten ankündigt, und fordert die S auf, so viele Informationen wie möglich zu behalten.

L: Let's hear when British people can go shopping. Listen and get as much information as possible. Write down keywords.

ERARBEITUNG

a) SB geöffnet. Nach dem **1. Hören** werden die Bücher geschlossen und Informationen an der Tafel gesammelt.

SB geschlossen. Nach dem **2.Hören** (ohne Buch) werden Lücken geschlossen und die Informationen komplettiert.

➜  Audio online

LÖSUNG

When are the shops open in Britain?	
shops	10 am – 6.30 pm Monday to Saturday
shopping centres	usually till 8 pm
clothes + food shops in big towns	6 hours on Sundays too
big supermarkets	open 24 hours, except on Sundays
all shops	closed on 25th December, 1st January and Easter Sunday

ERARBEITUNG

b) SB geöffnet. Die S arbeiten im ▶ *Think-Pair-Share-Verfahren*.

MUSTERLÖSUNG

Where I live, shops are only open till 6 pm. The small supermarkets in my hometown close at 2 pm on Saturdays. We also have big shopping centres, they are open from 10 am to 8 pm from Monday to Saturday.

3 Who says what?

EINSTIEG

SB geschlossen. L: Imagine you want to buy new felt-pens. So you enter my shop. What can I say when you enter? What can you say?
L kann auf dieser Basis mit einem S ein *mini role play* führen und damit die kommende *Listening*-Phase vorentlasten.

ERARBEITUNG
a) 👆 **SB geöffnet.** Schriftlich gemäß SB.

→ 2 ▶ 56 Audio + Transkript online

LÖSUNG

Assistant	Hello. Can I help you?
Jake	Yes. Do you have felt pens, please?
Assistant	Yes, we do. What colour do you want?
Jake	Well, what colours do you have?
Assistant	We have red, blue, black, green, pink …
Jake	How much are they?
Assistant	Let me see. They're £2.75 each.
Jake	£2.75 is OK. So, I'd like red, green and blue, please.

ERARBEITUNG
b) 👥👥 Gemäß SB.

4 In a shoe shop 🎧

ERARBEITUNG

a) **SB geöffnet.** Die S lesen zunächst die Statements und schreiben die Ziffern 1–10 untereinander in ihr Heft. Dann erfolgt das **1. Hören**, bei dem sie die falschen Statements durch ein Kreuz markieren. Nach dem **2. Hören** korrigieren sie die falschen Statements.

→ 2 ▶ 57 + Transkript online

LÖSUNG

1 Wrong. He needs new trainers. · 3 Wrong. He wants red trainers. · 5 Wrong. They are £89.50.

ERARBEITUNG
b) 👥👥 Gemäß SB.

LÖSUNG

1 No, he doesn't.
2 Jake likes the red and dark blue trainers.
3 Jake needs size 6.
4 Yes, they do.
5 He has to clean his room.

ERARBEITUNG **EXTRA**
Gemäß SB.

→ My Book

→ Workbook p. II

→ Interaktive Übungen zum Workbook

Weekends

Storyline	Die Lehrwerkskinder berichten von ihren Wochenenderlebnissen: Justin erzählt seinem Vater von dem Film, den er mit Freunden gedreht hat; Sam erzählt Justin von seinem letzten Basketballspiel; Lucy feiert ihren Geburtstag; Abby berichtet von ihrem Segelausflug. Der abschließende Unittext handelt von der dramatischen Rettung einer jungen Kegelrobbe.
Kommunikativer Kompetenzschwerpunkt	**Reading:** Im Mittelpunkt der Unit 4 stehen Ausbau und Schulung der Lesefertigkeiten. Die S können … unterschiedlichen Texten Informationen entnehmen und Fragen dazu beantworten sowie Informationen daraus wiedergeben (SB-Seiten 96, 2; 98–99, 2; 102, 2, 3; 104, 4; 106; 112–113, 1) · einen landeskundlichen Sachtext verstehen und das Wissen nutzen, um etwas zu begründen (SB-Seite 104) · eine Geschichte verstehen und Textpassagen passenden Bildern zuordnen bzw. Informationen im Text finden (SB-Seiten 106–107, 2, 3) · unbekannte Wörter mit Hilfe verschiedener Lesestrategien erschließen (SB-Seite 113, 2) · in Interaktion mit einem fiktionalen Text treten, indem sie eine Bildgeschichte mit Untertiteln darüber erstellen (SB-Seite 113)
Sprechabsichten	ein Foto beschreiben · über Wochenendaktivitäten sprechen · die Unterschiede zwischen Geschichten herausstellen · über Robben sprechen · über Ferien sprechen · über einen Ponyhof sprechen · über die Sehenswürdigkeiten von Plymouth sprechen · über Geschenke für Freunde sprechen
Schreibanlässe	EXTRA eine eigene Version über Daves Tag in London verfassen (SB-Seite 101, 4c)) · eine Geschichte über einen *Animal hero* verfassen (SB-Seite 104, 4c)) schreiben, warum man gern nach Devon fahren würde oder nicht (SB-Seite 104, BF) · einen Dialog verfassen (SB-Seite 111, 2e))
Language skills	**Grammatische Strukturen:** *Simple past: be,* regelmäßige und unregelmäßige Verben, bejahte und verneinte Aussagesätze, Fragen; *must, mustn't, needn't* **Wortfelder:** *Weekend activities and places* **Pronounciation Course 4** (SB-Seite 105)
Study skills	**Putting a page together.** Durch die Verwendung eines strukturierten Textes (Einleitung, Hauptteil und Schluss), Überschriften und Zwischenüberschriften sowie Bilder mit Bilderunterschriften eine gute Seite für eine Schülerzeitung gestalten (SB-Seite 110)
Kooperative Lernformen	*Partner check* (SB-Seiten 99, 2; 100, 2c); 104, 4b)) · *Partner A and B activity* (SB-Seiten 101/166, 4) · *Double circle* (SB-Seiten 103, 108)
Hör-/Sehverstehen: *The world behind the picture*	**Plymouth, my hometown.** Ein Mädchen aus Plymouth zeigt ihre Stadt (SB-Seite 111, 1). **Everyday English: A present for Ruby.** Jack und Oliver kaufen Ruby ein Geschenk (SB-Seite 111, 2).
Portfolioarbeit: *MyBook*	Steckbriefe (*Profiles*) der Lehrwerkskinder ergänzen (SB-Seite 95, 3) · eine gute Seite für die Schülerzeitung gestalten (SB-Seite 110)
Your task	**A memory game** ✎. Ein *Memory game* erstellen und spielen (SB-Seite 114)
Let's prepare for a test	Systematische Vorbereitung auf Schulaufgaben zur Unit 4 (Wortschatz, grammatischen Strukturen, *Reading* und *Writing*) (SB-Seite 115–117)
Access to cultures	**London** (SB-Seite 118–119)

KOMMUNIKATIVE KOMPETENZEN

Die S können …

Hören: einem Hörtext Informationen entnehmen (SB-Seite 94, 2a) und b))

Sprechen: Bilder mit einfachen Mitteln (*I can see, there's/are*) beschreiben (SB-Seite 94, 1) · sagen, was sie am Wochenende machen und dabei *Adverbs of frequency* verwenden (SB-Seite 95, 3)

Schreiben: in Stichpunkten Informationen über die Lehrwerkskinder festhalten (SB-Seite 95)

S. 94–95

TIPPS FÜR IHRE PLANUNG

Das *Lead-in* fungiert als inhaltlicher *Advance organizer* für die Unit. So werden sowohl Sams Basketballspiel *(Part B)*, Lucys Party *(Part C)* als auch die „Party" der Robben *(Part D)*, die Abby während ihres Segeltörns *(Part D)* beobachtet, präsentiert. Die S erweitern ihren Wortschatz mit Hilfe von Bild- und Hörtexten (**1**, **2**), sie beschäftigen sich mit den Wochenendplänen der Lehrwerksfiguren (**2**) und sprechen anschließend über ihre eigenen Pläne (**3**).

➜ Interaktive Übungen zum Workbook 4.1

EINSTIEG

SB geschlossen. Als Einstimmung auf das Thema *Weekends* berichtet L über eigene Aktivitäten am Wochenende und fragt die S nach ihren Gewohnheiten. Anschließend übergibt L einem S die Rolle des Fragenden. Nacheinander stellen alle S nun jeweils eine Frage, nachdem sie zuvor eine beantwortet haben. L kann auf die sprachlichen und inhaltlichen Hilfen auf SB-Seite 95 (Kästen zu *places* und *activities*) verweisen.

L: I read books at the weekend. Do you read books at the weekend too?
S1: No, I don't. I play football at the weekend. Do you play football too?
S2: No, I don't. I see my grandparents at the weekend. Do you see your grandparents at the weekend too? S3: Yes, I do. I …

1 In the picture

NEUER WORTSCHATZ

garage · invitation (to) · box · life jacket · magazine · mobile phone (*kurz auch:* mobile) · note · sand · shorts (*pl*)

ERARBEITUNG

a) SB geöffnet. Die S betrachten die Bilder auf SB-Seiten 94–95 und benennen im Plenum die Personen und deren Aufenthaltsort.

LÖSUNG

A Maya, Abby and Tim are in a garage. B Silky and Spot are at the beach. C Lucy and Maya are in Lucy's room. · D Sam and his dad are in the Bennetts' kitchen.

ERARBEITUNG

b) Die S bearbeiten die Übung selbstständig in EA mit Hilfe des *Vocabulary*. Sie halten ihre Ergebnisse in einer Tabelle fest. Auswertung im Plenum.

➜ Vocabulary (pp.230–231)

LÖSUNG

A	B	C	D
bottle	bottle	note	shorts
box	birthday invitation		basketball
life jacket	rock		trainers
magazine	sand		
mobile phone	note		
trainers			

ERARBEITUNG

c) 👥 Die S betrachten gemeinsam den Dialog, und ein Paar liest ihn exemplarisch vor. Die S notieren dann auf jeweils einem Zettel *There is/are* und *I can see*. Abwechselnd ziehen sie nun einen der beiden Zettel und formulieren mit diesem Satzanfang eine Aussage über die Bilder der Doppelseite.

MUSTERLÖSUNG

I can see a basketball in picture D. / There's a bike in picture A. / I can see Silky in picture B. / There are two girls in picture C. / …

Alternative
Wettbewerb: Die S treffen abwechselnd Aussagen über die Bilder und nutzen die Formulierungen auf den Zetteln, bis einer der beiden nichts mehr nennen kann.

2 Weekend plans 🎧

NEUER WORTSCHATZ

plan · **match** · (to) **break** · island

EINSTIEG

L: What are all the kids doing? S: They are talking. L: The children are all talking about their weekends. Let's listen to their plans.

ERARBEITUNG

a) 1. Hören/Lesen (Globalverstehen): Semantisierung des neuen Wortschatzes vor dem 1. Hören, anschließend gemäß SB.

➡ ⑶ ▷ 01–04   Transkript online

LÖSUNG

1D · 2B · 3A · 4C

ERARBEITUNG

b) 👥 **2. Hören/**Lesen (Detailverständnis): Die S hören den Text erneut und schulen ihr Detailverständnis, indem sie die Satzanfänge korrekt mit einer der beiden Alternativen ergänzen. Dazu schreiben sie vor dem Hören untereinander Sam, Silky, Abby und Lucy in ihr Heft und schreiben beim Hören jeweils 1 oder 2 für die erste oder zweite Satzhälfte dazu. Die Ergebnisse vergleichen sie im ▶*Partner check*-Verfahren.

LÖSUNG

Sam wants to win his basketball match. · Silky wants to break a bottle on a rock. · Abby wants to sail to Ivy Island. · Lucy wants to go to the Wheel of Plymouth.

ÜBERLEITUNG

L leitet von der der Wochenendgestaltung der Schulbuchkinder zur Wochenendgestaltung der S über. L: Now let's talk about your weekends.

S. 95

3 Your weekends

NEUER WORTSCHATZ

(to) **stay** · **together** · **cinema** · **lake** · **grandparents +parents** · **shopping mall** (*kurz auch:* **mall**) · **zoo** · (to) **go shopping**

ERARBEITUNG

a) 👥 Die S lesen gemeinsam den Musterdialog. L fragt anschließend: What do you like to do at the weekend? S: I like to go to the cinema. L fragt nach der Häufigkeit: Do you often go to the cinema? S: No, I never go to the cinema. L hält die Antworten in einer Tabelle an der Tafel fest.

Name	Activities / Places	How often?
Sandra	cinema	sometimes
Merlin	listen to music	often
...	lake	never
...	play	always
...	my friend's flat	usually

Anschließend arbeiten die S gemäß SB in PA.

ERARBEITUNG

b) Gemäß Präsentation im Plenum. L sollte erläutern, dass die Partner sich absprechen, wer welche Inhalte vermittelt und dafür einen kleinen Vorlauf einplanen.

HINWEIS

In leistungsschwächeren Klassen können an dieser Stelle die *Adverbs of frequency* wiederholt werden. Die S suchen diese aus dem Dialog heraus und stellen (erneut) fest, an welcher Stelle im Satz die Adverbien auftauchen. Die entsprechenden Regeln können in diesem Zusammenhang ebenfalls mit Hilfe des *Grammar File* wiederholt werden.

YOUR TASK

L kann zum Abschluss des *Lead-in* zur Unit 4 im Sinne der Lernzieltransparenz auf die Lernaufgabe am Ende der Unit hinweisen (*Your task*, SB-Seiten 114, dazu HRU-Seite 191).

Weitere Differenzierung/ Alternative

Zur Erhöhung der individuellen Sprechzeit arbeiten die S kooperativ im Rahmen einer ▶*Find somebody who*-Übung.

🗌 **KV 15: Your weekends.** Zur Zeitersparnis erarbeiten die S die Übung anhand einer Tabelle. Sie tragen ihre eigenen *places and activities* ein.

➡ GF 18: Word order (II): Adverbs of frequency (p. 194)
➡ Workbook 1–3 (p. 54)
➡ Interaktive Übungen zum Workbook 4.1

KOMMUNIKATIVE KOMPETENZEN
Die S können …
Hören/Lesen: einen einfachen Dialog zwischen Justin und seinem Vater inhaltlich erfassen (SB-Seite 96, 1–2)
Sprechen: sagen, wo sie selbst und andere am Wochenende waren oder nicht waren *(Simple past)* (SB-Seite 96, 3)

S. 96

TIPPS FÜR IHRE PLANUNG
Part A dient der Einführung der *Simple-past*-Formen von *to be* *(was/were)*. Im Standardverfahren kann die Sequenz nach **3** enden, alternativ ist möglich die Sequenz mit der Bewusstmachung durch die *Language-help*-Box abzuschließen. In **1** erzählt Justin seinem Vater über sein Filmprojekt vom vergangenen Wochenende. Den S begegnen hier die *Simple-past*-Formen von *to be*, die sie im Anschluss zunächst reproduktiv und dann handlungsorientiert anwenden, indem sie vergangene Ereignisse aus der eigenen Lebenswelt versprachlichen.

1 🖑 Where were you?

NEUER WORTSCHATZ
(we/you/they) **were** · (I/he/she/it) **was** · **yesterday** · **today** · **last weekend/Friday/…** · I'm **sorry about …** · (to) **be busy** · **fantastic** · **actor** · **exciting** · **Guess what, Dad …** · **still** · **when** · **summer** ·

EINSTIEG
SB geschlossen. Zur Semantisierung des neuen Wortschatzes erzählt L, unter Zuhilfenahme eines Klassenkalenders: I was at the cinema yesterday. It was fantastic (Daumen heben) and very exciting (Gestik, Mimik). And you? L schreibt „I was at … yesterday." und die übrigen neuen Wörter als Hilfe an die Tafel. Die S üben den neuen Wortschatz im Plenum: S1: I was at school yesterday. S2: I was …

→ Realia: (Klassen-)Kalender

SB geöffnet. Bildbetrachtung. L stellt Fragen und ermutigt die S dazu, in ganzen Sätzen zu antworten: Who can you see in the picture? (We can see Justin and a man / his dad). What are they doing? (They're on Skype.) Why are they on Skype? (Justin's dad lives in Boston and Justin lives in Plymouth.)

ERARBEITUNG
SB geöffnet. 1. Lesen (Globalverstehen): Die S lesen den Text still mit dem Leseauftrag: What do Justin and his dad talk about? (S.: last weekend, Justin's film) Die Fokussierung des Globalverstehens durch den Leseauftrag soll den S die Last nehmen, den Text auf Anhieb verstehen zu müssen.

→ 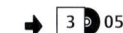 3 ▶ 05

2 👥 On Skype

ERARBEITUNG
a)/b) Die Erarbeitung erfolgt schriftlich in EA. Auswertung im Plenum.

LÖSUNG
a) Justin's dad was busy last weekend. He worked all day. So he wasn't on Skype and didn't talk to Justin. He liked Justin's video of the seagull.
b) They talk about Justin's video of the seagull and about Justin's film.

3 👥 Chain game

NEUER WORTSCHATZ
chain

ANWENDUNG

👥 Mit Hilfe dieser Übung wird die Vergangenheitsform von *to be* spielerisch eingeübt. Die Übung funktioniert wie das Spiel „Ich packe meinen Koffer" und sollte den S daher vertraut sein. S1 nennt eine Aktivität, die er am letzten Wochenende gemacht hat. S2 wiederholt die Aktivität seines Vorredners und fügt eine eigene hinzu. S3 wiederholt die ersten beiden und fügt eine weitere eigene hinzu. Zum Schluss muss der erste S abschließend alle Aktivitäten aufzählen.

Zur Erhöhung der individuellen Sprechzeit aller S spielen die S zunächst in Gruppen à 3 bis 4 S, dann in Gruppen à 5–6 S.

> S. 97

TIPPS FÜR IHRE PLANUNG

Nachdem die S die Formen *was/were* in *Part A* als Lexik eingeübt und angewendet haben, folgt nun die deduktive Grammatikeinführung über die systematische Darstellung in der *Language-help*-Box. Sollte das *Chain game* in der vorhergehenden Stunde bearbeitet worden sein, so bietet sich eine kurze Spielrunde als Wiederholung an, ansonsten kann es auch als direkter Einstieg in die Spracharbeit dienen. **1–3** behandeln nach der Bewusstmachung der Formen positive und negative Aussagesätze und die Fragebildung. **3** kann in Verbindung mit Aufgaben aus dem Workbook als HA genutzt werden.

➡ Workbook 4 (p. 55)

ERARBEITUNG   Language help

SB geschlossen. Die S zeichnen eine dreispaltige Tabelle und notieren in der ersten Spalte zunächst die *Simple-present*-Formen von *to be* und ergänzen in einer weiteren Spalte die *Simple-past*-Formen, die sie noch aus dem Text wissen.

SB geöffnet. Die S überprüfen und ergänzen ihre Ergebnisse mit Hilfe der *Language-help*-Box. Anschließend bilden sie in PA je einen Beispielssatz zu den *Simple-past*-Formen von *to be*.

➡ GF 21: The simple past of (to) be (p. 195)

Simple present	Simple past	Example
I am You are He/She ...	I was You were ...	I was at the beach yesterday. You were sick last Sunday. ...

1 Dad wasn't at home (Simple past of *be*: statements)

NEUER WORTSCHATZ
not ... either

ERARBEITUNG
Die S arbeiten in PA, dann erfolgt ein Check in Kleingruppen. Abschließend Besprechung im Plenum anhand einer Lösungsvorlage.

LÖSUNG
1 Justin: "Dad <u>wasn't</u> at home last weekend. He <u>was</u> at the TV studios."
2 Lucy: "I <u>wasn't</u> at home last Sunday. I <u>was</u> at Maya's flat. Mukesh <u>was</u> there, but Mr and Mrs Sen <u>were</u> at the cinema."
3 Sam: "I <u>wasn't</u> at home yesterday afternoon either. I <u>was</u> at my basketball club. It <u>was</u> great."
4 Mr and Mrs Bennett: "We <u>weren't</u> at home last Saturday. We <u>were</u> in London with Lily. But Sam <u>wasn't</u> with us. He <u>was</u> at a basketball match."
5 Abby: "Maya, you <u>weren't</u> at home yesterday!"
  Maya: "No, I <u>was</u> at Lucy's house."

2 Was it fun? 💬

NEUER WORTSCHATZ
Was it fun? · **warm**

ERARBEITUNG
a) Die S lesen den Dialog still und notieren die beiden Wörter, die ihrer Meinung nach am besten passen.

MUSTERLÖSUNG
Ruby: I was at the pool on Saturday. / Jack: At the Lido? Was it fun? / Ruby: Yes, it was. The water was really <u>warm</u>. What about you? / Jack: I was at the cinema. / Ruby: Was the film good? / Jack: Yes, it was. It was really <u>exciting</u>.

ERARBEITUNG
b) 🎧 👥 Die Antworten werden mit Hilfe des Hörtextes verglichen. In der zweiten Lücke sind auch andere Lösungen möglich (*funny, exciting, sad* etc.), da der Film unterschiedliche Emotionen hervorrufen kann. Anschließend üben die S den Dialog mit einem Partner ein.

ERARBEITUNG
c) 👥 Nachdem der Dialog in **b)** geübt wurde, entwickeln die S eigene kurze Dialoge. Leistungsstärkere S sollten animiert werden, eigene Ideen zu entwickeln. Zunächst verschriftlichen die S einen Dialog, danach erarbeiten sie einen weiteren mündlich. So bleibt langsameren S mehr Zeit zur Verschriftlichung.

DIFFERENZIERUNG `More help`
Leistungsschwächere S finden auf SB-Seite 160 einen Musterdialog als Lückentext sowie weitere sprachliche und strukturelle Hilfen.

MUSTERLÖSUNG
A: I was at a castle on Saturday. / B: At Castle Nymphenburg? Was it fun? / A: Yes, it was. The weather was really sunny. What about you? / B: I was at a park. / A: Was it good? / B: Yes, it was. It was really sunny and warm.

➡ Folie 8

➡ `3 ▶ 06`

🗋 **KV 16: Appointment partners.** Unit 4 bietet viele Partnerübungen; mit Hilfe dieser KV kann L die Methode ▶*Appointment partners* einführen.

3 How was your weekend? (Simple past of *be*: question words)

NEUER WORTSCHATZ
Whose?

EINSTIEG
L: How was your weekend? S: It was very exciting/funny/strange/wet … Where were you? When …? / Who was with you … ?
L sichert die Fragewörter an der Tafel. L kann als Hilfe auf die Box zu **2a)** verweisen.

ERARBEITUNG
Die S vervollständigen in EA den Dialog, indem sie die passenden Verbformen und die fehlenden Fragepronomina einsetzen. Kontrolle im Partnercheck. Besprechung im Plenum.

DIFFERENZIERUNG `More help`
Auf SB-Seite 160 finden leistungsschwächere S inhaltliche Hilfen zur Bewältigung der Aufgabe: Relevante Passagen sind markiert, damit die S leichter erkennen, welche Fragepronomina passen könnten.

➡ Folie 8

➡ Workbook 4 (p. 55)
➡ Interaktive Übungen zum Workbook 4.1

LÖSUNG

Jack: Hey, Oliver! How was your weekend?

Oliver: Great, thanks.

Jack: Cool! <u>Where</u> <u>were</u> you?

Oliver: At a party.

Jack: Whose party <u>was</u> it?

Oliver: My cousin Katy's party.

Jack: Oh, and <u>why</u> <u>were</u> you there?

Oliver: I <u>was</u> there because it was her birthday.

Jack: And <u>when</u> <u>was</u> the party?

Oliver: On Sunday afternoon.

Jack: Oh, and <u>who</u> <u>was</u> there?

Oliver: Abby with her friend Maya, and lots of other kids <u>were</u> there. And what about you? <u>How</u> <u>was</u> your weekend?

Jack: It <u>was</u> cool, thanks. No homework!

KOMMUNIKATIVE KOMPETENZEN
Die S können …
Hören/Lesen: eine (Bild-)Geschichte verstehen (SB-Seiten 98–99, 1) und falsche Aussagen zum Text berichti-
gen (SB-Seite 99, 2).
Schreiben: schriftlich wiedergeben, was eine Person in der Vergangenheit gemacht hat (SB-Seite 99, 3).

S. 98

1 ᐧ᙮ The basketball match

NEUER WORTSCHATZ
against · °High School · **final** · **excited** · **on the way to …** · **went** ·
(to) go **by minibus** · **came** · **had** · °game plan · **half,** *pl* **halves** · (to)
score · **point** · That helped us **a lot**. · **won** · **up and down +up** ·
°madman · **when** · (to) **arrive** · **saw** · °medal

EINSTIEG
SB geschlossen. L erfragt persönliche Erfahrungen der S, wodurch ein
Teil der Vokabeln bereits semantisiert werden kann, indem L Schüler-
äußerungen paraphrasiert oder durch Gestik und Mimik unterstützt:
L: Who plays in a sports team? S: I play in a sports team. L: What sport is
it? S: I play football. / It's football. Were you excited? Semantisierung
z. B. durch Haare raufen. S: Yes, I was very excited. / No, it was boring.

ERARBEITUNG
SB geöffnet. 1. Lesen/Hören (Globalverstehen): Die S lesen den Text still
und beantworten folgende Fragen (Tafel/Folie) mündlich:
– What's the name of the Plymstock basketball trainer? (Mr Tyler)
– Who was in the car when Sam was at Plymstock School again after
the match? (Sam's dad)

> 🗋 Worte wie minibus, final oder
> half sollten an dieser Stelle bewusst
> nicht semantisiert werden, sodass
> sich die S diese durch Referenzen
> zur deutschen Sprache oder den
> Kontext erschließen. Diese Lese-
> strategien werden auch im Verlauf
> der Unit noch einmal aufgegriffen.
>
> ➜ SB-Seite 113, 2
>
> ➜ 3 ▶ 07

S. 99

2 Sam's match

NEUER WORTSCHATZ
better

ERARBEITUNG
a) 2. Lesen/Hören (Detailverstehen): Die S hören den Text und lesen
leise mit. Danach bearbeiten sie die Aufgabe. Die abschließende Auswertung erfolgt durch ▶*Partner check*.

LÖSUNG
C · A · D · E · B.

ERARBEITUNG
b) Gemäß SB schriftlich in EA.

MUSTERLÖSUNG
The fans helped the Plymstock team a lot. Mr Tyler was very happy.

ÜBERLEITUNG
L: Now let's find out about Morph's Saturday.

Weitere Differenzierung
Leistungsschwächeren S sollte
unbedingt ein zweiter oder
dritter Lesevorgang gestattet
werden, bevor sie die falschen
Sätze berichtigen.

3 Have a go

ERARBEITUNG
Gemäß SB. Sicherung im Plenum.

LÖSUNG
On Saturday morning, Morph learned English in bed. Then he cleaned his
room. Later he listened to music. Then he finished his book.

Hinweis: In dieser Übung wird das
Simple past vorbewusst verwendet,
bevor es im anschließenden *Part B
Practice* systematisiert wird.

S. 100

TIPPS FÜR IHRE PLANUNG

Die differenzierende Übungssequenz thematisiert die *Positive statements* des *Simple past*. Es bietet sich an, zunächst Teil **a)** der *Looking-at-language*-Box zu erarbeiten und die regelmäßigen Verben dann anhand von **1** und **2** zu sichern. Anschließend erfolgt die Erarbeitung des restlichen Teils der *Looking-at-language*-Box und der Aufgaben **3** und **4**. Auf diese Weise können die S zeitnah zur Spracherarbeitung das Phänomen auch einüben.

Der Aufgabenblock **3b)** und **4** kann als ►Lerntempoduett durchgeführt werden. Dabei beginnen alle S mit **3b)** und suchen sich nach Fertigstellung der Aufgabe einen Partner, der ebenfalls fertig ist, vergleichen die Aufgabe und arbeiten zusammen mit diesem Partner an Aufgabe **4** weiter.

Die EXTRA-Aufgabe kann von lernschnelleren S bearbeitet werden.

Looking at language

NEUER WORTSCHATZ
past

ERARBEITUNG

a) SB geöffnet. L lenkt die Aufmerksamkeit auf die Verbform *played* und erklärt, dass es sich hierbei um die Vergangenheitsform von *to play* handelt. L: Look at the form "played". It is the simple past form of "to play" (L zeigt auf die beiden Formen). Now go back to pages 98–99 and find other simple past forms.

Die S überfliegen anschließend die Sprechblasen auf SB-Seiten 98–99, erkennen weitere Verbformen und ergänzen die Tabelle. Sieben S schreiben nun je eine der Formen an die Tafel und erkennen und benennen die Regelmäßigkeit, also die *ed*-Endung als Anhang an den Infinitiv.

	Past
play	played
talk	talked
score	scored
shout	shouted
stop	stopped
jump	jumped
arrive	arrived

L: We can see the ending of the simple past forms is the same. They are regular verbs.

LÖSUNG

The simple past ending of regular verbs is *–ed*.

Hinweis: Aus Gründen der didaktischen Reduktion wird an dieser Stelle nicht auf Konsonantenverdopplung (*stop – stopped*) oder Verben, die auf *–e* (*arrive – arrived*) enden, eingegangen. Sollte diese Erschließung jedoch erwünscht sein, kann sie mühelos mit dem *Grammar File* durchgeführt werden.

➜ GF 22: The simple past (I) (p. 196)

➜ Workbook 5–6 (p. 56)

ERARBEITUNG

b) Die S betrachten die rechte Tabelle. L: Look at the past form of *to go*. Is it the same as *played*, *talked* or *scored*? (S: No, there isn't an *–ed* at the end.) L: The verb *to go* is not regular, it's irregular. Go back to pages 98/99 and find the simple past forms of the verbs in the list.

Die S entdecken nun in den Sprechblasen auf SB-Seiten 98–99 weitere unregelmäßige Verben und ergänzen die Tabelle. Auch diese Formen werden von S an die Tafel geschrieben. Nach jeder Verbform wird diese von den S im Chor (►Chorsprechen in der Grundschule) gesprochen, um die Aussprache zu üben.

	Past
go	went
win	won
come	came
see	saw
have	had

L fordert die S auf, in der Tabelle nach unten hin weiteren Platz zu lassen für weitere unregelmäßige Verbformen.

Alternative

Die Infinitive werden auf blauen Karten notiert, die Vergangenheitsformen auf gelben Karten. Die S hängen sie an eine Wand im Klassenraum und ergänzen im Verlauf der Unit weitere Verben. Zu Beginn jeder Stunde können mit den Karten *Warming ups* stattfinden, im Plenum oder jede Stunde von anderen durchgeführt. Die Verbformen prägen sich so schneller ein.

1 Morph's Saturday evening (Simple past: positive statements, regular verbs)

NEUER WORTSCHATZ
around the library/the beach · **between**

EINSTIEG
SB geschlossen. L kopiert die Bilder 2, 4 und 6 auf Folie ohne die Bild-unterschriften. Die S betrachten die drei Bilder und erkennen Morph, der sich in einer Bibliothek befindet.
L: Who can you see in the pictures? Where is he? S: I can see Morph and he's in the library.
Die S beschreiben Morphs Gesichtsausdruck und mutmaßen seine Stimmung. L: Look at Morph's face. How does he look? (Picture 2: happy, friendly; picture 4: unhappy, feels bad; picture 5: unhappy) L: What did Morph do? S: He wanted to read a book. (Picture 2) L: Why was he unhappy? S: There was an animal / a cat.

→ Bilder 2, 4 und 6 auf Folie (ohne Bildunterschriften) oder per Dokumentenkamera

ÜBERLEITUNG
L: Let's open our books and see what Morph really did on Saturday. Copy the sentences and fill in the correct forms.

ERARBEITUNG
SB geöffnet. Die S schreiben die Sätze in ihr Heft und ergänzen die korrekten Verbformen. Die Auswertung erfolgt im Plenum.

LÖSUNG
After dinner I <u>walked</u> around the library. I was happy. I <u>danced</u> between the shelves. I <u>wanted</u> to find a new book. Suddenly a cat <u>arrived</u> in the library. She <u>looked</u> at me – and she wasn't friendly. "Help!" I <u>shouted</u>. "She wants to eat me." I <u>jumped</u> onto a shelf between two books. I <u>waited</u> there till the silly cat <u>walked</u> away.

Weitere Differenzierung
Leistungsstärkere bzw. lern-schnellere S können an dieser Stelle ein neuntes Bild zeichnen und einen passenden Satz ergänzen, der ein neues, endgül-tiges Ende der Geschichte darstellt.

2 What's right? (The -*ed* sound: [d], [t] or [ɪd])

ERARBEITUNG
a) L notiert die drei Verbformen *arrived*, *walked* und *wanted* aus **1** und liest diese vor. Die S erkennen, dass die Aussprache der Endung der Ver-gangenheitsform -*ed* sich unterscheidet. Sie stellen fest, dass sie mal weich (stimmhaft: *arrived*) und mal hart (stimmlos: *walked*) ist oder aber ein kurzes [ɪ] in der Aussprache vorkommt (stimmhaft: *wanted*).
L ergänzt oberhalb der Verbformen die phonetischen Lautzeichen und erstellt somit die Tabelle, die nun durch die Lösungen zu **a)** ergänzt werden kann.
Hören: Die S tragen die Verbformen der *Morph-Story* in die Tabelle ein. Die Lösungen werden im Plenum verglichen. Dazu kommen die S jeweils nach vorne und tragen die *Simple-past*-Formen in die entsprechende Spalte ein.

→ 3 ▶ 08

LÖSUNG

[d]	[t]	[ɪd]
arrived	walked	wanted
	danced	started
	looked	shouted
	jumped	waited

ERARBEITUNG

b) Die S hören die Aussprache der *-ed* Formen in der Box und ordnen diese den Spalten des TB aus **a)** zu. Alle Verben in der Box kommen später in der Unit vor.

➡ 3 ⏺ 09 Transkript online

LÖSUNG

[d]	[t]	[ɪd]
answered	asked	visited
arrived	touched	needed
called	watched	
listened	liked	
played		
showed		
turned		

SICHERUNG

c) 👥 Die S überprüfen paarweise mit ihrem *Afternoon partner* (▶*Appointment partners*) ihre Ergebnisse und üben beim lauten Lesen die Aussprache.

🗒 **KV 16: Appointment partners**

S. 101

3 A visit from London (Simple past: positive statements, regular and irregular verbs)

NEUER WORTSCHATZ
visit

ERARBEITUNG

a) Die S bearbeiten die Aufgabe mündlich in PA und überprüfen ihre Ergebnisse mit Hilfe von Lösungen, die bei L am Pult ausliegen.

➡ Lösungen bei L am Pult

LÖSUNG

1 Last month Tom <u>came</u> to Plymouth for a weekend.
2 He <u>arrived</u> on Friday afternoon.
3 After dinner Sam and Tom <u>played</u> chess.
4 Tom <u>won</u> two games; Sam <u>won</u> one.
5 Then Sam <u>wanted</u> to play computer games, but Tom was too tired.
6 So Tom <u>went</u> to bed and Sam <u>watched</u> a DVD.

➡ Workbook 7–8 (pp. 56–57)

DIFFERENZIERUNG Early finisher

Im Anhang finden die lernschnelleren S auf SB-Seite 165 kurze Rätsel. Die Lösungen dazu befinden sich auf SB-Seite 257.

ERARBEITUNG

b) Die S schreiben den Text in ihr Heft und füllen die Lücken mit den korrekten Verbformen. Wenn ein S fertig ist, sucht er sich einen Partner, der ebenfalls fertig ist, und die beiden vergleichen die Lösungen. Anschließend fahren sie gemeinsam mit **4** fort.

DIFFERENZIERUNG More help

Leistungsschwächere S arbeiten auf SB-Seite 160. Dort sind die Vergangenheitsformen bereits vorgeben.

LÖSUNG

1 went · 2 showed · 3 went · 4 wanted · 5 walked · 6 saw · 7 visited · 8 liked

4 Dave's day in London 💬

ERARBEITUNG

a)/b)/c) 👥 In dieser Partnerübung arbeiten die beiden S mit unterschiedlichen Versionen einer Bildergeschichte zu Daves Tag in London. In der Bildergeschichte von *Partner A* erzählt Dave seiner Großmutter von seinem Tag, in der Geschichte von *Partner B* (SB-Seite 166) seinen Freunden. Die S betrachten zunächst ihre jeweilige Geschichte und erzählen dann abwechselnd anhand der Bilder und der Bildunterschriften ihrem Partner ihre Version von Daves Tag in London.

Abschließend stellen die S analog zu dem Dialoganfang die Unterschiede der beiden Geschichten heraus.

MUSTERLÖSUNG

a)/b) Partner A: In my story he talked to his grandma. He went to a bookshop and looked at some history books. At 1 o'clock he had a salad and milk for lunch. He went to the museum and saw some old pictures in the afternoon. At 6 o'clock he visited his old aunt and had tea and scones. He came home by bus and arrived at 9 o'clock.

Partner B: In my story he talked to his classmates. And in my story he went to a clothes shop and looked at some jeans. At 1 o'clock he had a cola and ice cream for lunch. In the afternoon he went to a computer shop and played computer games. At 6 o'clock he went to a disco and danced with new friends. He came home by bus and arrived at 11.30 pm.

c) The stories are different because he tells the first story to his grandma and the second story to his friends. In the first story he wants to be a good boy, but in the second story he wants to be cool. I think the first story is true because he is very young, so he wasn't at a disco.

ERARBEITUNG **EXTRA**

Diese Aufgabe kann als *Early-finisher*-Aufgabe für einen Teil der Gruppe, aber auch als Schreibauftrag für die gesamte Lerngruppe gelten. Die S können in EA oder PA arbeiten.

LÖSUNG
Vgl. **1a)/b)**

Weitere Differenzierung

In leistungsschwächeren Lerngruppen sollte der Dialog zunächst im Plenum um einen weiteren Unterschied ergänzt werden, bevor die S dann die übrigen Unterschiede mit ihrem Partner erarbeiten: Partner A: In my story Dave went to a bookshop. Partner B: And in my story Dave went to a clothes shop in the morning.

➡ Folie 9

KOMMUNIKATIVE KOMPETENZEN
Die S können …
Hören/Lesen: einem Hörtext Grobinformationen entnehmen und sagen, wer was gesagt hat (SB-Seite 102, 1–2)
Sprechen: sagen, was sie am Wochenende nicht getan haben (SB-Seite 102, 3)

S. 102

TIPPS FÜR IHRE PLANUNG
Im Fokus von *Part C* stehen die negativen Verbformen des *Simple past*. Im ersten Schritt (**1**) verstehen die S, was jemand nicht in der Vergangenheit gemacht hat, bevor sie dies zunächst reproduktiv ausdrücken (**2**) und anschließend eigenständig versprachlichen (**3**).

1 👆 Party at the Hoe

NEUER WORTSCHATZ
(to) **miss** · **ride** · Box "Unregelmäßige Vergangenheitsformen (Irregular simple past forms)", *Voc.*, SB-Seite 232 · **over to …** · **picnic** · **Sam didn't run.** · (to) **sit down** +**sat down** · **far** · **all right** · **problem** · **high** · **sights** *(pl)* · (to) **make a wish**

EINSTIEG
Pre-reading. SB geschlossen. L: Where can you go for your birthday party? (to the cinema, to a park, to a café) Where does Lucy go on her birthday? Can you remember it from the *Lead-in*? (She goes to the Wheel of Plymouth.)
SB geöffnet. Bildbetrachtung. L: Have a look at the picture. Who can you see? (Lucy, Maya and Sam) Where are they? (on the Wheel of Plymouth) Are they happy? (Yes, Lucy and Maya are happy. But Sam doesn't look happy.) What's wrong with Sam? (It's boring for Sam. / He doesn't feel good. /…)

ÜBERLEITUNG
L: Let's listen to Lucy, Maya and Sam and find out what's wrong with Sam.

ERARBEITUNG 1
1. Hören (Globalverstehen): Die S hören den Text und finden heraus, warum Sam unglücklich aussieht.

➜ 3 ▶ 10

LÖSUNG
He doesn't like the ride because it's too high.

ERARBEITUNG 2
2. Hören/**1. Lesen** (Detailverstehen): Nach dem ersten Hören lenkt L die Aufmerksamkeit auf die unregelmäßigen *Simple-past*-Formen im Text und schreibt den Teilsatz *Abby ran over to the birthday picnic.* an die Tafel.
L: What do you think the infinitive of *ran* is? (run) Read the text again and find more irregular verb forms. (saw, won)
Can you guess the infinitive?
Die S übertragen die unregelmäßige Verbform von *to run* in die Tabelle von Part B, *Looking at language* **b)**.

Simple past	Infinitive
ran	to run

Alternative
Die S schreiben die unregelmäßige Verbform auf blaue und gelbe Karten (vgl. HRU-Seite 168, *Part B Practice* Alternative).

➜ Klassenraumaushang *Irregular simple past forms*

Hinweis: An dieser Stelle kann die Liste der unregelmäßigen Verbformen im *Vocabulary* zu *Part C* besprochen werden, indem die Verben auf blaue und gelbe Karten notiert werden und jeweils ein Beispielsatz gebildet wird.

➜ *Vocabulary* (p. 232)
➜ Klassenraumaushang *Irregular simple past forms*

2 👥 The missing word

NEUER WORTSCHATZ

the **missing** words

ERARBEITUNG

👥 **3. Hören**/Lesen: Die S hören den Text erneut und vervollständigen die Sätze. Diese vergleichen sie abschließend im ▶Partner check-Verfahren.

LÖSUNG

1 missed, Abby · 2 boats, Maya · 3 school, Abby · 4 ride, Lucy · 5 problem, Dad · match, Sam

Weitere Differenzierung

Leistungsstärkere Lerngruppen bearbeiten **2** ohne weiteres Hören/ Lesen.
Early-finisher-Aufgabe: What do you want to do at your birthday party? Lösungsvergleich mit einem gleichschnellen Partner.

3 👥 Have a go

NEUER WORTSCHATZ

early · (to) **use**

ÜBERLEITUNG

L: Sam went to the Hoe last weekend. And you? Did you go to the Hoe last weekend? S: No, I didn't go to the Hoe last weekend. L: Sam won against Devonport High School last weekend. Did you win against Devonport High School? S: I didn't win against Devonport High School last weekend. L: What else didn't you do last weekend? S: I didn't …

ERARBEITUNG

👥 Die S bearbeiten die Aufgabe mit zwei Partnern ihrer ▶Appointment partners. L sollte vor allem leistungsstärkere S dazu animieren, eigene Sätze bzw. eigene *Chunks* zu verwenden.

Weitere Differenzierung

Leistungsschwächere S notieren die Sätze und vergleichen sie sich mit dem *Morning partner* (▶*Appointment partners*), bevor sie sich mit den *Noon* und *After-noon partners* austauschen.

S. 103

TIPPS FÜR IHRE PLANUNG

In der *Looking-at-language*-Box werden die negativen Vergangenheitsformen eingeführt. Die dreiteilige Übungssequenz (**1–3**) behandelt daher zunächst die *Negative statements* und anschließend kontrastiv *Positive* und *Negative statements*. Da die Sozialformen variieren, kann die Sequenz am Stück unterrichtet werden. In der EA in **1** wird das erarbeitete Wissen aus der induktiven Erschließung gesichert, mit dem ►*Double circle* in **2** werden die Formen im Gespräch mit vielen Partnern eingeübt, bevor in **3** die Struktur spielerisch frei verwendet wird.

4 und das Background file fokussieren abschließend den Kompetenzschwerpunkt der Unit, das Lesen.

Ergänzend und vertiefend setzt die **KV 17** an dieser Stelle an, da sie einen ausführlicheren landeskundlichen Text über Torquay, Devon, präsentiert. Daher können **4** und das Background file mit der KV als kleine Sequenz zum Kompetenzschwerpunkt der Unit verwendet werden.

Looking at language

NEUER WORTSCHATZ

Box „Unregelmäßige Vergangenheitsformen (Irregular simple past forms)", *Voc.*, SB-Seite 232

ERARBEITUNG

a) Die S füllen die Lücken in den Sätzen, indem sie auf SB-Seite 102 nachlesen.

LÖSUNG

Sam <u>didn't</u> run. He walked. He <u>didn't</u> look happy. I <u>didn't</u> see Plymstock School – it was too far away.

ERARBEITUNG

b) Die S entdecken weitere negative Formen in dem Text *Party at the Hoe* und notieren diese.

➜ GF 23: The simple past (II) (pp. 196–197)

LÖSUNG

Sam didn't like the ride. · Sam didn't like that. · And he didn't look out. · So you didn't see any sights.

ERARBEITUNG

c) Anhand der notierten Sätze erkennen die S, dass diese demselben Muster folgen. Exemplarisch kann L einen der Sätze an die Tafel schreiben:

He <u>didn't look</u> happy.

L markiert *didn't* und die Infinitivform. Er verweist auf Morph, der auf SB-Seite 103 in den drei Formen von *to do* zu sehen ist und fragt die S, was die drei Formen gemeinsam haben. (S: After don't, didn't and doesn't we use the infinitive.)

L lenkt Aufmerksamkeit auf die beiden positiven Sätze in der Tabelle im SB. Die S erkennen, dass *played* regelmäßig und *went* unregelmäßig ist. L: Are the negative forms of these verbs different too? S: No. They're the same. We use the infinitive of irregular and regular verbs after *didn't*.

L und S formulieren zusammenfassend die Regel: We form negative sentences in the simple past with *didn't* and the *infinitive* of the verb.

Weitere Differenzierung

Sollte es den S schwer fallen, die Regelmäßigkeit zu erkennen, markieren sie die Verbformen hinter *didn't* bei **b)** in ihren Heften und stellen fest, um welche Verbform es sich handelt.

Alternative

Die Karten mit den Infinitiven und den Vergangenheitsformen können mit roten Karten, auf denen ein *didn't* steht, ergänzt werden. Nun kann auch die Verneinungsform genutzt werden.

➜ rote Karten

1 Maya didn't read her book (Simple past: negative statements)

ERARBEITUNG

Die S betrachten zunächst das Beispiel in der Sprechblase und vergleichen es mit der Notiz *read my book*. L: What's different? S: It's a negative form and the *my* is a *her* now because we talk about her. Die S erarbeiten die Aufgabe in EA und vergleichen die Lösungen im Plenum.

LÖSUNG
Last weekend Maya didn't read her book. · She didn't go shopping. · Maya didn't call Sam and Justin. · She didn't do her maths homework. · She didn't ride her bike. · She didn't write to her cousin Dilip. / Maya didn't visit Uncle Amar. · She didn't watch a video.

2 I played ... I didn't play ... (Simple past: positive and negative statements)

ERARBEITUNG
a) L: Let's think about last week. I went shopping. I didn't read a book. What did you do and what didn't you do?
Die S notieren sich vier Sätze.

DIFFERENZIERUNG   More help
Leistungsschwächere S finden auf SB-Seite 161 eine Vielzahl an Redemitteln zur Bewältigung der Aufgabe.

SICHERUNG
Die S erarbeiten gemeinsam die Regeln, die sie bei dieser Aufgabe beachten mussten:

Be careful with irregular verbs! Infinitive after didn't!

Mit dem *Evening partner* (▶*Appointment partners*) werden die eigenen Sätze verglichen und korrigiert, sodass die S korrekte Sätze in der Phase des ▶*Double circle* verwenden.

ANWENDUNG
b) Die S üben die Strukturen im ▶*Double circle* ein.

3 I think that's true

NEUER WORTSCHATZ
true

ERARBEITUNG
In dieser Übung wenden die S nun spielerisch die positiven und negativen Formen an. Sie bilden jeweils einen bejahten und einen verneinten Satz, von denen einer falsch ist. Die übrigen S müssen erraten, welches der wahre Satz ist. Diese Übung kann sowohl im Plenum als auch in kleineren Gruppen (à 3 oder 4 S) gespielt werden und auch in einen Wettbewerb verwandelt werden. Wer schafft es, die S am häufigsten zu täuschen?

DIFFERENZIERUNG   More help
Leistungsschwächere S können hier erneut SB-Seite 161 nutzen.

S. 104

4 Seal saves hurt dog

NEUER WORTSCHATZ
(to) **save** · **hurt** · °couldn't · °hero · °news · °South · °off · °around · °(to) push · °centre

EINSTIEG
SB geschlossen. L schreibt die Überschrift des Textes *Seal saves hurt dog* an die Tafel.
L: What do you think happened?
Die S spekulieren; L halt die besten/witzigsten Ideen an der Tafel fest.

KV 16: Appointment partners

Weitere Differenzierung
Das Verfassen der Regeln kann in leistungsschwächeren Gruppen auch als Entlastung vor der Bearbeitung von **a)** stattfinden.

➜ Workbook 9–13 (pp. 57–59)
➜ Interaktive Übungen zum Workbook 4.2

Keine Semantisierung des unbekannten (situativen) Wortschatzes durch L. Die S wenden im Sinne des Kompetenzschwerpunktes der Unit folgende Lesestrategien an: sie erschließen die Wörter aus dem Kontext oder mit Hilfe des *Vocabulary*. L kann jedoch auf hero vor dem Lesen des Textes eingehen.

ERARBEITUNG

a) Die S lesen die Story laut im Plenum. Es erfolgt ein grober Abgleich mit den Vermutungen der S an der Tafel. Anschließend bearbeiten die S die Aufgabe in EA.

LÖSUNG

1 He went for a walk. · 2 He saw a small grey dog. The dog jumped into the water. · 3 The dog was hurt. · 4 A seal helped the dog to swim back to the beach. · 5 Mr Hacker called the police. · 6 The police took the dog to an animal help centre.

ERARBEITUNG

b)  Gemäß SB.

MUSTERLÖSUNG

When did Charles Hacker go for a walk? (at 8:15 pm) Where did the story happen? (It happened in Exmouth, Devon.)

ERARBEITUNG

c) Gemäß SB. Als HA geeignet.

ÜBERLEITUNG

L: Devon must be an interesting place. Let's learn more about this region.

Background file: Devon – an English county

NEUER WORTSCHATZ

county · °south-west · °the biggest city · °wild · °country · °setting · °famous · °detective · °pony · °north · °south · °coast · °sandy · °surfing · °fishing · °(to) be popular with sb. · °holidaymaker · °warmest

L kann auf die Semantisierung verzichten. Die S erschließen die Wörter aus dem Kontext, durch Ähnlichkeiten mit dem Deutschen, mit Hilfe der Bilder oder des *Vocabulary*. L kann sich auch auf das *Skills File* beziehen.

➜ SF 4: Understanding and looking up new words (p. 177)

Alternative

KV 17: Welcome to sunny Torquay! Ein weiterer Lesetext zu Devon – passend zur Kompetenzschulung Lesen

ERARBEITUNG

SB geöffnet. L: Read the text about Devon and find things that you like about this region.
Diese Aspekte werden anschließend an der Tafel gesammelt (Mindmap) und ins Übungsheft übertragen. Anschließend Bearbeitung gemäß SB in EA. L setzt eine formalen Rahmen von ca. 100 Wörtern.

DIFFERENZIERUNG   More help

Leistungsschwächere S finden auf SB-Seite 161 strukturelle und sprachliche Hilfen.

MUSTERLÖSUNG

I would like to go to Devon because there's a lot to do there. Dartmoor looks great and I love wild ponies. The beaches look exciting and I want to see the palm trees at Torquay Gardens. ... / I wouldn't like to go to Devon because I don't like swimming and surfing. I don't want to see the palm trees. Torquay Gardens looks boring. ...

AUSWERTUNG

Einzelne S lesen im Plenum ihren Text vor.

REFLEXION

L fragt die S, wie sie mit den unbekannten Worten im Text zurechtgekommen sind und welche Strategien ihnen bei der Erschließung des neuen Wortschatzes geholfen haben.

S. 105

1 Consonants at the end of words

EINSTIEG
L liest Morphs Sprechblase mit übertriebener Betonung der Endsilben vor und sensibilisiert so die S für die Übung.

ERARBEITUNG
a) SB geöffnet. Zunächst erfolgt ein gemeinsames Lesen der Aufgabenstellung im Plenum, dann werden die Lautschriftsymbole rekapituliert und die Tabelle angelegt.
L: Why are the letters in brackets? S: These are sound symbols.
L weist darauf hin, dass die Tabelle 8 Zeilen haben muss. Anschließend erfolgt das **1.** und **2. Hören**, danach ▶ *Partnercheck* und Besprechung im Plenum anhand einer Lösungsvorlage.

→ 3 ▶ 11

LÖSUNG

	[p]	[b]	[t]	[d]	[k]	[g]
1			X (cat)			
2				X (had)		
3						X (frog)
4		X (web)				
5				X (loud)		
6						X (leg)
7	X (top)					
8		X (club)				

ERARBEITUNG
b) Auch in dieser Teilübung unterscheiden die S beim Hören zwischen den folgenden Konsonanten am Ende eines Wortes: [p]/[b], [t]/[d] und [k]/[g]. Sie können dabei ihre Tabelle aus **a)** um 8 weitere Spalten ergänzen. Die linke Spalte steht dann bei den jeweiligen Paaren immer für grün und die rechte für rot.

→ 3 ▶ 12

Alternative
Es wird im Plenum mit ▶ *Right/ wrong cards* oder roten und grünen Stiften, die die S hochhalten, gearbeitet.

LÖSUNG
1 sad – red · 2 hurt – green · 3 played – red · 4 · kit – green · 5 club – red · 6 back – green · 7 shop – red · 8 pig – red

ÜBERLEITUNG
L: Now, it's about two different sounds. Can you read the next headline aloud? Ggf. lesen mehrere S nun die Überschrift *You say … the* [e]*-sound and the* [æ]*-sound*, um die Laute deutlich zu machen.

2 You say … the [e]-sound and the [æ]-sound

ERARBEITUNG
a) 👥 **1.** und ggf. **2. Hören.** Die S hören zunächst die Wörter. L: Listen to the words with the [e]-sound and the [æ]-sound.
Danach sprechen sie die Wörter einzeln und in unterschiedlicher Reihenfolge. Der Partner gibt Feedback, ob er/sie ein [e] oder ein [æ]- gehört hat.
L: Now choose single words from the two lines and say them to your partner. Your partner must tell you which sound he/she hears.

→ 3 ▶ 13

ERARBEITUNG
b) L: Now let's listen to some more words. First write down the numbers 1–6 in a table into your exercise book. Then listen and look at the words at page 105/2b). Write down the numbers a) or b) next to the numbers.
1. und **2. Hören.** Anschließend Partnercheck und Besprechung im Plenum.

→ 3 ▶ 14

LÖSUNG

1a) and · 2b) bad · 3b) dead · 4a) sad · 5b) men · 6a) ate

ERARBEITUNG

c) Gemäß SB. Bei Bedarf hören die S das Audio mehrmals. Die S verglei-chen zunächst in PA, die Sicherung erfolgt im Plenum.

LÖSUNG

There are four [æ]-sounds: hand, bag, man, black.

ERARBEITUNG

d) Die S sprechen sich die *tongue twister* gegenseitig in PA vor und bewerten sich (z. B. mit Karten, Smileys oder Nummern). Nach zwei Durchgängen (mit Partnerwechsel) spielt L die Sätze vor und einzelne S können sie laut nachsprechen.

→ 3 🔊 16   Audio online

3 Intonation 🎧

EINSTIEG

SB offen. L liest Morphs Sprechblase vor, die S lesen mit und erläutern die Funktion der Pfeile.

L: Listen to what Morph says and read along. Then tell me what the arrows mean. S: Your voice goes up after the question and down after the short answer. L: Right, this is called intonation. Let's listen to more examples.

ERARBEITUNG

a) **SB geöffnet.** Die S lesen zunächst den Arbeitsauftrag und die Sätze. Anschließend erfolgt das **1.** und ggf. **2. Hören.**

→ 3 🔊 17   Audio online

LÖSUNG

In sentences 2 and 4 the voice goes up at the end.

ANWENDUNG

b) 👥 **SB geöffnet.** L: Now it's your turn. Say the sentences and be careful with the intonation. Work together with a partner and take turns. Durchführung gemäß SB in PA. Die S besprechen, wie sie ihre Stimme jeweils einsetzen und warum sie das so tun. Nach einem Durchgang spielt L das Audio vor und die S gleichen ab, ob ihre Durchführung dem Hörtext entsprach.

→ 3 🔊 18   Audio online

LÖSUNG

up: 3, 5, 7, 8
down: 1, 2, 4, 6

KOMMUNIKATIVE KOMPETENZEN

Die S können …

Lesen: Bilder den passenden Textpassagen zuordnen (SB-Seite 107, 2) · Informationen in einem Text finden (SB-Seite 107, 3) · einen Sachtext verstehen (SB-Seite 106, *Background file*)

Sprechen: fragen, was andere am vergangenen Wochenende / in den Ferien gemacht haben und auf Fragen antworten (SB-Seite 107, 4) · mit Hilfe von Hintergrundinformationen über ein Sachthema (*Grey seals*) sprechen (SB-Seite 106, *Background file*)

S. 106

TIPPS FÜR IHRE PLANUNG

Es bietet sich an, nach der Sicherung des Globalverstehens des Textes tempodifferenziert zu arbeiten und die S erst bei *Early finisher* **b)** wieder zusammenzuführen. **3** und **4** bieten den Übergang zur Übungssequenz, in der die Fragestellung mit *did* geübt wird.

Background file: Grey seals

NEUER WORTSCHATZ

birth · **soon** · (to) **become** +*simple past:* **became** · **spot** · (to) **weigh** · **over** 20 people/years/… · **kilogram + kilo + (kg)** · **wild** · **watcher** · you **mustn't** do it · **close (to)** · **metre** · **about** · **… a day/week/ year** · you **needn't** do it · (to) **get** + *simple past:* **got** · **enough** · **hard** · **baby seal** · (to) **grow** + *simple past:* **grew** · (to) **leave** + *simple past:* **left** · **must** · Box "**must –needn't – mustn't**", *Voc.*, SB-Seite 233 · **kilometre + (km)** · (to) **practice**

EINSTIEG

SB geschlossen. Die S reaktivieren ihr Vorwissen, indem L die Handpuppe einsetzt: Hey students, what do you know about me? S: You're Silky. / You're from Plymouth. / You're two years old. / You live in Plymouth Sound. / You often meet your friends and swim or play football. / You like crabs.

➡ Handpuppe Silky

ÜBERLEITUNG

Nachdem viele Eigenschaften von Silky genannt wurden, lenkt L das Gespräch auf *Grey seals* im Allgemeinen: You know that Silky is a grey seal. How many kilograms do you think grey seals <u>weigh</u> (Semantisieren!)? / How old are grey seals when their mother leaves them? / How many metres can they swim down into the sea?

L sammelt die Schätzungen der S an der Tafel. Die S überprüfen diese anschließend mit Hilfe des *Background file*. L: Now read the background file on your own and check if our ideas are true.

➡ Info-Box zu Silky, HRU-Seite 22

> Grey seals
>
> … weigh … kilograms.
> … are … old when their mother leaves them.
> … can swim … down into the sea.

ERARBEITUNG

1. Lesen (Globalverstehen): Die S lesen den Text mit dem Leseauftrag. Zur Auswertung kommt je ein S an die Tafel und schreibt das richtige Gewicht (over 200 kg), Alter (three weeks) und die korrekte Schwimmdistanz (70 metres) unter die Schätzungen.

👥 **2. Lesen** (Detailverstehen): Die S lesen das *Background file* erneut, merken sich drei Eigenschaften der *Grey seals*, schließen das Buch und sagen diese einem Partner. Dieser überprüft die Fakten.

L: Read the text again, memorize three things about seals. Then close the book and tell these three thinks to your partner.

179

1 🔊 Sailing on Sunday

NEUER WORTSCHATZ
(to) **smile** · (to) **bite,** *simple past:* **bit** · **just** · We **couldn't** go back. · **bell**

EINSTIEG
SB geöffnet. Die S schlagen das *Lead-in* auf SB-Seiten 94–95 auf.
L: Look at the pictures. What stories do we know from Unit 4? (Picture C: Lucy's birthday party / Picture D: Sam's basketball match). What about the other pictures? Let's find out.

ERARBEITUNG
1. Lesen (Globalverstehen): L: Read Abby's story on page 106 and say which picture on page 94 goes with the story. (S: The story is about Abby's sailing trip and we can see it in picture A. The big group of seals on the beach on page 107 is maybe Silky's party in picture B.)
2. Lesen (Detailverstehen): Während des Lesens notieren die S drei bis fünf Aussagen über den Text, von denen einige wahr und andere falsch sein sollen. Wenn die S fertig sind, gehen sie nach vorne an das Lehrerpult und warten auf einen Partner, der ebenfalls schon fertig ist. Sie lesen sich die Aussagen dann paarweise vor und entscheiden, ob diese wahr oder falsch sind und korrigieren die falschen Sätze (►Lerntempoduett). Gemeinsam erarbeiten sie dann **2**.

➜ ⬜3 🔊19 Audio online

📖 Die Semantisierung der neuen Vokabeln ist an dieser Stelle noch nicht nötig, da sowohl *smile* als auch *bite* aus dem Kontext bzw. dem Deutschen zu verstehen sind. *Bell* und *just* sollten nach dem ersten Lesen semantisiert werden. (After a lesson, you can hear the school <u>bell</u>. / <u>Just</u> is another word for only.)

S. 107

2 Abby's story

ERARBEITUNG
👥 Die S suchen passende Sätze aus dem Text heraus, die gut zu den drei Bildern passen.

LÖSUNG
1 We went into the water and swam back to the boat. (ll. 31–31) / Some of the seals followed us, but we were OK. (ll. 32–33)
2 I went sailing with Maya and my brother Tim. (ll. 7–8) / Well, we sailed to a beach near Ivy Island. (l. 11)
3 There was a big group of seals on the beach. (ll. 15–16)

DIFFERENZIERUNG Early finisher
a) Die S wählen selbst 1–2 Sätze aus und zeichnen ein passendes Bild.
b) 👥 🔀 Das ►Lerntempoduett dient der erneuten Zusammenführung der Lerngruppe. Es besteht die Möglichkeit, dass schnellere und langsamere S an dieser Aufgabe gemeinsam arbeiten. So können die schnelleren S, die **a)** bearbeitet haben, ihr Bild präsentieren, die langsameren können ihr Textverständnis erneut überprüfen, indem sie den Bildern passende Sätze zuordnen. Diese Aufgabe lässt sich mehrfach wiederholen, so dass jedes Bild bis zu dreimal erraten wurde. Die S-Paare aus der dritten und letzten Runde bleiben bestehen und arbeiten zusammen an **3** weiter.

3 Lucy's questions

ERARBEITUNG

👥 Die S suchen die Fragen zu den Antworten aus **3** heraus und schreiben sie in ihr Übungsheft. Diese sollen als Muster für **4** dienen.

LÖSUNG

1 Did you have a good Sunday? · 2 What did you see? · 3 What did you do? · 4 Did you see baby seals on Saturday too?

4 Your weekend

ERARBEITUNG

👥 Die Fragen aus **3** als sprachliches Muster nehmend, stellen die S sich gegenseitig die Fragen. Eine Einübung der Fragen und Kurzantworten im *Simple past* erfolgt im Verlauf der nächsten Aufgaben.

➡ Workbook 15 (p. 60)

S. 108

TIPPS FÜR IHRE PLANUNG

Im abschließenden *Practice*-Teil der Unit 4 wird nun die Fragestellung mit *did* bewusst gemacht und eingeübt. Dies erfolgt zunächst über das *Simple present*, da dieses Muster sehr leicht in das *Simple past* übertragen werden kann. Daher wurden diese auch aufeinander folgend eingeführt, um Synergieeffekte in Fragestellung und Verneinung zu nutzen, bevor in Unit 5 dann das *Present progressive* folgt.

Die Aufgaben des *Practice*-Teil sind kommunikativ konzipiert, können jedoch leicht in schriftliche Aufgaben umgewandelt werden. Zusammen bilden die *Language-help*-Box, Aufgabe **1** und **2** eine stringente Sequenz, die die Fragebildung im *Simple past* fokussiert. Im zweiten Teil folgen ein weiteres *Language help* sowie **3** und **4** zum Thema *must, needn't and mustn't* sowie eine Aufgabe zur Sprachmittlung; und im Rahmen der *Study skills* stellen die S kriterienorientiert eine Seite für die *Plymstock School News* her.

ERARBEITUNG   Language help

Die Annäherung an das Phänomen „Fragen im *Simple past*" erfolgt über die Wiederholung von Fragen im *Simple present*. Die Ähnlichkeiten der Fragebildung in diesen beiden Zeitformen erleichtern den S das Verständnis.

L notiert an der Tafel: *You go sailing on Sundays.* und fragt die S, wie die entsprechende Entscheidungsfrage zu bilden wäre.

L: Wie können wir aus diesem Satz eine Frage formulieren? S: Wir müssen *do* an den Anfang schreiben. L notiert die Frage unterhalb des Aussagesatzes.

L schreibt anschließend *Abby goes sailing on Sundays.* an die Tafel. L: Zunächst setzen wir ein *do* vor den Aussagesatz, um eine Frage zu bilden. Alle wichtigen Merkmale müssen am *do* angehangen werden, denn hinter *do* steht immer der Infinitiv.

L ergänzt den Aussagesatz im *Simple past*: *You went sailing at the weekend.* Die S gehen einzeln die gleichen Schritte wie beim zweiten Satz durch. S: Aus *do* wird *did*, da es sich um das *Simple past* (*went*) handelt, und aus *went* wird *go*. Zeitmarker und Ausnahmen der Verbformen stehen immer im Hilfsverb (*do, did*). ▶ Das Vollverb bleibt im Infinitiv.

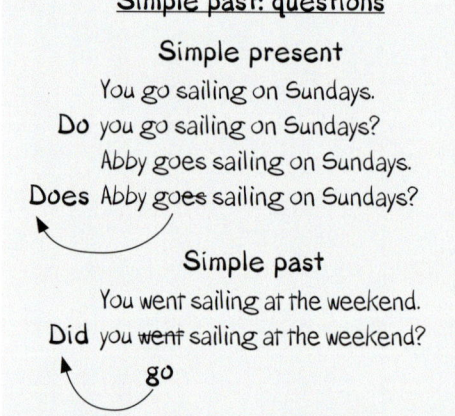

Simple past: questions

Simple present

You go sailing on Sundays.
Do you go sailing on Sundays?
Abby goes sailing on Sundays.
Does Abby goes sailing on Sundays?

Simple past

You went sailing at the weekend.
Did you went sailing at the weekend?
go

→ Interaktive Übungen zum Workbook 4.3, 4.4, 4.5, 4.6

Alternative

Die Grammatikformen werden induktiv eingeführt, indem die S alle Fragen aus dem Text *Sailing on Sunday* herausschreiben und anschließend selbstentdeckend die Regel erarbeiten. Diese gleichen sie zunächst mit einem Partner ab, bevor sie sie im Plenum präsentieren.

→ GF 24: The simple past (III) (p. 197)

1 ♟ Did you see an elephant yesterday? (Simple past: questions)

ERARBEITUNG

♟ **SB geöffnet.** L übt mit der Klasse einen exemplarischen Dialog, damit das Vorgehen klar wird. Dabei motiviert L die S, bei Verneinungen noch einen weiteren Satz zu ergänzen.

L: Did you see an elephant yesterday? S1: No, I didn't. But I saw an elephant in the zoo last summer. L: Did you visit your grandma last weekend? S2: Yes, I did. L: Now write down ten questions. The words from the table can help you.

Die S formulieren mit Hilfe der Tabelle zehn Fragen und notieren diese. L weist darauf hin, nur Handlungsverben (*dynamic verbs*) zu verwenden, um nicht in die *was/were*-Struktur zu fallen.

DIFFERENZIERUNG   Early finisher

Sollten einige S vor den anderen fertig sein, beschäftigen sie sich mit der *Early-finisher*-Aufgabe und formulieren weitere, lustige Fragen.

LÖSUNG

Did you see an elephant/the moon/… yesterday? · Did you go swimming/skating/to the park/to a party/… last week? · Did you play football/tennis/chess/the piano/the drums/… last month? · Did you visit your grandma/friend/ … last year? – Yes, I did./No, I Didn't. But I …

📄 **KV 17: Appointment partners.** Die S gehen zunächst mit ihrem *Morning partner* zusammen, kontrollieren und verbessern gegenseitig ihre zehn Fragen. Anschließend treffen sie ihre *Noon partner,* stellen sich abwechselnd ihre ersten fünf Fragen und beantworten diese. Die letzten fünf Fragen tauschen sie mit dem *Afternoon partner* aus. Sollten S aufgrund der Bearbeitung der *Early-finisher*-Aufgabe mehr als zehn Fragen notiert haben, können sie jeweils fünf Fragen frei wählen.

2 Holidays 💬

NEUER WORTSCHATZ
holidays (*pl*)

ERARBEITUNG

a) ♟♟ Die S ordnen sich im ►*Double circle* an oder stellen sich einem Partner (z. B. ihrem *Evening partner*, ►*Appointment partners*) gegenüber. Nun fragen sie sich gegenseitig, was sie in den letzten Ferien gemacht haben. L: Let's find out what the others did in their last holidays. Try to remember all of what your partner tells you.

Nach der ersten Runde wechselt der innere Kreis einen Platz nach rechts. Nach zehn Runden wird die Übung beendet und die S kehren zurück an ihren Sitzplatz.

L: Now go back to your seat and write down what your classmates did in their last holidays. The student with the most sentences wins this game.

b) Nun notieren die S so viele Aussagen ihrer Mit-S, wie sie können. Wer sich am meisten – vielleicht sogar alle zehn – merken konnte, gewinnt. Die S präsentieren dann reihum eine Aussage über die letzten Ferien eines Mit-S, die genannten S kontrollieren die Richtigkeit.

➡ Workbook 16–19 (pp. 60–61)

📄 **KV 16: Appointment partners**

S. 109

ERARBEITUNG   Language help

L: I can drive a car. (Führerschein zeigen) I must drive to school by car every morning.

L schreibt beide Sätze an die Tafel und unterstreicht die *modal auxiliaries*.

L: You mustn't drive a car because you haven't got a driver's license. (L zeigt auf den Führerschein.) You also needn't drive by car because your parents can drive you or you can take the S-Bahn.

Alle vier Sätze werden untereinander an die Tafel geschrieben, die *modal auxiliaries* werden unterstrichen. L erläutert die Unterschiede.

Die *Language help*-Box wird gemeinsam im Plenum gelesen. Anschließend wenden die S das Gelernte in Übung 3 an.

➡ GF 25: must, needn't, mustn't (p. 197)

➡ Workbook 20 (p. 62)

3 Abby knows about seals (must, needn't, mustn't)

NEUER WORTSCHATZ

(to) **hurt** +*simple past*: **hurt** · **noise**

ERARBEITUNG

Die S diskutieren in PA die einzelnen Lücken und erstellen als Team eine Lösungsvorlage, indem sie nur die Lösungen in der richtigen Reihenfolge aufschreiben. Anschließend erfolgt eine Präsentation im Plenum und Abgleich mit der Lösungsvorlage des Lehrers.

LÖSUNG

Abby: Seals can be scary. You <u>needn't</u> run away when you see them because they don't hurt you. But you <u>must</u> watch out. They sometimes come near your boat. You <u>mustn't</u> touch them because they can bite. I sometimes see groups of seals on the beach when I'm with Skip. You <u>mustn't</u> shout or make noise when you're near seals, but Skip barks all the time. Oh, it's four o'clock, but I <u>needn't</u> go till 4.30. I can tell you more about seals and their babies, so you <u>needn't</u> go on the internet.

Sam: Thanks, Abby, but no. I <u>mustn't</u> be late for my kung fu class. It starts at 4.30. I <u>mustn't</u> forget what you told me about scary seals when I write my project.

4 At a pony club

NEUER WORTSCHATZ

if · (to) **bring** +*simple past*: **brought** · **Box "German "bringen"**, *Voc.*, SB-Seite 234 · **snack**

ERARBEITUNG

Die S lesen die Aufgabenstellung laut. L wiederholt die Rahmenbedingung für das Anfertigen einer Mediation (evtl. anhand SF 10, S.181 im SB). Die S bearbeiten die Aufgabe zunächst schriftlich in EA und tauschen sich anschließend in PA aus.

➜ SF 10: Mediation (p. 181)

LÖSUNG

1 Yes, there are group lessons and private lessons for children.
2 Yes, children of five years or older can take special riding lessons.
3 Yes, you must wear a hat for riding lessons but you can get one.
4 Yes, you needn't wear riding boots so trainers are fine.
5 Sorry, you mustn't bring dogs.
6 You need to call them two days before and tell them that you can't come to your riding lesson.
7 You needn't bring snacks with you because there is a café.
8 No, you mustn't feed the ponies and you mustn't bring sugar.

AUSWERTUNG

Die Auswertung findet im Plenum statt. Dabei können zwei S-Paare das Ganze als Dialog vorspielen, während ein Teil der beobachtenden S auf die korrekte Verwendung von *can, needn't, must* und *mustn't* achtet und ein weiterer Teil der S auf die inhaltliche Korrektheit.

➜ Workbook 21–23 (pp. 62–63)

S. 110

5 👥 STUDY SKILLS Putting a page together

NEUER WORTSCHATZ

news · **together** · **pparagraph** · **title** · **drawing** · **caption** · **order** · (to)
think of sth. · **another** · (to) **arrange** · **What is the story about?** · (to)
go with sth.

EINSTIEG

SB geschlossen. Die S sammeln Inhalte einer Schulzeitung und notieren
diese an der Tafel. Zur Wiederholung des *Study skills* aus Unit 3 bietet sich
hier die Form einer Mindmap an. L: What can you read about in a school
newspaper?

ÜBERLEITUNG

SB geöffnet. L: The Plymstock School News asked Abby to write about her
story at Ivy Island. Here is what she wrote.

ERARBEITUNG

a) L weist die S darauf hin, dass die vier Labels den blauen Begriffen in der
Study-skills-Box entsprechen und semantisiert das neue Vokabular mit
Hilfe der Abbildung. Die S ordnen die Begriffe den vier Buchstaben zu.

LÖSUNG

Captions: D · Drawings: C · Paragraphs: A · Titles: B

ERARBEITUNG

b) Gemäß SB. L verteilt **KV 18**, die den S ermöglicht, mit den vorgegebenen Textfragmenten, Bildern und Titeln eine individuelle Seite zu erstellen.
Entsprechend der fünf Schritte kreieren die S in Kleingruppen nun ihre
Seite in der *Plymstock School News*. Vorab sollte das Vorgehen nicht zu
ausführlich durchgesprochen werden, sodass den S genug Freiraum bleibt,
sich auszuprobieren, und die Möglichkeit gegeben ist, viele unterschiedliche Formen zu erhalten. L sollte die S dazu animieren, eigene Titel und
Bildunterschriften zu verwenden, wenn sie mit den Vorgaben nicht einver-
standen sind. Die fertigen Seiten können die S in ihr *MyBook* einfügen.

c) Gemäß SB. Abschließend tauschen die S ihre Seite mit der einer anderen
Gruppe und vergleichen diese anhand der drei Evaluationsfragen miteinander (►Feedback geben).

🗒 **KV 18: Putting a page
together.** SB-Seite 110 zum
Ausschneiden.

➜

➜ SF 3: Putting a page together
(p. 176)

➜ Workbook 24–25 (p. 64)

S. 111

1 Plymouth, my hometown

ERARBEITUNG

a) SB geöffnet. 1. Sehen (Globalverstehen): L: Let's find out more about Plymouth, the home of Abby and her friends.
Die S lesen zunächst die Arbeitsanweisung, betrachten dann den Filmclip und entscheiden schließlich, ob die Themen aus A oder B gezeigt wurden. Das Ergebnis vergleichen sie mit einem Partner.

Weitere Differenzierung
Die S übertragen vor dem 1. Sehen das Heftbild aus **a)** in ihr eigenes Heft und haken die zutreffenden Themen ab.

LÖSUNG

A	B
a gym	a swimming pool
an ice cream	a pizza
boats	buses
a museum	the Aquarium

ERARBEITUNG

b) 👥 **2. Sehen** (Detailverstehen): Die S schauen sich den Film erneut an und notieren in PA weitere Dinge, die sie im Film sehen können. Anschließend tauschen sie die Liste mit einem anderen Paar aus. Gegenseitig kontrollieren die Paare ihre Listen, zunächst ohne dass der Film ein letztes Mal gezeigt wird; sie verwenden nur ihr Gedächtnis.
Unklarheiten werden durch ein **3. Sehen** geklärt. Das Paar mit den meisten richtigen Begriffen gewinnt.

MUSTERLÖSUNG

a girl · a restaurant · sailing boats · a police boat · a shopping mall · shops · the Hoe · postbox · houses · kids · football · lots of people

ERARBEITUNG

c) 👥 Die S notieren in EA drei Plätze in Plymouth, die sie gerne an einem Wochenende sehen würden. Anschließend einigen sich die S in PA auf ihre gemeinsamen Top 3. L notiert hierfür sprachliche Hilfen an der Tafel:

I agree!	I don't agree!
I also think the Lido is a great/good/funny idea.	I don't want to go to the Lido. I think the Aquarium is cool/nice/interesting.
I also want to go to the Lido.	Let's not go to the Lido. What about the Aquarium?
The Lido sounds good to me too.	

AUSWERTUNG

Abschließend präsentieren die Paare ihre Top 3. Ein S notiert die Ergebnisse mit Hilfe einer Strichliste, sodass die S die Top 3 der gesamten Klasse erhalten.

2 EVERYDAY ENGLISH A present for Ruby

NEUER WORTSCHATZ

(to) **buy,** *simple past:* **bought** · **enough**

EINSTIEG

SB geöffnet. Bildbetrachtung. L: What can we see in the picture? S: We can see Jack and Oliver. L: Where are they? S: They're in a shop. L: They want to find a present for Ruby. What are their ideas? What do they buy? Let's have a look.

ERARBEITUNG

a) 1. Sehen/Hören (Globalverstehen): Die S betrachten den Film und beantworten die Fragen. Anschließend werden diese im Plenum verglichen.

LÖSUNG

Jack's and Oliver's ideas are: a bag, a T-shirt and a book. In the end they give her a bell for her bike.

ERARBEITUNG

b) 2. Sehen/Hören (Detailverstehen): Die S übertragen die Sätze aus der Box im SB in ihr Heft. Anschließend sehen sie den Clip und notieren neben den Sätzen die Reihenfolge (2, 3, 4, …), in der diese im Clip fallen. Dann vergleichen sie die Lösung mit ihrem *Morning partner* (▶*Appointment partners*).

LÖSUNG

So together we have £10. – That's enough to buy a good present. (1)
Do you have any ideas? – What about a bag? (2)
Let's buy her a T-shirt. – No, that's a boring present. (3)
How much is it? – It's £16. That's too much. (4)
Does she have any hobbies? – Well, she rides her bike. (5)
How much is it? – It's £9.99. (6)

ERARBEITUNG

c) 3. Sehen: Die S tauschen ihre Ergebnisse mit dem *Morning partner* (▶*Appointment partners*) aus und kontrollieren dessen Ergebnis, indem sie den Film ein drittes Mal ansehen.
Abschließend lesen sie den Dialog mit ihrem Partner in verteilten Rollen.

ERARBEITUNG

d) 👥 Die S erarbeiten mit ihrem *Noon partner* (▶*Appointment partners*) eine Liste von möglichen Geschenken für einen Freund/eine Freundin. Im Anschluss schreibt jedes Paar nacheinander ein Geschenk an die Tafel, bis alle Geschenke dort notiert wurden.

e) 👥 Die Liste aus **d)** können die S nun für die Erstellung eines eigenen Dialogs zusammen mit ihrem *Afternoon partner* (▶*Appointment partners*) nutzen. Anschließend üben sie diesen Dialog ein und präsentieren ihn einem anderen Schülerpaar. Zum Schluss spielen einige S ihren Dialog vor dem Plenum vor.

➔ Audio online

📄 **KV 17: Appointment partners**

Differenzierung
Leistungsstärkere Lerngruppen sagen nach dem 2. Sehen, welche Geschenke Ruby von ihren Freunden bekommen hat. (book, bag, T-shirt, diary, bell for her bike)

📄 **KV 17: Appointment partners**

Weitere Differenzierung
Hilfen zur Erstellung des Dialogs:

So together we have … €.
Do you have any ideas?
We can buy … / What about a …?
I don't like that idea. Another idea is …
That's a good / great idea.
How much is it?

KOMMUNIKATIVE KOMPETENZEN

Die S können …

Lesen: einem längeren Text Informationen entnehmen und Satzanfänge korrekt beenden, unbekannte Wörter mit Hilfe verschiedener Strategien erschließen (SB-Seiten 112–113, 1–2)

Sprechen: kreativ mit einem Text umgehen und diesen szenisch in einem Rollenspiel umsetzen (SB-Seite 113, 3a))

Schreiben: eine Geschichte aus der Perspektive einer der handelnden Personen weiterentwickeln (SB-Seite 113, 3b))

S. 112–113

A baby seal

TIPPS FÜR IHRE PLANUNG

Der Text *A baby seal* beschäftigt sich mit dem in *Part D* bereits angedeuteten Segelausflug von Abby, in dessen Verlauf sie eine junge Kegelrobbe findet.

Der Text kann zunächst in drei Abschnitten gelesen und das Verständnis mit Hilfe von entsprechenden Aufgaben gesichert werden. Alternativ kann der Text auch am Stück gelesen und das Verständnis direkt im Anschluss in **1** gesichert werden.

NEUER WORTSCHATZ

bright · **eye** · (to) **move** · **over** · (to) **be hungry** · (to) **push** · **head** · **body** · Box "Unregelmäßige Vergangenheitsformen (**Irregular simple past forms**)", *Voc.*, SB-Seite 235 · **sun** · (to) **go down** · (to) **steer** · **only** · someone **is right** +someone **is wrong** · **front** · **slow** · (to) **hit** sth., *simple past:* **hit** · (to) **pull** · **careful** · **rescue** · (to) **be cold** · (to) **die** · **cage** · **poor** · °**propeller** · **before** · **soft** · **silky**

EINSTIEG

SB geöffnet. L: Have a look at the pictures. What can you see? S1 (picture 1): I can see some seals. They're in the water. There's another seal and it's out of the water. S2 (picture 2): I can see three children / Abby, Will and Tim. They're on a boat. A boy / Will falls into the water and a boy / Tim tries to help him.

ÜBERLEITUNG

L: Let's hear what the story is about.

ERARBEITUNG 1

SB geschlossen. 1. Hören/Lesen (Globalverstehen): L spielt den ersten Abschnitt (ll. 1–25) einmal vor. Die S achten dabei auf folgende Fragestellung: What is wrong with the baby seal? S: Its mother isn't there. / It can't find its mother. / The baby seal is hungry.

SB geöffnet. 2. Lesen/Hören (Detailverstehen): L schreibt Verständnisfragen an die Tafel / auf Folie (s.u. TB). Beim Antworten verwenden die S zum Teil die im Text neu auftretenden unregelmäßigen Verben. Die S bearbeiten die Fragen in PA und vergleichen die Lösungen im Plenum. Sollten diese zunächst in den Antworten falsch verwendet werden, fordert L dazu auf, sich die entsprechende Textstelle noch einmal genau anzusehen. Da der Text erst einmal gehört wurde, dürfen die S ihn als Hilfe benutzen und trainieren so gleichzeitig das Überfliegen des Textes.

Die Geschichte eignet sich sehr gut dazu, das Vorlesen zu üben, denn sie enthält sowohl einen narrativen als auch einen dialogischen Teil in einem längeren Text. Die S können wählen, welche Form ihnen am besten liegt. Darüber hinaus fokussiert der Aufgabenapparat verschiedene Strategien für das Verständnis von unbekanntem Wortschatz.

→ 3 ▶ 20 Audio online

A baby seal

questions	answers
a) Who moved over the sand and into a pool?	- A baby seal.
b) Was the pool big?	- No, it was too small.
c) Did the baby seal call her brother?	- No, she called her mother.
d) Did she drink some lemonade?	- No, she drank her mother's milk.
e) What did the baby seal do when she was in the warm sun?	- She fell asleep.
f) When did she call her mother again?	- When she woke up.
g) Why didn't the baby seal play with the other seals the next day?	- Because she was very tired.
h) What did the baby seal do when the sea came?	- She moved back over the sand, away from the water.

Hinweis: Falls in der Klasse ein Aushang mit unregelmäßigen Verben verwendet wird, sollten die neuen (*drink – drank, fall – fell, wake up – woke up*) auch auf diesem vermerkt werden (vgl. HRU-Seite 168). Gleiches gilt für die folgenden unregelmäßigen Formen im Text (vgl. auch *Vocabulary*, SB-Seite 231).

ERARBEITUNG 2

SB geöffnet. Bevor die S den zweiten Abschnitt (ll. 28–67) still **lesen**, semantisiert L die neuen Vokabeln, die die S sich nicht aus dem Kontext erschließen können und die nicht in **2** vorkommen: *Slow, pull* und *careful* können mimisch präsentiert werden, *hit* kann mit Hilfe des Bildes auf SB-Seite 99 erklärt werden. L: In this picture, Abby's boat is about to *hit* the rocks (Gestik, z. B. Faust in Handfläche). L: Let's read something about Abby's boat trip. Die S **lesen** nun den Text still für sich. Leseauftrag: What did the kids find? (a baby seal) und ordnen anschließend mündlich im Plenum folgende Zitate den Lehrwerkskindern zu:

a) "You're too young, Abby." (Will, l. 31)
b) "But it's an animal – maybe a seal!" (Abby, l. 46)
c) "We're too near the rocks, (...)!" (Will, l. 53)

→ ⬚3 ▶21 Audio online

ERARBEITUNG 3

Abschließend **lesen**/hören die S den dritten Abschnitt (ll. 68-100) und beantworten im Anschluss Fragen:

a) What did the woman on the phone do? (She asked Will lots of questions.)
b) How did the rescue team come? (They came by boat.)
c) What did the rescue team find the day before? (They found a dead seal.)
d) Why was the seal dead? (She was dead because she swam too near a ship's propeller.)

Hinweis: L kann an dieser Stelle auf die beiden weiteren unregelmäßigen Vergangenheitsformen *swam* und *found* aufmerksam machen. Die S ergänzen diese ggf. auf dem Klassenraumaushang.

→ ⬚3 ▶22 Audio online

ERARBEITUNG 4

Die S wählen einen der drei Abschnitte aus und üben ihn **vorzulesen**. Vorab können im Plenum an ausgewählten Sätzen aus dem ersten Abschnitt verschiedene Arten des Vorlesens eingeübt oder durch L präsentiert werden (Emotionen, Lesegeschwindigkeit).

1 Did you get it?

NEUER WORTSCHATZ
Did you get it? (*infml.*) · **many** · **Box much ("viel") – many ("viele")**, *Voc.*, SB-Seite 231

ERARBEITUNG
👥👥 Die S fügen nach der Textlektüre die Satzstücke in PA sinnvoll zusammen und überprüfen ihre Ergebnisse zusammen im Plenum.

LÖSUNG
1c · 2e · 3a · 4f · 5g · 6d · 7b

2 New words

ERARBEITUNG
Mit Hilfe dieser Aufgabe soll den S deutlich gemacht werden, dass ein Wörterbuch zwar eine hilfreiche Quelle sein kann, man sich aber viele unbekannte Worte schneller erschließen kann, indem man die zum Text gehörigen Bilder betrachtet oder die Bedeutung aus dem Deutschen ableitet. L lenkt die Aufmerksamkeit auf die neuen Vokabeln in der Box und fordert die S auf, diese in EA in die unten stehenden Kategorien einzuordnen. Hierbei kann es zu sehr unterschiedlichen Ergebnissen der S kommen. Einige S haben vielleicht *to steer* vom deutschen „steuern" abgeleitet oder aber das Bild zur Hilfe genommen, andere mussten es nachschlagen. Wichtig ist es, mit den S ins Gespräch zu kommen und ihnen zu zeigen, dass sie vor allem die Bilder nutzen können, da neue Vokabeln im SB oft visuell eingeführt werden.

➜ SF 4: Understanding and looking up new words (pp. 177–178)

3 On the rescue team   **You choose**

ERARBEITUNG
a) 👥👥 Gemäß SB. Die S gehen kreativ mit dem Text um, indem sie die letzte Szene der Geschichte szenisch darstellen. Indem sie sich in ein Mitglied des Rettungsteams hineinversetzen, vollziehen sie einen Perspektivwechsel; darüber hinaus erhöht sich der individuelle Sprechzeit der beteiligten S.

➜ Workbook 26 (p. 65)
➜ Interaktive Übungen zum Workbook 4.7, 4.8

ERARBEITUNG
b) Gemäß SB. Auch hier gehen die S kreativ mit dem Text um, indem sie ihn in eine andere Textsorte überführen. Die S erzählen der Zeitung Devon News schriftlich die Geschichte von Silkys Rettung aus der Perspektive einer der beteiligten Personen (*woman on the recue team*) in 100 Worten.

Alternative
Leistungsstärkere S können die Rettung aus Silkys Sicht beschreiben und ihre Gedanken notieren. Eine schöne Art der Präsentation wäre die Zuhilfenahme der Silky-Handpuppe.

MUSTERLÖSUNG
A boy called the rescue centre. His name was Will Blackwell. There was a problem with a baby seal. Will was on a sailing trip with his brother Tim and his little sister Abby. Abby saw something white on the beach so they sailed there. It was a baby seal who was very weak. We told them that it is dangerous to touch the seal. When we arrived, we put the baby seal into a cage and took her with us. It needed food because her mother was dead. Abby gave the seal a name because she found her. She called her Silky.

➜ Workbook Checkpoint 4 (pp. 66–69)
➜ LM Unit 4

S. 114

A memory game

TIPPS FÜR IHRE PLANUNG

Mit Hilfe eines spielerischen Zugangs – der Erstellung eines Memory-Spiels – werden auf der *Your-Task*-Seite die Inhalte, der Wortschatz, die Rechtschreibung und die Strukturen der Unit 4 wiederholt und der individuelle Lernstand im Hinblick darauf reflektiert.

Die *Your task* wird im Unterricht gemeinsam bearbeitet; auch ist es sinnvoll, die Selbstevaluation ausführlich mit den S zu besprechen, denn diese gibt ihnen eine Struktur zur tatsächlichen Reflexion des Erarbeiteten und ihres Könnens. Dieser Leitfaden wird den S auf Deutsch angeboten, um bei der Aufarbeitung der Schwächen keine sprachliche Hürde aufzubauen und die Reflexion in der Muttersprache zu ermöglichen.

STEP 1

👥 Die S arbeiten in Gruppen à 2–3 S. Sie blättern durch das Buch und notieren die Namen der Lehrwerksfiguren der Unit 4 auf einzelne rote Karten. Auf die Rückseite jeder einzelnen Namenskarte schreiben die S NAME. Die Namen dürfen mehrfach vorkommen, so müssen nicht zwölf Figuren gefunden werden.

STEP 2

👥 Die S erstellen für jedes Namenskärtchen ein Actionkärtchen, indem sie je eine Handlung für die entsprechende Lehrwerksfigur notieren. Sie notieren ACTION auf die Rückseite und auf die Vorderseite eine Handlung, die zu einem Namenskärtchen passt. L erinnert daran, das *Simple past* zu verwenden.

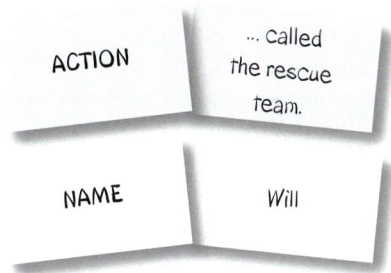

STEP 3

👥 ▶*Peer correction*: Die Gruppen tauschen ihre Kärtchen mit einer anderen Gruppe. Hierfür sollten die S die entsprechenden *NAME*- und *ACTION*-Kärtchen zusammen sortieren, damit die andere Gruppe diese nicht noch zuordnen muss. L sollte den S folgende Leitfragen zur Korrektur geben:
1. Is the action correct? (Dies kann mit Hilfe des SB geklärt werden: Did Sam play in a basketball match? Yes, so the action card is correct.)
2. Is the spelling and the grammar correct too? Check the spelling and also make sure that the group took the correct simple past form. Have a look at the vocabulary too.

STEP 4

👥 Die Gruppen tauschen nun die Karten mit einer anderen Gruppe. (**Hinweis:** Dies darf nicht die Gruppe sein, die Korrektur gelesen hat!) Es empfiehlt sich, den Spielverlauf einmal mit den Sprachmitteln auf SB-Seite 114 zu üben.
Anschließend spielen die S in ihren Gruppen das Spiel, bis alle Karten verteilt sind. Der S mit den meisten Pärchen in einer Gruppe gewinnt.
Die S fahren nun mit der Selbstevaluation fort.

S. 115–117

TIPPS FÜR IHRE PLANUNG
Dieser Abschnitt des SB bietet den S eine systematische Vorbereitung auf Schulaufgaben. Die in den Teilen A, B und C aufgeführten Aufgaben in *Let's prepare for a test* spiegeln die Aufteilung der bayerischen Schulaufgaben wider:

- A (geschlossene, formbezogene Aufgaben): 1–8, Wiederholung von Wortschatz und grammatischen Strukturen
- B (rezeptive Aufgaben): 9, *Reading*
- C (produktive Aufgaben): 10, *Writing*

Hinweis: Zur Bearbeitung werden zwei Varianten vorgeschlagen.
Variante 1: Sehr gründliche gemeinsame Erarbeitung der Aufgaben, die besonders in leistungsschwächeren Gruppen nötig sein könnte.
Variante 2: Eigenverantwortliche und individuelle Erarbeitung etwa im Rahmen einer Hausaufgabe mit anschließender Auswertung im Plenum oder in Form eines ▶ *Lerntempoduetts* im Unterricht.
Variante 2 bietet sich zum Beispiel bei den Aufgaben 1–8 und 10 an, während 9 (*Listening*) im Plenum erfolgen sollte.

A   1 Opposites

NEUER WORTSCHATZ
opposite

FUNKTION
Wiederholung von Wortschatz

ERARBEITUNG
a) SB geöffnet. Bearbeitung gemäß SB. Die S erhalten eine kleine Vorbereitungszeit, in der sie Gegensatzpaare finden und aufschreiben. Auswertung im Plenum.

LÖSUNG
boring – exciting · bright – dark · buy – sell · cold – hot · early – late · hard – soft · pull – push

ERARBEITUNG
b) SB geöffnet. Schriftliche Bearbeitung gemäß SB.

MUSTERLÖSUNG
1 The basketball match was exciting, not boring. · 2 It's cold on the Zugspitze, not hot. · 3 He always gets up early in the morning, not late. · 4 They only sell things, they don't buy them.

2 Lucy's birthday cake

NEUER WORTSCHATZ
egg · large

FUNKTION
Wiederholung von Wortschatz aus Unit 4

ERARBEITUNG
SB geöffnet. Gemäß SB.

LÖSUNG
'Oh, no. We don't have <u>enough</u> eggs for Lucy's birthday cake', <u>shouted</u> Mrs Pascoe from the kitchen. 'I need four, but we have only two. Holly, can you go <u>shopping</u> to the corner shop, please? I don't have time because I'm very <u>busy</u> with the party food.'
'OK, Mum. How <u>many</u> eggs do you need?' Holly asked.

'Here's some money. <u>Buy</u> a box of six, please, large eggs. You needn't buy more. Kids are always <u>hungry</u> so let's make lots of sandwiches too. And hurry up, please. The corner shop is only open till 6 o'clock today. Take your bike, but be <u>careful</u> with the eggs. You mustn't <u>break</u> them.'
On the <u>way</u> to the shop, Holly <u>saw</u> her best friend, so she stopped. They talked and talked for <u>half</u> an hour. Holly <u>forgot</u> the time – and the shopping for her mum too.
'Oh, you're back, Holly. Good. Did you get the eggs?' asked her mum.
'Erm, well, I'm <u>sorry</u> about the shopping Mum, but there <u>was</u> a small <u>problem</u>. You see …'

3 A great day

NEUER WORTSCHATZ
surprise

FUNKTION
Wiederholung von Wortschatz aus Unit 3

ERARBEITUNG
SB geöffnet. Gemäß SB.

LÖSUNG
On Saturday, all Lucy's friends had an <u>invitation</u> to her party. She had a <u>picnic</u> on the Hoe with some great food, and all her friends were <u>excited</u> when they went for a <u>ride</u> on the Wheel. Lucy got some presents too: two music <u>magazines</u>, some <u>cinema</u> tickets from Holly, books and DVDs and a new <u>mobile phone</u> from her parents and <u>grandparents</u>. That was cool, but her best present was a big surprise from Maya and Abby: an orange <u>life jacket</u> so that she can go sailing with them.

4 Last weekend ⏺

FUNKTION
Umwälzung des Wortschatzes

ERARBEITUNG
Gemäß SB in PA.

MUSTERLÖSUNG
On Saturday I slept till 10 o'clock. Then I had a breakfast and I stayed at home for a bit. After lunch, I rode my bike to my friend Mia's house. We drank tea and talked a lot. In the afternoon, we went to a shopping centre with Mia's dad. We bought some school things and had an ice cream. In the evening, Mia's dad went to the cinema with us. It was a great Saturday!

S. 116

5 Saturday (Simple past: positive statements)

NEUER WORTSCHATZ
noisy

FUNKTION
Wiederholung von Wortschatz der Unit und den Verbformen in der einfachen Vergangenheit

ERARBEITUNG
SB geöffnet. Schriftliche Bearbeitung gemäß SB.

LÖSUNG

Last Saturday <u>was</u> the day of Sam's basketball match against Devonport. The teams <u>were</u> very excited. In the second half, it was noisy because the Plymstock fans <u>shouted</u> a lot. Sam <u>scored</u> two points in the last minute, so Plymstock <u>won</u> the match. Great! Mr Taylor, their teacher, <u>jumped</u> up and down.

In the afternoon, all the kids <u>went</u> to the Hoe for Lucy's birthday party. Abby <u>was</u> late because she <u>missed</u> the bus. After a ride on the Wheel they <u>had</u> a great picnic. Mr Pascoe <u>asked</u> Sam lots of questions about the basketball match, and Sam <u>showed</u> all the kids his medal.

6 Sam's 'to do' list (Simple past: positive and negative statements)

FUNKTION

Wiederholung von Verbformen in der einfachen Vergangenheit

ERARBEITUNG

a) SB geöffnet. Schriftliche Bearbeitung in EA, Vergleich der Ergebnisse in PA oder im Plenum.

LÖSUNG

1 He stayed in bed till 10 o'clock, but he didn't make his bed. · 2 He had a big breakfast, but he didn't clean his bike. · 3 Sam met friends, but he didn't do his English homework. · 4 He bought a sports magazine, but he didn't throw away his old music magazines.

ERARBEITUNG

b) SB geöffnet. Schriftliche Bearbeitung in EA, Vergleich der Ergebnisse in PA oder im Plenum.

LÖSUNG

1 I didn't clean my bike last Sunday. · 2 Last Sunday, I didn't make my bed. · 3 I didn't buy a sports magazine. · 4 Last Sunday, I didn't throw away my old music magazines.

7 Sorry, what did you say? (Simple past: mixed questions)

FUNKTION

Wiederholung der Bildung von Fragen in der einfachen Vergangenheit

ERARBEITUNG

SB geöffnet. Die S lesen sich zuerst die zehn Sätze durch und verfassen anschließend die korrekten Fragen dazu.

LÖSUNG

1 Sorry, when did Tom arrive? · 2 Sorry, what did you do? · 3 Sorry, why did Tom go to bed? · 4 Sorry, how did you go to the Barbican on Saturday? · 5 Sorry, what did you show him? · 6 Sorry, where did you have ice cream? · 7 Sorry, what did Tom like? · 8 Sorry, where did you go swimming? · 9 Sorry, when did you go home? · 10 Sorry, when did you watch a DVD?

8 MIXED BAG Sam's visit to London

FUNKTION

Wiederholung von Wortschatz und grammatischen Strukturen der Unit 4

ERARBEITUNG

SB geöffnet. Die S schreiben in EA die Wörter in der richtigen Reihenfolge auf. Auswertung in PA oder im Plenum.

Tipp: Die S arbeiten in GA und wetteifern um das beste Ergebnis.

LÖSUNG

Sam <u>went</u> to London <u>by</u> bus. He <u>arrived</u> on Friday evening. 'Hi! Welcome back to London!' Tom <u>said</u>. '<u>Did</u> you have a good bus <u>ride</u>?' <u>asked</u> his dad. 'Yes, <u>I did</u>, thanks. But it's a long <u>way</u> from Plymouth.' 'Well, we can see all the London <u>sights</u> and we can go <u>to</u> the <u>cinema</u>. There's a new Will Smith film <u>at</u> the Odeon,' said Tom. 'What's the film <u>about</u>?' asked Sam. 'It's an <u>exciting</u> action film, ' answered Tom. 'But I <u>needn't</u> tell you the story now. I can do that later. How about an XXL pizza? You <u>must</u> be hungry.'
On Saturday they <u>walked</u> around town. They <u>looked</u> in sports shops and Sam <u>bought</u> two sports <u>magazines</u> to read on the bus. They <u>stopped</u> for a sandwich at a café and later they <u>played</u> computer games in a computer shop. Sam was <u>excited</u> because he was back in London. He <u>left</u> London at 3 o'clock <u>on</u> Sunday afternoon. Tom and <u>his</u> mum took him to the bus. Sam was sad, Tom too.
<u>At</u> home in Plymouth Sam said, 'Hi! I'm back. And <u>guess</u> what, London is <u>still</u> really cool.'.

S. 117

 B **9 Justin's cousin**

NEUER WORTSCHATZ
sure · all day · once · unfriendly · (to) **go on a boat trip** · unhappy · that's why · train · first

FUNKTION
Schulung des Leseverstehens

ERARBEITUNG
a)+b) SB geöffnet. Erarbeitung in EA, anschließend ▶ *Partnercheck*.

LÖSUNG
a) 1 Katie visited the Skinners in May. · 2 No, Justin is 12, and Katie is 15. · 3 No, Justin wasn't happy. · 4 They took the bus and went to Smeaton's Tower. They walked to the harbour and watched the boats and the seals. They went to a shopping mall.
b) Katie and Justin don't have much to talk about. They like different things.

ERARBEITUNG
c) SB geöffnet. Die S arbeiten in EA. Auswertung im Plenum.

MUSTERLÖSUNG
Katie was very unhappy because she lost her camera. She thinks she left it on the bus. It was a birthday present from her parents and she can't tell them that she lost it.

C   10 A nice weekend visit ✎

FUNKTION
Produktives Schreiben

ERARBEITUNG
SB geöffnet. Gemäß SB.

MUSTERLÖSUNG
Hi, Alex!
Last weekend, my cousin Leonie from Augsburg came to visit us. She's 13 and she likes animals, music and sports. She arrived in the morning and we had a late breakfast together. After that, we went to a safari park. We were all very excited because there were lions, elephants and giraffes. They came very close to us, it was great! At lunchtime we had sandwiches and lemonade at the park café. In the evening, we were too tired to go out. So we watched an Indian dance film on DVD. I didn't like it so much but Leonie thought it was great. So, that was my weekend with my cousin. How was your weekend?
Write back soon!
Lotte

S. 118–119

TIPPS FÜR IHRE PLANUNG
Es empfiehlt sich den neuen Wortschatz zu Beginn der Erarbeitung der *Access to cultures*-Seiten *en bloc* zu semantisieren.

➜ Interaktive Übungen zum Workbook ATC 3

1 🔊 Here we go – to London

NEUER WORTSCHATZ
I'd love to · queen

EINSTIEG
L: Look at the pictures. What do they tell you about life in London? S: It rains a lot. / There are red buses. / People in London drink a lot of tea. Dann semantisiert L den neuen Wortschatz: <u>I'd love to</u> travel to London because I want to see the red buses and Big Ben.
(Der Begriff <u>queen</u> muss nicht vorentlastet werden.)

ÜBERLEITUNG
L: Look at Morph, he´d like to go to London too.

ERARBEITUNG
SB geöffnet. Die S lesen die Sprechblase während des **1. Hörens** mit. Anschließend beantworten sie Morphs Frage mündlich im Plenum. L hält alle S-Antworten an der Tafel fest. Anschließend kann eine Mindmap zu London angelegt werden, um die Ergebnisse mehr zu würdigen. Die Mindmap kann zudem als Anknüpfungs- und Ausgangspunkt bei den folgenden Übungen verwendet werden.

➜ 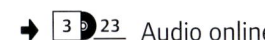 Audio online

MUSTERLÖSUNG
It's a very big city. · (8.5 million people live in London.) · Queen Elizabeth's house is called Buckingham Palace. · …

> **INFO BOX**
> **London** ist die Hauptstadt des Vereinigten Königreichs und mit 8,5 Millionen Einwohnern größte Stadt Großbritanniens und Europas. Seine Siedlungsgeschichte reicht bis ins 1. Jahrhundert n. Chr. zurück, als Londinium eine Stadt der Römer war. Heute ist London nicht nur Regierungs- und Monarchensitz, sondern auch ein weltbedeutendes Zentrum für Wirtschaft, Mode sowie Kultur mit unzähligen Museen, Bühnen und historischen Sehenswürdigkeiten. Die Bevölkerung der britischen Hauptstadt ist multikulturell; im Großraum London werden über 300 Sprachen gesprochen.
>
> **Buckingham Palace** ist die Residenz des britischen Monarchen, derzeit Queen Elizabeth II. und ihr Ehemann Prinz Philip, in London. Der Palast wurde bereits 1703 erbaut und bis zur Zeit Königin Victorias kontinuierlich erweitert; heute umfasst er 775 Räume. Das Gebäude wird regelmäßig für Staatsanlässe genutzt. Es ist ein weiteres Wahrzeichen Londons und besonders der täglich stattfindende Wechsel der königlichen Wache, *Changing of the Guards*, lockt viele Besucher. Auf dem Buckingham Palace ist stets eine Fahne gehisst, wobei der *Royal Standard* bedeutet, dass die Queen zugegen, die *Union Flag* aber, dass die Queen derzeit abwesend ist.
>
> **Rote Doppeldeckerbusse** verkehren in London auf 673 verschiedenen Routen mit mehr als 19.000 Haltestellen und sind typisch für die Stadt. Manche von ihnen haben ein offenes Verdeck. Der Bus Nummer 11 verbindet eine Vielzahl berühmter Sehenswürdigkeiten; eine Fahrt auf dieser Route ist wesentlich günstiger als in den Sightseeing-Bussen für Touristen.
>
> **Sherlock Holmes** ist der Protagonist in Arthur Conan Doyles Detektivgeschichten, welche dieser Ende des 19. und Anfang des 20. Jahrhunderts verfasste. Mit seinem engen Freund Dr. Watson versucht der Privatdetektiv stets, Verbrechen aufzuklären. Heute gibt es in der Baker Street, dem Wohnort des fiktiven Londoners, das Sherlock-Holmes-Museum.
>
> **Der Tower**, 1066 von *William the Conqueror* errichtet, ist eines der berühmtesten Gebäude Londons. Er ist direkt an der Themse, unweit der Tower Bridge, gelegen. Früher sowohl Gefängnis als auch Palast, dient er heute als Museum, in dem man unter anderem die Kronjuwelen besichtigen kann.

Fortsetzung: INFO BOX

Die **Tower Bridge** mit ihrer über 120-jährigen Geschichte zieht jährlich tausende Besucher an. Dank der Stahlkonstruktion der Brücke und mithilfe eines hydraulischen Systems kann die Brücke geöffnet und somit hohen Schiffen die Durchfahrt auf der Themse ermöglicht werden. Im Inneren des Londoner Wahrzeichens können Besucher in der *Tower Bridge Exhibition* die Geschichte des Bauwerks nachvollziehen und ein großartiges Panorama über London genießen.

Big Ben und die **Houses of Parliament (Palace of Westminster).** Irrtümlicherweise halten viele Menschen „Big Ben" für den Namen des Glockenturms, allerdings handelt es sich dabei um den Namen der Glocke im Inneren des Turmes. Seit dem diamantenen Thronjubiläum der Queen im Jahre 2012 wird der Turm, welcher 1859 fertiggestellt wurde, *Elizabeth Tower* genannt.

Das **London Eye (Millennium Wheel)** ist das höchste Riesenrad Europas. Die privat betriebene Attraktion wurde 1999 fertiggestellt, öffnete im Jahre 2000 und ist seitdem einer der größten Touristenmagneten im Vereinigten Königreich. Am Südufer der Themse ragt das London Eye 135 Meter in die Höhe und bietet in 32 Gondeln jeweils bis zu 25 Personen Platz. Eine Fahrt dauert etwa 30 Minuten.

Das **National History Museum** in London ist eines der größten seiner Art und bietet wie alle staatlichen Museen im UK Besuchern kostenlosen Zutritt. Die beeindruckenden Räumlichkeiten beherbergen Dinosaurierskelette, verschiedenste Tiermodelle wie auch das des ausgestorbenen Dodos, ein über 30 m fassendes Blauwalskelett, eine große geologische Sammlung sowie einen lebensgroßen T-Rex-Roboter. Außerdem wird Kindern die Chance gegeben, für einen Tag Wissenschaftler zu sein und beispielsweise selbst Fossilien auszugraben. Das Museum ist nicht nur eine Attraktion für die jährlich über 5 Millionen Besucher, sondern auch ein führendes Forschungszentrum mit einer über 80 Millionen Präparate umfassenden Sammlung.

Hyde Park ist eine der größten und bei Londonern und Touristen gleichsam beliebtesten Grünanlagen Londons. Ursprünglich diente die Fläche als Jagdrevier Heinrichs des VIII., heute werden im Hyde Park Konzerte veranstaltet und Besucher können auf dem *Serpentine*, einem künstlichen See, Ruderboote mieten. *Speakers' Corner* im Nordosten des Parks bietet eine Plattform für öffentliche Reden und Diskussionen unter freiem Himmel und befindet sich unweit des *Marble Arch*, des berühmten Londoner Triumphbogens, der ursprünglich als Eingang zum Buckingham Palace diente, später jedoch auf die Park Lane versetzt wurde.

Trafalgar Square ist im Herzen Londons gelegen. Es handelt sich dabei um einen großen Platz inmitten der Parlamentsgebäude, Buckingham Palace und Covent Garden, der jedes Jahr mehr als 16 Millionen Besucher zählt. *Nelsons's Column*, eine Säule mit einer Statue des Admirals Nelson, wurde von 1840 bis 1843 erbaut und überblickt den Platz. Sie erinnert an den bedeutenden britischen Marineoffizier, der 1805 in einer Seeschlacht gegen die napoleonische Flotte fiel.

William und Kate/Catherine (Herzog und Herzogin zu Cambridge): Prinz William ist der Enkel Queen Elizabeths der II. und Sohn des zukünftigen Königs, Prinz Charles. Eines Tages wird auch William die Thronfolge antreten. 2011 heiratete er Kate Middleton, die seitdem den Titel „Catherine, Duchess of Cambridge" trägt. Am 22. Juli 2013 erblickte der Sohn des Paares, Prinz George, das Licht der Welt; am 2. Mai 2015 folgte Töchterchen Prinzessin Charlotte.

2 Young people in London

NEUER WORTSCHATZ
tradition · parliament · natural history · dinosaur · time · for miles · top · concert · grass · world · tourist · through · market · theatre

EINSTIEG
Vorentlastung/Semantisierung der neuen Vokabeln. L schreibt alle neuen Vokabeln an die Tafel und entlastet parliament, natural history und through vor. Danach spricht L alle Wörter vor, die S sprechen nach (▶*Chorsprechen*). Abschließend sollen die S Sätze mit mindestens vier neuen Wörtern bilden. Wenn möglich mehr.

Alternative
Competition: Wer schafft den Satz mit den meisten/allen neuen Wörtern?

ÜBERLEITUNG
L: Let's listen to some young people and their stories about London.

→ 3 ▷24–27 Audio online

ERARBEITUNG
a) SB geöffnet. 1. Hören/Lesen. Die S lesen die Sprechblasen und hören gleichzeitig den entsprechenden Hörtext. L: First listen and read along. Then read the speech bubbles again und find all the sights in London. Add them to your mindmap. **2. Lesen.** Anschließend lesen sie die Sprechblasen noch einmal und schreiben die Sehenswürdigkeiten heraus. Die Auswertung/ein Vergleich kann dann in PA erfolgen.

Weitere Differenzierung
Early finisher: Leistungsstärkere S entnehmen weitere Informationen zu den *sights* aus den Sprechblasen und fügen sie der Mindmap hinzu.

LÖSUNG
Buckingham Palace · the Tower of London · the Houses of Parliament · Big Ben · the River Thames · the Natural History Museum · the London Eye · Hide Park · Tower Bridge

ERARBEITUNG
b) 👥 SB geöffnet. Gemäß SB.

Hinweis: L weist darauf hin, dass es Bilder gibt, die die S nicht zuordnen können und dass diese Bilder beschrieben werden sollen. Neue Informationen sollten in der Mindmap aus **1** ergänzt werden.

LÖSUNG
1 Tower of London · 2 Natural History Museum · 3 Tower Bridge · 4 London Eye · 5 We don't know what number 5 is. (Trafalgar Square) · 6 We don't know where number 6 is. The woman does not have money. She sits on the street and asks people for money. · 7 Will and Kate · 8 Buckingham Palace · 9 Hyde Park · 10 Houses of Parliament and the Elizabeth Tower

ERARBEITUNG
c) 👥 SB geöffnet. Gemäß SB.

MUSTERLÖSUNG
S1: In my picture there are two people in the foreground and there's one woman in the background.
S2: That must be picture 7, William and Kate.
S1: That's right!
S3: In my picture there's a river in the foreground and the sky and clouds in the background.
S1: I think that's picture 10.
S3: No, that's wrong. There's a big bridge in the middle of my picture.
S2: Oh, I know, that is picture 3, Tower Bridge. …

3 A London quiz

ERARBEITUNG
👥 **SB geöffnet.** Gemäß SB. L: Look at your mindmap again and write down eight questions about London. Write down answers too (keywords only!), but make sure that no one can see your questions.

MUSTERLÖSUNG
1 Who lives in Buckingham Palace? (Queen Elizabeth II) · 2 What is the London Eye? (a big wheel) · 3 Where can you see a dinosaur? (at the Natural History Museum) · 4 How many people live in London? (8.5 million) · 5 What can you do at Hyde Park? (listen to concerts) · 6 What is the name of London's river? (River Thames) · 7 How many languages can you find in London? (300) · 8 What is the name of a famous London bridge that can open to let ships sail through? (Tower Bridge)

4 What about you? 💬

ERARBEITUNG
a) 👥 **SB geöffnet.** Gemäß SB.

MUSTERLÖSUNG
I would like to go London because I think it's a very interesting city! I'd love to see Buckingham Palace and I'd like to go on a tour there. I'd also like to go to Hyde Park, to have a picnic there and listen to a concert. I'd like to try lots of interesting food in London. I hear there are many really great restaurants! My mum says it's too expensive but I'd love to go on a ride on the London Eye! …

ERARBEITUNG
b) 👥 **SB geöffnet.** Gemäß SB.

MUSTERLÖSUNG
Berlin is the capital city of my country – Germany. About 3.4 million people live there. Famous sights are the Brandenburger Tor, Eastside Gallery, Checkpoint Charlie and the parliament building the "Reichstag". You can visit its interesting glass dome. From there, you can see many sights of the city. You can also look inside the parliament and see Angela Merkel work!

By the sea

Storyline	Die Lehrwerkskinder machen einen Ausflug nach Cawsand Beach, und Justin dreht einen Film darüber. Lucy berichtet über einen Ausflug zum Aquarium von Plymouth. Justin und Sam halten einen Kurzvortrag über Cawsand Beach und seine Geschichte als Schmugglerort. Diese wird auch im abschließenden Theaterstück thematisiert.
Kommunikativer Kompetenzschwerpunkt	**Mediation:** Im Mittelpunkt der Unit 5 stehen der Ausbau und die Schulung der Sprachmittlungsfähigkeiten. Die S können … ausgewählte Aspekte aus einem längeren englischen Sachtext mündlich auf Deutsch zusammenfassen (SB-Seite 127, 3) · Fragen mit Hilfe deutschsprachiger Notizen auf English beantworten (SB-Seite 129, 5) · einen überzeugenden Kurzvortrag auf Englisch darüber vorbereiten, warum Bayern eine ideale Urlaubsregion für die Sommerferien wäre (SB-Seite 144, *Your task*)
Sprechabsichten	sagen, was man am Strand von Cawsand gerne machen würden (SB-Seite 121, 2b)) · ein Foto beschreiben (SB-Seite 122, 3) · über Gefühle sprechen (SB-Seite 127, 2c)) · kriterienorientiert begründen, was an einem Poster gut ist bzw. verbessert werden könnte (SB-Seite 131, 4) · Szenen eines Theaterstückes auswendig lernen und vorspielen (SB-Seite 139, 3)
Schreibanlässe	einen Text in eine andere Textsorte übertragen (hier: Theaterstück in *Comic strip*) (SB-Seite 139, 3)
Language skills	**Grammatische Strukturen:** *Present progressive:* bejahte und verneinte Aussagesätze, Fragen; Wortstellungen in Nebensätzen; *some* und *any* **Wortfelder:** *The seaside · marine life · adjectives* **Pronunciation course:** *You say … the* [əʊ] *– or the* [ɒ]-*sound* (SB-Seite 137, 1) · *Sounds and symbols* (SB-Seite 137, 2) · *Intonation (Questions)* (SB-Seite 137, 3)
Study skills	**Thinking about language:** *English nouns in other languages* (SB-Seite 133, 3) **Preparing and giving a mini-talk.** Informationen sammeln, ein Poster gestalten und einen Vortrag halten über eine Lehrwerksfigur · Feedback geben (SB-Seite 132)
Kooperative Lernformen	*Partner A and B activity* (SB-Seiten 128, 1/167/238) · *Think-Pair-Share* (SB-Seite 136, 2b)) · *Partner check* (SB-Seiten 121, 1b); 135, 6a))
Hör-/Sehverstehen: The world behind the picture	**A ferry trip to Cawsand.** Informationsfilm über die Fährverbindung Plymouth-Cawsand (SB-Seite 136, 1) **Everyday English: Making plans.** Ruby, Jack und Oliver planen einen Ausflug zum Strand (SB-Seite 136, 2).
Your task	**Holidays in Bavaria.** Aus dem Deutschen ins Englische mediieren (SB-Seite°140).
Let's prepare for a test	Systematische Vorbereitung auf Schulaufgaben zur Unit 5 (Wortschatz, grammatische Strukturen, *Speaking* und *Listening*) (SB-Seiten 141–143).
Access to cultures	**The USA and Canada.** Sich selbstständig zu den regionalen Gegebenheiten der USA und Canada informieren (SB-Seiten 144–145). **English as a world language.** Die globale Verbreitung der englischen Sprache erkennen (fächerübergreifender Arbeiten: Geografie) (SB-Seite 146–147).

KOMMUNIKATIVE KOMPETENZEN
Die S können …
Hören: aufschreiben, was sie in einer Tonaufnahme gehört haben und was sie dabei fühlen (SB-Seite 121, 2a)
Sprechen: sagen, was sie am Strand von Cawsand gerne machen würden (SB-Seite 121, 2b)

S. 120–121

TIPPS FÜR IHRE PLANUNG
Unit 5 begleitet die Lehrwerkskinder bei Ausflügen nach Cawsand und ins Plymouth Aquarium, zwei *fun places*, die Plymouth als Ferienregion sehr attraktiv machen. Mit mehreren Sinnen (Sehen, Hören, Fühlen, Musik) sollen die S das Strandleben erfassen und mit dem Vokabular, das sie schon kennen, versprachlichen.

NEUER WORTSCHATZ
by the sea

EINSTIEG
SB geschlossen. Vorentlastung und Einstieg in das Thema. UG mit folgenden Impulsen: When you talk about holidays in your family, does everybody want to go to the same place? Do you talk about it and find a place you all like? What's your favourite holiday place? Why? Do you sometimes go on holidays to the seaside? – Do you like it? What do you like?

1 Cawsand Beach

ERARBEITUNG
a) SB geöffnet. L: Let me show you why the Plymouth area is a great place for summer holidays. Look at the photo of Cawsand Beach. Isn't it great? What can you see in it? Don't tell me yet. Write down as many words as you can. Die S benutzen dabei vor allem den schon bekannten Wortschatz. Bei entsprechenden S-Fragen kann L anhand des Fotos leicht neue Lexik einführen (z. B. *octopus, crab*).

Tipp: L projiziert Bild an eine Wand.

➜ Dokumentenkamera, OH-Projektor + Folie (von L selbst erstellt)

MUSTERLÖSUNG
tourists, (sailing) boats, Silky, sand, water, waves, houses, an octopus, crabs, fish

ERARBEITUNG
b) 👥 SB geöffnet. Gemäß SB. Als Hilfe kann L folgende sprachliche Mittel an die Tafel/auf Folie schreiben:

➜ Tafelanschrieb/Folie

A: Let's compare our lists. I have …
B: I also have that.
A: What else do you have?
B: I have …
A: You're right.

2 At the beach 🎧

NEUER WORTSCHATZ
(to) **feel** +**felt** · **face** · (to) **look for** sth.

ERARBEITUNG 1
a) L bereitet die Hörverstehensaufgabe durch eine ►*Fantasiereise* vor, bei der sich die S die Geräusche schon vorstellen. Dadurch wird das zielgerichtete Hören erleichtert:
Now let's imagine we're all on a sunny beach. We're lying on the sand, our eyes are closed because the sun is so bright, it's so hot. Can you feel the sun on your face, the wind in your hair? It's so nice just to be there, to relax.
Our eyes are closed, so we can see nothing, but we can still hear things – we can't close our ears. There are lots of people because it's a hot day. There are kids and adults, we can hear them. What do you think they're saying? We can hear the kids. They're playing games. What games can you play on the beach?
What noises can you hear? We can hear animals. They're making noises, animals in the air, animals in the water. Can you hear them? And the water is making noises. Can you hear the water? We can also hear some noises from cars and motorbikes on the road and ferry boats on the water. But now we're so tired that we're all going to sleep. No more noises. It's all quiet. How relaxing. Now it's time to wake up. We're back in the classroom.

ERARBEITUNG 2
Danach erfolgt das **Hören** (Globalverstehen). Die Sicherung der Ergebnisse erfolgt zuerst im ►*Partner check*.

➡  3 28

MUSTERLÖSUNG
I can hear a seagull. I can feel the sun on my face. It's so hot.
I can hear the sea/the water. It feels nice and warm.
I can hear music. It's an ice cream van. Someone wants to buy an ice cream. It tastes very good.
I can hear a bell. Someone is riding a bike.
I can hear a boat. It's called the Red Pig.
I can hear someone. He/she is walking on the beach. A dog is barking. It's scary. Maybe he wants to bite me.
I can hear kids. They're playing on the beach and swimming in the sea. They're having lots of fun.
I can hear a seal. It's swimming in the water. Maybe it's Silky.
I can hear someone. He/she's playing with a ball.

ERARBEITUNG
b) 👥 **SB geöffnet.** L: With your group, talk about what you would like to do at Cawsand Beach. One of your group members starts, then you go clockwise and take turns. Which team can find the most activities?

MUSTERLÖSUNG
I'd like to swim in the sea and look for Silky/to go sailing/to go for a walk on the beach/to lie on the beach and read a book.

3 One, two, three, four, five 🎧

NEUER WORTSCHATZ
Box "Unregelmäßige Vergangenheitsformen (Irregular simple past forms)", *Voc.*, SB-Seite 237

ERARBEITUNG 1
SB geschlossen.
1. Hören (Globalverstehen).
L: Listen to the song and find out what it is about.

→ 3 ⏺ 29–30

MUSTERLÖSUNG
It's about someone who caught a fish and let it go.

ERARBEITUNG 2
SB geöffnet. 2. Hören/Lesen. Das Ziel des 2. (bzw. mehrmaligen Hörens/Lesens) besteht vor allem darin, einzelne Zeilen des *songs* möglichst genau (Aussprache, Intonation) zu imitieren. Die S arbeiten in PA. Partner A konzentriert sich auf die Refrainzeilen 2, 4, 6 und 8, Partner B auf die Zeilen 1, 3, 5 und 7. Die S hören den *song* mehrmals und singen dabei immer ihre Zeilen mit, am Ende eventuell ohne Musik, leistungsstärkere S ggf. sogar ohne Text. Das Detailverstehen muss dabei nicht unbedingt gesichert sein, wo Probleme auftauchen, kann L erklären.
L: Let's listen to the song again and sing along. Sing with a partner. One of you sings along in lines 2, 4, 6 and 8, the other one in lines 1, 3, 5 and 7.

→ Workbook 1 (p. 70)

YOUR TASK
L kann zum Abschluss der Einführungsseiten zur Unit 5 im Sinne der Lernzieltransparenz auf die Lernaufgabe am Ende der Unit hinweisen (SB-Seite 140).
In der *Unit task* kommen einige in der Unit erarbeitete Kompetenzen zusammen:
– Methodisches Wissen: z. B. **3** *Study skills: Preparing and giving a mini-talk* (SB-Seite 132).
– Sprachmittlungskompetenz: z. B. **3** *At the aquarium* (SB-Seite 127), **5** *Sea Life in Munich* (SB-Seite 129)

KOMMUNIKATIVE KOMPETENZEN

Die S können …

Lesen: einen Text lesen und Bilder zuordnen, die dazu passen (SB-Seite 122–123, 1–2)

Sprechen: sagen, was gerade auf einem Foto oder Bild passiert und was dort nicht passiert (SB-Seite 122,3–105)

S. 122–123

TIPPS FÜR IHRE PLANUNG

Im Zentrum der kommunikativen Arbeit in *Part A* steht die Beschreibung dessen, was gerade passiert, oder was jemand gerade tut (*Present progressive: positive and negative statements*). Den kommunikativen Rahmen für die Einführung, Bewusstmachung und Einübung dieser Struktur bildet ein Ausflug der Lehrwerkskinder an den Strand, der von Justin für seinen Vater mit der Videokamera dokumentiert und kommentiert wird. Durch Justins Beschreibung dessen, was seine Freunde gerade machen und durch die Arbeit mit den Standbildern aus der DVD ergibt sich ganz authentisch der Gebrauch des *Present progressive* in der Einführungsphase. Weiteres visuelles sowie auditives Material ermöglicht den Schülern im weiteren Verlauf auch die Bewusstmachung und Einübung der Struktur (*Part A Practice*).

In *Part A* steht der inhaltliche Aspekt des kommunikativen Handlungsrahmens im Zentrum. Die neue Struktur wird nur wahrgenommen (**1**), verstanden (nichtsprachliche Reaktion: Zuordnung von Text und Bild in **2** und vorbewusst reproduziert **3**.

1 ☞ An afternoon in Cawsand

NEUER WORTSCHATZ

trip · ferry · top · (to) run **after** sb. · °tag · °Sam is it · **fast** · **at the moment** · °rock pool · **a kind of** … · °sea life · **rucksack** · (to) **be over** · (to) **laugh** · **almost**

EINSTIEG

SB geschlossen. L bringt einen Rucksack mit und erzählt von einem Ausflug, den er kürzlich gemacht hat. Dabei semantisiert er wichtigen Wortschatz und demonstriert den Gebrauch des *Present progressive* in einem für die Struktur typischen Handlungsrahmen.

L: Look, this is my <u>rucksack</u>. It's a big rucksack because when I go on <u>a trip</u> I need lots of things. (L sucht im Rucksack herum.) This rucksack is so big, I always have to look for things. <u>At the moment</u>, I'm looking for my sunglasses. Where are they? Here they are. Do you have a <u>rucksack</u>? What kind of rucksack – big, small, green …? (S: I have a very big red <u>rucksack</u>.) Do you like trips to the seaside? What kind of trips do you like? (S: I like <u>trips</u> to …) When I go on a trip, I sometimes take the car, sometimes the bus or the train and at the seaside I sometimes <u>take the ferry</u> – it takes me over the water, for example from Calais to Dover (auf der Karte zeigen). Ferries can take you over rivers, lakes or the sea. Sometimes I'm late for the ferry, then I have <u>to run</u> really <u>fast</u> (L demonstriert) to catch the ferry. At the moment <u>I'm not running</u> <u>fast</u>, now <u>I'm running</u> really <u>fast</u>. Can you run fast? (S: …)

ÜBERLEITUNG

Justin and his friends also went on a trip. They went to <u>Cawsand Beach</u> in Cornwall (Tafelanschrieb). They had fun. Justin made a film of their trip for his dad.

➜ Realia (Rucksack, Sonnenbrille, Karte)

ERARBEITUNG
SB geschlossen. 1. Hören (Globalverstehen). L: Let's listen to what he tells his dad when he films his friends. Try to find out who else went to Cawsand Beach with Justin. (Lucy, Maya, Abby and Sam)

→ 3 ▷ 31–36 Audio online

2 Justin's film

ERARBEITUNG
SB geöffnet. 1. Lesen (Detailverstehen). Gemäß SB.

Alternative

📋 **KV 20: Justin's film.** *Right/wrong-statements* zur Überprüfung des Textverständnisses

LÖSUNG
A4 · B2 · C1 · D6 · E5 · F3

ÜBERLEITUNG
L: Justin wants to put some of these photos on a poster on his bedroom wall because he had fun that day. For each photo, he's trying to find a caption (a text that goes with the photo). Can you help him?

3 Have a go

NEUER WORTSCHATZ
(It's) my turn.

ERARBEITUNG
a) SB geöffnet. L: Write the sentences in your exercise book.

Alternative
Tell your mother what the kids did.

LÖSUNG
In photo 2, Sam is playing tag with the girls. · In photo 3, Sam is telling jokes. · In photo 4, Lucy is running to the ferry. · In photo 5, Maya, Sam and Lucy are making silly faces.

ÜBERLEITUNG
L: Now let's play a game.

ERARBEITUNG
b) 👥👥 SB geöffnet. Gemäß SB. Zunächst demonstriert L das Vorgehen mehrmals im Plenum; dann spielen einzelne S im Plenum, sodass L bei Bedarf noch korrigierend eingreifen kann. Erst anschließend spielen die S in PA, ggf. auch in GA.

S. 124–125

TIPPS FÜR IHRE PLANUNG
Für die Bewusstmachung (*Looking at language*) wird im Sinne der Reduzierung der Schwierigkeiten nochmals auf **1 An afternoon in Cawsand** (*Part A*) zurückgegriffen. Auch die Übungen **2** und **3** beschreiben weitere Ereignisse im Rahmen des Ausflugs zum Strand. Dabei wird das *Present progressive, positive statements* bei wachsendem Schwierigkeitsgrad eingeübt. Während es sich bei **2** um geschlossene Aufgabenformen handelt, erfordert **3** die Produktion ganzer Sätze im *Present progressive* auf der Grundlage visueller Impulse. Durch die Hilfestellung (Verben im Infinitiv in der Box) wird diese Aufgabe zu einer halboffenen.

→ Folie 10
→ Interaktive Übungen zum Workbook 5.1, 5.2, 5.3

Durch den inhaltlichen Rahmen und die Reduktion der Schwierigkeit auf *Positive statements* können die Seiten 122–124 gut zusammenhängend oder auch in zwei Blöcken (1. Block: 122–123; 2. Block 124) behandelt werden. Die Aufgabe mit dem höchsten Schwierigkeitsgrad (3) kann auch herausgelöst, ausgebaut und zum Zentrum einer differenzierenden Übungsstunde werden. *Looking at language* b) sollte erst zusammen mit 4 behandelt werden. So können die *Positive statements* ausgiebig geübt, bevor die *Negative statements* thematisiert werden.

Auf SB-Seite 125 wird der inhaltliche Handlungsrahmen (Ausflug an den Strand) verlassen, um passende Übungsszenarien für die *Negative state-ments* (4) und für die Kontrastierung zum *Simple present* zu schaffen (5, 6).

Looking at language

EINSTIEG

SB geöffnet. Reaktivierung von Vorwissen. L: Now it's time for another game. It's about how well you can remember who is doing what in Cawsand. You have two minutes to read the text on page 122 again. What are the kids doing. Try to remember who is doing what. – Now close your books.

SB geschlossen. L liest *Right/wrong-statements* zum Text (1, SB-Seite 122) vor, die Auswertung erfolgt nach der ▶ *Right/wrong-cards-Methode:* Dad is looking for crabs. (Wrong.)
Sam is wearing a pink top. (Wrong.)
Maya and Sam are calling Lucy. (Right.)
Anschließend stellt L noch folgende Fragen, die einzelne S beantworten: Now you have to know the names: Who is telling jokes? (Sam) What's coming from Justin's rucksack? (a sound) Who is filming Justin and his friends? (Maya) Who is looking for crabs? (Justin) etc.

ERARBEITUNG

a) SB geöffnet. L: The tense that we're using for all these sentences is called *present progressive*. Open your books at page 124 (*Looking at language*). The table shows you how to form the present progressive. Copy and finish it. The text on page 122 can help you. Auswertung im Plenum.

LÖSUNG

The present progressive: positive statements

Subject + form of be	-ing form	
I'm	looking	for crabs.
You're	eating	my sandwiches.
Sam is	telling	jokes.
She's	wearing	a pink top.

ERARBEITUNG

b) Gemäß SB.

LÖSUNG

I'm not	swimming.	
You aren't	running	fast enough.
Justin (he) isn't	filming.	
They aren't	smiling	at her.

➡ GF 26: The present progressive (p. 198)

1 Reading, writing and running (-ing forms)

EINSTIEG

L semantisiert mit Hilfe der Illustrationen auf SB-Seite 124 unten to disappear und double: What is the seagull doing? (S: It's eating a worm.) When the seagull finishes eating, the worm is gone. It's not there. It disappeared. Of course the worm is still there, it's in the seagull, but our eyes can't see it. This is also what magicians do. Sometimes magicians make things disappear.

Sometimes magicians make something go away /disappear and then the same thing comes up again in a different place. How do they do that? Sometimes I think he has two things ,not only one. Double versions of birds, bunnies, etc.

ERARBEITUNG 1

a) SB geöffnet. L: Now let's find out what's strange about the spelling of the -ing-forms. Remember: things can disappear and be doubled.

Die S betrachten die Tabelle in PA und versuchen, die Unregelmäßigkeiten zu erkennen und zu beschreiben.

LÖSUNG

Group 1: Nothing happens.   · Group 2: The last letter disappears. · Group 3: The last letter is doubled.

ERARBEITUNG 2

L: Why does that happen? What do you think? Die S lesen GF 26 b zur Hilfestellung.

LÖSUNG

➡ GF 26 b: The present progressive (p. 198)

Group 2: You can't hear the last letter, the -e, the last sound you hear is -t. You don't need the last letter.

Group 3: The last consonant of the word stands alone and is stressed; then gets doubled.

ERARBEITUNG

b) SB geöffnet. Gemäß SB. Die Sicherung erfolgt an der Tafel.

Weitere Differenzierung
Leistungs-/lernschnellere S ergänzen eigene Verben.

LÖSUNG

Alternative

📄 **KV 21: Reading, writing and running.** Die Tabelle als KV und ein Wimmelbild mit Menschen, die den Aktivitäten nachgehen, die die S gerade als Verben zugeordnet haben. Diese beschreiben die S schriftlich. So üben sie sowohl *Spelling* als auch die Verwendung des *Present progressive*.

Group 1	Group 2	Group 3
read > reading	write > writing	run > running
go > going	arrive > arriving	get > getting
laugh > laughing	come > coming	sit > sitting
play > playing	give > giving	swim > swimming
sleep > sleeping	take > taking	win > winning
work > working		

DIFFERENZIERUNG `Early finisher`
Lernschnellere S arbeiten auf SB-Seite 165 weiter.

2 At Cawsand Beach (Present progressive: positive statements)

ERARBEITUNG

SB geöffnet. Die S arbeiten zunächst in EA, anschließend vergleichen sie in PA. Die Auswertung erfolgt im Plenum mit Hilfe einer Folie, auf die L den Dialog kopiert hat.

➡ Dialog auf Folie, Folienstift

LÖSUNG
2 They <u>are looking</u> for some crabs for dinner.
3 The ferry <u>is coming</u>. Lots of kids <u>are sitting</u> on it.
4 It <u>is moving</u> very fast.
5 Silky: There's a boy with a camera. He <u>is smiling</u> and he <u>is filming</u> us.
6 Spot: And we <u>are catching</u> fish. Hurry up!

➔ Workbook 2 (p. 71)

ÜBERLEITUNG
L bringt ein oder zwei Wimmelbilder mit. L: When you were small, did you also have picture books like these? What's special about these pictures? (S: You can see lots of people, animals and things.) Lots of things are happening at the same time. Look, here for example … L beschreibt einige *activities* und gebraucht das *present progressive* im Singular und Plural. Zur Bewusstmachung formuliert L abschließend: You remember we always use the *present progressive* when we say what people or animals are doing in a picture or in a film.

➔ 2 Wimmelbilder
(aus Kinderbüchern)

3 ⚌ After the picnic (Present progressive: positive statements)

NEUER WORTSCHATZ
(to) **smell** sth.

ERARBEITUNG
a)/b) SB geöffnet. Gemäß SB.

➔ Bild „After the picnic"
(SB-Seite 124) auf Folie

SICHERUNG
Die S kommen nacheinander nach vorne, zeigen auf das Bild und beschreiben, was sie sehen.

➔ Bild „After the picnic"
(SB-Seite 124) auf Folie

LÖSUNG
1 Justin is filming a seagull. · 2 The seagull is eating a worm. · 3 Two other seagulls are eating a sandwich. · 4 A dog is smelling Justin's rucksack. · 5 Maya is reading a book. · 6 She's listening to music too. · 7 Lucy is texting. · 8 Two crabs are walking along the beach. · 9 A seal is sleeping on a rock. · 10 Sam and Abby are playing chess.

➔ Workbook 3–4 (pp. 71–72)

4 I'm not laughing. I'm singing. (Present progressive: positive and negative statements)

EINSTIEG
Vor der Bearbeitung von **4** thematisiert L die neue Struktur (*Present progressive: negative statements*) spielerisch und sorgt für ausreichende Wiederholungen durch die S.
1. Demonstration: L präsentiert mit Hilfe einiger S die Struktur in ausreichend hoher Frequenz in einem optimal passenden Handlungsrahmen. L nennt einem S eine *activity*: Der S spielt die *activity* pantomimisch vor. L sagt: *He isn't swimming. He's riding a bike.*
– L spielt *activity* selbst vor. L sagt: I'm not … . I'm …
– Zwei S spielen *activity* vor. L sagt: They aren't … . They're …
– L ist bei Gruppe dabei, alle spielen *activity* vor. L sagt: We aren't …
  We're … usw.
2. Verstehen und Reagieren: L und einige S demonstrieren wie oben *activities*. L sagt manchmal Falsches (nicht von der Struktur her, er benennt nur *activity* nicht richtig), manchmal etwas Richtiges. Alle S reagieren mit Hilfe von ►*Right/wrong-cards:* grün = richtig, rot = falsch.
3. Reproduktion: L und einige S demonstrieren wie oben *activities*, die S beschreiben die *activities*, z. B. wenn sie selbst vorführen "I'm not …, I'm …" oder "We aren't …We're …", wenn S aus dem Plenum beschreiben. "He/she isn't…, he's/she's …" oder "They aren't" …" oder „They're …". Anschließend bearbeiten die S *Looking at language* **b)** auf SB-Seite 124.

ÜBERLEITUNG
L: Let's play another game! When you watch people it's easy to say what they're doing. But it's really difficult when you can only hear them. For example, think of somebody when he is asleep. What sound does he make? (S: chrrr…) L kann noch einmal die Struktur demonstrieren, wenn Bedarf ist: Oh yes, you're all sleeping …

ERARBEITUNG
a) 🎧 **SB-geöffnet.** Gemäß SB. L kann nach jedem Geräusch stoppen. Die S reden zuerst mit dem Partner, dann erfolgt die Sicherung im Plenum (mündlich). Anschließend können die S die Sätze in PA wiederholen (mündlich), bei Bedarf beim dritten Durchgang auch aufschreiben.

→ ⬚3 ▷37 Transkript online

LÖSUNG
2 He isn't reading. He's sleeping. · 3 She isn't walking. She's running. · 4 They're playing tennis. They aren't swimming. · 5 We aren't eating. We're watching TV. · 6 She isn't playing the guitar. She's playing the piano. · 7 I'm not feeding the dog. I'm feeding the cat. ·8 They aren't speaking English. They're speaking German.

ERARBEITUNG
b) SB geöffnet. Die S arbeiten in Gruppen à 4 S ▶*Face to face and knee to knee.*

DIFFERENZIERUNG   `More help`
Leistungsschwächere S arbeiten auf SB-Seite 162. Dort finden sie bereits Sätze, in die sie nur die korrekten Verbformen einfügen müssen.

MUSTERLÖSUNG
The woman isn't wearing a green T-shirt. She's wearing a blue T-shirt. · The man isn't wearing a black watch. He's wearing a yellow watch. · The woman isn't wearing a white watch. She's wearing a red watch. · The man isn't sitting on a table. He's sitting in an armchair. · The woman isn't sitting on a chair. She's sitting on the floor. · The man isn't listening to music. He's …

ERARBEITUNG
L zeigt das Bild aus **4b)** (SB-Seite 125) auf Folie.
L: Now I want to tell you something really strange. The man and the woman in the picture acted out this living room scene for a TV production. It was a "reality" TV show. It was all fake (Mimik, Gestik) – it usually is. The man really hates cats. He *never* plays with cats, and he doesn't *usually* go near cats. He *never* plays with any animals at all. He's an animal hater. But the TV people thought it was a good idea to include a cat in the picture. So this man *never plays* with cats or any animals, but *in this picture the man is playing* with the cat.
I'm sorry to say that the same is true for the woman. This woman doesn't like to read at all. She hates reading. She doesn't even own a book. Some people say she can't read at all. This woman *never reads* books. She *often watches* TV. She doesn't usually go near books. But *in this picture she's reading* a book.
L demonstriert ausreichend Sätze, dass der Kontrast klar wird, dann ergänzen die S Satzteile, z. B.:
The man never … But in this picture he's sitting in an armchair.
This man never… But in this picture he's eating a sandwich.
This woman never … But in this picture she's wearing a blue T-shirt.
This woman never … But in this picture she's eating a biscuit.
In this picture the woman is sitting on the floor. But usually she sits …
In this picture the man is watching TV, but usually he …

→ Bild aus **4b)** (SB-Seite 125) auf Folie

L: English is a nice language. When we choose a tense we can say that somebody does something like a routine – often, always, never, etc. – or at the moment. That's really clever. But which tense do we use for "routines" and which for "now"? Die S finden die Regel, dann Verweis auf *Language help*.

5 Today is different (Simple present and present progressive)

ERARBEITUNG
SB geöffnet. Gemäß SB schriftlich.

LÖSUNG
1 Silky usually <u>eats</u> crabs for breakfast, but today she<u>'s eating</u> fish. · 2 Justin often <u>drinks</u> milk for breakfast, but this morning he<u>'s drinking</u> tea. · 3 Sam often <u>walks</u> to school, but today he<u>'s riding</u> his bike. · 4 Sam and Justin usually <u>sit</u> together in the canteen, but today Sam<u>'s sitting</u> with Oliver. · 5 Lucy and Maya often <u>ride</u> their bikes to the Hoe, but today they<u>'re going</u> by bus.

6 A phone call (Simple present and present progressive) 💬

EINLEITUNG
a) SB geschlossen. Now it's your turn: Imagine it's Saturday and you are at home. What are you doing at 10 o'clock?
L sammelt S-Ideen an der Tafel.
L: What do you usually do on Saturdays?
L sammelt weiter an der Tafel.

ERARBEITUNG
a) SB geöffnet. Gemäß SB.

ERARBEITUNG
b) SB geöffnet. Gemäß SB. Einige S präsentieren ihren *phone call* im Plenum, während die jeweils beobachtenden S darauf achten, ob die S die Zeitformen und die entsprechenden Signalwörter korrekt verwenden.

➜ Workbook 5–6 (p. 72)
➜ Folie 10
➜ Interaktive Übungen zum Workbook 5.1, 5.2, 5.3

KOMMUNIKATIVE KOMPETENZEN

Die S können …

Sprechen: darüber sprechen, wie sich jemand gerade fühlt (SB-Seite 126–127, 2c))

Lesen: Aussagen in einem Text wiederfinden, den sie gelesen haben und dazu Bilder (Fotos) zuordnen (SB-Seite 126–127, 1–2), einen längeren Sachtexte lesen, dazu Fragen beantworten und ihre Antworten begründen (SB-Seite 127, *Background file*)

Mediation: Informationen aus einem längeren englischen Sachtext auf Deutsch kurz zusammenfassen (SB-Seite 127, 3)

S. 126

TIPPS FÜR IHRE PLANUNG

Im Zentrum von *Part B* stehen zum einen die Fragen danach, was gerade passiert oder was jemand tut, zum anderen die Sprachmittlung. Ein Gespräch zwischen Lucy und ihrer Schwester Holly über Bilder auf Lucys Handy dient hierfür als Aufhänger (**1, 2**). Es handelt sich dabei um Aufnahmen, die während eines Klassenausflugs zum *Plymouth Aquarium* entstanden. Die S erfahren durch eine Broschüre *(Background file)* Einzelheiten zu den Angeboten des Aquariums und erzählen einem deutschen Freund davon bzw. sprachmitteln Aspekte dieses schriftlichen Textes mündlich in die Muttersprache.

Sprachlich begegnen die S hier erstmals lesend oder hörend dem *present progressive: yes/no questions* und zeigen ihr Verständnis der neuen Struktur durch die richtige Zuordnung von Bild und Textzeile. Die Struktur muss nicht reproduziert, sondern nur im Text gefunden und zugeordnet werden, bevor die Bewusstmachung, die eigenständige Produktion und die Einübung des neuen sprachlichen Mittels in *Part B Practice* erfolgen.

1 📱 On Lucy's phone

NEUER WORTSCHATZ

talk · silly · sleepover · bad · shark · at last · diver · blond +blonde · (to) take photos · first · interesting

EINSTIEG

SB geöffnet. Bildbetrachtung Seite 126. Reaktivierung von Vorwissen (inhaltlich und in *Part A* neu gelernte Struktur: *present progressive statements*).

L: Who are the girls? (Lucy and her sister Holly) What are they doing? (Holly is looking at a mobile. She is smiling. Lucy is fighting.) Why? What do you think?

➜ ggf. Folie SB-Seite 126

ÜBERLEITUNG

L semantisiert wichtigen Wortschatz:

Lucy <u>took some photos</u> (L demonstriert mit eigenem Handy). How many of you take photos with your mobile? Do you take photos, S1? I take photos of my friends, and you? (S1: I take photos of …).

L sollte besonders auf den Gebrauch des Verbs *take* (Unterschied zum Deutschen) achten und viele S fragen, um eine hohe Zahl an richtigen S-Äußerungen hervorzurufen.

L: Some of my photos are really good, and some aren't good at all – they're <u>bad</u> (Gestik, Mimik). I only keep the good ones and the <u>interesting</u> ones: the photos that show something or someone I like.

L semantisiert <u>shark</u> und <u>diver</u> mit Hilfe der Abbildung: What kind of fish is it? It's a very dangerous kind of fish with sharp teeth. It's a <u>shark</u>. And there's a <u>diver</u>. What's he doing? Now let's read the text and find out what the fight between Lucy and Holly is about.

➜ Realia (Handy)

ERARBEITUNG
SB geöffnet oder **geschlossen**. 1. Lesen/**Hören** (Globalverstehen).
L: What is the fight between Lucy and Holly about? Are your ideas correct?
Die S hören den Text bei geschlossenem Buch oder sie lesen ihn still bei geöffnetem Buch, um die Konzentration auf eine Fertigkeit zu fokussieren.

LÖSUNG
The fight is about Lucy's mobile. Holly is looking at the pictures. Lucy wants her mobile back.

ÜBERLEITUNG
L: Why does Lucy want her mobile back? Let's have a closer look at the photos on her mobile and the conversation between Lucy and Holly. Let's find out which lines in the text go with which photos on Lucy's mobile.

➡ 3 ▶ 38 Audio online

Weitere Differenzierung
L motiviert leistungsschwächere S durch Fragen, die die S noch nicht beantworten können, zum genauen Lesen. L: Now let's have a look at Lucy's photos. What do they show? What are the people in the photos doing? (58: Sam, Maya, Abby and Lucy are running. 64: Sam and Lucy are fighting, Lucy is pushing Sam. 70: The fish is swimming. 75: People are watching something, maybe a film. 76: The kids are sleeping.)

S. 127

2 Did you get it?

ERARBEITUNG
a) 👥 **SB geöffnet.** Damit jeder S genügend Zeit hat, um den Text auf Inhalte zu scannen, die zu den Bildern passen, wird nach der Methode ▶Think-Pair-Share gearbeitet. Bei der Pair-Phase muss darauf geachtet werden, dass die S die Formulierungen der Sprechblasen benutzen.

LÖSUNG
photo 58 – l. 37: "Oh, now you're running away from that boy."
photo 64 – l. 27: "Why are you pushing that boy?"
photo 70 – l. 23: "A shark! What's that diver doing?"
photo 75 – l. 13: "Are you watching the fish?"
photo 76 – l. 10: "Are those kids really sleeping?"

ERARBEITUNG
b) 👥 **SB geöffnet.** Gemäß SB.

LÖSUNG
No, it isn't, give me back my phone! (l. 35) / Give me back my phone, Holly! (l. 39)

ERARBEITUNG
c) **SB geöffnet.** Die Erarbeitung erfolgt im Plenum, sodass L Gelegenheit hat, bei Bedarf die Adjektive zu semantisieren (z. B. mit Smileys, durch Mimik oder durch Beispiele) und ggf. weitere Adjektive hinzuzufügen.

MUSTERLÖSUNG
I think she's angry, because Holly's looking at her photos and making jokes /she doesn't want to show her sister the photos.

Differenzierung
Leistungsschnellere/-stärkere S machen sich schon Gedanken zu c), während die anderen noch zuordnen.

Background file: The aquarium in Plymonth

EINSTIEG
SB geöffnet. Reaktivierung von Vorwissen. Bildbetrachtung SB-Seite 126.
L: Do you remember the little fight between Lucy and Holly? What was it about? Why did Lucy look at her photos? What are the photos about? (the sleepover in the aquarium). What are the people in the photos doing? (kids are sleeping in front of one of the big aquariums/kids are watching a film about fish/a diver is feeding the sharks).
Lucy didn't take photos of all the interesting activities in the aquarium – there's so much more! Here's a brochure. Imagine you're in Plymouth and you can visit the aquarium. What would you like to see and do?

ERARBEITUNG You choose

SB geöffnet. 1. Lesen. Die S wählen eine der beiden Aufgaben, lesen den Text still und bearbeiten die Aufgabe in EA.

Weitere Differenzierung
Sprachliche Vereinfachung:

I would like to	see watch do play have	sea life in the Plymouth area/a 4D film/ games/ breakfast

SICHERUNG

Im Plenum: L fragt verschiedene S nach ihren Wünschen.

ÜBERLEITUNG

L: Now you know exactly what you would like to do at the aquarium. Imagine that after school you meet a friend and tell him/her about the aquarium. He/she is very interested because he/she loves aquariums.

3 At the aquarium

ERARBEITUNG

Die S bearbeiten die Aufgabe in EA, tauschen sich in PA aus und ergänzen bzw. korrigieren ggf. Die Auswertung erfolgt im Plenum. L sollte unbedingt klarmachen, dass es theoretisch mehrere richtige Lösungen gibt. Hauptsache, die richtige Information wird übermittelt.

➜ SF 10: Mediation (p. 181)

DIFFERENZIERUNG More help

Leistungsschwächere S arbeiten auf SB-Seite 162 (deutschsprachige Hilfen).

LÖSUNG

A: Es gibt <u>vier Abteilungen</u>, zum Bespiel über das Meeresleben in der Gegend um Plymouth.
B: Geht's da nur um Plymouth?
A: Nein, es gibt auch <u>Abteilungen über den Atlantik, die britische Küste oder das Great Barrier Reef.</u>
B: Bieten sie etwas Besonderes für Kinder?
A: Ja, sie haben dort <u>ein Schülerzentrum und Geburtstagspartys</u>. Und <u>nachts kann man da schlafen</u>.
B: Eine Übernachtung im Aquarium?
A: Ja, das heißt „Sleeping with Sharks", weil <u>du nachts die Haie beobachten kannst</u>.
B: Und kann man das jede Nacht machen?
A: Nein, <u>nur in den Ferien</u>.
B: Und was macht man da genau?
A: Du kannst <u>einen Film in 4D gucken, oder eine Tour durch das Aquarium machen</u>.

➜ Workbook 7 (p. 73)

EINSTIEG `Language help`

L: Now we're going to play a game. L bringt Kärtchen mit, auf denen Aktivitäten abgebildet sind, die die Schüler schon durch Verben benennen können (**KV 22**). L demonstriert den Ablauf des Spiels durch ein Beispiel. Er gibt einem S ein Kärtchen, der S spielt die Aktivität pantomimisch vor, L fragt: *"Are you ...ing?"*, sodass er einige Male die Antwort: *"No, I'm not."* bekommt, bevor die Aktivität dann erraten wird: *"Yes, I am."* Zur Sicherheit sollten die Frage und die Kurzantworten an der Tafel stehen, sowie auch einige Verben, damit der Gebrauch der Struktur nicht dadurch behindert ist, dass die S verzweifelt versuchen, sich an die richtigen Verben zu erinnern (Isolierung der Schwierigkeit).

Nun kommen einzelne S nach vorne, spielen eine Aktivität pantomimisch vor und die Mit-S raten. Das findet noch im Plenum statt, damit L noch korrigierend eingreifen kann. Wenn die Struktur gut beherrscht wird, kann zur weiteren Erarbeitung in der Gruppe übergegangen werden.

KV 22: Are you fighting?
Bildkarten zu *Miming activities*

➜ GF 26c: The present progressive (p. 198)

➜ Folie 10

ERARBEITUNG

Die S sitzen in Gruppen à 4 S ▶*Face to face and knee to knee*. In der Mitte liegt ein Stapel Kärtchen mit Bildern zu *Miming activities* (**KV 22**). Der S in jeder Gruppe, der dem Lehrer am nächsten sitzt (▶*Numbered heads-Methode*) ist die Nummer 1, die anderen zählen im Uhrzeigersinn durch. Nummer 1 beginnt, nimmt ein Kärtchen vom Stapel und stellt die darauf abgebildete *Activity* pantomimisch dar. Im Uhrzeigersinn wird geraten bis die *Activity* erraten ist. Derjenige, der richtig geraten hat, zieht das nächste Kärtchen, usw.

KV 22: Are you fighting?
Bildkarten zu *Miming activities*

1 Is he drinking? (Present progressive: questions)

ERARBEITUNG

👥 **SB geöffnet.** Ein Beispiel sollte exemplarisch im Plenum bearbeitet werden. Liegen die Bearbeitung der **KV 22** und des *Language help* schon länger zurück, sollte vor Beginn der PA die 3. Person Singular und Plural mit den *Activity cards* im Plenum geübt werden (siehe oben *Language help*).

MUSTERLÖSUNG

1 Is he singing? Yes, he is. · 2 Are they eating? Yes, they are. · 3 Is he/it drinking (water)? Yes, he/it is. · 4 Is he making scones? Yes, he is. · 5 Are they playing football? Yes, they are. · 6 Is she texting? Yes, she is.

2 Where is he going? (Present progressive: questions)

NEUER WORTSCHATZ
important

EINSTIEG

L: Sam and his sister Lily are watching a film. An exciting/scary (Mimik) film. What exciting films do you know? Can small kids/your little brothers or sisters watch scary films? Why not? Do they understand everything? What do you do when they're watching a film with you and there's something they don't really understand? That's what Sam is doing. Lily doesn't really understand the film. She asks lots of questions and he helps her understand what's happening.

Weitere Differenzierung
Leistungsstärkere S lesen den Dialog und bilden Lilys Fragen.

➜ Workbook 8–9 (pp. 73–74)

ERARBEITUNG 1

SB geöffnet. 1. Lesen (Globalverstehen).
L: The film is about a captain and a policeman. Read the text. Don't worry about the gaps. Find out
- the captain's name (Goldfinger)
- who else is in the film (Goldfinger's team and a policeman)
- where the film is set/takes place/where the people are (harbour/green boat)
- what the policeman/Goldfinger are doing? (following Goldfinger, swimming to the boat/going to the harbour, meeting his team....)

You don't have to answer all the questions. Answer as many of them as you want to.
Die S sollten hier die Wahl haben, wie viele und welche der Fragen sie beantworten wollen.

ERARBEITUNG 2

SB geöffnet. L: Now imagine you are Lily. The film is very exciting and you don't understand everything that's happening. You can see Sam's answers. Form your questions. Die Sicherung erfolgt im Plenum. Danach kann in PA das darstellende Lesen des Dialoges in verteilten Rollen geübt werden (*read and look up, feelings!*). So kann die Frageform häufig wiederholt werden, besonders wenn die Rollen auch getauscht werden und jeder S auch Lilys Rolle übernimmt.

DIFFERENZIERUNG   More help
Leistungsschwächere S arbeiten auf SB-Seite 163.

LÖSUNG

Where is he going? · Who is following Goldfinger? · Where are they meeting? · What is he giving them? · Where is he swimming to?

S. 129

3 What's happening?

EINSTIEG

L: Now look at the following pictures from the aquarium. What can you see?
L sammelt einige Stichworte an der Tafel, sodass leistungsschwächeren S einige Stichworte/Vokabeln zur anschließenden Erarbeitung zur Verfügung stehen.

ERARBEITUNG
SB geöffnet. Gemäß SB.

MUSTERLÖSUNG

A: In picture one, what is the woman doing?
B: I think she's taking a photo of a shark at the aquarium.

A: In picture two, what are the people doing?
B: Maybe they're looking at fish at the aquarium.

A: In picture three, what is the man doing?
B: I think he's diving in a tank at the aquarium.

4 WORDS Adjectives

ERARBEITUNG
a) SB geöffnet. Die S arbeiten in EA und vergleichen ihre Ergebnisse in PA. Falls nötig, ist eine kurze Besprechung im Plenum möglich.

LÖSUNG
1 fast · 2 interesting · 3 bad · 4 same · 5 bright

ERARBEITUNG
b) SB geöffnet. Die S arbeiten in EA und vergleichen ihre Ergebnisse in PA. Besprechung im Plenum.

MUSTERLÖSUNG
2 late – early: Yesterday I was late for school. Today I left without break-fast, so I'll be really early.
3 loud – quiet: My sister loves loud music. I like quiet music better.
4 sad – happy: When it rains I'm sad. When there's sun I'm happy.
5 soft – hard: An armchair with a pillow is soft. A school chair is hard.

5 Sea Life in Munich

EINSTIEG
L: Where can you go in your town/city if you want to see big fish?

ERARBEITUNG
SB geöffnet. Gemäß SB.

MUSTERLÖSUNG
1 It's very big. You can see over 4,500 different sea animals there.
2 Sea Life is at Olympiapark in Munich.
3 There are pools where you can touch crabs and other animals. You can see giant sea turtles and lots of different sea animals. You can also celebrate your birthday at Sea Life. …
4 The tickets are 14.50 per child (4–14 years)
5 They have lots of different sharks there.
6 Yes, you can get something to eat and drink at the snack bar at the Sea Life.
7 You can buy postcards at the souvenir shop.
8 Sea Life is open daily from 10 am until 7 pm.

➜ Workbook 10–12 (pp. 74–75)
➜ Interaktive Übungen zum Workbook 5.4

KOMMUNIKATIVE KOMPETENZEN
Die S können …

Hören: eine Liste mit Punkten mit einem Hörtext vergleichen und sagen, welche Punkte aus einer Liste in dem Hörtext vorkamen (SB-Seite 131, 5a)/b))

Sprechen: sagen, was ihnen an einem Poster gefällt und kriterienorientiert begründen, was man an dem Poster verbessern könnte (SB-Seite 131, 4)

Lesen: erkennen, ob Aussagen zu einem Lesetext wahr oder falsch sind und die falschen Aussagen verbessern (SB-Seite 130, 2), ein Poster anhand einer vorgegebenen Checkliste überprüfen (SB-Seite 131, 4a))

S. 130

TIPPS FÜR IHRE PLANUNG
In *Part C* erleben die S mit, wie Sam und Justin einen *Mini-talk* mit Poster als Illustration über Cawsand vorbereiten und durchführen. Die S bewerten die Arbeit der beiden Freunde anhand einer Checkliste. So werden die S spielerisch an die Aufgabe im Practice Teil 3 *Study skill* herangeführt, bei der sie ein Poster erstellen und einen *Mini-talk* vorbereiten, sowie anhand geeigneter Kriterien die *Mini-talks* anderer S bewerten.

1 🖐 Partners

NEUER WORTSCHATZ
Box "Unregelmäßige Vergangenheitsformen (Irregular simple past forms)", *Voc.*, SB-Seite 232 · **not … yet** · (to) **agree with** sb. + (to) **agree on** sth. · (to) **smuggle** · **village** · (to) **point to** sth. · **fat** · **under** · (to) **explain** sth. **to** sb. · **clever** · (to) **draw +drew** · (to) **go on +went on**

TIPPS FÜR IHRE PLANUNG
1 eignet sich sowohl zur Übung des Hör- als auch Leseverstehens. In **2** wird das Detailverstehen über Leseverstehen trainiert (*reading for detail*).

EINSTIEG
SB geschlossen. Einführung ins Thema und Semantisierung einiger Vokabeln (*agree/not agree/not … yet*). Die übrige neue Lexik kann von den S selbstständig erschlossen werden (*fat/under/clever* durch die Ähnlichkeit zum Deutschen, *village* aus dem Kontext).

> Working with a partner is better than working alone.

L: Think about that sentence for a minute. Do you say, "Yes, that's true. Yes, I think so – I agree." Or do you say "No, I don't think so – I don't agree."? Who agrees? Hands up! Who doesn't agree? Hands up! Who thinks "Maybe yes, maybe no"? Who doesn't know yet? What about you, S1? S1: I agree/don't agree/don't know yet. L: Now can you tell us why/explain why you agree/don't agree/don't know yet? Is working with a partner more or less fun?

ERARBEITUNG 1
SB geschlossen. 1. Lesen/**1. Hören** (Globalverstehen). Die S hören den ersten Abschnitt bis (Z. 28. L: Two of the kids in our book want to work together on a project. Listen to their dialogue and find out who is talking, and what project they're talking about.

→ ⬚3 ▶39 Audio online

LÖSUNG
Sam and Justin are talking. They're talking about a poster and a mini-talk.

ERARBEITUNG 2
SB geschlossen. 2. Lesen/**2. Hören.** L: Now listen again and try to find out what they want to do a talk about. Find the right word. They want to do a talk about "Cawsand and … (S: smugglers)". L: I know that this is a new word for you. What do you think it could mean? Think of a similar German word. (Schmuggler)

➜ 3 ▶ 39 Audio online

ERARBEITUNG 3
SB geschlossen. Lesen/**Hören** (Globalverstehen). Die S hören den 2. Teil des Textes; vorher führt L zum Text hin und semantisiert go on und point at. Now let's go on (Gestik, Mimik). Let's listen to more of the story and find out who likes pictures more than texts. Sam, who is holding a picture in his hand, or Justin, who is pointing at the picture with his finger (L demonstriert)? (Justin)

ÜBERLEITUNG
L: You heard the dialogue between Justin and Sam and you can understand people when you listen to them. Now I have more questions. They're also about the kids' dialogue. Who said what? Who had the ideas? To answer these questions, we have to look at the dialogue, read it several times and check the details.

Alternative
L: Now we know what Justin and Sam are talking about.
Let's check some details. Read the statements first and write down numbers 1–10 in your exercise book. Also draw lines next to the numbers. Die S bereiten ihre Hefte vor; die Zeiten dienen dem stichwortartigen Verbessern der fehlerhaften Information.

2 The boy's project

NEUER WORTSCHATZ
a lot

ERARBEITUNG
a) SB geöffnet. Die S arbeiten in EA. Die Auswertung erfolgt im Plenum.

Alternative
Die S arbeiten mit einem Tandembogen, der in der Mitte gefaltet wird in PA und können sich so gegenseitig berichtigen. Überprüfung im Plenum.

LÖSUNG
1 Justin wants to give a talk about Cawsand because he really liked it there.
2 Sam knows about smugglers in Cawsand because he has a book about smuggling.
3 Sam has a book about smuggling, so they work on Cawsand and smugglers.
4 The boys have to work on their talk before they make the poster.
5 The woman in the picture looks fat because she's smuggling something under her clothes.

ERARBEITUNG
b) 👥 Gemäß SB. Anschließend ▶*Partnercheck*.

S. 131

3 The poster

NEUER WORTSCHATZ
tourist · **century** · **lonely** · **pepper** · **expensive** +**cheap** · **goods** · (to) **hide** +**hid**

EINSTIEG

SB geschlossen. Semantisierung, Einstieg ins Thema, Aktivierung von Vorwissen. L: Let's imagine I was in New York as a tourist – that is, not for work, but for a holiday. So now I'm back from New York at Frankfurt airport. I bought some very expensive tablet PCs in New York for my friends and me. They cost a lot of money, but I don't want to pay taxes (Steuern) for them at customs (Zoll). I want to smuggle them. Don't tell anybody. This is bad. Where can I hide them? (L demonstriert mit Tablet o. ä.) Can I hide them in my pocket? No. Not a good idea. Can I hide them under my jacket? No! Tell me where I can hide them. Thank God I'm through customs. Don't tell anybody that I hid the tablets in my pocket.

> Sometimes tourists **hide expensive goods**.
>
> I **hid** some chocolates once. I didn't want my brother to know.

→ Realia (Tablet PC oder ähnliches Requistit)

ÜBERLEITUNG

SB geschlossen. Reaktivierung von Vorwissen. L: Who talked about somebody smuggling something under their clothes? S: Sam did. L: He talked about Cawsand Beach and smuggling. But that was a long time ago, centuries ago, when Cawsand was a very lonely village. Not many people lived there at that time. Who remembers why Sam and Justin talked about Cawsand and smuggling? S: ... They had to do a mini-talk and a poster on their favourite place by the sea. Look at their poster.

ERARBEITUNG

a) SB geöffnet. 1. Lesen (Globalverstehen). Die S lesen den Text still. Danach bearbeiten sie in EA die Zuordnungsaufgabe:

Weitere Differenzierung
Die S bearbeiten die Zuordnungsaufgabe bei geschlossenem SB.

> **TASK: Match sentence starters and endings**
> **Cawsand: Our favourite place by the sea**
>
> | 1 | Cawsand is a village ... | A | ... by ferry. |
> |---|---|---|---|
> | 2 | Lots of tourists go there ... | B | ... lonely villages were great places for smuggling. |
> | 3 | Cawsand is only 30 minutes ... | C | ... tea, pepper and other expensive goods. |
> | 4 | In the 18th and 19th century ... | D | ...with a great beach. |
> | 5 | Smugglers' ships arrived with ... | E | ... in Plymouth. |
> | 6 | The smugglers sold their goods... | F | ... from the Barbican. |

LÖSUNG
1D · 2A · 3F · 4B · 5C · 6E

4 Poster check

NEUER WORTSCHATZ
check +(to) check · subtitle · author

ERARBEITUNG
a) 👥 SB geöffnet. L: When you give feedback it is always important that you say something nice first.

MUSTERLÖSUNG
What you like: I/We like the picture/the drawing. I/We think the subtitle/ captions is/are good. I/We think the information in the texts is important.

ERARBEITUNG

b) 👥 SB geöffnet. L bespricht zunächst die einzelnen Kriterien mit den S und erläutert/semantisiert bei Bedarf. Dabei kann L auf die entsprechenden Teile des Posters zeigen. Nur bei *authors* muss L erläutern: It's Sam and Justin's poster. Sam and Justin are the authors. Anschließend gehen die S in PA die Checkliste durch, um Sam und Justin zu helfen, eine gute Note zu bekommen. Sie benutzen dabei die Sprachmittel in den Sprechblasen. L: You want to help Justin and Sam to get a good mark for their poster, don't you? With your partner, go through Miss Bell's checklist.

LÖSUNG

Almost everything is there. Just the names of the authors are missing.

5 The mini-talk 🎧

ERARBEITUNG

a) SB geschlossen. Pre-listening. Die Hörverstehensaufgabe wird dadurch vorentlastet, dass die S überlegen, wozu noch Informationen mündlich gegeben werden könnten. Dann prägen sich die S die Auswahlmöglichkeiten in **5a)** ein, damit sie sich beim Hören auf die Präsentation konzentrieren können. L: The poster helps the classmates understand Justin and Sam's talk. In a good presentation the presenter gives extra information. Have a look at the poster, read the texts carefully and speculate about which topics Sam and Justin could give some extra information. (S: They could talk about the beach/about what tourists can do at the beach, the ferry, the smugglers, who they were/why they smuggled/ how they smuggled their goods, …)

SB geöffnet. 1. Lesen/**1. Hören (**Globalverstehen): L: Somebody else also thought about the topics Justin and Sam could cover in their presentation. Have a look at the list in **5a)** and try to remember as many points as possible. – Now listen and find out which of the topics on the list they are talking about.

→ 3 ▶ 40 Transkript online

LÖSUNG

Sam and Justin talk about:

what you can see on Cawsand Beach (1) · what tourists do at Cawsand (2) · how smugglers took their goods to Plymouth (5) · why smugglers smuggled tea and pepper (6)

ERARBEITUNG

b) 👥 SB geöffnet. 2. Hören (Detailverstehen). L: Let's listen once more so that afterwards you can say which topics they talked about, and you can also explain why you think so. Please take notes. Die S vergleichen ihre Ergebnisse in PA. Anschließend erfolgt ein **3. Hören** zur Überprüfung.

Weitere Differenzierung

Auftrag für leistungsschwächere S: Choose one or two of the topics you think they talked about and find out what they actually said about those topics.

MUSTERLÖSUNG

1: Justin says that you can see rock pools with lots of crabs and things at Cawsand Beach.

2: Justin says that tourists can go to the beach and go swimming and sailing at Cawsand.

5: Sam says that they crossed the river to Plymouth by boat or walked there with the goods in their clothes.

6: Sam says that pepper and tea are cheap now, but in 1800 they were very expensive.

S. 132

TIPPS FÜR IHRE PLANUNG

Im Sinne des *task-based learning* wenden die S in **1** zuvor erworbene *Skills* (*Unit 4 Putting a page together*, SB-Seite 110 / *Unit 5 Poster check*, SB-Seite 131; *Mini-talk*, SB-Seite 131) an. Sie brauchen dazu Informationen und Bilder aus dem SB, eventuell auch Material zu einem Lehrwerkskind ihrer Wahl aus ihrem Hefter *(Unit 3 Collecting information)*. Insofern kann man hier auch von einer *culminating task* sprechen, die bereits in Unit 1 (Profile) angelegt wurde. Das Sammeln der Informationen in **a)**, sowie die Gestaltung des Posters in **b)** kann als vorbereitende HA erfolgen, wobei L auf *SF 3*, sowie auf Sam und Justins Poster und Miss Bells *Poster check* verweist. Die S bringen die zuhause vorbreiteten Poster zur Stunde mit, bereiten mit Hilfe von *Skills File 6 Giving a mini-talk* ihren Vortrag vor, präsentieren im geschützten Rahmen der Gruppe und geben den Gruppenmitgliedern Feedback. Abschließend präsentieren einzelne S im Plenum.

1 STUDY SKILLS Preparing and giving a mini-talk

NEUER WORTSCHATZ

(to) **prepare** · **character** · **likes and dislikes** · **keyword** · **letter** · **through** · (to) **copy** · **phrase** · **easy**

EINSTIEG

L: Sam and Justin made a nice poster about Cawsand. We could also make a poster about Silky, about Plymstock School ... What else? (S: about Morph, Plymouth, the Plymouth kids) Now you can choose. Who is your favourite character? For homework, please go through your book and your folder and find as much information as you can about your character. Look at the pictures and choose four that you really like. Collect all this information and make a poster of your favourite character. **3a)** and **b)** tell you how you can do this. You can find help in Skills File 3 and Unit 5 (poster check).

ERARBEITUNG

a) Als vorbereitende HA geeignet.

➔ SF 2: Collecting information (pp. 175–176)

MUSTERLÖSUNG

MAYA SEN

<u>Home</u>: Plymouth

<u>Age</u>: 11

<u>Family</u>: brother Mukesh, goes to a sports school but doesn't do sport, likes playing computer games, says he is British, not Indian; Uncle Amar; the Sens are a big family, they don't all live in India and Britain, Uncle Dasan and Aunt Priya live in South Africa, Maya's cousin Dilip lives in New York

<u>Friends</u>: Lucy, Sam, Abby

<u>Likes/dislikes</u>: likes swimming, sailing, playing the guitar, inline skating, playing computer games, going on the wheel

<u>Hobbies, activities, clubs</u>: is the best swimmer in Plymstock, does a lot of sport, is in the sailing club, the computer club, has guitar lessons, goes inline skating

<u>School</u>: Coombe Dean (black uniform, Maths and ICT school)

ERARBEITUNG

b) Als vorbereitende HA geeignet.

➔ SF 3: Putting a page together (p. 176)

MUSTERLÖSUNG

Vgl. Poster auf SB-Seite 132

ÜBERLEITUNG

L: You made great posters, like Justin and Sam. Do you remember what they did with their poster? They gave a mini-talk about it and gave some extra information. If Sam and Justin can do that, we can also do that!

ERARBEITUNG

c) 👥 **SB geöffnet.** Die S lesen *SF 6*. L verweist v. a. auf die Sprechblasen. Dann schreiben die S mit Hilfe der Sprechblasen und der Satzanfänge in **c)** Stichpunkte auf Karteikarten und üben im geschützten Rahmen der Gruppe den Vortrag als ▶*Buzz reading*.

Nachdem die S sich nun sicher sind, worüber sie reden und die Inhalte mit Hilfe der Kärtchen auch versprachlichen können, verweist L auf die *Presentation skills*. L lässt die S aufstehen, tief durchatmen, auf ihre Haltung achten, lässt sie Blickkontakt herstellen, demonstriert zu langsames, zu schnelles oder zu undeutliches Sprechen und erläutert das Feedbackraster in **d)**. Nun tragen die S in ihrer Gruppe nacheinander ihren *mini-talk* vor. Die Mit-S übertragen das Feedbackraster in **d)** in ihr Heft und füllen es mit Smileys aus.

➡ SF 6: Giving a mini-talk (p. 179)

Tipp: L weist darauf hin, dass die Lautstärke im Rahmen bleiben muss, wenn alle gleichzeitig sprechen.

LÖSUNG

My presentation is about my favourite character from this book, Maya Sen. I like her because her family is so interesting. It was exciting when her uncle Amar talked about the big Sen family in Britain and India. It was funny when he talked about Maya's and Mukesh's hobbies and schools. On my poster you can see a photo of the family. I was happy when Maya and Lucy went on the wheel. The girls liked it but Sam didn't. You can see a photo of the friends on the wheel and a photo of the trip to Cawsand Beach. I was sad when Maya and Lucy went to different schools. On my poster you can see a photo of the friends. That's the end of my presentation. Thank you very much. Do you have any questions?

ERARBEITUNG

d) 👥 Die S geben sich gegenseitig Feedback.

MUSTERLÖSUNG

I liked that you looked at us/that we could hear you/that your talk was interesting/that your talk was easy to understand.
Next time you can look at us when you talk/speak more clearly/make your talk more interesting/easier to understand.

ERARBEITUNG

e) L: Can you find your group's favourite character? Is there really a character that all the group members like? Talk about the characters and try to find the one your group likes best.

MUSTERLÖSUNG

I really like ... because ... / But I like ... / I also like ... / Let's take ... as our favourite character.

➡ Workbook 13 (p. 76)

S. 133

2 They smuggled pepper (Word order)

NEUER WORTSCHATZ
word order · sub-clause

EINSTIEG

SB geschlossen. UG mit folgenden Impulsen: Who likes English? Why do you like English? Do you want to know one of the reasons why I like English? I like it because it's an easy language – much easier than German.

➡ GF 27: Word order (III) (p. 199)

ERARBEITUNG

SB geöffnet. L: Now you can be language detectives. Look at Language help (page 133) and find the difference between the English and the German sentences.

Die S finden heraus, dass in englischen *sub-clauses* – anders als im Deutschen – auch SVO gilt. L hilft bei der Benennung des Phänomens und der Regelfindung. Die S halten die Inhalte der Box und die Regel im Heft fest.

Alternative
Work with your partner. One of you reads out the two separate sentences in task **2a)**; the other one links the sentences with 'because'. Take turns.

a) SB geöffnet. Erarbeitung in EA. L: Now it's time to use what you found out when you were language detectives.

LÖSUNG

2 Sam knew a lot about smugglers because he had a book about them at home. · 3 Justin went to Sam's house on Saturday because they wanted to work on the poster. · 4 The students asked questions when Sam and Justin finished their mini-talk. · 5 The boys were happy after their mini-talk was over.

ERARBEITUNG

b) SB geöffnet. L: **2a)** was the easy task. **2b)** is for really clever kids who remember SVO even in sub-clauses!

Die S bearbeiten diese schwierigere Aufgabe zuerst schriftlich in EA, vergleichen dann in PA, bevor im Plenum ausgewertet wird.

➡ Workbook 14 (p. 77)

LÖSUNG

1 Morph lives in the library, where he can read lots of books.
2 He likes English because it's a cool language.
3 The Plymstock students never see Morph because he sleeps in the day.
4 He gets up when the students are at home.
5 He hides when he sees the school cat.

Weitere Differenzierung
L bringt Folienschnipsel zu **b)** mit und ein oder zwei S bearbeiten die Aufgabe am OHP. Unter die Satzteile legen die S auch Schnipsel mit S–V–O.

DIFFERENZIERUNG   `Early finisher`

Lernschnellere S entwerfen selbst Aufgaben für ihre Mit-S. Sie finden einen Partner, indem sie wie beim ►Lerntempoduett aufstehen und sich umschauen nach jemandem, der auch schon fertig ist, um dann mit ihm/ihr zu arbeiten.

MUSTERLÖSUNG

stories about smugglers - reads - Morph - exciting books - likes - he - because

3 THINKING ABOUT LANGUAGE English nouns in other languages

EINSTIEG

SB geschlossen. Now, English is really easy. Let's find out about other languages. Who speaks another language at home? There are many English words that we use in is German too.
L sammelt Ideen an der Tafel.
SB geöffnet. Die S überprüfen, welche der im SB genannten Wörter sie an der Tafel ergänzen können. Anschließend erfolgt die Erarbeitung **a)**.

ERARBEITUNG

a) 🨇🨇 SB geöffnet. Gemäß SB.

LÖSUNG

German: Hobby, Jeans, Smiley
Only English mobile (phone)

ERARBEITUNG

b)–d) SB geöffnet. Gemäß SB in EA.

LÖSUNG

English words we use in German:

English	German	Other languages	English	German	Other languages
tip	Tipp		(telephone)	(Telefon)	
tour	Tour		November	November	
pool	Pool		September	September	
house	Haus		yoghurt	Joghurt	
song	Song		test	Test	
photo	Foto		farm	Farm	
rhyme	Reim		...	...	
(elephant)	(Elefant)				

Background file: Devon for tourists

NEUER WORTSCHATZ

reason · holiday · First, … · beautiful · view (of) · (to) drive, simple past: drove · north · (to) climb · mountain · national · (to) be popular with so. · dangerous · everything · full (of) · fun park · **excellent**

ERARBEITUNG

Die S lesen den Text ggf. mehrmals in EA. Anschließend machen sie sich ggf. kurz Stichpunkte zu den Fragen und tauschen sich in PA dazu aus. Auswertung im Plenum.

MUSTERLÖSUNG

I think Devon is a great place for a family holiday. I would like to go there because there's a lot to do there. Dartmoor looks great and my family and I love walking and climbing. Beaches are nice and I want to see the smuggling villages and castles.

I think Devon isn't a good place for a family holiday. I wouldn't like to go to Devon because I don't like swimming and surfing or climbing and walking. Castles and villages are boring. A fun park would be nice and shopping but the rest doesn't sound good to me.

4 A holiday in Devon (some and any)

ERARBEITUNG

SB geöffnet. Zunächst lesen die S die *Language help*-Box und besprechen diese im Plenum. Anschließend bearbeiten sie die Aufgabe. Auswertung im Plenum.

➜ GF 28: some and any (p. 199)

LÖSUNG

Mum: Let's stay in Devon. We can go on <u>some</u> day trips.

Dad: Good idea. There are <u>some</u> great places on the coast. We don't know <u>any</u> tourist places on the south coast, like Torquay. There are palm trees there.

Sam: But there aren't <u>any</u> interesting things for kids.

Dad: You're wrong, Sam. There are <u>some</u> great hillwalks and farms on Dartmoor. There are <u>some</u> very good museums and old castles too.

Sam: Are there <u>any</u> scary castles with ghosts? And are there <u>any</u> fun parks with cool rides?

Mum: Well, we can look for <u>some.</u>

Lily: Are there <u>any</u> dangerous animals in Devon?

Sam: Of course there are, Lily. But they're in the zoos, silly!

KV 17: Welcome to sunny Torquay! Die KV bietet einen weiteren Lesetext zu Devon.

5 Let's go to Cornwall! (some and any and compounds)

ERARBEITUNG

SB geöffnet. Gemäß SB in EA. Vergleich in PA. Auswertung im Plenum.

DIFFERENZIERUNG **More help**

Leistungsschwächere arbeiten auf SB-Seite 163. Dort wählen sie aus zwei Formen die korrekte aus.

LÖSUNG

Dad: Well, what about a holiday by the sea in Cornwall? <u>Somebody</u> told me that there are <u>some</u> great surfing beaches. Does <u>anybody</u> know <u>anything</u> about surfing?

Mum: Sorry, I don't know <u>anything</u> about it. But Cornwall is a good idea. I know <u>somebody</u> in Bude. Maybe we can visit them.

Sam: Mum, it's a holiday. We don't want to visit <u>anybody</u> in Bude. We want to do <u>something</u> exciting.

➜ Workbook 15–16 (pp. 77–78)

Mum: Well, <u>any</u> ideas?
Sam: Are there <u>any</u> old castles with ghosts in Cornwall?
Dad: Well, there's Pengersick Castle. It has the most ghosts in the UK.
Sam: Oh yes, let's go there!

6 WORDS What's correct? (go, drive, ride)

ERARBEITUNG
a) 🎦 **SB geöffnet.** Gemäß SB in EA. Vergleich in PA.

LÖSUNG
(to) go: gehen, fahren
(to) drive: (mit dem Auto) fahren
(to) ride (a bike): mit dem Fahrrad fahren

ERARBEITUNG
b) 🎦 **SB geöffnet.** Gemäß SB in EA. Vergleich in PA. Auswertung im Plenum.

LÖSUNG
Sam: We usually <u>go</u> to Wales on holiday, but last year we <u>went</u> to Scotland.
Maya: Did you <u>go</u> by car or by bus?
Sam: We <u>went</u> by car. Mum usually *drives*.
Maya: My brother wants to learn to <u>drive</u>, but he's too young. He <u>rides</u> his bike to school.
Sam: I <u>ride</u> my bike to school too, but when it's wet Mum sometimes <u>drives</u> me.

7 WORDS Get it right!

ERARBEITUNG
SB geöffnet. Gemäß SB in EA. Vergleich in PA. Auswertung im Plenum.

LÖSUNG
1 Maya: We sometimes go for a picnic to a big <u>lake</u> in a park.
2 Sam: On Saturday I had to <u>get up</u> early. It was the day of the basketball <u>match</u>.
3 Holly: I think fish in aquariums are <u>lucky</u>. They don't have to look for food.
4 Justin: I like chess. It's a really good <u>game</u>.
5 Sam: On Mum's birthday, Dad bought theatre <u>tickets</u>. Mum was really <u>happy</u>.
6 Lucy: It's my cousin Melissa's birthday soon. I must send her a <u>card</u>.
7 Justin: Why did some people in Cawsand <u>become</u> smugglers?
8 Lucy: At Plymstock there are five <u>lessons</u> every day.
9 Abby: Did you <u>get</u> a nice birthday present from your grandma?
10 Holly: That was the last question. Now I'm <u>finished</u>. I can get <u>ready</u> to go to the party.

Distraktoren: hour, sea, stand up

➡ Workbook 17 (p. 78)
➡ Interaktive Übungen zum Workbook 5.5

S. 136

1 A ferry trip to Cawsand

EINSTIEG

SB geschlossen. ▶Fantasiereise: Imagine that you aren't in Germany but in England, in the town of Plymouth. You're at the Barbican. Don't talk, just feel, smell and imagine. What do you see? What do you hear? What do you smell? (Pause) Yes, there's the sea, and you want to go on a ferry; you want to go to Cawsand like the kids in the book. Here it is. Now you're getting on the ferry – watch your step! The ferry is leaving. What do you see, hear and smell? Who is on the ferry? (Pause) What are the people doing? (Pause) We're almost there. There's Cawsand Beach. We're coming nearer. What do you see? (Pause) Be careful when you get off. What do you want to do in Cawsand? (Pause) Now open your eyes, and come back to our classroom. Tell your partner what you saw, heard and smelled.

Die S tauschen sich in PA aus.

MUSTERLÖSUNG

see: water, the blue sea, birds, fish, other tourists, the captain
hear: sound of the sea, other people, sound of birds
smell: (salty) air, different foods

ERARBEITUNG

a) SB geöffnet. Die S beschreiben sich in PA gegenseitig die Fotos.
L: Have a look at the photos A to F. They also show a ferry trip to Cawsand. Choose one photo and describe it to your partner. What can you see in the photo? Don't tell him/her which photo you are describing. Can he/she guess?

MUSTERLÖSUNG

A I can see tourists in Cawsand village. · B I can see a boy in a red T-shirt. He's waving at somebody. I can see Plymouth in the background. · C I can see the sea and Cawsand Beach. · D I can see people. They're getting on a ferry. · E I can see tourists. They're walking on the beach. · F Somebody's giving something to another person: maybe it's money, or maybe it's a ticket for the ferry.

ERARBEITUNG

b) SB geöffnet. L: Let's watch the film about the ferry trip to Cawsand. These pictures are photos from the film. Watch the film and put the photos in the right order.

Alternative
Die S arbeiten in Gruppen à 4 S und erhalten die Bilder A-F als Kopie. Während des Sehens bringen sie die Bilder in die richtige Reihenfolge.

LÖSUNG

D · F · C · E · A · B

ERARBEITUNG

c) Die S ordnen die Bilder den Bildbeschreibungen zu, die am besten passen.

LÖSUNG

A A walk in Cawsand village · B Hello Plymouth! · C Cawsand Beach from the ferry · D Welcome to Cawsand ferry! · E Be careful when you get off! · F Buy your ticket on the ferry.

2 EVERYDAY ENGLISH Making plans 🎧

NEUER WORTSCHATZ

(to) **get off (the bus/boat)** +got off · (to) **get** +got

ERARBEITUNG

Hinweis: In dieser Aufgabe wird das Filmmaterial eingesetzt, um einen Beispieldialog zu liefern. Im Zentrum steht nicht die Hör-/Sehverstehens-kompetenz, sondern das Sprechen: Vorschläge machen, Pläne machen, Zustimmen, Ablehnen. Die Tonaufnahme befindet sich auch auf der Audio-CD

a) L: There's so much to do in Plymouth, sometimes the kids can't decide. What can they do? Can you give examples? (S: …) Let's listen to a dialogue between Ruby, Jack and Oliver. They're at Oliver's house and they're making plans for the afternoon. Try to find out what each kid wants/doesn't want to do and what they decide in the end.

1. und ggf. auch 2. Sehen/Hören (Globalverstehen). Die S übernehmen die Tabelle ins Heft (s. Lösung), dann schauen sie den Clip ein bis zwei Mal (je nach Leistungsstärke der Lerngruppe) und füllen die Tabelle aus. Stich-worte genügen.

→ Audio + Transkript online

LÖSUNG

Jack	Ruby	Oliver
wants to go to the Lido first, then to Cawsand Beach, doesn't want to go to Wembury Beach because he thinks he has to take two buses	wants to go to Wembury Beach	doesn't want to go to the Lido, because they always go there

Final decision:
They decide to go to Wembury Beach.

ERARBEITUNG

b) 🎬 **Think:** Gemäß SB.

👥 **Pair:** L achtet darauf, dass den S das Ziel der Übung transparent ist: Use as many of the phrases from the box as you can. You want to have a "nice"/polite conversation just like the Plymouth kids.

MUSTERLÖSUNG

Think: Stuttgart: Daimler museum (cars) and Wilhelma (zoo)

Pair: A: What about the Daimler museum? I love looking at cars.
B: That isn't a good idea. I'm against the Daimler museum because cars are boring. Animals are interesting and funny. Let's go to the Wilhelma zoo.
A: But how do we get there? By bus, by "S-Bahn" or on foot?
B: We can take the S-Bahn. It's only two stations. It isn't far from here and it isn't expensive.
A: OK, let's go and see the funny animals. We can go to the museum on another day.

ERARBEITUNG EXTRA

👥 Share: Wie **b)**, nur länger, da mehrere S beteiligt sind.
Einzelne Dialoge können im Plenum vorgespielt werden.

S. 137

1 ✋ You say ... the [əʊ]- or the [ɒ]- sound 🎧

ERARBEITUNG

a) SB geöffnet. Gemäß SB. Die S erkennen die Laute wieder und ver-knüpfen sie mit den Symbolen an der Tafel. L: Now listen to the following words and match them to the sounds.

→ 3 ▶ 41

ERARBEITUNG

b) SB geöffnet. Gemäß SB. L verwendet zur Ergebnissicherung die Symbole an der Tafel weiter und fügt die Wörter hinzu (siehe LÖSUNG).
L: Now listen to the next words. They are not in your book. Listen and match them to the sounds again.
Als Erweiterung erfragt L welche Buchstaben/Silben zu den relevanten Lauten gehören und markiert diese farbig an der Tafel. Damit weist L einerseits auf Unterschiede zwischen gesprochenem und geschriebenem Englisch hin und andererseits wird offensichtlich, dass derselbe Buchstabe unterschiedlich ausgesprochen werden kann.

→ 3 ▶ 42 Transkript + Audio online

LÖSUNG

		[əʊ]	[ɒ]
1	road	X	
2	coast	X	
3	show	X	
4	job		X
5	over	X	
6	ocean	X	
7	cold	X	
8	hot		X
9	moment	X	
10	clothes	X	
11	note	X	

ERARBEITUNG

c) 👥 Die S bearbeiten die Aufgabe zunächst nur mit dem SB. Anschlie-ßend überprüfen sie ihre Lösung mit Hilfe des Audiotracks. L: Look at the pictures and say the words to your partner. He/she must tell you which sound he/she hears. Take turns.

→ 3 ▶ 43 Audio online

LÖSUNG

There are four words with an [əʊ]– sound: nose, phone, boat, trophy.

ERARBEITUNG

d) Die S versuchen, den Satz deutlich pointiert dem Partner laut vorzu-lesen. Stärkere S können den Satz auch vor dem Plenum vorlesen.

→ 3 ▶ 44

LÖSUNG

Oh [əʊ], no [əʊ]! There's a frog [ɒ] on [ɒ] my nose [əʊ] and it's so [əʊ] cold [əʊ]!

2 Sounds and symbols

NEUER WORTSCHATZ
symbol

EINSTIEG
L: Which letters go with the sounds?
L: You can see that one sound can have different letters and that one letter can have different sounds.

ERARBEITUNG
SB geöffnet. Gemäß SB.

→ 3 ▶ 45

Alternative
Zuerst versuchen die S in PA/GA die Wörter und Symbole ohne Audio-Unterstützung zuzuordnen (evtl. unter Zuhilfenahme der Tabelle auf SB-Seite 268). Das Audio-track dient als Korrektiv.

LÖSUNG
1D · 2C · 3B · 4A · 5E · 6F · 7G · 8H · 9J · 10I · 11L · 12K

3 Intonation (Questions)

NEUER WORTSCHATZ
(to) **decide**

EINSTIEG
L: It's not just letters that can have different sounds: sentences can have different sounds, too. This is called "intonation". It's the melody of a sentence. You can create a melody with your voice, for example it can go up (L moduliert seine/ihre Stimme) or down (L moduliert seine/ihre Stimme). You can often hear that in questions.

ERARBEITUNG
a) SB geöffnet. Die S lesen zunächst den Arbeitsauftrag und die Sätze. Dann erfolgt das **1. Hören.** Während des 1. Hörens erahnen S die Unterschiede und erkennen, dass es zwei verschiedene Arten der Intonation gibt: Stimme heben und senken am Ende der Frage. L hält diese Erkenntnis an der Tafel fest.
Als Vorbereitung auf das **2. Hören** schreibt L die Nummern der Fragen untereinander an die Seitentafel, die S schreiben sie ins Heft. Während des 2. Hörens ordnen sie symbolhaft die Hebungen und Senkungen zu. Korrektur im Plenum

→ 3 ▶ 46

LÖSUNG
In sentences 3, 4, 7 and 8 the voice goes up at the end. In sentences 1, 2, 5 and 6 it goes down at the end.

ANWENDUNG
b) SB geöffnet. Gemäß SB.

ERARBEITUNG
c)/d) SB geöffnet. Gemäß SB.

→ Workbook 18 (p. 79)

KOMMUNIKATIVE KOMPETENZEN

Die S können …

Sprechen: ein Theaterstück (Szenen daraus) auswendig lernen und vorspielen (SB-Seite 139, 3)

Lesen: unbekannte englische Wörter aufgrund ihrer Ähnlichkeit zum Deutschen verstehen (SB-Seite 139, 1), aus einer Auswahl einen passenden Titel zu einem Textabschnitt auswählen und eigene Titel schreiben (SB-Seite 139, 2)

Schreiben: einen Text in eine andere Textsorte übertragen (SB-Seite 139, 3)

METHODISCHE KOMPETENZEN

ein Programmheft zu einem Theaterstück erstellen (SB-Seite 139, 2)

S. 138–139

((•)) PLAY The pepper smugglers

NEUER WORTSCHATZ

play · scene · farmer · rich · soon · dress · Good luck! · (to) hold +held · no one +nobody · light · cart · like that · dangerous · sword · Goodbye. · market · (to) point sth. at sb. · prison · (to) fall +fell · (to) sneeze

→ Interaktive Übungen zum Workbook 5.6, 5.7

EINSTIEG

SB geschlossen. Aktivierung von Vorwissen/Einstimmung auf den Text/Motivation. Da es im Text Teil v. a. um die Lesekompetenz und Leseerfahrung geht, wäre eine ausführliche Semantisierung des unbekannten Wortschatzes an dieser Stelle kontraproduktiv.

L: Do you go to the theatre and watch a play sometimes? (S: …) What was the play about? (S: …) Who's your favourite actor or actress? (S: …) Would you like to be an actor or actress? (S: …) OK, most of you would like to act, but not everybody. Today is your day: you can be an actor or, if you don't want to act but like to draw, you can be a cartoonist.

What is the play about? Let me give you some tips and then you guess. It happens in the early 1800s in Cawsand: it's about pepper; it's about an activity that's illegal; when you do this and the police find you, you have to go to prison – they put you in a room and you can't leave.

Die S spekulieren über den Inhalt des Stückes. L: Yes, the play is about pepper smugglers.

ÜBERLEITUNG

L: So, let's act it out! – Oh, but of course we can't do that yet. What do we have to do first? We have to read the play and understand the story. We have to find out about the people in the play, the characters. We have to know what they do, and what happens in the play: the plot. And of course we have to find out where exactly in Cawsand the story is set. In the town, in the streets, on the beach, in a character's house … We call that the setting. Plays don't usually have just one setting. Sometimes each scene (like a chapter in a book) has a different setting. So let's also find out about that. If we don't know exactly what happens, we can't be good actors. So let's read Scene 1 and fill in the table together.

ERARBEITUNG

SB geöffnet. L lässt die S die Tabelle (siehe Lösung) vor dem 1. Lesen anlegen, um die Aufmerksamkeit der S auf die Analysekriterien zu ziehen (Tafel/Folie). **1. Lesen**/Hören: Die S lesen *Scene 1* still. Gemeinsam mit L (Folie) wird die Tabelle für *Scene 1* ausgefüllt. L semantisiert nur bei Bedarf, da nach Beendigung der Lektüre in **1** die selbstständige Wortschatzarbeit trainiert wird.

→ Folie, Folienstift

→ 3 ▶ 47 Transkript online

SB geöffnet. Lesen/Hören: In PA lesen die S die restlichen Szenen und füllen gemeinsam die Tabelle aus. L: Now you know how to do this. Try to do scenes 2, 3 and 4 together with your partner. Partner A fills in "characters", Partner B "setting", and then you talk about the "plot" and try to fill in the box together. Don't worry if you have problems; it isn't an easy task.

Die Sicherung erfolgt im Plenum. Bei *plot* bietet sich eine Chance für die leistungsstärkeren S.

→ 3 ▷ 48–50   Audio online

LÖSUNG

	Scene 1	Scene 2	Scene 3	Scene 4
Characters: who?	Molly, Cook, Flynn (Molly's brother). (Tom White, Jack Hill, Old Bill (poor farmers)	Flynn, Tom, Jack, Bill	Flynn, Molly, Jack	Tom, Flynn, Mr Collings, Molly
Setting: where? when?	Kitchen at the Red Lion, Cawsand	Cawsand Beach at night	Tom's kitchen	Tom's boat at Cawsand Beach
Plot: what happens?	Molly and Cook talk about Tom, Jack and Old Bill. Molly thinks they are smugglers. Cook thinks they are just poor farmers. Molly and Flynn talk about Flynn's "great plan".	The men put bags of pepper from a ship in a cart. Mr Collings watches them from a hill.	Flynn and Molly hide the pepper under potatoes. Molly thinks that Mr Collings is dangerous.	Tom and Flynn carry the boxes onto Tom's boat. Mr Collings wants to stop them and put them in prison. Molly throws potatoes and pepper in Roger's face.

ÜBERLEITUNG

L: You did that very well, although you didn't understand every word in the play. Some words are easy to understand because they're similar to German words.

1 New words

ERARBEITUNG

SB geöffnet. Gemäß SB. Eine Bearbeitung in PA bietet sich an.

LÖSUNG

farmer	l. 11	Farmer/Bauer
rich	l. 16	reich
good luck	l. 31	viel Glück
light	l. 41	Licht
sword	ll. 67, 97, 100	Schwert
market	ll. 80, 104	Markt
deck	l. 91	Deck
sneeze	l. 97	niesen

ÜBERLEITUNG

Aktivierung von Vorwissen/Motiation. L: When we act out the play, we need people to watch it. Who could watch it? (S: parents, other students.) When you watch a play, it's nice to have a programme. Let's make a programme for our audience.

What information should we give in the programme? What do you think? (the title of the play, the date of the play, name of the theatre, how many scenes, what the scenes are about, the names of the actors)

→ ggf. Programmheft

2 The four scenes

ERARBEITUNG
a) 👥 SB geöffnet. L: Let's find titles for the scenes. To do that, we have to look at the plot and find what's most important in each scene. I have three ideas for you for scene 1. What do you think? Which one is the best, and why do you think so?

LÖSUNG
At the Red Lion Inn (Wenn sie gut begründet werden, sind auch andere Lösungen möglich.)

ERARBEITUNG
b) 👥 SB geöffnet. L: Let's find the best titles for scenes 2, 3 and 4. Die GA erfolgt im ▶ Think-Pair-Share-Verfahren. Jede Gruppe (à max. 4 S) bekommt eine Szene. Zuerst überlegen die Gruppenmitglieder einzeln, dann tauschen sie sich in der Gruppe aus und einigen sich auf den Titel ihrer Wahl. Abschließend wird im Plenum verglichen und über den besten Titel für jede Szene abgestimmt.

MUSTERLÖSUNG
Scene 2: Pepper smuggling at Cawsand Beach · Scene 3: In Tom's kitchen: pepper and potatoes · Scene 4: Pepper in the face

ERARBEITUNG
c) 👥 SB geöffnet. L: Now each group makes a programme and then we choose the best one for our play.

3 Your play

DIFFERENZIERUNG/TRANSFER `You choose`
a) 👥 Gemäß SB. Als Hilfestellung zur Erarbeitung ihrer Rollen eignen sich folgende Methoden: L: Good actors have to know everything their character says and feels. Let's practise that.
Step 1 (▶Buzz reading): Read your role out loud but to yourself as many times as you can. Everyone reads at the same time.
Step 2 (▶Read and look up): When it's your turn, read your sentence to yourself first, then look up and say it to the team.
Step 3 (▶Dramatic reading): Think about your character's feelings, how his/her face looks, how he/she stands and moves. When it's your turn, stand up, feel and read your role – if you can remember all the words!

b) 👥 Hilfestellung:

How to draw a comic strip

Step 1: Have a look at the illustrations in your book. Describe them.
Step 2: Go through the text and draw pictures in your head. What do you see when you are reading?
Step 3: Find the parts of the text which make really nice pictures in your head.
Step 4: Sketch what you see, and put it on paper. Don't try to be perfect.
Step 5: What do the people in your sketch say or think? Make speech or thought bubbles.
Step 6: Imagine that someone sees your sketch and doesn't know the complete story. What would you like to tell him/her? Write one sentence underneath your sketch. This is called a "caption".

Alternative
📄 **KV 23: A theatre programme.**
Mustervorlage für ein Theaterprogramm.

🏴 **Alternative**
Tell your grandma about the play.

Weitere Differenzierung
Leistungsschwächere S besprechen, wer welche Rolle bekommt, und hören anschließend die Audioversion des Textes. Sie konzentrieren sich auf ihre jeweilige Rolle, Aussprache, Intonation. Nach mehrmaligem Hören sprechen die S ihre Rolle mit. Danach Vorgehen wie im Standardverfahren beschrieben.

➡ Workbook 19 (p. 79)

➡ LM Unit 5

➡ Workbook Checkpoint 5 (pp. 80–83)

S. 140

Holidays in Bavaria 🎬🇬🇧

EINSTIEG

L: In the summer holidays I want to go to … . What about you? (S: …)
Do you sometimes argue in your family about the place you want to go
to? Who usually wins? Why? (S: …) You need good arguments to convince your family members of your choice for a holiday/to make them
believe that you're right. Imagine you have an English cousin and you
would like him/her to visit you in the summer holidays. Try to convince
him/her that Bavaria is a wonderful place for a summer holiday.

ERARBEITUNG STEP 1

SB geöffnet. Gemäß SB.

ERARBEITUNG STEP 2

L kann ein mögliches Raster vorgeben (vgl. Musterlösung).

MUSTERLÖSUNG

Holidays in Bavaria

Places to go	Things to do	People to meet
Königssee, Nationalpark Berchtesgarden National Park	boating	me, our family and friends
Neuschwanstein Castle		…
Füssener Altstadt	sightseeing, visiting the castle	
Bayern Park	visiting old houses, walking through narrow streets, having a Bavarian lunch (Brotzeit)	
Frankenwald	having fun at an amusement park (rollercoaster, …)	
…	biking, hiking, fishing, swimming	
…		

ERARBEITUNG STEP 3

Die S formulieren Sätze aus ihren Ideen in 3.

ERARBEITUNG STEP 4

👥 Die S arbeiten nach der ▶Read-and-look-up-Methode und achten
auf Blickkontakt beim Sprechen, auf deutliches Sprechen, Verständlich-
keit ihrer Aussagen und überzeugende Argumente. Sie geben einander
konstruktives Feedback.

AUSWERTUNG

Einzelne S präsentieren im Plenum.

SELBSTEVALUATION

Auch die Selbstevaluation sollte ausführlich mit den S besprochen werden.
Sie gibt den S eine Struktur zur Reflexion des Erarbeiteten und ihres
Könnens.

S. 141–143

TIPPS FÜR IHRE PLANUNG

Dieser Abschnitt des SB bietet den S eine systematische Vorbereitung auf Schulaufgaben. Die in den Teilen A, B und C aufgeführten Aufgaben in *Let's prepare for a test* spiegeln die Aufteilung der bayerischen Schulaufgaben wider:

- A (geschlossene, formbezogene Aufgaben): 1–8, Wiederholung von Wortschatz und grammatischen Strukturen
- B (rezeptive Aufgaben): 9, *Listening*
- C (produktive Aufgaben): 11, *Speaking*

Hinweis: Zur Bearbeitung werden zwei Varianten vorgeschlagen.

Variante 1: Sehr gründliche gemeinsame Erarbeitung der Aufgaben, die besonders in leistungsschwächeren Gruppen nötig sein könnte.

Variante 2: Eigenverantwortliche und individuelle Erarbeitung etwa im Rahmen einer Hausaufgabe mit anschließender Auswertung im Plenum oder in Form eines ▶ *Lerntempoduetts* im Unterricht.

Die Durchführung im Unterricht (Variante 1) bietet sich an; mit Ausnahme von Aufgabe **4, 9** und **10** können die Übungen ggf. auch als HA mit anschließender Besprechung im Unterricht erledigt werden (Variante 2).

S. 141

1 One word or two?

FUNKTION
Wiederholung von Wortschatz mit Hilfe von Wortlernstrategien

ERARBEITUNG
a) SB geöffnet. Gemäß SB. Bei Erarbeitung im Unterricht vergleichen die S anschließend in PA und haben so die Gelegenheit ihre Listen zu ergänzen oder zu korrigieren.

LÖSUNG
ferry ticket · grandparents · ice cream · life jacket · mobile phone · sleepover · shopping mall

ERARBEITUNG
b) SB geöffnet. Gemäß SB. Vergleich in PA bei Erarbeitung im Unterricht.

LÖSUNG
school bag · swimming pool · guinea pig · pencil case · corner shop · living room · police officer · boat trip · phone call

2 Have fun!

FUNKTION
Wiederholung von Wortschatz

ERARBEITUNG
a) Gemäß SB.

LÖSUNG
1 do judo, do the shopping, do sport · 2 get angry, get breakfast · 3 go for a walk, go shopping · 4 have breakfast, have friends, have fun · 5 make a wish, make breakfast, make friends, make fun · 6 take photos, take turns

ERARBEITUNG
b) Gemäß SB.

LÖSUNG

1 Jo's sister does judo every week. · 2 I often get angry with my brother. · 3 On Sundays, they like to go for a walk. · 4 On weekdays, we have breakfast at 7 o'clock. · 5 It is your birthday, make a wish! · 6 The kids took lots of pictures on holiday.

ERARBEITUNG

c) Gemäß SB.

LÖSUNG

do your homework/do the dishes · get cold/get off the bus/get ready/get up · go down/go home/go on/go on a boat trip/go shopping/go together/go with sth. · have lunch/have dinner/have a go/have a look · make sth. better/make a mistake · take place/take care of sb./sth.

3 A day out

FUNKTION

Wiederholung von Wortschatz aus Unit 5

ERARBEITUNG

Die S erledigen die Aufgabe schriftlich und schreiben dabei (nur) die Lösungen in der richtigen Reihenfolge in ihr Heft. L kann verschiedene wettkampforientierte Sozialformen anbieten, z. B.: die S arbeiten in Kleingruppen und wetteifern um das beste (und nicht schnellste) Ergebnis. Dabei erstellen sie Musterlösungen, die im Plenum ausgewertet und verbessert werden können.

LÖSUNG

It was a hot Saturday in July. Jeff and Max wanted to go on a <u>trip</u>, but they couldn't agree <u>on</u> a good place to visit. 'Let's have a day <u>by</u> the sea. We can take the <u>ferry</u> to Cawsand,' said Jeff. Max agreed <u>with</u> his friend that Cawsand was a good idea because his dog, Sammy, loved the beach too.
An hour later, they arrived <u>at</u> Cawsand beach. Sammy got <u>off</u> the ferry <u>first</u>, and the boys followed. Sammy saw another dog, and he ran <u>after</u> it.
'Oh, look, I think Sammy is looking <u>for</u> crabs. Dogs have good noses. Maybe he can <u>smell</u> some crabs under the rocks,' said Jeff.
'I know, he often finds crabs. But crabs can bite. They can be <u>dangerous</u>, but I can't <u>explain</u> that <u>to</u> Sammy,' Max went <u>on</u>.
Suddenly, Sammy started <u>to</u> bark. 'Max, look <u>at</u> Sammy! He's running up and <u>down</u> the beach, <u>like</u> a mad dog.
What's the matter <u>with</u> him?' asked Jeff.
'Oh, no! Poor Sammy! I think he found a crab - again?

4 By the sea 💬

FUNKTION

gelenktes Üben des freien Sprechens

ERARBEITUNG

Gemäß SB in PA.

**Alternative/
Weitere Differenzierung**

Die S führen Gespräche mit verschiedenen S im Rahmen einer ▶ *Milling around activity*.

MUSTERLÖSUNG
A: Do you like beach holidays?
B: Yes, I do.
A: What do you like to do best?
B: I love to swim in the sea. I also like to be on the beach and feel the sun on my body.
A: What was your favourite holiday by the sea? Where did you go?
B: My family and I went to the Baltic Sea last year. One day, we took the ferry to Hiddensee. What about you? Do you like beach holidays?
A: No, I don't. I don't like the sea.
B: Oh, why not?
A: I don't like the smell of the coast. And I don't like sharks. I love holidays in big cities.

S. 142

5 Justin's mail

FUNKTION
Wiederholung der korrekten Verwendung des *Present progressive*

NEUER WORTSCHATZ
race · smile

ERARBEITUNG
Gemäß SB.

Hinweis: Es gibt absichtlich mehr Wörter in der rechten Box als Lücken im Text. (Auswahlkompentenz)

LÖSUNG
Hi , Dad!
It's nice today, so I'm at the Lido with my friends. Sam and Maya <u>are swimming</u> in the pool. Oh, it's a race, and Maya <u>is winning</u> because she's better. Lucy <u>is sitting</u> near me. She <u>is writing</u> postcards. Oh, now Abby <u>is taking</u> a photo of us, so we <u>are smiling</u> at her. Big smiles! Sam and Maya <u>are coming</u> out of the pool now. Maybe it's too cold.
They <u>are running</u> towards us now, and Abby <u>is filming</u> them. We <u>are having</u> lots of fun!
What <u>are</u> you <u>doing</u> today, Dad? It's 9 am in Boston, so maybe you <u>are having</u> breakfast now.
Till next week, Justin

6 Today is different (Simple present or present progressive)

FUNKTION
Verwenden der korrekten Zeiten

ERARBEITUNG
Gemäß SB.

LÖSUNG
After the first break on Wednesdays, class 7 EB usually <u>have</u> an English lesson, but today the students <u>are watching</u> a DVD with Miss Bell. They usually <u>read</u> English books or exercises, but now they <u>are laughing</u> because the DVD is funny. In Maya's class it's the music lesson, but today the students <u>are not doing</u> any work. They <u>are listening to/singing</u> loud pop songs in class, and one boy <u>is dancing</u> on his desk. His friends <u>are taking</u> photos of him on their mobiles. Some other kids <u>are listening</u> to music on their MP3 players or they <u>are telling</u> silly jokes. The students never <u>do</u> these things on other days. All the Plymouth students <u>are having</u> lots of fun today, but why <u>are</u> they <u>doing</u> mad things?
Why is today different? Maybe it's because it's the last day of school before the holidays!

7 Because … (Word order)

FUNKTION
Üben der korrekten *Word order*

ERARBEITUNG
Die S erledigen die Aufgabe schriftlich.

Erweiterung
Die S unterstreichen die Sätze im *sub-clause* farbig.

LÖSUNG
1 The farmers are poor because they had to sell their farms to Mr Collings.
2 Molly is unhappy because/when her brother wants to join the smugglers.
3 The men go to the ship in their boat because they saw the blue light from the sea.
4 Mr Collings is dangerous because he knows about the smugglers' plans and wants to stop them.
5 Collings falls on the deck because Molly throws potatoes onto the deck.
6 Collings sneezes when Molly throws pepper into his face.

8 MIXED BAG A phone call

FUNKTION
Verwenden der korrekten Verbformen im *Present progressive* und *Simple past*, Wiederholen und Festigen von Wortschatz

ERARBEITUNG
Die S erledigen die Aufgabe schriftlich und schreiben die Lösungen in der richtigen Reihenfolge in ihr Heft. Auswertung im Plenum.

LÖSUNG
"Oh! Hi Pete! Just now I am sitting in the sun at the Lido. I am reading an exciting book about smugglers in Cornwall. In the 18th and 19th century, lots of people were farmers. They lived in small villages on the coast of Devon and Cornwall. But rich men took away their farms, so then they were poor. They didn't have any money, so they smuggled goods from France, like tea and pepper and other expensive things. Then they sold the goods at the market. Smuggling was very dangerous. Smugglers often had to hide the goods under their clothes, so they looked fat. My friend Sam knows a lot about smugglers. He gave me this book to read. Well, in the story, one night a ship is just arriving from France. Three friends go to the French ship in their little boat. But they are worried because they think someone is watching them from the hill. It's really exciting. Erm, can you phone me later maybe?"

S. 143

B | 9 Tourists in Plymouth

FUNKTION
Üben des Hörverstehens

NEUER WORTSCHATZ
(to) **leave**

ERARBEITUNG
a) Gemäß SB.

 → 3 51–56   Transkript online

LÖSUNG

1D – I think they are at the Hoe because there are 93 steps to go up.
That's picture D.
2E – They are at the Barbican. The Elizabethan House is at the Barbican
so it must be picture E.
3F – They leave from a harbour so I think it's picture F.
4B – Paul talks about a shark tank so that's picture B.
5A – Paul wants to go swimming so I think they are at the Lido. That's
picture A.
6C – Lisa says that she'd like chocolate, banana and vanilla. That must
be picture C.

ERARBEITUNG
b) Gemäß SB.

→ 3 ▷ 51–56   Transkript online

LÖSUNG

1 Right. · 2 Wrong. Paul and his dad climb the lighthouse. · 3 Right. ·
4 Wrong. Paul wants to see the sharks in the aquarium. · 5 Wrong. Paul
thinks sharks are exciting. · 6 Wrong. It's about an hour long.

ERARBEITUNG
c) Gemäß SB schriftlich in EA.

LÖSUNG

1 She never wants to do a sleepover with sharks.
2 It's open on Wednesdays till 7.30.
3 She wants to go to a beach.
4 He wants to look at video games.
5 She wants to see the Dartmoor ponies.
6 She would like a big ice cream.

C   10 Holidays: on a beach, in a city ⍥

FUNKTION
Üben des gelenkten freien Sprechens

ERARBEITUNG
a) Gemäß SB.

LÖSUNG

In picture 1 you can see people on a beach. You can see the sea in the
background and lots of ships. The sun is shining. There are four boys in
the foreground. They are wearing shorts and playing football. There is a
small island in the background as well.

ERARBEITUNG
b) 👥 Gemäß SB.

MUSTERLÖSUNG

A: Where did you go on holiday?
B: We went to London. I love big cities.
A: Cool. What did you do there?
B: On our first day we got on a red bus and went shopping on Oxford
Street. Where did you go for your last holiday?
A: We went to a village by the sea.
B: What did you like best?
A: Mhmm, I think our boat trip. My sister loved the beach.
B: Was there anything you didn't like?
A: Eating fish! Yuck, I don't like fish.

S. 144–145

TIPPS FÜR IHRE PLANUNG

Es empfiehlt sich den neuen Wortschatz zu Beginn der Erarbeitung der *Access to cultures*-Seiten *en bloc* zu semantisieren.

➜ Interaktive Übungen zum Workbook ATC 3

1 Welcome to the USA!

NEUER WORTSCHATZ

state · He **is going to** visit his dad.

EINSTIEG

L erfragt Vorwissen der S zu den USA/Canada (capital, states important cities, …) und semantisiert dabei den neuen Wortschatz.

ERARBEITUNG

a) SB geöffnet. Die S lesen die Sprechblase während des **1. Hörens** mit. Anschließend beantworten sie Morphs Frage mündlich im Plenum.

➜ 3 ▶ 57 Audio online

MUSTERLÖSUNG

There are 50 states in the USA. · Its capital is Washington D.C. · The country north of the USA is called Canada.

> **INFO BOX**
>
> Die **USA** sind mit einer Fläche von 9,83 Millionen m² und etwa 320 Millionen Einwohnern das drittgrößte Land der Erde. Heute sind sie eine föderale Demokratie, die in 50 Staaten organisiert ist. Das Kerngebiet grenzt im Norden an Kanada und im Süden an Mexiko, westlich wird es vom Pazifik und östlich vom Atlantik eingeschlossen. Zwei Staaten, Hawaii und Alaska, liegen außerhalb dieses Gebietes. Vor über zehntausend Jahren ließen sich die ersten Native Indian Americans auf dem Kontinent nieder. Mit Beginn des 17. Jahrhunderts siedelten sich zahlreiche Europäer, allen voran Briten, entlang der Ostküste an und drangen später westlich bis zur Pazifikküste vor. Nicht die Auswanderer auf dem Schiff „Mayflower", sondern die Begründer von Jamestown in Virginia waren die ersten englischen Siedler auf dem Gebiet der heutigen USA. Am 4. Juli 1776 erlangten die USA ihre Unabhängigkeit. Aufgrund der Sklavereifrage führten die Nord- und Südstaaten von 1861 bis 1865 einen Sezessionskrieg, welcher in der Wiedervereinigung der US-Staaten sowie der Abschaffung der Sklaverei resultierte. Auf Englisch verwendet man den Singular, wenn man über die United States als Staat spricht: *The USA has one of the world's strongest economies.*
>
> **Kanada** ist das zweitgrößte Land der Erde. Es ist in Nordamerika gelegen und erstreckt sich vom Atlantischen Ozean im Osten bis zum Pazifik im Westen, sowie dem Arktischen Ozean im Norden. Im Süden und Nordwesten grenzt es an die USA. Nachdem Kanada bereits seit vielen Jahrtausenden besiedelt worden war, entdeckten es Anfang des 15. Jahrhunderts die Briten und Franzosen, die entlang der Atlantikküste Siedlungen errichteten. Infolge des Siebenjährigen Krieges musste Frankreich fast alle Kolonien an Großbritannien abtreten. 1867 wurde die Schaffung des kanadischen Dominion beschlossen, welches zunächst aus drei zusammengegliederten nordamerikanischen britischen Kolonien bestand. Unter zunehmenden Unabhängigkeitsbestrebungen wurde Kanada 1931 ein souveräner Staat, an dessen Spitze der britische Monarch stand, und erlangte 1982 im Zuge des Canada Act völlige Souveränität von Großbritannien. Heute ist Kanada eine parlamentarische Demokratie, welche sich in zehn Provinzen und drei Territorien aufgliedert, sowie Mitglied des Commonwealth of Nations mit Queen Elizabeth II an dessen Spitze. Bis heute ist Kanada ein multikulturelles und bilinguales Land, Amtssprachen sind Englisch und Französisch.

ERARBEITUNG

b) SB geöffnet. Gemäß SB.

ERARBEITUNG

c) SB geöffnet. Gemäß SB.

MUSTERLÖSUNG
states: Texas, California, New York, New Jersey, Florida, Alaska, Hawaii,…
cities: New York, Boston, Los Angeles, Las Vegas, Miami, Dallas, San Francisco, Washington D.C., Austin, New Orleans, Detroit, Baltimore…
rivers: Mississippi, Missouri, Colorado, Yukon, Tennessee, Hudson,…
sights: Grand Canyon, Golden Gate Bridge, Mount Rushmore, Yellowstone National Park, Times Square, Brooklyn Bridge, Mayflower, Route 66, Disney World Florida, Hollywood Walk of Fame,…

ERARBEITUNG
d) 👥👥 **SB geöffnet.** Gemäß SB.

MUSTERLÖSUNG
A: Where's Dallas?
B: It's in Texas.
B: Where's Boston?
A: Boston is in Massachussetts.
A: Where's Los Angeles?
B: L. A. is in California.

2 Great places to visit! 💬

ERARBEITUNG
👥👥 **SB geöffnet.** Gemäß SB.

MUSTERLÖSUNG
A Well, picture number 6 is New York because that's the Statue of Liberty. Do you agree with me?
B Yes, that's easy. I think we all agree on that.
C But what about picture number 4?
D I think picture number 4 shows Canada.

  What about you?
B Yes, there's the Canadian flag on top of the tower. I also think that picture number 5 shows the Golden Gate Bridge, which is in San Francisco.
A Yeah, I agree. What about the beach in picture number 1?
C I think that must be Miami. And I am sure that the White House in picture number 3 is in Washington D.C.
D Now we only need to find out about picture number 2 and I think this is Los Angeles.
B Yes, it's the Walk of Fame in Hollywood, Los Angeles.

3 My city 🎧

ERARBEITUNG
👥👥 **SB geöffnet. 1. Hören.** Die S lesen vor dem Hören zunächst den Arbeitsauftrag. Ggf. erfolgt ein 2. Hören.

➜ 3 💿 58 Transkript online

MUSTERLÖSUNG
(I think) Dexter lives in New York because he talks about all the tourists who come to his city. He says that over 8 million people live there, too. Then he tells us about Central Park and other parks. Dexter says that you can go skating or have picnics there.
He also talks about musicals on Broadway and skyscrapers. The One World Trade Center is one of the biggest ones. He mentions the Statue of Liberty as well.

4 A class quiz

ERARBEITUNG

👥👥 **SB geöffnet.** Gemäß SB. L leitet über vom rezeptiven zum produktiven und spielerischen Teil. L: You learned a lot about the USA, so now you can test your classmates.

MUSTERLÖSUNG

Where is the Golden Gate Bridge?
What is the White House?
Where can you see Times Square and Brooklyn Bridge?
What can you see and do in Boston?
Which is the biggest national park in the USA?

5 A visit to the USA

ERARBEITUNG

👥👥 **SB geöffnet.** Gemäß SB. Die S erhalten einige Minuten Zeit, um sich eine Antwort mit passender Begründung zu überlegen.

MUSTERLÖSUNG

➜ Interaktive Übungen zum Workbook ATC 3

A Yes, I would really like to visit the USA. First, I'd like to go to New York City because I would love to see a musical on Broadway. San Francisco and Miami look like cool cities too. I would love to go to a national park in the USA as well. How about you?

B I would love to go to the USA as well. I'd like to go to Disney World in Florida. My sister always says that she wants to see the Walk of Fame in Hollywood but I would like to go to Hawaii instead.

S. 146–147

TIPPS FÜR IHRE PLANUNG
Es empfiehlt sich den neuen Wortschatz zu Beginn der Erarbeitung der
Access to cultures-Seiten *en bloc* zu semantisieren.

1 🖐 Morph's map

NEUER WORTSCHATZ
official

EINSTIEG
SB geschlossen. L: You learned that people in England, the USA and
Canada speak English as the first and <u>official</u> language. An official
language is the language which people speak e.g. at school or in govern-
ment buildings. But English is an <u>international</u> language. This means that
people in many more countries all over the world speak it. Which other
countries do you know where people speak English as first or official
language?
Sammlung an der Tafel.

ÜBERLEITUNG
L: Let´s find out if there are more countries. Please open your books at
page 146.

ERARBEITUNG
a) SB geöffnet. Die S lesen die Sprechblase während des **1. Hörens** mit.
L: Morph is an expert on English. He can explain more. Let´s listen and/or
read along. A question to maths experts: If 7.35 billion (the English word
for Milliarde) people live on this planet, how many per cent speak English as their first language? Per cent means part of 100. (S: around 5 %)

➜ 3 ▶ 59 Audio online

ERARBEITUNG
b) SB geöffnet. Gemäß SB.

MUSTERLÖSUNG

English as first language	English as official language
United States of America	India
Canada	South Africa
United Kingdom	Namibia
Ireland	Nigeria
Australia	Tanzania
New Zealand	

2 Where are they from?

NEUER WORTSCHATZ
Spanish · **a bit** · **per cent (%)** · °Aboriginal Australians · °south ·
international · **Polish**

EINSTIEG
L: In the next task you can listen to children from many different
countries. One girl comes from Poland and they speak Polish; another
girl speaks Spanish although she´s American. While you are listening to
the text you must find out
– which children speak English at home?
– why English is important in the world?
Sketch a table in your exercise book. You will hear the text two times.

Which children speak English at home?	Why is English important in the world?

ERARBEITUNG
a) SB geöffnet. 1. und 2. Hören. Gemäß SB.

→ 3 60–64   Audio online

ERARBEITUNG
b) SB geöffnet. Gemäß SB.

LÖSUNG
1 Angelina, Tyler, Tamwar and S'bu speak English at home.
2 English is the first language in lots of countries and an official language
in even more. Often, people need it to talk with each other because they
do not speak the same mother language. Many things on the internet are
in English and lots of music and films are too.

ERARBEITUNG
c) SB geöffnet. 1. Hören. Gemäß SB.

→ 3 65–67   Audio online

LÖSUNG
1 I think she is from India because she talks about Mumbai, a city in
   India. She also says that it is hot, that they have wild animals like tigers
   and elephants and that you can visit temples there.
2 The boy must be from the United States because he mentions Grand
   Canyon and the beaches in California. He says that he sometimes goes
   skiing in the Rocky Mountains as well.
3 She says that she's from a big country so I think she's from Australia. I
   know that they say "G'day!" in Australia. She then talks about animals
   in her country like koalas, kangaroos and sheep.

ERARBEITUNG
d) SB geöffnet. Gemäß SB.

S. 148–155

Access Story EXTRA
Ein didaktischer Kommentar zur Behandlung der *Access Story* im Unterricht sowie Kopiervorlagen sind unter
www.cornelsen.de/access-bayern zu finden.

Methodisch-didaktisches Glossar

Acrostic (Akrostikon)

In seiner ursprünglichen Form ist das *acrostic* (griechisch: *akros* Spitze; *stichos* Vers) eine Versform, bei der die Anfänge (Buchstaben bei Wortfolgen oder Worte bei Versfolgen) hintereinander gelesen einen Sinn ergeben, z. B. einen Namen oder einen Satz. Im Unterricht wird in der Regel eine vereinfachte Form eingesetzt: Die Buchstaben eines Wortes werden senkrecht untereinander geschrieben. Jeder Buchstabe kommt auch in einem anderen Wort vor (häufig als Anfangsbuchstabe), diese Wörter werden waagerecht um das senkrechte Startwort angeordnet.

Akustischer Phasenwechsel

Um den Wechsel von Unterrichtsphasen anzuzeigen, z. B. das Ende einer Partner- oder Gruppenarbeit, kann L ein akustisches Signal verwenden. Dafür kann beispielsweise das Ritual in der Lerngruppe eingeführt werden, dass die S, sobald sie das vereinbarte Signal hören, sofort still werden oder an ihre Plätze gehen. Auch der Wechsel vom Englischen ins Deutsche, z. B. bei der Erklärung komplexer Grammatikthemen, könnte so im Unterricht angezeigt werden. Für den akustischen Phasenwechsel eignen sich Glocken oder Klangschalen aufgrund ihres hellen und länger klingenden Tons besonders gut.

Appointment

Appointment ist eine gesteuerte Form von wechselnder Partnerarbeit.

1 Die S schreiben drei (vorgegebene) Uhrzeiten untereinander wie im SB. Dann gehen sie zu drei Mit-S und fragen: *Can we meet at 10/11/12 o'clock?* Sie tragen die Namen der Mit-S bei der entsprechenden Uhrzeit ein.
2 Die S beantworten die Aufgabenstellung zunächst für sich.
3 Wenn L sagt *It's 1 (2, 3) o'clock*, gehen die S zu dem Mit-S, mit dem sie um 1 (2, 3) verabredet sind, und befragen ihn.
4 Anschließend berichten die S im Plenum über ihre Umfrageergebnisse. Tipp: L sollte immer als Joker zur Verfügung stehen.

Appointment partners

Organisierte Form der PA. Die Schüler legen Partner fest *(morning, noon, afternoon, evening)*, die unterschiedliche Qualitäten und Eigenschaften erfüllen müssen: Während der *Morning partner* jemand ist, mit dem sonst nie zusammen gearbeitet wird, so ist der *Evening partner* der vertrauteste Mit-S in der Lerngruppe. Sollte die Schülerzahl ungerade sein, darf jeweils eine Dreiergruppe gebildet werden. Jeder S darf sich allerdings nur einmal in einer Dreiergruppe befinden und jeder Name darf nur einmal auf dem Zettel stehen, d.h. man darf nicht den gleichen Partner zu verschieden Tageszeiten haben.

Der Vorteil dieser Methode liegt darin, mit wenig Aufwand zu gewährleisten, dass die S mit alternierenden Partnern zusammenarbeiten. Das Finden der Partner geht erfahrungsgemäß von Aufgabe zu Aufgabe immer schneller. Die unterschiedlichen Qualitäten der Partner sollten bei der Wahl des *Appointment partners* durch den L sorgfältig berücksichtigt werden. *Morning partners* empfehlen sich vor allem für Grammatikübungen und Sprechübungen. *Evening partners* sollten zum vertraulichem Austausch von Meinungen etc. gewählt werden.

Ausstellungsmethode (*Exhibition*)

Diese Form von arbeitsteiliger Gruppenarbeit gehört zu den kooperativen Lernformen und stellt eine Möglichkeit für die Präsentation von Ergebnissen dar. Dabei kann sie gut mit der Methode ▶*Think-Pair-Share* kombiniert werden. Die Durchführung dieser Gruppenarbeit lässt sich folgendermaßen organisieren:

1 Einteilung der Klasse in möglichst gleich große Gruppen. Alle Gruppenmitglieder erhalten eine Nummer (z. B. 1–5). In jeder Gruppe gibt es S1, S2, usw.
2 Die einzelnen Gruppen bearbeiten jeweils unterschiedliche Arbeitsaufträge. Die Ergebnisse ihrer Arbeit legen sie z. B. auf dem Tisch aus oder hängen sie an der Wand auf.
3 Alle S mit den gleichen Nummern (d. h. alle „Einser", alle „Zweier" usw.) treffen sich an einem Platz, wo ein Gruppenergebnis ausgelegt ist. Der/die S, die an der Erstellung des Produktes beteiligt war, erklärt dem Rest der neuen Gruppe das Ergebnis und beantwortet ggf. Fragen.
4 Nach Ansage (Signal von L) wechseln alle Gruppen an einen neuen Tisch (hilfreich: im Uhrzeigersinn zur Vermeidung von Durcheinander). Der neue Gruppenexperte/ die neue Gruppenexpertin präsentiert nun das Ergebnis.
5 Die Ausstellung ist zu Ende, wenn alle Ergebnisse vorgestellt wurden.
6 Abschließend kann eine *Follow-up*-Übung folgen (z. B. Sicherung der wichtigsten Ergebnisse im Plenum, Rückmeldung zur Methode, Kommentierung einzelner Produkte, …).

Bildkarten (*Flashcards*)

Bildkarten helfen, wenn Realia nicht zur Verfügung stehen. Auf solche Karten können L passende Bilder aus Katalogen und Zeitschriften, aber auch eigene Zeichnungen und Grafiken, kleben. L sollte den S so viele Hilfen und Lernkanäle wie möglich geben und das Schriftbild erst dann einführen, wenn die Aussprache der Wörter hinreichend gefestigt ist. Wortkarten sind dabei eine gute Hilfe. Zusammengehörige Bild- und Wortkarten lassen sich vielfältig einsetzen, z. B. in Spielen wie *Memory* oder *Kim's Game*.

Blitzlicht-Methode

Methode aus der Erwachsenenbildung, die sich jedoch auch für den Einsatz in der Schule eignet, wenn L eine schnelle Evaluation/ein Meinungsbild erheben will. Die S äußern sich der Reihe nach zu einem L-Impuls und verwenden dabei nach Möglichkeit ganze Sätze. Die Mit-S sind dabei Zuhörer und dürfen nur Verständnisfragen stellen. Anschließend kann mit dem Ergebnis weiter gearbeitet werden, z.B. in Form einer gelenkten Diskussion.

Bus stop

▶ Lerntempoduett

Buzz reading (Lesegemurmel)

Methode zur Vorbereitung von (Lese-)Vorträgen (▶*Dramatic reading*). Alle S lesen ihre Rolle in einem bekannten Lesetext parallel im Flüsterton so oft wie möglich. Alle S trainieren also die Unterrichtsinhalte, Lexik und Aussprache sowie Intonation in ihrem eigenen Lesetempo.

Chorsprechen

Das Sprechen im Chor ist für alle S eine gute Möglichkeit, zum Sprechen zu kommen. L kann vorher eine gleich bleibende Wendung (*Altogether now. / Please repeat after me.*) oder ein optisches Signal (z.B. eine Handbewegung) vereinbaren, so dass der Sprecheinsatz gemeinsam erfolgt.

Correcting circle

▶ Schreibkonferenz

Double circle

▶ Kugellager

Dramatic reading

Bei der Methode des *Dramatic reading* geht es darum, eine Rolle in einem bekannten Text ausdrucksvoll vorzutragen. Im Unterschied zum Lesen in verteilten Rollen im Plenum, bei dem nur wenige S sprachlich aktiv werden, werden beim *Dramatic reading* alle S eingebunden, und die individuelle Sprechzeit wird erhöht. Die S trainieren ihre Aussprache, ihre Intonation und Wortschatz und Strukturen. Der beobachtende L kann sehr gut erkennen, inwieweit die S tatsächlich den Text verstanden haben, insofern eignet sich

diese Methode auch als sogenannte *culminative task* am Ende einer Stunde, bei der es um Textverständnis ging und als Verfahren für L, um den Lernfortschritt der S diagnostizieren zu können Die S beweisen ihr Textverständnis durch die angemessene Umsetzung ihrer Rolle. Die S bereiten das *Dramatic reading* zunächst in PA vor, indem sie ihren Sprechpart farbig markieren (wenn möglich). Durch die Methoden ▶*Buzz reading* und ▶*Read and look up* wird das *Dramatic reading* vorbereitet. Am Ende wird der Text dann mit viel Gefühl in verteilten Rollen auswendig vorgetragen.

Bei der Behandlung von Literatur sollte L eine inhaltlich zentrale Textstelle aussuchen, in der idealerweise mehrere Charaktere auftreten und es verschiedene Möglichkeiten gibt, das Gesagte zu interpretieren. Idealerweise unterhalten sich die S in ihren Gruppen zunächst über folgende Fragen:

- Who? Who are these characters? What are they like?
- What? What's going on? Briefly discuss what you think is happening.
- Where? Where is this taking place? Describe what you think the setting might look like.
- Why? Why do you think the characters say what they say? What does each one want?
- How? How does each character speak his or her lines? Tone of voice, pauses, emphasis, facial expression, gesture and movement.

Exhibition

▶ Ausstellungsmethode

Face to face and knee to knee

Sitzordnung aus dem kooperativen Lernen: Um Kleingruppen effektives Lernen zu ermöglichen, muss L den S helfen, die Bedeutung von Zusammenarbeit und hilfreicher Interaktion zu verstehen. Eines der fünf Basiselemente des kooperativen Lernens, durch die dies erreicht werden kann, ist die Interaktion von Angesicht zu Angesicht: Die Gruppenmitglieder sind sich räumlich nahe und kommunizieren miteinander durch direkten Blickkontakt und mit leisen Stimmen (*12 inch voice*; lauter sollten die Stimmen nicht sein, um auch den anderen Gruppen die Möglichkeit konzentrierter Arbeit im Klassenraum zu erhalten). Die S sitzen also nie nebeneinander in einer Reihe, sondern immer *face to face and knee to knee* also in geringer Distanz und mit Blickkontakt. Sollten die S im Klassenraum regulär in Reihen und nicht an Vierertischen sitzen, kann diese Sitzordnung erreicht werden, indem sich die erste und dritte Reihe umdrehen. Nur der direkte physische Kontakt ermöglicht den Teammitgliedern das gemeinsame Engagement für die Aufgabe.

Fantasiereise

Bei Fantasiereisen gehen S auf eine imaginäre Reise, indem ihnen Bilder und Geschichten, die sie sich weitgehend selbst in ihrer Vorstellung ausmalen können, angeboten werden. Fantasiereisen werden z.B. zur Entspannung, zur Lernförderung (durch einen affektiven Zugang zu einem bestimmten Thema), zur Persönlichkeitsförderung und zum Schaffen von Sprechanlässen eingesetzt. Die Sinneswahrnehmung der S kann intensiviert werden, indem sie die Augen schließen, Hintergrundmusik hören oder Düfte riechen.

Hinweis zur Durchführung: Fantasiereisen sind Lernangebote. L sollte die S dazu einladen, jedoch nicht zur Teilnahme zwingen. Im Anschluss sollten die S frei entscheiden, was sie von ihren Erlebnissen erzählen. Die individuellen Empfindungen der S sollten nicht bewertet werden, da es in einer Fantasiereise kein richtiges oder falsches Erleben gibt. Der Klassenraum sollte eine angenehme Atmosphäre ermöglichen und genug Platz für jeden S bieten, um eine gute Entspannungshaltung einzunehmen. Wichtig ist es, genügend Zeit einzuplanen.

Find someone who … (Findejagd)

Die S bewegen sich frei in der Klasse und versuchen, anhand einer Checkliste mit bestimmten Merkmalen, passende Personen zu finden. Wenn die S jemanden gefunden haben, tragen sie den entsprechenden Namen in eine weitere Spalte ihrer Liste ein oder lassen sich die Liste unterschreiben (als Beweis).

Ziel dieser kooperativen Lernform ist es, so viele Einträge wie möglich auf der Liste zu haben (oder eine zuvor vereinbarte Anzahl an Namen innerhalb einer bestimmten Zeitspanne gesammelt zu haben).

Gruppenbildung

Die Einteilung bei Zufallsgruppen kann mithilfe von folgenden *Group-finding activities* erfolgen:

Variante 1: Familienbildung/*families*: L erstellt jeweils vier Kärtchen von einem Familiennamen (Meyer, Meier, Maier und Mayer sowie Schmitt, Schmidt, Schmit und Schmiedt). Die S ziehen Kärtchen und finden anschließend ihre Familienmitglieder.

Variante 2: Hausnummern/*house numbers*: Die S stellen sich im Klassenzimmer in einer Linie nach aufsteigender Zahl der Hausnummer, in der sie wohnen, auf. L teilt dann Gruppen von je vier S ein.

Handpuppe

Eine Handpuppe kann im Unterricht als vielseitiger Lernpartner eingesetzt werden, der nur Englisch versteht und spricht, um bei den S die Notwendigkeit für die Verwendung der Fremdsprache zu schaffen. In der spielerischen Präsentation von Dialogen zwischen L und der Handpuppe werden Sprachmuster eingeführt, welche dann in Dialogen zwischen S und der Handpuppe eingeübt und vertieft werden, wobei die S bei passender Gelegenheit schließlich selber die Handpuppe übernehmen können.

Hausaufgaben

Hausaufgaben sind integraler Bestandteil des Unterrichts und dienen der häuslichen Übung und Vertiefung der im Unterricht gelernten Inhalte bzw. der Vorbereitung auf die nächsten Unterrichtsstunden. Hierfür eignen sich v. a. Lern- und Übungsaufgaben, die aus zeitlichen Gründen nicht in der notwendigen Ausführlichkeit im Unterricht durchgeführt werden können, wie z. B. Vokabellernen und Grammatikaufgaben oder kreative Produktionsaufgaben, wie z. B. Textproduktion oder die Gestaltung eines Posters, welche in der folgenden Stunde dann im Unterricht präsentiert bzw. kontrolliert werden.

Information gap activity

Partner-Übung, bei der die Partner miteinander sprechen müssen, um an die Informationen zur Lösung ihrer eigenen Teilaufgaben zu gelangen. Partner A hat eine andere Version der Aufgabe als Partner B. In der Unterrichtspraxis wird der hohe Sprechanteil der S geschätzt, denn gut gemachte *Information gap activities* bieten authentische Kommunikationsanlässe.

Kettenübung

Die S nehmen sich gegenseitig dran. Die S, die die letzte Frage richtig beantwortet haben, dürfen dabei die nächste Frage stellen.

Kontrollpunkte (*Checkpoints*)

Mit Hilfe von *Checkpoints* lernen die S, die eigenen Arbeitsergebnisse zu überprüfen und ggf. eigenständig Korrekturen vorzunehmen. L legt dafür an verschiedenen Stellen im Klassenraum (auf Tischen, Einbezug der umgeklappten Tafel, …) die Lösung bzw. Teile von Lösungen aus, so dass sich die S nach Bearbeitung ihrer Aufgaben frei im Klassenraum bewegen und an den betreffenden Stellen ihre Aufgaben überprüfen. Es sollten möglichst so viele Checkpoints vorhanden sein, dass die S ausweichen können und nicht mehr als 3-4 S gleichzeitig an einer Kontrollstation arbeiten.

Kugellager (*Double circle*)

Für das Kugellager (*Concentric circles*, auch „doppelter Stuhlkreis" genannt) werden die Stühle so aufgestellt, dass sich die S in einem Innen- und Außenkreis gegenüber sitzen. Die Partner tauschen sich aus, die Rollen von Sprecher und Zuhörer können dabei festgelegt sein. Ein ▶akustisches Signal markiert den Wechsel der Gesprächspartner, die S bewegen sich dazu im Innen- und/oder Außenkreis um einige Plätze weiter. L bestimmt, wie lange sich die S austauschen und wie viele Plätze die S bei der Drehbewegung wechseln.

Lerntempoduett (*Bus stop*)

Die Durchführung eines **Lerntempoduetts** bietet sich an, wenn die Ergebnisse verschiedener Übungen in PA verglichen werden sollen. Mithilfe des Lerntempoduetts wird dabei der unterschiedlichen Bearbeitungsgeschwindigkeit der S Rechnung getragen.

Die S bearbeiten die erste Aufgabe in EA. Wenn ein S fertig ist, steht er auf und wartet auf den nächsten, der aufsteht, ggf. an einem vereinbarten *Bus stop*. Das ist dann der Partner zur Besprechung der Ergebnisse (evtl. auch außerhalb des Unterrichtsraums). Danach arbeiten beide in EA an der nächsten Aufgabe weiter und stehen wieder auf, wenn sie fertig sind. Dabei muss nicht alles geschafft werden, vielmehr ist das Ziel, die Aufgaben gründlich zu erledigen. Daher empfiehlt es sich, als letzte Aufgabe einen motivierenden Zusatz anzubieten, der notfalls auch weggelassen werden kann.

Falls die Arbeitsgeschwindigkeiten der S sehr stark abweichen, sollten Handzeichen vereinbart werden, damit sich die S mit der richtigen Aufgabe treffen können.

Marktplatz (*Market place*)

Die kooperative Lernform **Marktplatz** *(Market place activity)* involviert alle S und veranlasst sie, sich mit dem gewählten Lerninhalt auseinander zu setzen.

1 Alle S bewegen sich frei im Klassenraum. L stellt eine Aufgabe (hier: sich über verschiedene Aspekte austauschen und seine Meinung begründen), die es in einem bestimmten Zeitrahmen (Eröffnung und Beendung durch ▶akustisches Signal) zu lösen gilt.
2 Phase: Jeder S tauscht sich mit einem Mit-S über die gestellte Aufgabe aus und begründet das Ergebnis. Je nach Aufgabentyp machen sich die S dabei Notizen.
3 Phase: Die Ergebnisse können evaluiert werden.

Milling around activity

▶Marktplatz (*Market place activity*)

Mingling activity

▶*Milling around activity*; Marktplatz (*Market place activity*)

Murmelphase

Die S erhalten eine zeitlich angemessen begrenzte Murmelphase, um ihre Antworten zu durchdenken und leise vorzuformulieren. Diese Phase hilft ihnen, sich für eine eigene Lösung zu entscheiden, sich sprachlich korrekt auszudrücken, und auch ein Austausch mit dem Nachbarn ist erlaubt. Danach werden Beispiellösungen im Plenum besprochen. Vorteile: Alle S müssen sich mit der Aufgabe auseinandersetzen, stillere S können sich nicht hinter schneller zur Sprechhandlung fähigen S verstecken. Vorformulierte Lösungen sind oftmals auch präziser.

Numbered heads

Gewährleistung von Arbeitsteilung bei Gruppenarbeit nach dem Zufallsprinzip: Die S sitzen in Vierergruppen *face to*

face and knee to knee. Der S in jeder Gruppe, der dem L (der Tür, dem Fenster, der Jüngste …) am nächsten sitzt, ist die Nummer 1, die anderen zählen im Uhrzeigersinn durch. Im nächsten Schritt erfolgt die Verteilung der fachlichen, methodischen oder sozialen Rollen innerhalb der Gruppe: Nr. 1 schreibt, Nr. 2 liest vor, Nr. 3 fragt nach und passt auf, Nr. 4 holt Material und zeichnet usw. Nach einer Weile rotieren die Rollen und Aufgaben. Hilfreich können auch Rollenkärtchen mit Symbolen und Erklärungen zu den Rollen 1-4 und den dazugehörigen Aufgaben sein, die zusätzlich auf den Gruppentischen ausliegen.

Partnerkontrolle (*Partnercheck, Peer correction, Correcting circle*)

Bei der Partnerkontrolle interagieren die Lernpartner, kontrollieren und korrigieren sich gegenseitig, ohne dass L die Kontrolle übernimmt. Dadurch haben die S einen geschützten Lernraum, in dem sie ohne Scheu vor Fehlern kommunizieren und eigenständig Verantwortung im Lernprozess übernehmen können. Die Partnerkontrolle ist auch in der Kleingruppe durchführbar, wenn z.B. in PA erstellte Texte mit einem anderen Paar ausgetauscht werden (*Peer correction*). Eine Ausbaustufe ist die ▶Schreibkonferenz (*Correcting circle*).

Peer correction

▶Partnerkontrolle

Punktevergabe

Vor der **Punktevergabe** als Feedback-System legen S und L gemeinsam die Kriterien zur Bewertung der einzelnen Produkte fest. Die S erhalten anschließend jede/r einen Klebepunkt und kleben ihn auf das S-Produkt, welches ihrer Meinung nach die Kriterien am besten erfüllt hat.

Read-and-look-up-Technik

Die *Read-and-look-up-technique* dient der Förderung des freien Sprechens und bildet den behutsamen Übergang zwischen Ablesen und Vortragen von Informationen/Inhalten. Dabei hält der/die präsentierende S die Vorlage in den Händen und liest einen Satz (bei längeren Satzgefügen Teilsatz) still durch, bevor er/sie dann die Klasse anschaut und den Satz aus dem Gedächtnis wiedergibt. Es ist wichtig, dass erst dann gesprochen wird, wenn der Blickkontakt zur Klasse hergestellt ist.

Diese Technik bereitet den freien Vortrag bzw. die Präsentation (auch mithilfe von Stichwortzetteln) vor und unterstützt v.a. unsichere S bei der Darstellung von Inhalten vor dem Plenum.

Zur Einführung kann L die Technik anhand eines beliebigen geschriebenen Textes (z.B. Sätze aus dem SB) demonstrieren. Die S üben danach anhand von geeigneten kurzen Texten/Dialogen aus dem SB, wobei der zuhörende Partner darauf achtet, dass nicht abgelesen, sondern jeweils zunächst der Blickkontakt hergestellt wird.

Right/wrong-cards

Right/wrong cards dienen der nonverbalen Überprüfung des Verständnisses und werden in Verbindung mit right/ wrong statements eingesetzt. Der Vorteil besteht darin, dass damit das Verständnis bei der ganzen Klasse überprüft werden kann. Dabei erhält jede/r S eine rote und eine grüne Karte, mit der die vorgelesenen Aussagen als richtig bzw. falsch gekennzeichnet werden. Die Karten werden entweder vom L nach jedem Einsatz wieder eingesammelt oder verbleiben im Besitz der S, wenn diese methodische Vorgehensweise regelmäßig eingesetzt wird. Alternativ können auch rote und grüne Farbestifte verwendet werden. Umsetzung: L bzw. ein/e S liest eine Aussage vor. Auf ein Signal hin halten die S gleichzeitig die entsprechende Karte in die Höhe. Sollten dabei Differenzen im Verständnis sichtbar werden, so kann beim Leseverstehen anschließend noch einmal konkret am Text gearbeitet und beim Hörverstehen der Text bzw. Textabschnitt erneut präsentiert werden.

Round Robin

▶Stummes Schreibgespräch

Schreibkonferenz (*Correcting circle*)

Bei der Schreibkonferenz korrigieren die S ihre Textentwürfe in Kleingruppen. Hierzu sollte vorher ein Kriterienkatalog erarbeitet werden. Jeder S erhält dann ein Spezialgebiet (z. B. *content*, *structure*, *spelling*, *tenses*, *word order* etc.) Dann werden alle Texte reihum so lange weiter getauscht, bis jeder S jeden Text im Hinblick auf seinen speziellen Aspekt bearbeitet und markiert hat.
Idealerweise gibt jedes Gruppenmitglied zunächst eine positive Rückmeldung, bevor in einem zweiten Schritt Verbesserungsvorschläge für den Text gemacht werden. Abschließend fertigt jeder eine Reinschrift an. L sammelt nach dem Zufallsprinzip einige Ergebnisse ein und bewertet sie. Im Sinne des selbstständigen Lernens kann L mit den S vereinbaren, dass sie eine DOs and DON'Ts-Liste anlegen, die sie auch in der Klassenarbeit verwenden dürfen. Dies hilft bei der Selbstkorrektur und motiviert, an den eigenen Fehlern zu arbeiten.

Semantisierung neuer Lexik

L kann neuen Wortschatz verbal semantisieren (einsprachig in der Zielsprache, über den Kontext, das Systematisieren Paraphrasieren neuer Lexik oder aber mehrsprachig unter Zuhilfenahme der Muttersprache). Alternativ gibt es nonverbale Semantisierungstechniken über deiktische Handlungen, in Form von Realia, Mimik, Gestik, Bild-/Wortkarten (▶Bildkarten). T

Stummes Schreibgespräch (*Round Robin*)

Bei einem **stummen** Schreibgespräch kommunizieren die Gruppen schriftlich und bei absolutem Schweigen auf einer langen Papierbahn (ca. 1 x 2 Meter) miteinander. Die Gruppenmitglieder benutzen farblich unterschiedliche Stifte.

1 Die S notieren – bei absolutem Schweigen – spontan ihre Gedanken zu einem Thema in Form von Worten, Sätzen, Zeichnungen oder Symbolen.
2 Das eigentliche Schreibgespräch beginnt: Die S notieren ihre Kommentare zu den Äußerungen der anderen Gruppenmitglieder (auch in Form von Symbolen wie z. B. Smileys). Auch hierbei wird geschwiegen.
3 Eine mündliche Nachbesprechung kann, aber muss sich nicht anschließen. Tipp: Für jeden Arbeitsschritt sollte L ein Zeitlimit setzen.

Think-Pair-Share

Bei der Methode *Think-Pair-Share* gelangen die S von einer individuellen zu einer gemeinsamen Lösung:

1 Jede/r S denkt allein über die Aufgabestellung nach und macht sich ggf. Notizen.
2 Die S bilden Paare. Sie vergleichen und diskutieren ihre Lösungen. Bei Bedarf ergänzen sie ihre Notizen.
3 Zwei Paare bilden eine Vierergruppe und besprechen ihre Lösungen. Dann werden die Notizen vervollständigt. Tipp: Für jeden Arbeitsschritt sollte L ein Zeitlimit setzen.

Total Physical Response (*TPR*)

Das Konzept des *Total Physical Response* (*TPR*) beruht auf der Einbeziehung der Körpersprache beim Spracherwerbsprozess. Das Hauptziel liegt in der Förderung des Hörverstehens. Während die S nonverbal auf Anweisungen der L reagieren, können sie sich ganz auf das Hören, Verstehen und Umsetzen des Auftrags konzentrieren. Die Anweisungen sollten durch Gestik oder den Einsatz von Realia für die S verständlich gemacht werden.

Unterrichtssprache

▶Verwendung der Muttersprache im Fremdsprachenunterricht

Verwendung der Muttersprache im Fremdsprachenunterricht

Um eine Lernumgebung zu schaffen, die die Fremdsprache ernst nimmt und notwendig macht, sollte im Englischunterricht in allen Phasen Englisch gesprochen werden. Um bestimmte Unterrichtsphasen effizienter zu gestalten oder um schwächeren S die Teilnahme am Unterrichtsfortgang zu ermöglichen, kann im Sinne der sog. „aufgeklärten Einsprachigkeit" jedoch stellenweise auch der Einsatz der Muttersprache sinnvoll sein.

Zum Umgang mit Reimen

Wörter, die sich reimen, sind leichter auswendig zu lernen, deshalb sind Reime eine wichtige Hilfe beim Lernen von Vokabular oder wichtigen grammatischen Strukturen. Reime können im Unterricht vielseitig eingesetzt werden. So können sie, nachdem sie mit korrekter Aussprache präsentiert worden sind, von den S gemeinsam, abwechselnd oder rhythmisiert gesprochen werden, auswendig vorgetragen und durch Körperbewegungen (►*TPR*) beim Vortrag illustriert werden.

Zum Umgang mit Vokabeln

Sichere Vokabelkenntnis ist die Grundlage für erfolgreiches Lernen einer Fremdsprache. Deshalb sollten die S von Anfang an an eine systematische Vokabelarbeit herangeführt werden. Neben der Präsentation und Semantisierung von Vokabular durch L (z.B. durch das Vorsprechen der Vokabel in Kombination mit einem passenden Bild oder einer schauspielerischen Darstellung, …) und dem gemeinsamen Einüben von Vokabular im Unterricht (z. B. durch Nachsprechen, Bilder zuordnen, ►*TPR*, …) hat hierbei auch das *Vocabulary* im SB große Bedeutung, mit dem die S selbständig neue Vokabeln und ihr Schriftbild erlernen können. Um die S zum Vokabellernen zu motivieren, sind regelmäßige Überprüfungen sinnvoll, die sowohl als bewertete Vokabeltests als auch als Ratespiele gestaltet werden können.

1   Cut out the parts of the British Isles and put them together. Check your map with the map in your student's book. You need scissors ✂, glue 🖊 and paper 📄.

2   Cut out the places and things and put them on your map. You can draw and write more places and things on your map. Check with the map in your student's book.

Can you find my hometown?

Cornelsen

Access 5 | Gymnasium Bayern | Handreichungen für den Unterricht
Illustrationen: Carlos Borrell, Berlin (Karte); Jeongsook Lee, Heidelberg (Zeichnungen unten)

	bear		**bird**		**butterfly**
cat		**ants**		**dog**	
	elephant		**giraffe**		**frog**
guinea pig		**lion**		**horse**	
	monkey		**rabbit**		**pig**
rat		**whale**		**snake**	

Die Vervielfältigung dieser Seite ist für den eigenen Unterrichtsgebrauch gestattet.
Für inhaltliche Veränderungen durch Dritte übernimmt der Verlag keine Verantwortung.

© 2017 Cornelsen Verlag GmbH, Berlin
Alle Rechte vorbehalten.

1   Look at the picture. Find the school things and colour them. How many school things are there?

Thing	school bag	ruler	book	pencil case	pen	pencil	rubber	glue stick
Colour	red	green	blue	yellow	orange	purple	pink	brown
How many?								

2   Can you find more things you know in English? Label the things in the picture.
(For help you can look at the Dictionary in your English book at pages 206–230.)

- -
fold here

Lösung: school bag 1, ruler 4, book 6, pencil case 2, pen 4, pencil 10, rubber 10, glue stick 2

Access 5 | Gymnasium Bayern | Handreichungen für den Unterricht
Illustration: Eva Muszynski, Berlin

1 ⚪ **10–12   Listen to texts A–C and match them to pictures 1–3. Check with a partner.**

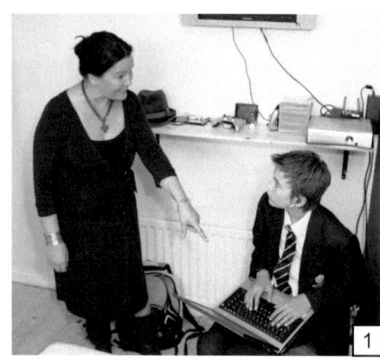

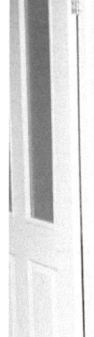

2 a) ⚪ **10   Listen to text A again and write the missing words.**

Sunday

Lucy Pascoe and her best friend Maya Sen are (1) _____. They're at Maya's flat.
Monday is their first day at their new schools.

Lucy: Hey, your Coombe Dean uniform (2) _____ nice! I like black.

Maya: The Plymstock school uniform is (3) _____ too.

Lucy: You know the Plymstock uniform?

Maya: My (4) _____ Mukesh is at Plymstock.

Lucy: Oh, yes – in Year 9. My sister Holly is in Year 9 too.

2 b) ⚪ **11   Listen to text B again and tick (✓) the correct answers.**

☐ Sam is from Plymouth.   ☐ Sam isn't from Plymouth.

☐ His uniform is dark blue and grey.   ☐ His uniform is orange and grey.

2 c) ⚪ **12   Listen to text C again and answer the questions.**

1 Who is on Skype? _____

2 What's Justin's problem? _____

- -

fold here

His uniform is dark blue and grey; **2c** 1 Justin and his dad 2 He's late.
Lösung: **1** 1C 2A 3B; **2a** 1 eleven, 2 is, 3 nice, 4 brother. **2b** Sam isn't from Plymouth.

© 2017 Cornelsen Verlag GmbH, Berlin
Alle Rechte vorbehalten.

Die Vervielfältigung dieser Seite ist für den eigenen Unterrichtsgebrauch gestattet.
Für inhaltliche Veränderungen durch Dritte übernimmt der Verlag keine Verantwortung.

1 Be a school uniform designer!

a) Colour the parts of the school uniform you like.

b) Cut ✂ them out and glue ✐ them to the paper doll.

c) 💬 Give a short talk about your uniform.

2 ✐ My profile

a) Glue ✐ your photo to the head.

b) Write information about you next to the paper doll.

c) You can put your profile into your *MyBook*.

> Look at my school uniform.
> It's blue/green/black/yellow/ …
> The jacket/shirt/sweatshirt/tie is black/orange/green.
> The trousers/shoes are …
> I like/don't like …
> My uniform is really nice/great/cool.

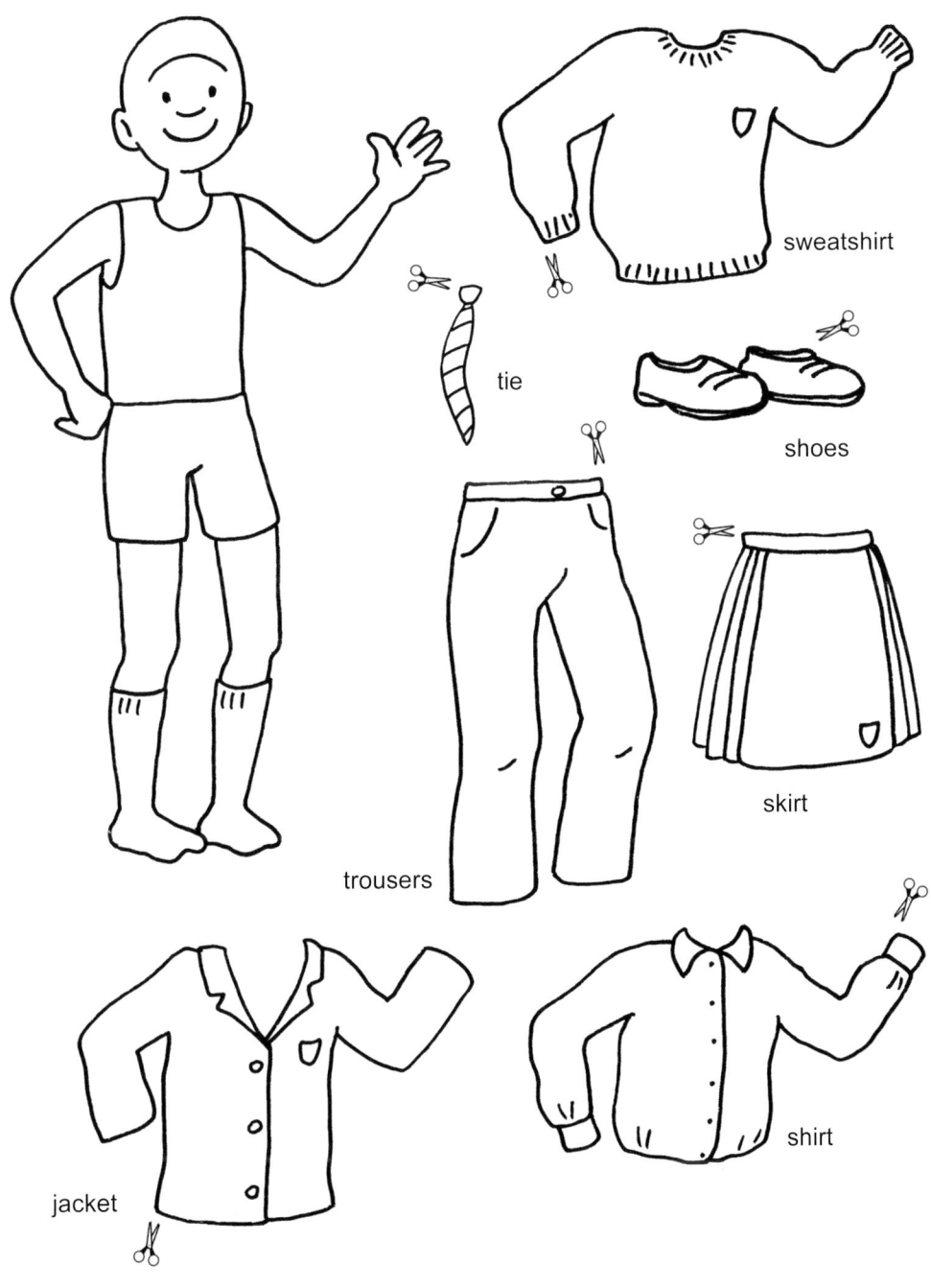

sweatshirt

tie

shoes

trousers

skirt

jacket

shirt

Access 5 | Gymnasium Bayern | Handreichungen für den Unterricht
Illustrationen: Eva Muszynski, Berlin

Cornelsen

1 🔲 **20   Who throws the ball? Listen to the text and tick the names.**

☐ Sam   ☐ Maya   ☐ Silky   ☐ Justin

☐ Miss Bell   ☐ Lucy   ☐ Morph   ☐ Justin's mum

2   Who says it? Tick (✓) the correct answer.

	Miss Bell	Justin	Maya	Sam	Lucy
1 Sorry I'm late.					
2 Let's start with a game.					
3 Say your name.					
4 I'm from London.					
5 Are you from Plymouth?					
6 Is your dad from the USA?					
7 Oops.					
8 My favourite animals are rabbits.					
9 Here are your timetables.					

3   Have a go
Walk around the classroom. Ask and answer questions like this:

> Are you in class 5b?

> Yes, I am./ No, I'm not.

> Is your mum from England?

> Yes, she is./ No, she isn't.

Question	Name _____	Name _____	Name _____
Are you in class 5b / in a football team /... ?			
Is your mum from England/Germany/Turkey/ ...			
...			

- -

fold here

Lösung: 1 Miss Bell, Sam, Justin; 2 Miss Bell 2, 3, 9; Justin 1, 6; Maya -, Sam 4, 5; Lucy 7, 8

© 2017 Cornelsen Verlag GmbH, Berlin
Alle Rechte vorbehalten.

Die Vervielfältigung dieser Seite ist für den eigenen Unterrichtsgebrauch gestattet.
Für inhaltliche Veränderungen durch Dritte übernimmt der Verlag keine Verantwortung.

Access 5 | Gymnasium Bayern | Handreichungen für den Unterricht
Fotos: Trevor Burrows Photography Ltd, Plymouth;
Illustrationen: Tobias Dahmen, Utrecht/NL/www.tobidahmen.de (Morph); Elke Hanisch, Köln (Silky)

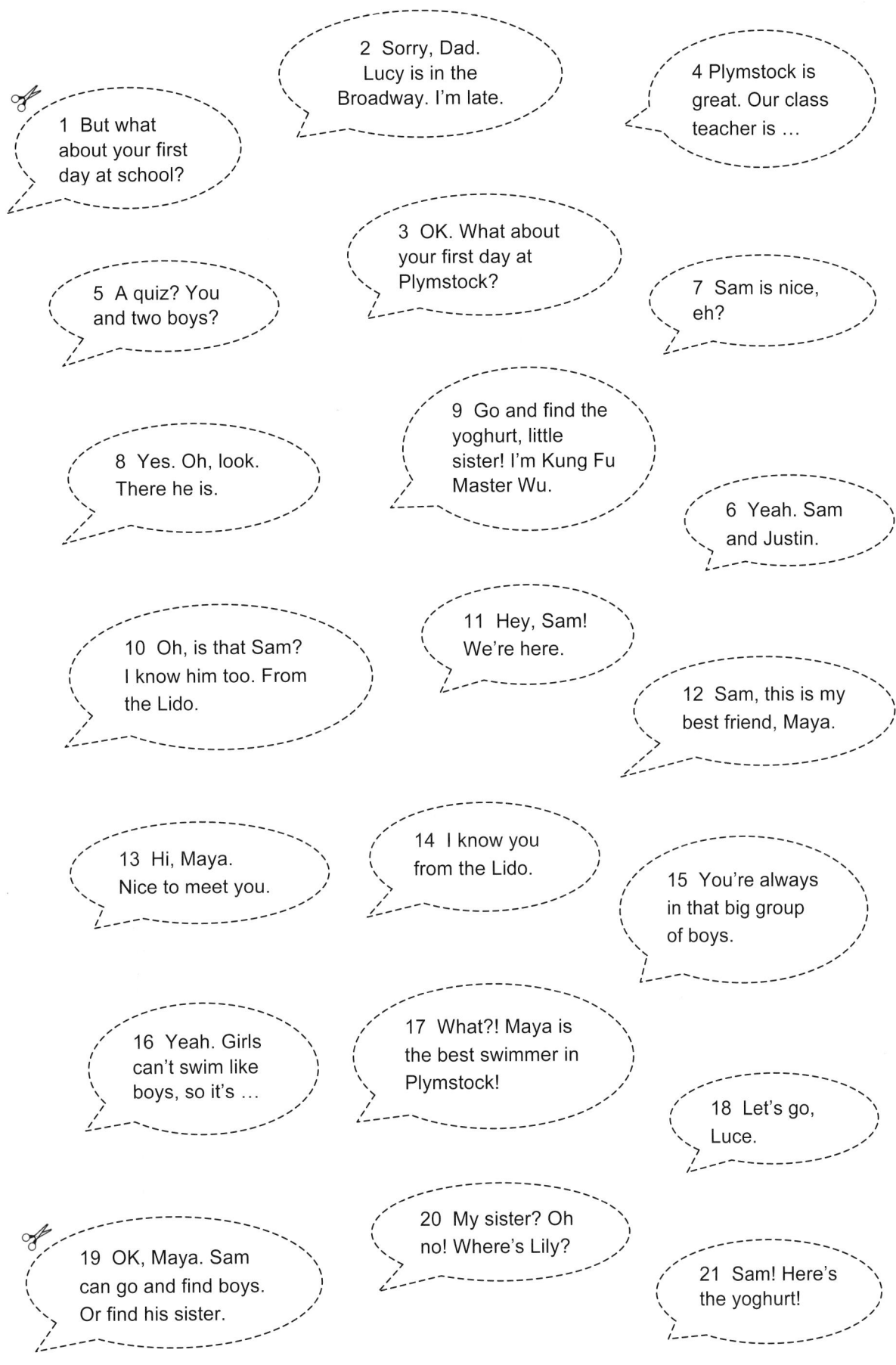

1 But what about your first day at school?

2 Sorry, Dad. Lucy is in the Broadway. I'm late.

4 Plymstock is great. Our class teacher is …

3 OK. What about your first day at Plymstock?

5 A quiz? You and two boys?

7 Sam is nice, eh?

9 Go and find the yoghurt, little sister! I'm Kung Fu Master Wu.

8 Yes. Oh, look. There he is.

6 Yeah. Sam and Justin.

10 Oh, is that Sam? I know him too. From the Lido.

11 Hey, Sam! We're here.

12 Sam, this is my best friend, Maya.

13 Hi, Maya. Nice to meet you.

14 I know you from the Lido.

15 You're always in that big group of boys.

16 Yeah. Girls can't swim like boys, so it's …

17 What?! Maya is the best swimmer in Plymstock!

18 Let's go, Luce.

19 OK, Maya. Sam can go and find boys. Or find his sister.

20 My sister? Oh no! Where's Lily?

21 Sam! Here's the yoghurt!

1 Cut out ✂ the cards.

2 Work together with your partner and match the pictures to the words.

3 Check with your classmates. Then glue ✐ the cards into your exercise book.

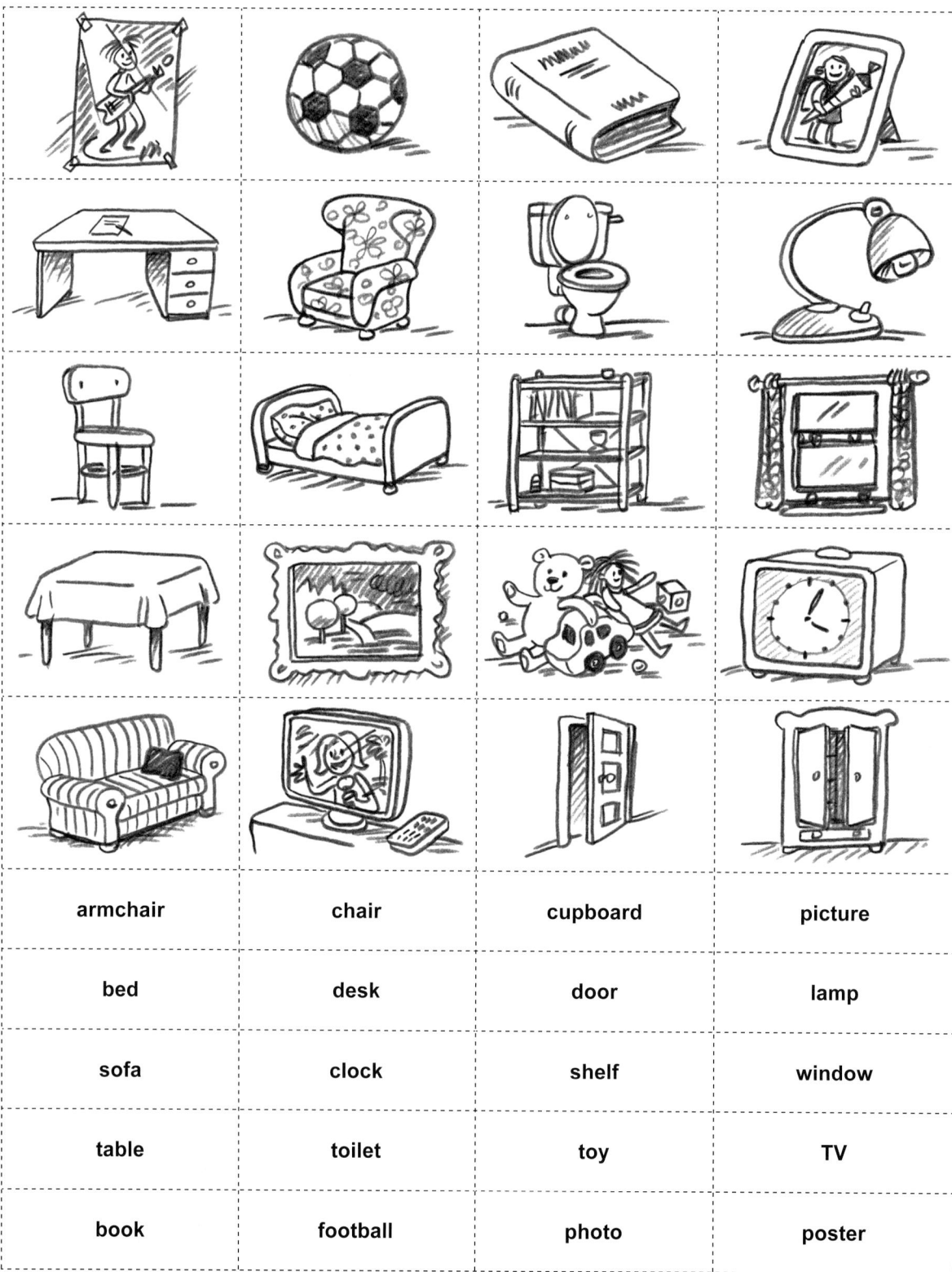

armchair	chair	cupboard	picture
bed	desk	door	lamp
sofa	clock	shelf	window
table	toilet	toy	TV
book	football	photo	poster

© 2017 Cornelsen Verlag GmbH, Berlin
Alle Rechte vorbehalten.

Die Vervielfältigung dieser Seite ist für den eigenen Unterrichtsgebrauch gestattet.
Für inhaltliche Veränderungen durch Dritte übernimmt der Verlag keine Verantwortung.

1 Cut out ✂ the pictures and the captions.

2 Put the pictures and captions in the correct order.

  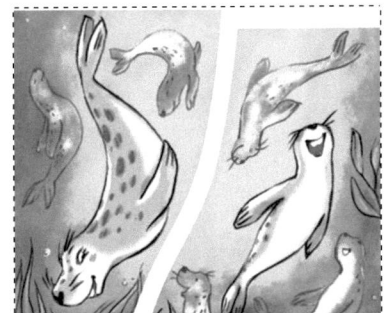

After breakfast, my friends and I swim and swim and swim …	My friends wake up too.
Then I have breakfast – a big plate of crabs.	In the evening, we catch fish for dinner.
I wake up at 6 o'clock every morning.	I text my friends or read a book. And then I fall asleep.
This is my home – Plymouth Sound.	
In the afternoon, we play football in a pool.	I sit on my rock and eat lots of fish.

 Access 5 | Gymnasium Bayern | Handreichungen für den Unterricht
Illustrationen: Elke Hanisch, Köln

© 2017 Cornelsen Verlag GmbH, Berlin
Alle Rechte vorbehalten.

Die Vervielfältigung dieser Seite ist für den eigenen Unterrichtsgebrauch gestattet.
Für inhaltliche Veränderungen durch Dritte übernimmt der Verlag keine Verantwortung.

Partner A

Look at the family tree. Then talk about Ryan's family. You are Partner A. You start. Read out the first sentence.

Partner B listens and checks. B says "Yes, that's right" or "No, that's wrong. Try again." Now it's Partner B's turn to read a sentence.

1	Ryan is Amy's …
2	Jonathan is Lauren's and Amy's father/dad.
3	Kirsten is Lauren's and Amy's …
4	Mary is Lauren's grandmother/grandma.
5	Phil is Kirsten's …
6	Adam is Amy's grandpa/grandfather.
7	Charlie is Ryan's and Amy's …
8	Ben is Ryan's and Lauren's uncle.
9	Emily is Selma's …
10	Mary is Ben's mother/mum.
11	Ryan is Kirsten's …
12	Adam is Selma's father/dad.

Partner B

Look at the family tree. Then talk about Ryan's family. You are Partner B. Partner A starts and reads out the first sentence.

You listen and check. You say "Yes, that's right" or "No, that's wrong. Try again." Now it's your turn to read a sentence.

1	Ryan is Amy's brother.
2	Jonathan is Lauren's and Amy's …
3	Kirsten is Lauren's and Amy's mother/mum.
4	Mary is Lauren's …
5	Phil is Kirsten's father/dad.
6	Adam is Amy's …
7	Charlie is Ryan's and Amy's cousin.
8	Ben is Ryan's and Lauren's …
9	Emily is Selma's mother/mum.
10	Mary is Ben's …
11	Ryan is Kirsten's son.
12	Adam is Selma's …

1 Read the sentences and tick (✓) the correct answers. You can open your student's book at pages 60–61 for help.

1) Justin doesn't go to the café because …
a) ☐ he doesn't like ice cream.
b) ☐ he doesn't like Sarah.
c) ☐ his mum and Sarah talk and talk and talk.

2) Justin makes a film so …
a) ☐ he can show it to his friends.
b) ☐ he can send it to his dad.
c) ☐ he can watch it in the evening.

3) The boy is angry because Justin films …
a) ☐ him and his girlfriend.
b) ☐ the seagull.
c) ☐ the harbour.

4) The Blue Bird is …
a) ☐ a navy ship.
b) ☐ Justin's favourite sailing boat.
c) ☐ an old sailing boat.

5) On his way back to the café Justin sees …
a) ☐ a police officer with a group of people.
b) ☐ a police officer with a group of children.
c) ☐ a police officer with his mum and Sarah.

6) The woman is …
a) ☐ angry.
b) ☐ happy.
c) ☐ worried.

7) The woman is …
a) ☐ the boy's mother.
b) ☐ the boy's grandmother.
c) ☐ the boy's teacher.

8) Justin …
a) ☐ finds the boy on his video camera.
b) ☐ jumps onto the Blue Bird and finds the boy.
c) ☐ is in trouble.

2 Now work together with a partner. Take turns and read out your sentences. Check your answers like this:

A: Justin doesn't go to the café because he doesn't like Sarah.

B: No, that's wrong. Try again.

A: Justin doesn't go to the café because his mum and Sarah talk and talk and talk.

B: Yes, that's right.

B: Justin makes a film so …

- fold here -

Lösung: 1 1c, 2b, 3a, 4c, 5a, 6c, 7a, 8a

 Access 5 | Gymnasium Bayern | Handreichungen für den Unterricht
Foto: Trevor Burrows Photography Ltd, Plymouth

Make questions and talk to different partners. Write their names and answers down.

Do you play football?

Yes, I do.

Do you know Lukas?

No, I don't.

Do you			Name	Answer
	play	football?		
		tennis?		
	know			
		any good jokes?		
	like			

✂ -

Make questions and talk to different partners. Write their names and answers down.

Do you play football?

Yes, I do.

Do you know Lukas?

No, I don't.

Do you			Name	Answer
	play	football?		
		tennis?		
	know			
		any good jokes?		
	like			

© 2017 Cornelsen Verlag GmbH, Berlin
Alle Rechte vorbehalten.

Die Vervielfältigung dieser Seite ist für den eigenen Unterrichtsgebrauch gestattet.
Für inhaltliche Veränderungen durch Dritte übernimmt der Verlag keine Verantwortung.

Access 5 | Gymnasium Bayern | Handreichungen für den Unterricht
Illustrationen: Tobias Dahmen, Utrecht/NL/www.tobidahmen.de

1 a) Match the words to the pictures and add them to the table.

basketball • chess • the drums • gymnastics • kung fu • sailing • skating • swimming • yoga

1 b) Add these words to the table.

cards • football • the piano • riding • judo

		Word	Name
GO Activities with -ing	(swimming)		
	(skating)		
	(sailing)		
PLAY Team sports, games, instruments	(basketball)		
	(chess)		
	(the drums)		
DO Other sports and activities	(kung fu)		
	(yoga)		
	(gymnastics)		

2 Find someone in your class for each activity on your table. The winner is the first student with a "yes" for six different activities.

Do you go swimming?

Yes, I do.

And do you play basketball?

No, I don't.

Do you play basketball?

…

Access 5 | Gymnasium Bayern | Handreichungen für den Unterricht
Illustrationen: Tobias Dahmen, Utrecht/NL/www.tobidahmen.de

Cornelsen

Do you know your partner? (Unit 3, Part B P4, p. 78)

1   Finish the questions and add your ideas about your partner.

2   Ask your partner the questions and write your partner's answers.

Questions	Your ideas about your partner	Your partner's answers
Do you live in a house or a flat?		
_____ have any brothers or sisters?		
Where _____ your mum and dad come from?		
When _____ go to bed?		
What music _____ like?		
What hobbies _____ have?		
What sports _____ do?		

✂ -

Do you know your partner? (Unit 3, Part B P4, p. 66)

1   Finish the questions and add your ideas about your partner.

2   Ask your partner the questions and write your partner's answers.

Questions	Your ideas about your partner	Your partner's answers
Do you live in a house or a flat?		
_____ have any brothers or sisters?		
Where _____ your mum and dad come from?		
When _____ go to bed?		
What music _____ like?		
What hobbies _____ have?		
What sports _____ do?		

© 2017 Cornelsen Verlag GmbH, Berlin
Alle Rechte vorbehalten.

Die Vervielfältigung dieser Seite ist für den eigenen Unterrichtsgebrauch gestattet.
Für inhaltliche Veränderungen durch Dritte übernimmt der Verlag keine Verantwortung.

Find swomebody who … (Unit 4, 3 Your weekends, SB-Seite 95)

a)   **What do you do at the weekend? Where do you go? Look at the PLACES and ACTIVITIES-boxes for help and fill in five of your weekend places and activities in the table.**

PLACES
cinema • home • lake • library • museum my friend's flat • my grandparents garden • park shopping mall • zoo • …

ACTIVITIES
go shopping • listen to … see • play • read • ride a bike visit • watch • …

Your places	Your activities	Name

b)  **Walk around the classroom and talk to your classmates. Find somebody who goes to two of the same places or does two of the same things. Add the names to the table.**

I often go to the zoo at the weekend and watch the animals. What do you do?

I never go to the zoo. I usually stay at home and do my homework. And we have a great Sunday lunch.

Oh, we always have Sunday lunch together too.

....'s appointment card

From now on you must always bring along your appointment card to our English lessons. So NEVER forget it!!!

	Morning (Somebody you usually don't work with)	
	Noon (Girls work with boys, boys work with girls)	
	Afternoon (Somebody you sometimes work together with)	
	Evening (Somebody you know very well)	

✂ -

....'s appointment card

From now on you must always bring along your appointment card to our English lessons. So NEVER forget it!!!

	Morning (Somebody you usually don't work with)	
	Noon (Girls work with boys, boys work with girls)	
	Afternoon (Somebody you sometimes work together with)	
	Evening (Somebody you know very well)	

© 2017 Cornelsen Verlag GmbH, Berlin
Alle Rechte vorbehalten.

Die Vervielfältigung dieser Seite ist für den eigenen Unterrichtsgebrauch gestattet.
Für inhaltliche Veränderungen durch Dritte übernimmt der Verlag keine Verantwortung.

1   Read the text. Then match the photos (A–F) to the text.

A

B

C

D

E

F

1   Look at these photos! Where do you think you are? France? Spain? You are in England! It's Torquay in Devon, a wonderful place to go on holidays. The weather is very warm in the summer, so there are a lot of beaches and palm trees too. That's why the area is also called *The English Riviera*. ☐ ☐

2   So, what can you do on a sunny day in Torquay? There are nice places you must see: In the morning, you can visit Kents Cavern. This is one of Europe's oldest Stone Age caves[1] with a labyrinth of difficult and easy caverns[2]. Parts of it are about 45,000 years old.

3   "Do not touch!" is the warning for all visitors to the Gardens at Torre Abbey. You can find plants here that can make you sick. But it's not really dangerous! Go there at lunchtime and have a picnic. ☐

4   And for a weekend to remember: You can be a pirate at the Brixham Pirate Festival! For two days in May, everybody dresses like a pirate. There are lots of funny games. It's really perfect for families. ☐

5   You want to try a Devon Cream Tea with scones, jam and cream? The park in Cockington is the place to go. Yummy! Go there in the afternoon and enjoy the sun. ☐

6   Torquay's most famous daughter is Agatha Christie. She was a famous writer of crime stories. Maybe you know her "Miss Marple". Or her theatre play *The Mouse Trap*, which is the longest-running play in the world. It started in 1952 and you can still see it today. There were more than 25,000 performances. You can visit the museum after your Cream Tea. ☐
Do you want to see more of Torquay? Just come and visit Torquay next summer.

[1] **Stone Age cave** [ˈstəʊn eɪdʒ ˈkeɪv] Steinzeithöhle
[2] **cavern** [ˈkævən] (verbundene) Höhle(n), Grotte(n)

2   🗣 Right or wrong? Correct the wrong sentences. Check with a partner.

	right	wrong		right	wrong
1 Torquay is in Spain.			4 The Brixham Pirate Festival isn't for children.		
2 Kents Cavern is a restaurant.			5 You can have Devon Cream Tea in Cockington.		
3 You must be careful with some of the plants at Torre Abbey.			6 "Miss Marple" is Agatha Christie's longest-running theatre play.		

- -
fold here

Lösung: **1** 1B, F • 2 – • 3E • 4C • 5D • 6A   **2** 1: Torquay is in England.; It's a Stone Age cave.; 4: The Pirate festival is for families.; 6: The Mouse Trap is Christie's longest running play.

Access 5 | Gymnasium Bayern | Handreichungen für den Unterricht
Fotos: A (Bettmann, Corbis/Düsseldorf), B (martin garnham, Shutterstock/New York),
C (Fresh Start Images, Alamy/Abingdon), D (Matthew Bechelli, Shutterstock/New York),
E (TheDman, iStockphoto/Calgary), F (kokleong, IStockphoto/Calgary)

1 Study skills: Putting a page together

Plymstock School News is the school paper at Plymstock. Imagine you work for it.
Last week you asked Abby for a story and now you have to put a nice page together.
Here are the four paragraphs from Abby's story, and two titles, two drawings and two captions.

A

1 It was dark when we arrived back in Wembury. And I was so happy to be home!

2 I live in Wembury, so I often go sailing at the weekend. Last Sunday, I went sailing too, but it was different.

3 My friend Maya, my brother Tim and I sailed to a small beach near Ivy Island. There was a big group of seals on the beach. We walked around the beach and looked.

4 Later, we went back to the boat, but there was a big seal in front of it! We waited, but the seal didn't go away. Then the sea came in and took our boat. We swam back to the boat and some of the seals followed us, but we were okay.

B

The sea took our boat   **Seals at Ivy Island**

C

D

On the way to the beach   Back to the boat!

a) Match the letters A, B, C and D to these labels.

☐ Captions   ☐ Drawings   ☐ Paragraphs   ☐ Titles

b) Read the Study skills box. Then:
   1 Put the paragraphs in the right order.
   2 Choose one of the titles for the story, or think of another title.
   3 Choose one of the drawings, or make another.
   4 Choose one of the captions, or think of another caption.
   5 Arrange all the parts of the text on a page and put it into your  .

c) Compare your page with another group.
   ☐ Are the paragraphs in the right order?
   ☐ Do the titles tell you what the story is about?
   ☐ Do the captions go with the pictures?

> **Study skills**
>
> **Putting a page together**
> Wie gestaltet man eine gute Seite mit Text und Bild, z. B. für eine Schülerzeitung?
> 1 Ein guter **Text** hat eine kleine Einleitung, einen längeren Hauptteil und einen Schluss.
> 2 Der Text braucht eine **Überschrift** und evtl. auch Zwischenüberschriften. Überschriften verdeutlichen, worum es im Text geht.
> 3 **Bilder** liefern weitere Informationen – auch in den **Bildunterschriften**.

© 2017 Cornelsen Verlag GmbH, Berlin
Alle Rechte vorbehalten.

Die Vervielfältigung dieser Seite ist für den eigenen Unterrichtsgebrauch gestattet.
Für inhaltliche Veränderungen durch Dritte übernimmt der Verlag keine Verantwortung.

Cornelsen   Access 5 | Gymnasium Bayern | Handreichungen für den Unterricht
Illustrationen: M.B. Schulz, Düsseldorf

Right or wrong? Correct the wrong statements.

	right	wrong	
1 Abby is running because she is late for the ferry.			
2 Lucy is wearing a pink top.			
3 Sam is running really fast.			
4 In the group photo all the kids are smiling.			
5 Justin is not swimming because it is too cold for him.			
6 Justin is looking for Silky while the other kids are swimming.			
7 Lucy is calling Justin.			
8 Maya is talking to Justin's dad.			
9 The girls are laughing at Justin's jokes.			

✂ -

Right or wrong? Correct the wrong statements.

	right	wrong	
1 Abby is running because she is late for the ferry.			
2 Lucy is wearing a pink top.			
3 Sam is running really fast.			
4 In the group photo all the kids are smiling.			
5 Justin is not swimming because it is too cold for him.			
6 Justin is looking for Silky while the other kids are swimming.			
7 Lucy is calling Justin.			
8 Maya is talking to Justin's dad.			
9 The girls are laughing at Justin's jokes.			

Cornelsen   Access 5 | Gymnasium Bayern | Handreichungen für den Unterricht

1   Reading, writing and running (*-ing* forms) (Unit 5, Part A P1, p. 124w)
   a) Look at the table. What is different about the spelling of the -ing form in group 2 and 3?
   b) Add these words to the right group:

arrive • come • get • give • go • laugh • play • sit • sleep • swim • take • win • work

Group 1	Group 2	Group 3
read → reading	write → writing	run → running

✂ -

2   You need paper 🗍. Write down what the people are doing in the picture. Check your spelling.

- -

fold here

Lösung 1: **Group 1**: going, laughing, playing, sleeping, working; **Group 2**: arriving, coming, giving, taking; **Group 3**: getting, sitting, swimming, winning

© 2017 Cornelsen Verlag GmbH, Berlin
Alle Rechte vorbehalten.

Die Vervielfältigung dieser Seite ist für den eigenen Unterrichtsgebrauch gestattet.
Für inhaltliche Veränderungen durch Dritte übernimmt der Verlag keine Verantwortung.

Access 5 | Gymnasium Bayern | Handreichungen für den Unterricht
Illustration: Eva Muszynski, Berlin

Are you ...ing?

Yes, I am. /
No, I'm not.

drink • eat • fight • laugh • listen
look for • read • run • sing
sleep • swim • talk
take photos • think • wait • walk
watch TV • write

Cornelsen

Access 5 | Gymnasium Bayern | Handreichungen für den Unterricht
Illustrationen: Eva Muszynski, Berlin (Kärtchen); Tobias Dahmen, Utrecht/NL/www.tobidahmen.de (Kinder oben)

Make your own programme for the play *The pepper smugglers*!

1 Think about place, date, time and what the play is about. Write your information down.
   Add your titles for the four scenes.

2 Cut out ✂ the parts.

3 Choose the pictures you want and/or draw your own pictures to go with the play. Cut ✂ them out.

4 Put the parts and pictures together and glue ✐ them on a paper ⬛.

Where? _____

Come and watch the play	Come and see	

The pepper smugglers

Our play is about _____

_____

For free	_____ p	€ _____	£ _____	A play in four scenes	BREAK

Scene 1: _____

Scene 2: _____

Scene 3: _____

Scene 4: _____

When? _____

A play in four scenes	BREAK

Access 5 | Gymnasium Bayern | Handreichungen für den Unterricht
Illustrationen: M.B. Schulz, Düsseldorf

Cornelsen

© 2017 Cornelsen Verlag GmbH, Berlin
Alle Rechte vorbehalten.

Die Vervielfältigung dieser Seite ist für den eigenen Unterrichtsgebrauch gestattet.
Für inhaltliche Veränderungen durch Dritte übernimmt der Verlag keine Verantwortung.